Mecklenburgische Seenplatte

Christiane Kaufmann

Gratis-Download: Updates & aktuelle Extratipps der Autorin

Unsere Autoren recherchieren auch nach Redaktionsschluss für Sie weiter. Auf unserer Homepage finden Sie Updates und persönliche Zusatztipps zu diesem Reiseführer.

Zum Ausdrucken und Mitnehmen oder als kostenloser Download für Smartphone, Tablet und E-Reader.
Besuchen Sie uns jetzt!
www.dumontreise.de/mecklenburg-seen

short.travel/mail1

Reise-Taschenbuch

Inhalt

Die Seenplatte persönlich	6
Lieblingsorte	12
Schnellüberblick	14

Reiseinfos, Adressen, Websites

Informationsquellen	18
Wetter und Reisezeit	20
Anreise und Verkehrsmittel	22
Übernachten	25
Essen und Trinken	28
Aktivurlaub, Sport und Wellness	30
Feste und Unterhaltung	34
Festkalender	36
Reiseinfos von A bis Z	38

Panorama – Daten, Essays, Hintergründe

Steckbrief Mecklenburgische Seenplatte	44
Geschichte im Überblick	46
Faszination Wasser – im Land der tausend Seen	50
Mecklenburg – das ›steinreiche‹ Land	54
Geschützte Natur – die National- und Naturparks der Seenplatte	56
Mecklenburgs ›Tafelsilber‹ – Burgen, Schlösser, Herrenhäuser	62
›Uppassen, nu ward platt snackt!‹	66
Klassik in der Scheune	70
Alleen in Mecklenburg – sanftes Rauschen unter grünem Blätterdach	74
Sanddorn – das Ludwigsluster Powerfrüchtchen	78

Inhalt

Unterwegs in der Seenplatte

Rund um die Müritz 82
Waren an der Müritz 84
Müritz-Nationalpark 93
Federow 93
Schwarzenhof 97
Radrundtour durch den Müritz-Nationalpark
  zum Müritzhof 97
Speck 98
Dörfer um die südliche Müritz 101
Boek 101
Rechlin 102
Lärz 103
Wredenhagen 103
Bollewick 104
Ludorf 104
Röbel 106
Nordwestlich der Müritz 113
Woldzegarten 113
Klink 113
Sietower Wandelweg 114

An den großen Seen um Malchow und Plau 116
Malchow 118
Radtour nach Zislow 123
Ausflugsziele nördlich der Seen 125
Damerower Werder 125
Sparow 126
Alt Schwerin 126
Radtour um den Drewitzer See 127
Plau am See 128
Ausflüge von Plau am See 137
Bad Stuer und Stuer 137
Naturschutzgebiet Marienfließ 141

**Mecklenburgische Kleinseenplatte
  um Mirow** 142
Mirow 144
Die Mirower Hubschleuse 146
Ausflug zum Erbsland 147
Ausflüge südlich von Mirow 147
Rheinsberg 156

Inhalt

Wesenberg und Umgebung	159
Wesenberg	159
Ausflüge von Wesenberg	160

Neustrelitz und die Feldberger Seen — 162
Neustrelitz — 164
Radtour rund um den Zierker See — 171
Feldberger Seenlandschaft — 177
Feldberg — 178
Auf dem Naturerlebnispfad durch den
  Buchen-Urwald Serrahn — 179
Carwitz — 182
Fridolin-Wanderung um den Schmalen Luzin — 183
Lüttenhagen — 187
Krumbecker Park — 187

Neubrandenburg und Umgebung — 192
Neubrandenburg — 194
Am Tollensesee — 203
Tollensesee-Radrundweg — 203
Ausflüge in die Umgebung — 209
Penzlin — 209
Ankershagen — 212
Hohenzieritz — 213
Burg Stargard — 215
Burgenwanderung von Burg Stargard
  nach Penzlin — 217

Mecklenburgische Schweiz — 220
Reuterstadt Stavenhagen — 223
In der Umgebung von Stavenhagen — 225
Ivenack, Malchin — 225
Teterow — 231
In der Umgebung von Teterow — 238
Thünengut in Tellow — 238
Gut Dalwitz — 238
Dendrologischer Garten Blücherhof — 239

Güstrow und südwestliche Umgebung — 242
Güstrow — 244
Ausflüge in die Umgebung — 253
In den Naturparks Sternberger Seenland und
  Nossentiner/Schwinzer Heide — 256
Goldberg — 257
Langenhägener Seewiesen — 258
Kloster Dobbertin — 259

Inhalt

Krakow am See	261
Wassermühle Kuchelmiß	261
Wolhynier-Umsiedler-Museum	262
Sternberg	264
Warnow-Durchbruchstal	266
Wanderung durch das Warnow-Mildenitz-Durchbruchstal	266
Schwerin und Ludwigslust	**272**
Schwerin	274
Radtour nach Ludwigslust	283
Ludwigslust	288
Ausflug zum Landgestüt Redefin	291
Register	292
Autorin/Abbildungsnachweis/Impressum	296

Auf Entdeckungstour

Adlerbeobachtung – der König der Seenplatte	94
Die Lehm- und Backsteinstraße – Ökoprojekte zum Anfassen	134
Abenteuer Kanutour – die Rätzsee-Runde	152
Hans Fallada – Literaturgeschichte aus der Provinz	184
Fritz Reuter – glückliche Jahre in Neubrandenburg	198
Zu den 1000-jährigen Eichen von Ivenack	227
Basedow, Ulrichshusen, Schorssow und Burg Schlitz	232
Ernst Barlach – ein Künstler im inneren Exil	250
Wikingertreffen im altslawischen Tempelort Groß Raden	268
Auf den Spuren des Hofbaumeisters Georg Adolph Demmler	280

Karten und Pläne

s. hintere Umschlagklappe

▶ Dieses Symbol im Buch verweist auf die Extra-Reisekarte Mecklenburgische Seenplatte

Liebe Leserin, lieber Leser,

wenn ich Erholung suche und Tapetenwechsel brauche, gibt es für mich kaum etwas Erfrischenderes, als einen Katzensprung nach Nordosten in die Mecklenburgische Seenplatte zu unternehmen. Dort angekommen, statte ich dem Fischer im Dorf einen Besuch ab und erstehe frische Flusskrebse, die am Abend über dem offenen Feuer gekocht werden. Das sind die schönsten Tage, wie sie von mir aus noch viele Sommer so weitergehen können. Die Ruhe, die sich über die Zeit dann in mir ausbreitet, tut gut – schon immer hat die Zeit in Mecklenburg eine besondere Rolle gespielt: Aus irgendeinem Grunde gibt es hier nämlich mehr davon!

Mit diesem Buch möchte ich Sie auf Ihrer Entdeckungsreise durch die Mecklenburgische Seenplatte begleiten und Sie zu meinen persönlichen Lieblingsplätzen führen. Da ich ein Mensch bin, dem die kultivierte Schönheit des Individuellen und Natürlichen in entlegener Provinz wie in der Feldberger Seenlandschaft oder im Naturpark Mecklenburgische Schweiz und Kummerower See mehr liegt als die viel frequentierten touristischen Reiseziele an der Müritz, werden Sie möglicherweise die eine oder andere Überraschung erleben.

Haben Sie Lust, einen kenntnisreichen Müritz-Nationalpark-Ranger zur Adlerbeobachtung fast direkt bis an den Horst zu begleiten oder eine ausgedehnte Fahrradtour rund um den Zierker See bei Neustrelitz zu unternehmen? Vielleicht mögen Sie lieber einem hochkarätigen Klassikkonzert der Festspiele Mecklenburg-Vorpommern in einer alten Haferscheune lauschen oder bei der Sanddornernte in Ludwigslust zuschauen? Nicht zu vergessen eine Wanderung durch den ältesten deutschen Buchenwald bei Serrahn oder eine Kanutour vorbei an blühenden Seerosenfeldern wie in der Rätzsee-Runde südlich von Mirow? Aber vielleicht wollen Sie es auch einfach nur ganz schlicht haben: faulenzen und göttlich schlemmen!

Was auch immer Sie anspricht und Ihr Herz höherschlagen lässt, ich wünsche Ihnen einen erlebnisreichen Aufenthalt und freue mich auf Ihre Rückmeldung!

Christiane Kaufmann

Die Müritz bei Klink

Leser fragen, Autoren antworten
Die Seenplatte persönlich – meine Tipps

Nur wenig Zeit? Die Seenplatte zum Schnuppern
Wenn Sie nur ein verlängertes Wochenende für ein erstes Kennenlernen der Mecklenburgischen Seenplatte haben, wählen Sie Ihren Standort am besten möglichst zentral, also in der Gegend rund um die **Müritz,** nahe **Neustrelitz** oder im Gebiet um **Malchow** und **Plau.** Von hier aus sind die Wege kurz für Tagesausflüge zu den meisten interessanten kulturhistorischen Sehenswürdigkeiten. Freizeitangebote wie Kanufahren, Radeln und Wandern können Sie sowieso überall wahrnehmen.

Welche Sehenswürdigkeiten sollte man sich anschauen?
Obwohl eindeutig die Natur die Hauptrolle in der Mecklenburgischen Seenplatte spielt, gibt es so manch interessanten kulturgeschichtlichen Schatz zu entdecken: Archäologisch Interessierte sollten einen Besuch im **Freilichtmuseum Groß Raden** bei Sternberg einplanen, wo man in die spannend aufbereitete Lebenswelt einer hier ausgegrabenen slawischen Siedlung aus dem 9. Jh. eintauchen kann. Zu der riesigen Anlage gehören auch ein ehrwürdiges Heiligtum und ein Museum, was in dieser Kombination einzigartig in ganz Deutschland ist. Sehenswert nicht nur an Schlechtwettertagen und mit Kindern ist das **Müritzeum** in Waren (Müritz), eine interaktiv präsentierte Naturerlebnisausstellung mit Süßwasseraquarien. Burgen-Fans kommen in **Penzlin** und **Burg Stargard** auf ihre Kosten. Wer sich für die norddeutsche Backsteingotik interessiert, ist bei einem Stadtrundgang durch **Neubrandenburg** gut aufgehoben. Einmalig im Raum der Seenplatte ist das von Stadtmauer und Doppelwallanlage umgebene Altstadtquartier mit mittelalterlichen Wehrtürmen, Wiekhäuschen und Stadttoren. Ein reizvolles Ensemble bildet auch die sternförmige Stadtanlage **Neustrelitz,**

Mecklenburgische Seenplatte persönlich – meine Tipps

Sehenswürdigkeiten

ein Paradebeispiel für Barockarchitektur. Sehenswert im benachbarten Brandenburg: **Rheinsberg,** mit dem einmalig schönen Barockschloss am Ufer des Grienericksees und dem schachbrettartig angelegten Bürgerhausensemble aus der Zeit Friedrichs des Großen.

Während das romantisch anmutende ›Märchenschloss‹ **Schwerin** und die mächtige Vierflügelanlage **Güstrow** als Hauptwerke des deutschen Historismus prunken, sind die Barockschlösser **Mirow** und **Ludwigslust** etwas bescheidener in den Ausmaßen – Letzteres teilweise erbaut aus dem berühmten Ludwigsluster Carton: Pappmaschée statt Marmor!

Welche Rolle spielt die Kunst?
Ein Höhepunkt auf der Liste der kunstgeschichtlichen Stätten des 20. Jh. ist **Güstrow,** wo man zahlreiche weltbekannte Plastiken und Grafiken des Bildhauers Ernst Barlach im Original betrachten kann und zudem im Stadtmuseum eine kleine Werksammlung deutscher Expressionisten findet. Als Ausstellungsforum zeitgenössischer ostdeutscher Kunst macht die **Kunstsammlung Neubrandenburg** von sich reden. Eine der reichhaltigsten Kunstsammlungen der neuen Bundesländer beherbergt das **Staatliche Museum Schwerin.** Allein in der Galerie Alte und Neue Meister hängt eine Spitzenkollektion niederländischer und flämischer Barockmalerei, und das Museum besitzt eine beachtliche Marcel-Duchamp- und Günther-Uecker-Sammlung.

Wo finde ich die schönsten Schlösser und Herrenhäuser?
Wie Perlen an einer Kette aufgereiht findet man Guts- und Herrenhäuser in der **Mecklenburgischen Schweiz** rund um den **Malchiner See,** wo sich eine Vier-Schlösser-Entdeckungstour anbietet (S. 232): zu den Schlössern **Schlitz, Schorssow, Basedow** und **Ulrichshusen.** In der Nähe liegen auch Schloss **Teschow** und **Gut Blücherhof.** Noch nicht saniert, aber wunderschön am Ivenacker See ruht Schloss **Ivenack** in einem halb verwilderten Park. Zum Publikumsmagneten hat sich die Gedenkstätte in Schloss **Hohenzieritz** mit dem Sterbezimmer von ›Preußens Lady Di‹, der beliebten Königin Luise, entwickelt.

Welche historischen Gärten sind besonders sehenswert?
Zu jedem Schloss und Herrenhaus gehörte ein Park und es wächst und blüht noch heute im Raum der Seenplatte in imposanten Gartenanlagen von historischem Rang. Die Kunst der Garten- und Landschaftsgestaltung im englischen Stil, geplant von Peter Joseph Lenné, dem obersten preußischen Gartenarchitekten des 19. Jh., ist öffentlich zugänglich erlebbar bei **Schloss Kittendorf** nördlich von Waren (Müritz), in **Basedow** südlich von Malchin und rund um **Krumbeck** östlich von Neustrelitz, wo sogar 240 Jahre alte, haushohe nordamerikanische Nadelbaumriesen zu bewundern sind. Auch im Dendrologischen Garten von

Ritterspiele auf Burg Stargard

Gut Blücherhof, wo zwischen Teichen und Wiesen botanische Raritäten aus aller Welt wachsen, kann man schöne Spaziergänge machen.

Wie finde ich den besten Badesee?

Mein Tipp: Fragen Sie die Einheimischen. Der Weg zum nächsten Gewässer ist kurz. Dabei ist es nicht verkehrt, vor der Buchung beim Vermieter nachzufragen, wie weit der nächste Badesee vom Haus entfernt liegt. Denn günstigenfalls können Sie im Urlaub zu Fuß zum Schwimmen gehen.

Einige Hotels liegen direkt am Seeufer, oftmals mit eigenem Strand, sodass man sich morgens vor dem Frühstück im Bademantel aufmachen kann, um ein erfrischendes Bad zu nehmen.

Mobil auch ohne Auto?

Mecklenburg-Vorpommern ist ein Flächenland, das von verschiedenen Verkehrsbetrieben befahren wird. Ein übergreifendes Verkehrskonzept existiert noch nicht. Zwar erleichtert das Mecklenburg-Vorpommern-Ticket der Deutschen Bahn das Reisen auf der Schiene im ganzen Bundesland, und im Raum Müritz gibt es das Nationalparkticket. Doch das Reisen per Bus, Bahn, Fähre und Fahrgastschiff ist mit Aufwand verbunden und erfordert gute Organisation. Wer in entlegene Winkel will, ist oftmals chancenlos, denn in der Regel ist es nicht möglich, den abgeschiedenen Ausgangspunkt einer Wanderung, einen einsamen Badesee oder ein ländliches Café mit den ›Öffis‹ zu erreichen. Nicht umsonst reisen fast 90 % der Urlauber mit dem Auto an.

Schlösser und Herrenhäuser, Gärten

Mecklenburgische Seenplatte persönlich – meine Tipps

Wandergebiete

Wohin am besten zum Wandern?

Empfehlenswert sind Wanderungen unter Führung der Nationalpark- und Naturpark-Ranger, im Sommer zur Adler- und im Herbst zur Kranichbeobachtung oder auf den Spuren von Biber und Otter. An vielen Seeufern stehen Aussichtstürme zur Beobachtung der Vogelwelt. Im abgeschiedenen **Buchen-Urwald Serrahn** im östlichen Teil des Müritz-Nationalparks kommt man der Natur ganz nah, ebenso im westlich gelegenen **Naturschutzgebiet Warnow-Durchbruchstal** mit kluftigen Felsvorsprüngen und breiten Flusstälern. Besonders romantisch mutet die **Krakower Seenlandschaft** an, die mit zum **Naturpark Nossentiner/Schwinzer Heide** gehört. Hier gibt es eine Vielzahl kleiner Seen. Im **Naturpark Feldberger Seenlandschaft** schlängelt sich bei Lüttenhagen ein Rundweg durch das Naturschutzgebiet Die Heiligen Hallen, wo hochgewachsene Bäume wie Kathedralsäulen in den Himmel ragen. Wanderer, die Stille und innere Einkehr suchen, gehen den **Pilgerweg Mecklenburgische Seenplatte** von Friedland nach Mirow.

Wo kann man gut Rad fahren?

Sehr beliebt sind Touren rund um einen See: um den Zierker See bei Neustrelitz, den Malchower See, den Malchiner See oder gar um die große Müritz. Zusätzlich zu den kürzeren Stunden- oder Tagestouren gibt es die großen Fernwege zwischen Seenplatte und Ostseeküste, darunter den

Paddel-Pause bei Ahrensberg an der Oberen-Havel-Wasserstraße

Mecklenburgische Seenplatte persönlich – meine Tipps

Mecklenburger Seenradweg oder den **Radweg Hamburg–Rügen,** die über weite Strecken durch die Landschaft der Seenplatte führen.

Wo finde ich ideale Kanureviere?
Die am häufigsten befahrenen Kanu- und Kajakreviere im Raum der Seenplatte befinden sich zwischen **Käbelick- und Useriner See** sowie zwischen **Mirower See** und **Bolter Schleuse** im **Müritz-Nationalpark.** Überhaupt verspricht das kleinteilig und kompliziert verzweigte Fluss- und Kanalsystem der **Mecklenburger Kleinseenplatte** auf dem Alten Flößerweg Richtung Schleuse Fürstenberg in Brandenburg sportliche Herausforderungen und schöne Naturerlebnisse. Besonders früh am Morgen paddelt man einsam in fast mystischer Stimmung auf den Gewässern der **Feldberger Seenplatte** zwischen Breitem Luzin und Carwitzer See durch die Stille der Natur. Andere Herausforderungen stellen die Flüsse **Warnow** und **Mildenitz** im **Sternberger Seenland,** wo Strömung und Strudel über Felsbrocken im Wasser ziehen und man das Gleichgewicht halten und lenken können muss.

Was gibt es Neues?
Ein neuer Trend im Raum der Seenplatte ist der Ausbau von Gesundheits-, Kur- und Rehabilitationseinrichtungen. Dazu gehören landschaftlich zauberhafte Nordic-Walking-Strecken unterschiedlicher Schwierigkeitsgrade am und um den Krakower See sowie in Feldberg. Größter Beliebtheit erfreut sich die Kneippsche Kurwoche in Feldberg, wo auch ein Barfußpfad, ein sportmedizinischen modernen Fitnessparcours und das Natursteinkneippbecken Marienquelle einladen. Im Heilbad Waren (Müritz) können externe Gäste unter bestimmten Voraussetzungen in der Thermalsole des Kurzentrums schwimmen (www.mv-baederverband.de).

Kanureviere

Mein besonderer Tipp: offene Privatgärten
Neben den zu Gutshäusern gehörenden Landschaftsparks mit aristokratischer Note gibt es viele Privatgärten, die öffentlich zugänglich sind. Man könnte Wochen damit verbringen, in den farbenreich blühenden Paradiesen zu schwelgen und Schwätzchen über Pflege und Pflanzpläne mit ihren Besitzern zu halten. Manchmal darf man Samen oder Keimlinge mit nach Hause nehmen. Hilfreich bei der Auffindung von Adressen, Gartengeschichten und Öffnungszeiten im Netz: www.offene-gaerten-mv.de oder www.gartenroute-mecklenburg-vorpommern.de oder www.mvp.gartennetz-deutschland.de.

NOCH FRAGEN?
Die können Sie gern per E-Mail stellen, wenn Sie die von Ihnen gesuchten Infos im Buch nicht finden:
kaufmann@dumontreise.de
info@dumontreise.de
Auch über eine Lesermail von Ihnen nach der Reise mit Hinweisen, was Ihnen gefallen hat oder welche Korrekturen Sie anbringen möchten, würden wir uns freuen.

Ein herrlicher Ort zum Sonnen und Baden: das Naturstrandbad Broda, S. 204

Das betörende Blau der Müritz vom Turm der Marienkirche in Röbel, S. 110

Lieblingsorte!

Stimmungsvolle Hinterhofidylle in Schwerins Schelfviertel, S. 284

Ein perfekter Ort für inspirierende Gespräche: die Büdnerei Lehsten, S. 211

Gemütlichkeit im Café Pfarrhof in Stuer, S. 139

Hautnah erleben, wie die Natur erwacht: Urlaub in einem Bootshaus, S. 149

Die Reiseführer von DuMont werden von Autoren geschrieben, die ihr Buch ständig aktualisieren und daher immer wieder dieselben Orte besuchen. Irgendwann entdeckt dabei jede Autorin und jeder Autor seine ganz persönlichen Lieblingsorte. Dörfer, die abseits des touristischen Mainstream liegen, eine ganz besondere Badebucht, Plätze, die zum Entspannen einladen, ein Stückchen ursprünglicher Natur – eben Wohlfühlorte, an die man immer wieder zurückkehren möchte.

Trockenen Fußes aufs Wasser: der Seepavillon am Zierker See, S. 173

Im Hofladen der Schäferei in Hullerbusch gibt es Biologisches aus eigener Zucht, S. 180

Schnellüberblick

Rund um die Müritz
Das Müritzgebiet mit dem quirligen Hafenstädtchen Waren und dem Müritz-Nationalpark ist das Herz der Seenplatte und übt die größte Anziehung auf Urlauber aus. S. 82

Güstrow und südwestliche Umgebung
Die Barlach- und Residenz-Stadt Güstrow ist kultureller Anziehungspunkt im Norden der Seenplatte und Tor zu einem Seengebiet mit verwunschenen Mooren, auf über 180 km durchflossen von Elde, Mildenitz und Warnow. S. 242

Schwerin und Ludwigslust
Die Landeshauptstadt ist die einzige Großstadt – und westlicher Abschluss der Seenplatte mit zahlreichen kulturellen Highlights. S. 272

An den großen Seen um Malchow und Plau
Das weit verzweigte Netz der Mecklenburgischen Oberseen mit so sehenswerten Städtchen wie Plau am See und Malchow kommt, was die touristische Frequenz im Bereich der Seenplatte angeht, gleich an zweiter Stelle. S. 116

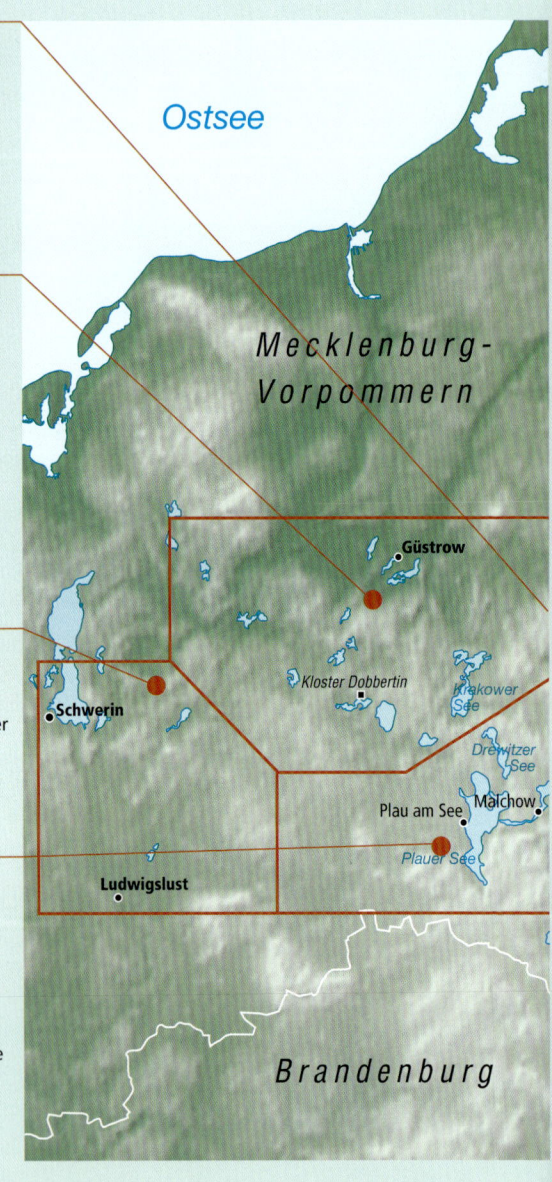

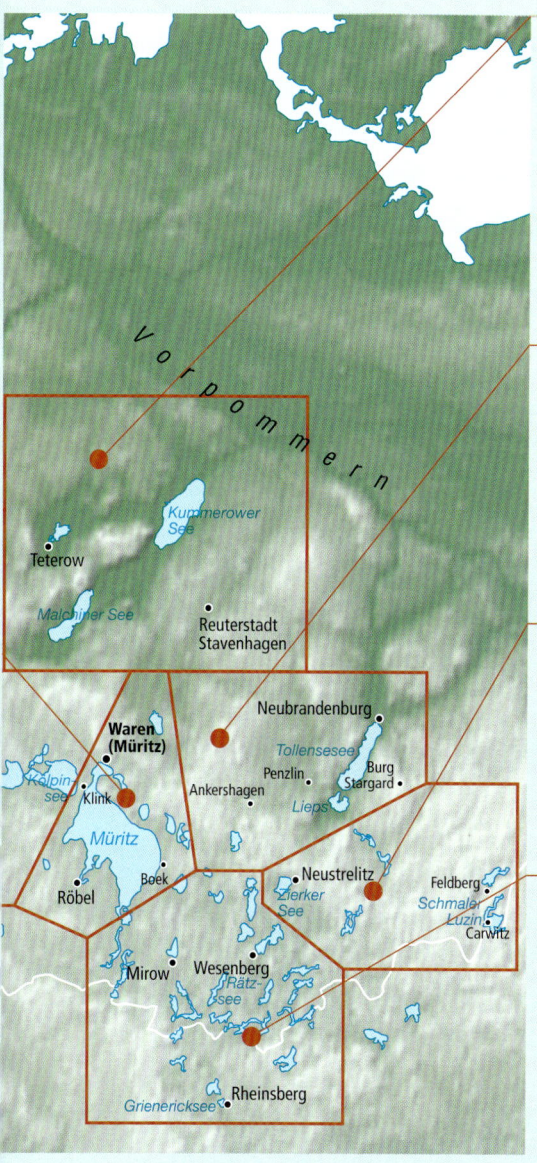

Mecklenburgische Schweiz
Stavenhagen, die ›Kinderstube‹ Fritz Reuters, bildet den Auftakt zu dieser sanft gewellten Hügellandschaft am Übergang in die vorpommersche Talzone. Hier reihen sich Schlösser, Burgen und Gutshäuser wie Perlen aneinander.
S. 220

Neubrandenburg und Umgebung
Die Vier-Tore-Stadt mit ihrer norddeutschen Backsteingotik auf dem nordöstlichen Landrücken der Seenplatte ist umgeben von attraktiven Zielen für Tagesausflüge.
S. 192

Neustrelitz und die Feldberger Seen
Entlegenes Land der leicht hügeligen Buchenwälder, durchzogen von Kesselmooren und bewaldeten Steilufern an märchenhaft türkis glitzernden Seen. S. 162

Mecklenburgische Kleinseenplatte um Mirow
Die am dünnsten besiedelte, aber touristisch gut erschlossene Region der Seenplatte mit ihren dreihundert kleinen und allerkleinsten Seen, allesamt durch Flüsse und Kanäle miteinander verbunden, ist das schönste Paddel-Revier. S. 142

Reiseinfos, Adressen, Websites

Feriendomizile wie im Bilderbuch: Bootshäuser nahe Güstrow

Informationsquellen

Infos im Internet

www.mueritz.de
Portal mit allen Grunddaten speziell für die Seenplatte, mit Hinweisen zu Unterkünften, Sehenswürdigkeiten, Ausflugszielen, Online-Ticketservice und aktuellem Müritz-Wetter.

www.mecklenburg-vorpommern. de
Das auf den ersten Blick etwas nüchtern anmutende Landesportal der Regierung erweist sich als wahre Schatzkiste für Urlauber mit ausgezeichnet recherchierten Artikeln und neusten Meldungen aus Wirtschaft, Kultur und Tourismus, u.a. Vorschläge für Kanutouren oder Hinweise auf Kunstausstellungen und Musik-Events; angenehm in der Benutzung, weil frei von kommerziellen Einträgen.

www.m-vp.de
Kommerzielle Webseite mit hilfreicher Schnellsuche für noch freie Unterkünfte. Hat man sich für einen Ort entschieden, kann man den gut aufgegliederten regionalen Hinweisen auf Kulturveranstaltungen, Freizeiteinrichtungen, Wanderrouten und Restaurants folgen.

home.meinestadt.de/ mecklenburg-vorpommern
Praktisches Portal, um sich mal eben schnell einen Überblick über das Angebot von Hotels, Restaurants und Freizeiteinrichtungen in einer ganz bestimmten Stadt oder einem Dorf zu verschaffen – und sei es noch so klein.

www.ndr.de
Aktuelle Tagesnachrichten aus Mecklenburg-Vorpommern, zusammengestellt vom Norddeutschen Rundfunk.

Tourismusverbände

Tourismusverband Mecklenburg-Vorpommern e. V.: Konrad-Zuse-Str. 2, 18059 Rostock, Tel. 0381 403 05 50, www.auf-nach-mv.de.
Hier gibt es eher übergeordnete Informationen, die das ganze Bundesland betreffen, auch über die Seenplatte, vor allem aber über die Küste von Mecklenburg-Vorpommern. Zum Beispiel über Kur-Urlaub, die National- und Naturparks, Biosphärenreservate, Familienangebote, Wellness oder Schul- und Jugendreisen.

Tourismusverband Mecklenburgische Seenplatte e. V.: Turnplatz 2, 17207 Röbel/Müritz, Tel. 039931 53 80, www.mecklenburgische-seenplatte.de.
Die wichtigste Anlaufadresse für alle Informationen rund um die Großseenplatte zwischen Waren und Plau, die Kleinseenplatte um Mirow und die Mecklenburgische Schweiz um Güstrow. Versendung von Prospektmaterial (s. Webseite), Unterstützung bei der Zimmerbuchung und Vermittlung von Last-Minute-Angeboten.

Tourismusverband Mecklenburg-Schwerin e. V.: Puschkinstr. 44, Im Rathaus, 19055 Schwerin, Tel. 0385 59 18 98 75, www.mecklenburg-schwerin.de.

Spezialreiseveranstalter

Kinder und Jugendliche
Klax-Indianerdorf: c/o Bio-Bauernhof Peitz, Feldweg 3, 17194 Klocksin (Molzow), Tel. 039933 734 76 oder 030 64 49 44 22, www.klax-indianerdorf.de, Mai–Sept. Nettes Natur- und Umweltcamp 6 km westl. von Ulrichshusen mit

Informationsquellen

Tagesabenteuer- und Übernachtungsangebot in Tipis für Kinder, Gruppen und Familien.

AG Junges Land für Junge Leute: Konrad-Zuse-Str. 2, 18059 Rostock, Tel. 0381 403 05 00, Fax 0381 34 03 05 55, www.mcpom.com. Die aktuelle Jahresbroschüre des Tourismusverbands »Auf nach MeckPom« liefert ausführliche Informationen zu attraktiven Schul- und Jugendreisen für Kinder und junge Menschen im Alter von 6 bis 26.

Thünenkate: Auf dem Thünengut, Warnkenhagen, OT Tellow. Tel. 039976 54 10, www.thuenen-museum-tellow.m-vp.de, www.thuenenkate.de, Strohboden pro Kind, Preis auf Anfrage, Frühstück extra. Die Jugendbegegnungsstätte östl. von Güstrow ist besonders für preiswerte Gruppenübernachtungen von Kindern und Jugendlichen mit Betreuern geeignet. Strohboden mit 30 Plätzen plus Allergikerschlafraum für empfindsame Naturen.

Lesetipps

Helmuth Borth: Zwischen Fürstenschloss und Zahrenhof. Unterwegs zu Guts- und Herrenhäusern im alten Mecklenburg-Strelitz, Steffen Verlag, Friedland 2005. Eine schöne Lektüre für Menschen, die an den Schicksalen einzelner Adelsbauten im Ostteil der Seenplatte Interesse haben.

Tom Crepon: Leben und Tode des Hans Fallada, geb. Ausgabe, Mitteldeutscher Verlag, Halle 1992. Mitfühlend und mit sehr vielen Äußerungen von Fallada selbst schildert Crepon das tragische Auf und Ab dieses Schriftstellerlebens.

Wolfhard Eschenburg und Jürgen Borchert: Das alte Mecklenburg in Photographien von Karl Eschenburg, Hinstorff-Verlag, Rostock 2001. Die beiden Journalisten haben viele historische Aufnahmen zusammengetragen.

Henry M. Doughty: Mit Butler und Bootsmann, Verlag Quick Maritim Medien, Rechlin 2009. Eine unterhaltsam und spannend geschriebene Reisebeschreibung eines englischen Adligen, der 1890 von Friesland zu einer Reise durch Mecklenburg bis nach Böhmen aufbrach.

Natur erleben Mecklenburg-Vorpommern: Hrsg. Achim Nöllenheidt/Klartext-Verlag, Essen 2011 (vergriffen). Das 476-Seiten-Buch berichtet von den insgesamt drei Nationalparks, sieben Naturparks und zwei Biosphärenreservaten Mecklenburg-Vorpommerns. Sehr anregend sind die zahlreichen Routenvorschläge für Wanderungen, Fahrrad- und Kanutouren durch die Gebiete samt einer appetitanregenden Vorstellung kulinarischer Besonderheiten in den einzelnen Regionen.

Cornelia Nenz: Auf immer und ewig, Dein Fritz Reuter. Aus dem Leben der Luise Reuter, Hinstorff-Verlag, Rostock 1999. Reuter einmal durch die private Brille gesehen; einfühlsam geschrieben von der Direktorin des Reuter-Literaturmuseums, mit vielen zuvor unveröffentlichten Briefen und Dokumenten.

Fritz Reuter: Die Urgeschicht von Mecklnborg, Tradition Classics, Hamburg 2011. Dieser amüsante plattdeutsche Titel erinnert daran, dass das Fach Belletristik im Hinstorff-Verlag durch Reuters Werke erst begründet wurde (im Hinstorff-Verlag auch als Hörbuch).

Beate Schöttke-Penke und Christian Lehsten: Offene Gärten zwischen Müritz und Usedom, Steffen Verlag, Friedland 2011. Dieser sehr persönlich gehaltene Text-Bildband entführt in gehegte und gepflegte mecklenburgische Kleinparadiese, davon einige im Herzen der Seenplatte, und erzählt Geschichten ihrer begeisterten Gärtner. Jeder Garten ist öffentlich zugänglich.

Wetter und Reisezeit

Klima

Das gemäßigte, milde Reizklima der Seenplatte ist der Gesundheit und dem Wohlbefinden des menschlichen Organismus generell sehr zuträglich. Nur selten herrscht das gleiche Wetter über mehrere Tage vor. Im mecklenburgischen Binnenland ist es generell im Sommer heißer als an der Küste, was an der fehlenden frischen Küstenbrise liegt. Im Juli und August, den zwei heißesten Monaten, gibt es an der Seenplatte die meisten Sommergewitter.

Allgemeine Wetterinfos

www.mueritz.de/wetter: Tageswetter an der Wetterstation des Müritzhofes im Müritz-Nationalpark. Ein aktuelles Foto vom Müritz-Ufer oder aus dem Müritz-Nationalpark wird täglich um 7.30 Uhr eingesetzt, damit man sich auch gefühlsmäßig leichter vorstellen kann, was die nüchternen technischen Wetterdaten meinen.

Badewetter

www.wetter.net/wasser/wasser-mecklenburg-vorpommern: Schon vor der Abreise kann man nachschauen, wie warm das Wasser in der Seenplatte ist. Täglich wird in der zentral gelegenen Müritz und in sieben anderen großen Seen gemessen.

Reisezeiten

Grundsätzlich bilden die Monate Mai bis Oktober die Hauptreisezeit für die Seenplatte, denn dann bieten sich die meisten Möglichkeiten für Freizeitaktivitäten in der Natur. Zum Wandern und Radfahren eignen sich am besten Vor- und Nachsaison, wenn es nicht ganz so heiß ist, also in den Monaten von Mitte Mai bis Juni sowie Mitte September bis Oktober. Dennoch hat jede Jahreszeit ihren individuellen Reiz.

Frühjahr

In der Regel bildet das Osterfest den Auftakt zur Saison in Mecklenburg-Vorpommern, auch läutet es das Ansegeln auf den Seen ein.

Sommer

Im Juni und Juli blühen die Seerosen und verzaubern die Gewässer. Wer das in seiner ganzen Pracht genießen will, kann sich bei einer Kanustation nach Seerosenvorkommen erkundigen und dorthin paddeln. Mit dem Baden beginnen viele schon Ende Juni. Im Hochsommer herrscht rund um die Ufer der Seen der größte Andrang. An Wochenenden setzt erfahrungsgemäß ein Ansturm von Tagesausflüglern ein, vor allem aus dem Raum Hamburg und Berlin.

Klimatabelle für die Seenplatte

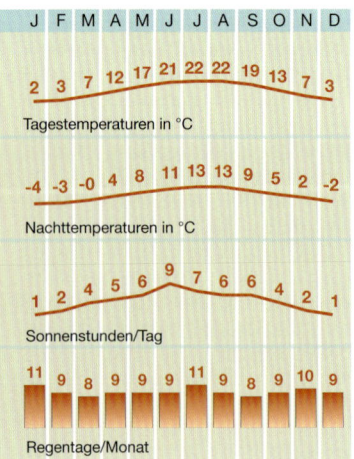

	J	F	M	A	M	J	J	A	S	O	N	D
Tagestemperaturen in °C	2	3	7	12	17	21	22	22	19	13	7	3
Nachttemperaturen in °C	-4	-3	-0	4	8	11	13	13	9	5	2	-2
Sonnenstunden/Tag	1	2	4	5	6	9	7	6	6	4	2	1
Regentage/Monat	11	9	8	9	9	9	11	9	8	9	10	9

Wetter und Reisezeit

Zug der Kraniche im September und Oktober
Um die Sammlung und den Zug der Kraniche ins südliche Winterquartier mitzuerleben, muss man ab Mitte August bis Mitte Oktober an die Seenplatte fahren. Der große **Rederangsee** bei Federow (s. S. 93) im Müritz-Nationalpark ist einer der bevorzugten Sammel- und Rastplätze der »Vögel des Glücks«. Hier veranstalten alljährlich Ende September etwa 9000 Kraniche einen echten Höhepunkt des ›Spektakels‹. Zwar beginnt das Schauspiel allmählich Ende August, wenn sich die einheimischen Kraniche in Scharen einfinden und schlafend auf ihren hohen, dünnen Stelzen im Flachwasser stehen. Aber spätestens Ende September/Anfang Oktober kommen Tausende Kraniche aus Skandinavien hinzu. Ihr lautes Trompeten hört man schon zwei Kilometer, bevor sie landen.
Geführte Touren: Auf einer 4 km langen Wanderung erlebt man den abendlichen Flug der Kraniche zu ihren Schlafplätzen. Die tägliche Besucherzahl ist begrenzt, daher rechtzeitig ›Kranich-Tickets‹ reservieren beim Nationalpark-Service Federow, Tel. 03991 66 88 49, www.nationalpark-service.de, Erw. 7,50 €/ Kinder 7–15 Jahre 4 €.

Herbst
Eine Seenplattenreise im Herbst bietet den Vorteil von Naturerlebnissen in der Stille, da man im Müritz-Nationalpark und den anderen Naturparks viel seltener auf Menschen trifft. Außerdem kann man unter Umständen bis in den Oktober hinein baden. Auch wer lieber Sightseeing und Museumsbesuche machen möchte, reist angenehmer in der ferienfreien Zeit.

Winter
Von November bis Februar werben die großen Hotels mit günstigen Wellness-Angeboten, einer heißen Tasse Kakao vor dem prasselnden Kaminfeuer und schönen Adventsmärkten z. B. in Ulrichshusen, Tellow oder Bollewick. Außerdem kann man eisangeln, auf den zugefrorenen Seen Schlittschuh laufen oder Spaziergänge in der von Raureif verzauberten Landschaft genießen.

Insbesondere im Januar und Februar haben einige Hotels und Restaurants geschlossen und auch die Museumsöffnungszeiten sind zum Teil stark eingeschränkt.

Kleidung und Ausrüstung

Wer im Sommer in die Seenplatte reist, wenn die zahlreichen Seen die Badegäste locken, sollte auf jeden Fall luftige Sommerkleidung, Sonnencreme und ein großes Badehandtuch für Strand oder Badewiese einpacken. Plastiksandalen leisten an steinigen Seeufern gute Dienste. Ganz wichtig für die Zeit der einsetzenden Abenddämmerung ist ein taugliches Mückenmittel – in so wasserreichen Gegenden wie der Seenplatte schwirren manchmal erstaunlich aggressive Exemplare der kleinen Plagegeister durch die Luft. Ein Pullover für frischere Abende ist ratsam. Für sportive Unternehmungen wie Wander-, Rad- und Kanutouren zwischen Frühjahr und Herbst benötigt man – je nach Unternehmung – das passende (Outdoor-)Schuhwerk und eine leichte Wetterjacke. Ein Fernglas für die Tierbeobachtung einzupacken ist nicht verkehrt. Im Winter nimmt, wer mag, seine Schlittschuhe mit. Für gehobenere Schlosshotels und Restaurants empfiehlt sich feinere Garderobe wie Anzug bzw. Kleid.

Anreise und Verkehrsmittel

Anreise

... mit dem Auto

Aus Richtung Süden erreicht man das Gebiet der westlichen Mecklenburgischen Seenplatte zwischen Plau und Waren über die A 19 (Autobahn Wittstock–Rostock) sowie die östliche Seenplatte um Neustrelitz und Neubrandenburg über die B 96 (Bundesstraße Berlin–Greifswald). Von Westen erreicht man das Gebiet um Schwerin und Ludwigslust über die A 24 (Autobahn Hamburg–Berlin). Wer in den Norden der Seenplatte nach Güstrow, Teterow oder in die Reuterstadt Stavenhagen möchte, fährt am besten entlang der B 104 (Bundesstraße Lübeck–Stettin/Szczecin).

... mit der Bahn

In und um den Raum Seenplatte bestehen ICE-Express-Verbindungen von Hamburg nach Schwerin und Ludwigslust, Rostock und Anklam sowie die Nord-Süd-Verbindung Berlin–Waren (Müritz)–Rostock. Der Intercity hält in Schwerin, Ludwigslust, Rostock, Greifswald und Neustrelitz. Fahrtzeiten: z.B. Berlin Hbf.–Waren (Müritz) ca. 1,5 Std., Hamburg–Waren 3–4 Std.

Der private InterConnex (Veolia-Verkehr, www.interconnex.com) fährt einmal täglich in beiden Richtungen von Leipzig nach Berlin und weiter über Güstrow, Waren (Müritz) sowie Neustrelitz nach Rostock-Warnemünde.

Besonders populär im Regionalverkehr ist der Warnemünde-Express, weil er von Berlin Hbf. über Oranienburg, Neustrelitz, Waren (Müritz), Rostock und Warnemünde die Seenplatte mit Berlin und der Küste verbindet.

Servicetelefon der Deutschen Bahn: 0180 699 66 33 (20 ct/Anruf v. Festnetz, max. 60 ct/Anruf v. Mobilfunk).

Kostenlose automatische Fahrplanauskunft der Deutschen Bahn: Tel. 0800 150 70 90, Rund-um-die-Uhr-Service zur Buchung.

Buchung eines Online-Tickets über Tel. 0180 610 11 11 (20 ct/Anruf aus dem Festnetz, max. 60 ct/Anruf aus dem Mobilfunk) oder www.bahn.de.

... mit dem Flugzeug

Der Mecklenburgischen Seenplatte am nächsten liegt der Flughafen **Rostock-Laage** (Tel. 01805 00 77 37, www.rostock-airport.de) mit direkten Linienverbindungen nach München, Köln/Bonn und Stuttgart. Waren (Müritz) als Zentrum der Seenplatte ist von dort beispielsweise nur noch eine Autostunde entfernt. **Heringsdorf** in Zirchow auf Usedom (Tel. 038376 25 00, www.flughafen-heringsdorf.de) liegt am günstigsten für alle, die die Feldberger Seenlandschaft im Osten der Seenplatte besuchen wollen. Der Flughafen **Hamburg** (Tel. 040 50 75-0, www.airport.de) befindet sich etwa 1,5 Std. mit dem Auto bzw. per Bahn ca. 1 Std. (ab Hamburg Hbf.) von Schwerin am westlichen Rand der Seenplatte. Von **Berlin-Schönefeld** und **Berlin-Tegel** (Tel. 030 60 91 11 50, www.berlin-airport.de) sind es zwei Stunden Autofahrt bis in die südliche Kleinseenplatte um Mirow oder mit der Bahn etwas mehr als eine Stunde bis Neustrelitz.

Verkehrsmittel im Raum der Seenplatte

Eigenes Auto

Das Auto ist in einem so dünn besiedelten Gebiet wie der Seenplatte nach wie vor das Hauptverkehrsmittel. Und

Anreise und Verkehrsmittel

wer Großstädte wie Berlin, München, Köln oder Hamburg gewöhnt ist, empfindet das Autofahren im Raum der Seenplatte als Entspannung. Wenn es allerdings in der Provinz auf Holperwegen mit Schlaglöchern schon mal ordentlich schaukelt oder staubt, darf man nicht zimperlich sein.

In den Innenstädten größerer Orte wie Waren (Müritz), Neubrandenburg oder Neustrelitz ist es fast unmöglich, überhaupt einen kostenfreien Parkplatz zu ergattern. In der Regel muss man sich auf Parkgebühren einstellen (s. Parkempfehlungen unter den jeweiligen Orten).

Pannenhilfe
ADAC: Tel. 0180 222 22 22, vom Handy 22 22 22. Bundesweit und rund um die Uhr wird man mit der nächstliegenden Pannenstation verbunden.
ACE-Autoclub Europa: Tel. 01802 34 35 36 oder Tel. 0711 530 34 35 36. Bundesweit und rund um die Uhr informiert bei einem Anruf die Zentrale den nächstliegenden Pannendienst.

Leihwagen
Die Adressen kleiner Autovermietungsgesellschaften vermitteln die örtlichen Tourismusbüros, ansonsten kann man telefonisch reservieren (jeweils zentrale Buchung weltweit):
Avis: Tel. 01806 55 77 55, www.avis.de
Europcar: Tel. 040 520 18 80 00, www.europcar.de
Sixt: Tel. 01805 25 25 25, www.sixt.de

Bahn
Die Deutsche Bahn befährt die Süd-Nord-Verbindung Berlin–Neustrelitz–Waren (Müritz)–Güstrow-Rostock. Eine Verbindung quer durch die Seenplatte von Neustrelitz nach Hagenow bietet die Ostdeutsche Eisenbahn (ODEG). Ans Regionalbahnnetz ange-

Die Fähre zur Burgwallinsel in Teterow

Reiseinfos

Mecklenburg-Vorpommern-Ticket
Für Reisen mit Regionalzügen und S-Bahnen von DB und ODEG gilt das Ticket einen Tag lang in ganz Mecklenburg-Vorpommern (Mo–Fr 9–3 Uhr des Folgetages, Sa, So ganztags, ab 23 €/Person, jede weitere Person plus 4 €, bis zu 39 €/5 Pers., Kinder/Enkel bis 14 Jahre in Begleitung der Eltern/Großeltern oft kostenlos).
Interessant für Reisende aus Richtung Berlin: Das **Berlin-Brandenburg-Ticket** gilt bis Waren (Müritz) und auf der Strecke Fürstenberg–Neustrelitz–Neubrandenburg, 29 €/bis zu 5 Personen, Bedingungen sonst wie oben. Informationen: Tel. 0180 699 66 33, www.bahn.de.

schlossen sind u. a.: Waren (Müritz), Güstrow, Neubrandenburg, Schwerin, Ludwigslust, Krakow am See, Plau am See, Hagenow, Hagenow-Land, Malchow, Crivitz, Mirow, Wesenberg, Groß Quassow.

Bus
Besonders für Aktivurlauber, die ihr Fahrrad mitnehmen, haben einzelne Gemeinden praktische und umweltfreundliche Verkehrskonzepte ins Leben gerufen: So ermöglicht das **Müritz-Nationalparkticket** die Erkundung des Müritz-Nationalparks per Bus und Rad mit anschließender Rückfahrt über die Müritz per Schiff (s. Kasten S. 100).

Der **Plauer Rundbus**, ein knallroter Doppeldecker, fährt im Sommer im Stundentakt um den Plauer See und nimmt dazu noch Fahrräder mit (s. S. 118). Das **Bärenwald-Müritz-Ticket** kombiniert eine saisonabhängige Bus- und Schifffahrt zwischen Waren (Müritz) und dem Bärenwald in Stuer bei Plau (s. S. 141). Der **dat-Bus** pendelt zwischen den Stadtzentren von Neubrandenburg, Waren (Müritz), Röbel und Rechlin, im Sommer mit Fahrradanhänger (s. S. 84, 194).

Allerdings werden manche Dörfer gar nicht oder nur zweimal am Tag angefahren und so muss, wer zurückgezogen wohnen will, komplizierte Verbindungen oder lange Wartezeiten in Kauf nehmen. Ausflüge in entlegene Gebiete sind mit öffentlichen Verkehrsmitteln oftmals unmöglich. Aus diesem Grund bleibt das Auto hier nach wie vor das Verkehrsmittel Nummer eins. Am besten ist es, sich bei der Touristinformation des nächstgrößeren Ortes nach einem Busfahrplan zu erkundigen.

Verkehrsgesellschaft Mecklenburg-Vorpommern
www.vmv-mbh.de: Fahrplanschnellauskunft für Bus und Bahn in ganz Mecklenburg-Vorpommern, Tel. 0385 59 08 70

Busverkehrsbetriebe nach Region
- zentrale Seenplatte/Müritz: Personenverkehr Müritz, www.pvm-waren.de
- Güstrow und Umgebung (bis Rostock und Teterow): Regionalbus Rostock, www.rebus.de
- in und um Schwerin: www.schwerin-nahverkehr.de
- östlich von Schwerin im Landkreis Parchim: Verkehrsgesellschaft Ludwigslust-Parchim, www.vlp-lup.de
- östliche Seenplatte: Mecklenburg-Vorpommersche Verkehrsgesellschaft mbH MVVG, www.mvvg-bus.de

Ausflugsschifffahrt
Von einigen Städten aus ist es möglich, mit einem Fahrgastschiff Tagesausflüge in andere Regionen zu unternehmen (s. im Kapitel Unterwegs bei den Orten Waren, Malchow, Plau und Mirow).

Übernachten

Von der luxuriösen Schlosshotelsuite mit Sternekoch-Restaurant und Wellness-Angebot bis hin zum Biwakplatz beim Nationalparkfischer gibt es an der Seenplatte die passende Schlafstelle für jeden Geldbeutel und Geschmack.

Buchung

Vor allem im Gebiet um die Müritz, Neustrelitz und Plau ist in den Sommerferien manchmal jedes Bett ausgebucht. Man sollte also rechtzeitig reservieren.

www.hrs.de: Über den weltweit operierenden Hotel Reservation Service lassen sich normale Online-Standardbuchungen ohne Kreditkarte vornehmen.

Last Minute
www.mecklenburgische-seenplatte.de: Der Tourismusverband Mecklenburgische Seenplatte e.V. bietet auf seiner Buchungsseite einen Last-Minute-Service zur Vermittlung von Unterkünften.

Hotels

An der Seenplatte reicht die Klasse der Hotels von ganz ausgezeichneten Viersternehäusern bis hin zu eher sparsam hergerichteten Häusern. In den ersten Jahren nach der Wende sollte es mit dem Aufbau von Unterkünften schnell gehen und so umweht gerade die in jenen Jahren eingerichteten Häuser häufig der kühle Charme seelenloser Hotelmaschinerie. Erfreulicherweise mehrt sich in den letzten Jahren die Zahl der Unterkünfte mit individueller Note und persönlicher Gästebetreuung.

Robinson Club
Bis jetzt gibt es in ganz Mecklenburg nur einen Robinson Club, und zwar ganz in der Nähe von Malchow an den Mecklenburgischen Oberseen, den **Robinson Club Fleesensee** (s. S. 123).

Schlosshotels
Die Vielzahl der bewohnbaren Schlösser und Herrenhäuser (s. S. 63) ist eine mecklenburgische Besonderheit in der deutschen Hotelszenerie. Die gediegene, altehrwürdige Wohnatmosphäre in geschichtsträchtigen Räumen kommt bei vielen Urlaubern sehr gut an, zudem bewegen sich die Übernachtungspreise in vergleichsweise moderatem Rahmen. Wer in der Nebensaison reist, kann ein einfaches Zimmer im Gutshaus durchaus schon für 30 € pro Nacht bekommen, während eine Suite im exquisiten Luxus-Schlosshotel der Kategorie Relais und Châteaux schon mal mit 450 € zu Buche schlägt.

www.mein-urlaub-im-schloss.de: Über 30 Adelssitze haben sich zur Vereinigung der Schlösser, Herrenhäuser und Gutshäuser in Mecklenburg-Vorpommern zusammengetan. 17 davon befinden sich in der Seenplatte: Schloss Wardow, Gut Gremmelin, Kavaliershaus Suitehotel am Finckener See, Schloss Kaarz, Gutshaus Landsdorf, Schloss Marihn, Gutshaus Lexow, Gutshaus Zietlitz, Burg Schlitz, Gutshaus Ludorf, Schlossgut Dreiwasser, Schloss Teschow, Schloss Schorssow, Schloss Basthorst, Gutshof Woldzegarten, Schloss Burg Ulrichshusen, Gutshaus Gottin.

Reisen von Schloss zu Schloss
Darüber hinaus gibt es einige Anbieter für arrangierte Touren (April–Okt.) mit Gepäcktransfer von Schloss zu Schloss – im Volksmund auch ›Schlösser-Hopping‹ genannt. Diese vororganisierte Variante ist in der Regel preiswerter als private Einzelbuchun-

Reiseinfos

Gesund und zukunftsweisend wohnen

Auch wenn sie noch nicht besonders zahlreich sind: Im Raum der Seenplatte gibt es Hotels, Kanustationen und Campingplätze, die sich von anderen Unterkünften ihrer Kategorie unterscheiden, indem sie sich zu nachhaltigem Tourismus verpflichtet und den Richtlinien einer offiziellen Zertifizierungsmarke angeschlossen haben. Dazu zählen Labels wie **Biohotels** (www.biohotels.info) und **Viabono** (www.viabono.de).

gen und geht entweder zu Fuß, per Fahrrad, Auto oder auf dem Pferderücken. Damit man sich auch ein bisschen erholen kann, sollten zwei Übernachtungen pro Schlosshotel eingeplant werden. Hauptanbieter mit einer sehr ansprechenden Webseite und verschiedenen Themen-Angeboten ist vor Ort der Reiseveranstalter Schwerin Plus, Mecklenburgstr. 85, 19053 Schwerin, Tel. 0385 55 80 20, www.von-schloss-zu-schloss.de.

Ferienwohnungen und -häuser

Vor allem in Rechlin und am Bolter Ufer sowie im Land Fleesensee am Fleesensee gibt es zusammenhängende Feriendörfer. Zahlreich sind die frei stehenden Einzelobjekte der privaten Anbieter und der Häuser, die über Reisegesellschaften vermietet werden. Sehr beliebt sind die farbigen Holzhäuschen mit Veranda im skandinavischen Stil.
www.ferien-privat.de: weltweit operierende Agentur, die in der Seenplatte nette Häuser anbietet, darunter auch Wassergrundstücke.

www.1001-ferienhaus.de: Allein über 1000 Ferienhaus- und Ferienwohnungsangebote in der Mecklenburgischen Seenplatte, alle mit mehreren Bildern.
www.atraveo.de: Ferienwohnungsangebote von Veranstaltern wie TUI, Wolters, Terra und Interhome sowie Unmengen von Feriendomizilen ausgewählter Spezial- und Privatvermieter der Region.

Bootshäuser

Eine bei Naturliebhabern und Puristen besonders begehrte Spezialität sind die mecklenburgischen Bootshäuser. Die meist privat vermieteten, entweder als bewegliches Floßboot mit festem Liegeplatz oder auf Stelzen ins Wasser hinaus gebauten bunten Holzhäuschen à la Bullerbü für 2–5 Personen bieten höchst unterschiedlichen Komfort: Manche haben den Standard eines kuscheligen Luxusapartments, andere sind ohne Heizung und Sanitäranlage. Infos und Adressen:
www.bootshaeuser.de
www.mirow-info.de
www.bootshausurlaub.de
Auch die Touristenbüros vor Ort erteilen Auskunft.

Urlaub auf dem Bauernhof

Wer eine einfache, erholsame und preisgünstige Unterkunft auf dem Lande sucht, sollte Urlaub auf dem Bauernhof machen. Insbesondere Kinder haben hier Auslauf nach Herzenslust und dürfen sich auch mit um die Hoftiere kümmern. Der **Verein Landurlaub Mecklenburg-Vorpommern e.V.** verschickt kostenlose Unterkunftskataloge für Bauernhöfe, Reiterhöfe, Heuherbergen, aber auch für Ferienhäuser, Wohnungen und Pensionen auf dem Lande. Man kann sie telefonisch und online bestellen unter:

Übernachten

Verein Landurlaub Mecklenburg-Vorpommern e. V., Tel. 0381 40 30 6-30/31, www.landurlaub.m-vp.de

Heuherbergen

Sehr gern von Wanderern und Fahrradfahrern wahrgenommen werden die Unterkünfte in Heuherbergen, auch Heuhotels genannt, die mit Preisen zwischen 10 und 14 € pro Person die bei Weitem preiswerteste Übernachtungsmöglichkeit darstellen. Man schläft im Heu- oder Strohlager im (eigenen) Schlafsack in einer dafür hergerichteten Scheune und bekommt ein Badezimmer und eine kleine Küche zur Verfügung gestellt. Das Frühstück kann man selbst zubereiten oder bekommt es auf Wunsch auch serviert. Manche haben sogar ein Allergikerzimmer. Siehe auch unter **www.heu-hotel.de** oder **www.gruppenunterkuenfte.de/ heuhotel-mecklenburg-vorpommern**.

Hausboot und Floßboot

Im Raum der Seenplatte darf man die schwimmenden Ferienwohnungen zwischen Schwerin und Rheinsberg ab 18 Jahre und ohne Sportbootführerschein fahren, kurz vor Berlin ist das führerscheinfreie Revier jedoch zu Ende. Kuhnle-Tours, der Hauptanbieter im Raum der Seenplatte, verleiht ausschließlich Boote im Fünf-Sterne-Komfort in verschiedenen Größen für Crewstärken von Paar bis Kegelclub. Angler können zusätzliche Extras ordern wie Beiboot, Kühlbox und Räucherofen. **Kuhnle-Tours:** Hafendorf Müritz, 17248 Rechlin (Müritz), Tel. 039823 266-0, www.kuhnle-tours.de.

Führerscheinfreies Abenteuer-Feeling für Naturliebhaber verheißen die hölzernen **Floßboote**. Manche eignen sich nur für Angeltörns, aber in den größeren Exemplaren kann man sogar einigermaßen bequem übernachten:

www.tantepolly.de
www.tomsawyer-tours.de
www.flossurlaub-mv.de

Camping

Da Camping zu DDR-Zeiten häufig die einzige Urlaubsmöglichkeit darstellte, ist die Seenplatte seit eh und je sehr gut mit Zeltplätzen bestückt. Die rund 50 Campingplätze im Raum der Seenplatte sind ausnahmslos landschaftlich wunderschön gelegen – immer direkt an Seeufern, der Standard ist jedoch sehr unterschiedlich. In der Ferienzeit ist eine Reservierung anzuraten.

Den besten Überblick verschaffen der Online-Katalog mit Landkarte auf der Webseite des Tourismusverbandes: **www.mecklenburgische-seenplatte. de/uebernachten/onlinebuchen/Cam ping** oder der **ADAC-Campingführer, Bd. 2: Deutschland – Nordeuropa** (Vorteil: unabhängige Bewertung nach Prüfung, Nachteil: reiner Text ohne Bilder). Ansonsten kann man sich auch von den Touristenbüros Campingplatzbroschüren schicken lassen.

Das sogenannte **Schwarzcampen** ist in allen mecklenburgischen Naturschutzgebieten grundsätzlich streng verboten.

Jugendherbergen

Jugendherbergen gibt es im Bereich der Seenplatte in Waren (Müritz), Zielow, Mirow (mit Zeltplatz), Burg Stargard, Güstrow, Feldberg, Schwerin, Flessenow am Schweriner See, Malchow und Teterow (mit Zeltplatz). Die Standards der Häuser sind unterschiedlich und werden laufend verbessert.
Mecklenburg-Vorpommern e. V: Konrad-Zuse-Str. 2, 18057 Rostock, Tel. 0381 77 66 70, tel. Beratung Mo–Fr 8–20 Uhr.

Essen und Trinken

Viel Bewegung an der guten Luft der Seenplatte macht bekanntlich Appetit, und wer unterwegs ist, merkt schnell, dass der Hunger hier größer ist als zu Hause. Preiswert zu essen, ist in Mecklenburg kein Problem: Relativ häufig trifft man auf Döner-Buden, Thai-Imbisse und China-Restaurants. Abgesehen davon reicht die Spanne der Möglichkeiten guten Essens in Mecklenburg erfreulicherweise von Fischräuchereien über Ausflugsgaststätten und Dorfkrüge bis zur hochprämierten Sterneküche der Spitzenrestaurants.

Dem wachsenden Bedürfnis nach einer gesunden **Bioküche** kommen immer mehr Gastronomen durch entsprechende Angebote entgegen. Das Landhaus Die Arche in Zislow nahe der Müritz ist das einzige Hotel-Restaurant in der Seenplatte, das zu 100 % bio und vegetarisch kocht, sogar überwiegend vegan. Ergänzt wird es am Rande der Seenplatte von: Gut Gremmelin in Stellshagen in der mecklenburgischen Schweiz, 14 km östlich von Güstrow mit einer reinen Bioküche, von dem Schweriner Biohotel Amadeus, das ein biozertifiziertes Frühstück anbietet, und dem Biorestaurant De oll Dörpschaul in Rosenow, 18 km westlich von Schwerin, wo die unvergleichliche Ute Alm-Linke den Kochlöffel liebend gern auch für Menschen mit Unverträglichkeiten oder Allergien schwingt. Ein ausschließlich veganes Restaurant existiert jedoch in der ganzen Seenplatte nicht. Über den aktuellen Stand informiert www.vegotel.com.

Bodenständig und herzhaft

Ein schlichtes Gemüt aus Plau am See hat es einmal auf den Punkt gebracht: »Fiensmekker bün'k nich, ick ät giern, wat gaud smeckt.« Der klassische Meck-

Aale und Maränen: Sie gehören auf jede traditionelle mecklenburgische Speisekarte

Essen und Trinken

lenburgische Speisezettel bietet bodenständige, herz- und schmackhafte Kost. Im 18. und 19. Jh. machte man nicht viel Aufhebens um die feine Küche. Bei armen Leuten war es üblich, den Tag mit einer kräftigen Suppe zu beginnen. Aus Pommern stammt die **Kliebensuppe,** für die handgemachte Eiernudeln in kochender Milch garen müssen – wie überhaupt **Milchsuppen** in Mecklenburg sehr beliebt sind. Eine Spezialität ist das **Mecklenburger Sauerfleisch,** für das durchwachsenes Schweinefleisch sauer gekocht und kalt zu Bratkartoffeln serviert wird. Der Nachtisch kommt dann idealerweise als Rote Grütze, Schmandpudding oder Sanddorntorte daher.

Zum Nachspülen genehmigt man sich einen klaren **Kümmelschnaps,** den ›Köm‹, der in Waren-Müritz ›Düp Düp‹ heißt, oder den reichlich herben **Kräuterlikör** »Waldrausch«. Ein Mineralwasser aus der Region ist das Güstrower Schlossquell.

Fisch in allen Variationen

Ein Charakteristikum mecklenburgischer Speisekarten ist das abwechslungsreiche Fischangebot. **Aal** findet man oft in mehreren Variationen. Zum geräucherten Aal, dem ›Rökeraal‹, isst man herzhaftes Schwarzbrot und trinkt ein kühles Bier, vorzugsweise das Lübzer Pils. Aber auch sonst locken etwa Gerichte wie gebratenes Barschfilet auf Senfbutter mit Dillkartoffeln oder Zander im Mangoldkleid.

Ein Fisch, der in den mecklenburgischen Oberseen von der Müritz bis zum Plauer See in großen Schwärmen schwimmt, ist die **Maräne,** auch Renke genannt. Das helle Fleisch dieses silbrig glänzenden Fischchens aus der Familie der Forellen braucht einfach nur in Butter gebraten zu werden und ist fein und wohlschmeckend!

Mein Tipp

Flusskrebse selbst gekocht

Wer mit dem Zelt unterwegs ist oder im Ferienhaus gern selber köchelt, tut gut daran, beim Fischer nach ›Beifang‹ zu fragen – am besten gleich frühmorgens, wenn die Netze geleert werden. Damit sind Flusskrebse gemeint, die man dann je nach Geschmack mediterran mit Thymian oder nordisch mit Dill im Wassertopf fünf Minuten leicht sieden lässt – auf keinen Fall länger, da das Krebsfleisch sonst schrumpft und hart wird. Dazu Pasta mit roter Tomaten- oder heller Weißweinsauce – und der Abend wird ein Erfolg!

Für Feinschmecker

In einem bundesweiten Vergleich kam zutage, dass Mecklenburg-Vorpommern mit überdurchschnittlich vielen Spitzenrestaurants gesegnet ist. Zwar befinden sich die meisten davon an der Ostseeküste, aber auch in der Seenplatte buhlen Toprestaurants mit einer jungen und kreativen Küche um die Gunst verwöhnter Feinschmecker. Meist liegen sie versteckt in der Provinz, zuweilen verbunden mit einem nicht weniger exquisiten Hotel. Die herausragendsten Küchen, die ihre mehrgängigen Menüs auch mit einer entsprechenden Weinkarte ergänzen können, sind sicherlich das »Kleine Meer« in Waren (Müritz, s. S. 90), die »Alte Schule« in Fürstenhagen bei Feldberg (s. S. 178), der »Wappen-Saal« im Schlosshotel Burg Schlitz (s. S. 237), das »Ich weiß ein Haus am See ...« in Krakow am See (s. S. 262) und das »Ambiente« im Landhotel de Weimar in Ludwigslust (s. S. 291).

Aktivurlaub, Sport und Wellness

Angeln

Die Seenlandschaft Mittelmecklenburgs ist das reinste Anglerparadies. Das Wasser bringt gesunde Fische von beachtlicher Größe hervor. Zwanzigpfündige Hechte sind hier kein Anlass zur Aufregung. Im reichhaltigen Unterwasserrefugium der Seenplatte leben Aal, Barsch, Blei, Döbel, Gründling, Güster, Hecht, Karausche, Karpfen, Kaulbarsch, Große und Kleine Maräne, Plötze, Rotfeder, Schleie, Forelle, Äsche, Wels und Stör, Ukelei und Zander. Für Touristen, die nur im Urlaub hobbymäßig angeln möchten, gibt es in Mecklenburg den **Touristenfischereischein**, mit dem Fried- und Raubfische geangelt werden dürfen, darüber hinaus wird eine **Angelkarte** benötigt (s. Kasten). Die Fischermeister bieten **geführte Angeltouren**, aber auch **Eisangeln** im Winter an. Aufgrund des Naturschutzes ist Angeln nicht überall erlaubt. Ratsam ist es auch, sich über Schonzeiten, Mindestmaße und Fangbeschränkungen aufklären zu lassen.

Baden

Von keinem Städtchen oder Dörfchen der Seenplatte sind es mehr als ein paar Kilometer bis zum nächsten See. Viele Badestellen sind naturbelassen: Oft dienen Rasenflächen als Liegewiese, besonders an kleinen Seen. Die Ufer sind dort flach, was besonders für kleinere Kinder schön zum Spielen ist. Für die Größeren sind oftmals Rutschen mitten ins Wasser gestellt. Viele Strände werden offiziell bewacht. Infos erteilen die Tourismusämter vor Ort. Zur **Badewasserqualität** einzelner Seen s. S. 52, zu **FKK:** www.mecklenburgische-seenplatte.de/seenplatte_erleben/faszination_wasser/baden/fkkseen

Fahrrad fahren

In der Jahresbewertung des ADFC der beliebtesten deutschen Radwandergebiete nimmt Mecklenburg permanent einen Spitzenplatz ein. Bis auf die Mecklenburgische Schweiz, wo sich schon mal ein 100 m hoher ›Berg‹ erheben kann, ist das Gebiet der Seenplatte flach, nur gelegentlich leicht hügelig und daher zum Radfahren ohne schweißtreibende Anstrengungen bestens geeignet. Auch die Winde sind nicht so stark wie an der Küste. Da es jedoch bei jeder Fahrradtour neben den gut befestigten Wegen immer wieder Abschnitte auf Kopfsteinpflaster oder Feld- und Waldwe-

---

Angelinfos
www.angeln-in-mv.de: ansprechende Angler-Website für ganz Mecklenburg.
www.mueritzfischer.de: Extra-Tipps zum Angeln durch die Jahreszeiten, Gewässerverzeichnisse sowie Informationen über das Ausleihen von Angelausrüstungen und Booten, geführte Angeltouren und das Karpfen-Angeln.

Touristenfischereischein
Erhältlich bei Tourismusämtern, Kurverwaltungen, Campingplätzen für 24 € (nur einmal im Kalenderjahr, Mindestalter 15 Jahre, Gültigkeit 28 aufeinanderfolgende Tage, Verlängerung 13 €).

Angelkarte
Erhältlich beim Inhaber oder Pächter des jeweiligen Angelreviers, in den Touristenbüros oder über den Online-Shop www.mueritzfischer.de.

Aktivurlaub, Sport und Wellness

gen gibt, wird ein **Trekkingrad** oder zumindest ein stabiles Fahrrad mit breiten Profilreifen benötigt.

Radwandern

Die Seenplatte eignet sich wunderbar für Erlebnistouren im Fahrradsattel, angefangen von **Tagestouren** wie die Runde durch den Müritz-Nationalpark zum Müritzhof (18 km, s. S. 97), die Runde um den Tollensesee (35 km, s. S. 203) oder der Müritz-Radrundweg (88 km, s. S. 88). Etwas längere **Mehrtagestouren mit Übernachtung in 3–8 Etappen** sind u. a. der Schlösser-Rundweg (140 km), der Residenzstädte-Rundweg (280 km, s. S. 283) und die Eiszeitroute (410 km, s. S. 55). Durch den Bereich der Seenplatte führen zudem größere, gut ausgeschilderte Radfernwege, wie der **Radfernweg Hamburg–Rügen** (500 km), der **Mecklenburgische Seen-Radweg** (625 km, von Lüneburg bis nach Wolgast) und der **Radfernweg Berlin–Kopenhagen** (630 km). Der Tourismusverband Mecklenburg-Vorpommern (s. S. 18) hält Broschüren für ›normale‹ Radler sowie speziell für Rennradfahrer bereit. Auf die Bedürfnisse von Radfahrern abgestimmt sind Bett & Bike-Unterkünfte mit stärkendem Frühstück und Trocknungsmöglichkeit für nasse Kleidung: www.bettundbike.de, www.adfc-mv.de/bett-bike.

Rad-Reiseveranstalter

Spezialveranstalter für Fahrradtourismus empfehlen Rundtouren, versorgen mit Kartenmaterial, bewerkstelligen den Gepäcktransport und retten bei Pannen:
Die Mecklenburger Radtour: Stralsund, Tel. 03831 30 67 60, Mo–Fr 8–17 Uhr, www.mecklenburger-radtour.de.
Radreisen in Mecklenburg: Kreien, Tel. 038733 49 99 01, www.radreisen-mecklenburg.de.

Golfen

Die weitläufigen und vielerorts unberührten Landschaften der Seenplatte, vor allem die sanften Hügel der Mecklenburgischen Schweiz, bieten sich wie von selbst für reizvolle Golfanlagen an, darunter 18-Loch-Anlagen und Meisterschaftsplätze. Einige Plätze sind öffentlich zugänglich und bieten Schnupperkurse für Einsteiger: Golfclub Fleesensee bei Göhren-Lebbin (S. 124), Golfclub Mecklenburg-Strelitz bei Neubrandenburg (s. S. 207) sowie Golfclub Mecklenburgische Schweiz (s. S. 240) oder der Golfplatz beim Van der Valk Resort bei Serrahn (s. S. 263).
Infos im Internet: Einen Überblick gibt die Webseite www.golfen-mv.de. Der Golfverband Mecklenburg-Vorpommern e.V. präsentiert sich unter www.golfverband-mv.de.

Paddeln

Die Seenplatte ist bei Wasserwanderern so beliebt, weil die Gewässer bis auf wenige Ausnahmen keine Fließgewässer und somit ohne anstrengende Strömung sind. Anfänger sollten über eine Tagestour von 15 km nicht hinausgehen und die ganz großen Seen wie die Müritz oder den Plauer See meiden, da es hier bei stärkerem Westwind oder durch vorbeifahrende Fahrgastschiffe schon mal zu unangenehm hohem Wellengang kommen kann.

Tourenvorschläge und Tipps für die Planung von Paddeltouren verschickt der Tourismusverband Mecklenburgische Seenplatte (s. S. 18) in seinem Katalog »Paddeln im Land der 1000 Seen«. Man kann ihn auch auf der Webseite einsehen: www.mecklenburgische-seenplatte.de.

Unterwegs sind die Versorgungsmöglichkeiten sehr gut. An allen Was-

Reiseinfos

> **Sensibles Ökosystem Seenplatte**
> Regeln der Müritz-Nationalparkverwaltung zum Schutz des Naturerbes:
> – keine Pflanzen pflücken
> – Hunde an die Leine nehmen
> – keine Motorboote
> – Boot fahren nur auf dafür ausgewiesenen Seen
> – Befahren und Anlanden nur in markierten Uferbereichen
> – Röhrichtbestände und dicht bewachsene Uferbereiche meiden
> – Angeln, Baden und Campen nur an ausgewiesenen Stellen
> – Lärm vermeiden, Müll mitnehmen

serwanderstrecken sind Kanustationen, Campingplätze oder Hotel-Restaurants anzutreffen, die zum Landgang einladen. Fast alle Kanustationen und Bootsverleiher bieten ein Kanutaxi an, das an einen gewünschten Ausgangsort transportiert oder von einer vereinbarten Stelle wieder abholt.

Sind Kinder mit dabei, sollten die Eltern darauf achten, dass die Kinderrettungsweste ohnmachtssicher ist. Besonderen Spaß macht es den Kleinen, wenn man eine beköderte Angelleine ans Heck hängt.

Preise ohne Guide: für die Ausleihe eines 2er-Kajaks oder eines 2er-Kanadiers muss man so um die 8–10 € für eine Stunde und um die 30–35 € für einen ganzen Tag rechnen. Fast alle Verleiher geben für größere Gruppen, die gleichzeitig mehrere Boote mieten, Rabatte. Im Mietpreis enthalten sind immer das Paddel, eine Schwimmweste (Pflicht!) und ein wasserdichter Packsack. Übrigens: Kanu ist der Oberbegriff zum einen für das Kajak, das mit einem Doppelpaddel gelenkt wird, und zum anderen für den Kanadier, der nach Indianer-Art mit einem Stechpaddel gefahren wird.

Reiten

Die Mecklenburgische Seenplatte ist mit ihrem über 600 km langen Reiterwegenetz das beliebteste deutsche Gebiet für Hobbyreiter schlechthin, und es sind flächendeckend zahlreiche Reiterhöfe für Reiter mit und ohne eigenem Pferd entstanden. Neben modernen Ställen und Boxen stehen meist auch Reithallen, Dressurvierecke und Springplätze zur Verfügung. Eine hofeigene Weide ist schon fast eine Selbstverständlichkeit und wird kostenfrei sogar schon von einigen Hotels und Pensionen angeboten, in deren Umgebung sich adäquates Reitgelände befindet.

Wer im Urlaub gern Wanderreiten, Distanzreiten, Westernreiten oder therapeutisches Reiten erleben oder eine Dressurausbildung absolvieren will, kann sich auf der Website des Tourismusverbandes (s. S. 18) unter dem Stichwort ›Reiten‹ einen Überblick über das Angebot verschaffen. Weitere aktuelle Infos für geübte Reiter bieten der Landesverband Mecklenburg-Vorpommern für Reiten, Fahren und Voltigieren e. V. auf www.pferdesportverband-mv.de und das Online-Fachmagazin »Mecklenburger Pferde« unter www.pferde-in-mv.de.

Segeln

Bedeutende Segelreviere in der Seenplatte sind die Müritz, der Plauer See und der Kummerower See. Für Segeljachten mit und ohne Skipper gibt es Charterbasen in allen größeren Hafenstädten. Bei Übernahme eines Bootes ist meistens eine Kaution zu hinterlegen. Zum Schutz der Holzböden wird weiches Schuhwerk verlangt.

Grundsätzlich ist in Deutschland auf Binnengewässern der »Amtliche Sportbootführerschein Binnen« erforderlich. Führerscheinfrei sind Segelboote

Aktivurlaub, Sport und Wellness

mit einem Treibsegel von maximal 3 m² und Sportboote mit maximal 15 PS.
Segelcenter Müritz: Segelschule, Motorbootcharter, Bootsvermietung, Tel. 030473 617 53 o. 0172 138 81 59, www.segelcenter-mueritz.de. Mit Ausbildungsstandorten in Klink und am Seglerhafen Rechlin. Anmeldung und Basis im Bootshafen am Müritzhotel in Klink.

Sportbootführerschein auf der Müritz

Sportbootfahren erlernt man in 3 Tagen, zum Segelschein braucht nur 5 Tage, wer die Theorie schon mitbringt.
Bootsführerschein Horst Malow: Ernst-Thälmann-Str. 42, Waren/Müritz, Tel. 03991 12 47 21, www.bootsfahrschule-malow.de.
Marina und Segelschule Plau: Seestr. 2b, 19395 Plau am See, Tel. 038735 455 39, www.segelschule-plau.de.

Wandern

Wandern ist in Mecklenburg ein zunehmend großes Thema. Allein die Nationalparks, Biosphärenreservate und Naturparks bieten unglaublich schöne Natureindrücke. Wer auf den Internetseiten der Tourismusverbände www.auf-nach-mv.de bzw. www.mecklenburgische-seenplatte.de den Link ›Wandern‹ anklickt, bekommt reichlich Informationen und Kontaktadressen zu Wanderreisen, Pilgerwegen, Kurz- und Mehrtagestouren. Eher Spaziergängen gleich sind die Schnuppertouren von 2 bis 3 km Länge, ideal für Familien.

Wellness

Aufgrund des milden Reizklimas, der guten Luft und der hervorragenden Wasserqualität sowie jodhaltiger Solevorkommen ist Wellness in Mecklenburg ein großes Thema. Im Bereich der Seenplatte mit dem Zertifikat des Deutschen Wellnessverbandes ausgezeichnet sind Schloss Teschow bei Teterow (s. S. 240), das Ringhotel Villa Margarete in Waren (Müritz) und die SPAworld Fleesensee Göhren-Lebbin bei Malchow (S. 124). Über sehr schöne Wellnessbereiche verfügen auch Seeschloss Schorssow bei Teterow (s. S. 226), die Beauty-Farm vom Seehof Zielow in Ludorf an der Müritz, Hotel Bornmühle in Groß Nemerow bei Neubrandenburg (s. S. 206) und die Medical Wellness Klinik am Haussee in der Feldberger Seenlandschaft. Die weitaus größere Zahl an Wellness-Häusern gibt es aber in den Ostseebädern an der Küste (Infobroschüre des Tourismusverbands Mecklenburg-Vorpommern, Tel. 0381 403 05 00, info@auf-nach-mv.de).

Rad- und Wanderkarten

Die zuverlässigsten Rad-, Wander- und Paddelkarten im Maßstab 1:50000, GPS-geeignet und sehr detailreich, bieten der Klemmer-Verlag und der KOMPASS-Verlag an. Der Klemmer-Verlag hat darüberhinaus Angel- und Gewässerkarten im Programm. Alle Karten sind in den jeweiligen Internet-Shops, im Buchhandel oder bei den örtlichen Touristenbüros erhältlich.

Wellness-Zertifizierung

Wer eine wirklich gute Wellness-Behandlung erfahren will, sollte auf die Zertifikate des Deutschen Wellnessverbandes achten (die Prüfungen werden alle zwei Jahre wiederholt):
Basis-Zertifikat: angemeldete Prüfung der Basisstandards bezüglich Ausstattung, Wellness-Angebot, Gastronomie, Gästebetreuung und Preiswürdigkeit.
Voll-Zertifikat: unangemeldete Prüfung anhand von 750 Kriterien, kann mit gut, sehr gut und exzellent bestanden werden.

Feste und Unterhaltung

Neben vielen lokalen Volksfesten, jahreszeitlichen Festen und Kunsthandwerkermärkten bietet die Seenplatte auch Veranstaltungsreihen von überregionaler, ja sogar internationaler Bedeutung in den Bereichen Klassische Musik, Jazz und Wassersport.

Auf, aus und im Wasser

Maritimes
Die größte Wassersportveranstaltung im mecklenburgischen Binnenland ist die **Müritz-Sail** (s. S. 92). Vier Tage lang bietet sie ein abwechslungsreiches Programm auf der Binnenmüritz, von offenen Regatten für alle Segelklassen über Modellbootrennen bis zum spaßigen Optirennen per Paddel. Wer sich selbst in die Fluten stürzen will, kann am **Müritz-Schwimmen** (s. S. 92) in Waren teilnehmen, einer traditionsreichen Großveranstaltung, bei der Hunderte von Badekappen-Schwimmern die Müritz an ihrer schmalsten Stelle auf knapp 2 km durchschwimmen. Für Fahrer von Kanadiern, Kajaks und Rennbooten startet jedes Jahr der **1000-Seen-Marathon** (s. S. 156) auf dem Labussee bei Mirow. Teilnehmen kann jeder auch nur halbwegs trainierte Urlauber bis hin zum Leistungspaddler.

Fischerfeste
Traditionell haben sich in der Seenplatte viele kulinarische Feste rund um den Fisch etabliert. Anders als an der Küste, wo sich alles um den Hering dreht, bestimmen in der Seenplatte Renke und Hecht das kulinarische Angebot. Im Frühjahr begeht man das **Teterower Hechtfest** (s. S. 241)

Schauspiel unter freiem Himmel: die Festspiele im Schlossgarten Neustrelitz

Feste und Unterhaltung

und im Herbst die **Müritz-Fischtage** (s. S. 92). Dann laden die Restaurants der Umgebung zum Probieren des einheimischen Fisches ein – entweder blau, frisch gebraten, geräuchert, eingelegt, gegrillt oder in Bierteig.

Volksspektakel

Was den Kölnern ihr Karneval und den Münchnern ihr Oktoberfest, ist den Schwerinern ihr **Drachenbootfest** (s. S. 288) und den Plauern ihre **Badewannenrallye** (s. S. 137). Während die fantasievollsten und klapprigsten bunten Vehikel um den ersten Platz kämpfen, jubeln Tausende von Besuchern am Ufersaum des Schweriner Pfaffenteichs oder der Plauer Elde ihrer favorisierten Siegesmannschaft zu.

Auf der Bühne

Hochattraktive Rock- und Pop-Events unter freiem Himmel locken die Fans jeden Sommer ins Zentrum der Seenplatte, z. B. das **Fusion Festival** auf dem ehemaligen russischen Militärflugplatz in Lärz. Auch für Jazz-Freunde hat sich Mecklenburg während der letzten Jahre zu einem Geheimtipp gemausert. Von Dixie über Blues bis Progressive kann man hier Bands aus aller Welt antreffen, so beim **Neubrandenburger Jazzfrühling** (s. S. 209).

Was klassische Musik angeht, kann Mecklenburg sich rühmen, eines der größten deutschen Musikfestivals auszurichten: Ganzjährigen Musikgenuss bieten die **Festspiele Mecklenburg-Vorpommern** an ungewöhnlichen und attraktiven Spielorten wie Scheunen, Kirchen, Klöstern, Industriehallen und Schlossparks (s. Essay S. 70). Opern und Operetten im großen Stil und openair bieten die **Schlossfestspiele im Schlossgarten Neustrelitz**, die **Schlossfestspiele Schwerin** und die **Kammeroper Rheinsberg**.

Burgenfeste und Mittelalterspektakel

Ritter- und Burgenfeste finden großen Zulauf – mit wilden Ess- und Trinkgelagen, Kinderbelustigungen, Handwerkermärkten und Festumzügen, mit Gaukelei, Musik und Tanz bis in die Nacht. Den Höhepunkt stellt meist ein Ritterturnier dar. Die größten und farbenprächtigsten sind die **Mittelalertage** und das **Burgfest auf Burg Stargard**, der **Mittelaltermarkt** im altslawischen Tempelort Groß Raden, die **Walpurgisnacht** auf der Alten Burg Penzlin und die **Plauer Ritterspiele** (s. S. 137).

Veranstaltungstipps aus dem Internet

www.mvtermine.de: Der gut bestückte Online-Kalender listet zahlreiche Fest- und Veranstaltungstermine für ganz Mecklenburg-Vorpommern.
www.kultur-mv.de: Sehr schöner Kulturkalender des Kultusministeriums, führt alle Theateraufführungen, Filmfestivals, Kunstausstellungen und Musikveranstaltungen, Architektur-, Kloster- und Gedenkstätten des Landes auf.
www.kunstorte-mv.de: Der mecklenburgische Verband der Kunstmuseen, Galerien und Kunstvereine präsentiert gemeldete Ausstellungen.

Veranstaltungsmagazin

Knallroter KuKa: Einen ausgezeichneten Überblick über sämtliche Theateraufführungen, Kunstausstellungen, Filmevents, Literaturlesungen und vieles mehr bietet der Kulturkalender aus dem Klatschmohn-Verlag. Das Magazin erscheint monatlich und ist vor Ort im Zeitschriftenhandel erhältlich oder kann vor der Reise telefonisch bestellt werden, Tel. 0381 206 68 11, ca. 60 S., 2,50 €.

Festkalender

März
Neubrandenburger Jazzfrühling: Ende März/Anfang April, s. S. 209.

April
Kunstmarkt Neubrandenburg: Ostersamstag, s. S. 208.
Ostermarkt in der Scheune Bollewick (Müritz): s. S. 104.
Osterallerlei im Agroneum Alt Schwerin: s. S. 128.
Großer Mittelaltermarkt im altslawischen Tempelort Groß Raden bei Sternberg: Karfreitag–Ostermontag, s. S. 271.
Walpurgisnacht: 30. April/1. Mai, Burg Penzlin – Das Hexenmuseum, s. S. 215, und Burg Stargard, s. S. 219.

Mai
FilmKunst-Fest Mecklenburg-Vorpommern: erste Maiwoche in Schwerin, s. S. 288.
Kunst Offen: Pfingstsamstag bis Pfingstmontag in ganz Mecklenburg; fast 500 Künstler aller Gattungen öffnen ihre Ateliers und Werkstätten, www.kunst-offen.de.
Müritz-Sail: über drei Tage, www.mueritzsail.net, s. S. 92.
Malchower Mühlenfest: Pfingstsamstag, s. S. 124.
Teterower Hechtfest: eine Woche vor Pfingsten, s. S. 241.
Mittelaltertage für Kinder auf Burg Stargard: Wochenende Ende Mai/Anfang Juni und Sept., s. S. 219.
Malchiner Motorradtreffen: um den 1. Mai, drei- bis viertägig, s. S. 231.
Sternberger Rapsblütenfest: Fr–So am ersten Maiwochenende, s. S. 271.

Internationales Teterower Bergringrennen: Pfingstsamstag/-sonntag, s. S. 241.
Großer Mittelaltermarkt im altslawischen Tempelort Groß Raden bei Sternberg: Christi Himmelfahrt und Pfingsten, s. S. 271.

Juni
Festspiele Mecklenburg-Vorpommern: bis Ende September in ganz Mecklenburg, s. S. 70.
Kammeroper Schloss Rheinsberg: Festival bis in den August, s. S. 159.
Internationaler Tollenseseelauf: dritter Sa im Monat in Neubrandenburg, s. S. 209.
Festspiele im Schlossgarten Neustrelitz: bis in den August, s. S. 176.
Reuterfestspiele: am dritten Sonntag in Stavenhagen, s. S. 231.
Schlossfestspiele Schwerin: bis in den August, s. S. 288.

Juli
Malchower Volksfest: am ersten Juliwochenende, s. S. 124.
Müritzfest: Fr–So am zweiten Juli-Wochenende in Waren (Müritz), s. S. 92.
Müritz-Triathlon: letzter Samstag im Juli in Waren (Müritz), s. S. 92.
Seefest in Röbel/Müritz: am dritten Juli-Wochenende, s. S. 113.
MeckProm im Güstrower Schlosshof: Musik-Abend an einem Tag in der Woche Mitte Juli, s. S. 255.
Ganschower Stutenparade: an drei Sonntagen im Juli, s. S. 255.
Schweriner Töpfermarkt: am ersten Juliwochenende, s. S. 288.

Feste und Unterhaltung

Picknick-Konzerte auf dem Landgestüt Redefin: an einem Wochenendtag im Juli, s. S. 291.

August
Müritz-Schwimmen in Waren (Müritz): am ersten Samstag. s. S. 92.
Central Mecklenburgischer Töpfermarkt in Teterow: erstes Wochenende, s. S. 241.
Mirower Inselfest: über ein Wochenende, s. S. 156.
Malchower Biker-Party: vorletztes Wochenende, s. S. 125.
Vier-Tore-Fest Neubrandenburg: über vier Tage, s. S. 209.
Internationales Dampftreffen im Agroneum Alt Schwerin: erstes Wochenende, nur in ungeraden Jahren, s. S. 128.
Oldtimer- und Traktorentreffen im Agroneum Alt Schwerin: zweites Wochenende, s. S. 128.
Mittelalterliches Burgfest auf der Burg Stargard: zweites Wochenende, s. S. 219.
Historisches Burgfest Penzlin: vorletztes Wochenende, s. S. 215.
Burgenlauf zwischen Burg Stargard und Burg Penzlin: an einem Sonntag, s. S. 219.
Drachenbootfestival Schwerin: Fr–So am vierten August-Wochenende, s. S. 288.
Picknick-Konzerte auf dem Landgestüt Redefin: an einem Wochenendtag, s. S. 291.

September
Hengstparade auf dem Landgestüt Redefin: an allen vier Septemberwochenenden, s. S. 291.
Mittelaltertage für Kinder auf Burg Stargard: ein Wochenende Ende Mai/Anfang Juni und im Sept., s. S. 219.
1000-Seen-Marathon: Ende Sept./Anfang Okt., für Kanuten in Diemitz bei Mirow, s. S. 156.
Dokument-Art Neubrandenburg: 5–6 Tage im Sept. o. Okt., s. S. 209.

Oktober
Müritz-Fischtage: in den ersten drei Oktoberwochen, zwischen Waren (Müritz) und Plau am See, s. S. 92, 137.
Rheinsberger Töpfermarkt: am zweiten Oktoberwochenende, s. S. 159.
Güstrower Kunstnacht: am Abend des 2. Oktober, s. S. 255.

November
Weberglockenmarkt in Neubrandenburg: ab Ende Nov. bis kurz vor Weihnachten, s. S. 209.

Dezember
Romantische Burgenweihnacht auf der Burg Stargard: Weihnachtsmarkt auf der Burg am zweiten Adventssonntag, s. S. 219.
Dörpwihnachten up de Tellowsche Däl: am 3. Advent auf dem Thünengut Tellow, s. S. 241.
Weihnachtsmarkt auf Schloss Ulrichshusen: an allen vier Adventswochenenden, s. S. 233.
Festspiele Mecklenburg-Vorpommern: Advents- und Neujahrskonzerte auf Schloss Ulrichshusen & Gut Stolpe, s. S. 70.
Stern im Norden – Weihnachtsmarkt Schwerin: tgl. bis zum 31. Dez., s. S. 288.

Reiseinfos von A bis Z

Ärztliche Versorgung

In Mecklenburg gibt es keine Engpässe in der medizinischen Versorgung. Gut ausgestattete Krankenhäuser finden sich in allen größeren Städten. Adressen und Ärzte aller Fachrichtungen findet man unter www.arztsuche-mv.de. Speziell in Heilbädern und Kurorten versorgen niedergelassene Fachärzte für Herz-Kreislauf-Erkrankungen und Allergien die Patienten.
Ärztlicher Bereitschaftsdienst: 116 117 (bei dringenden medizinischen Problemen in der Nacht, am Wochenende oder an Feiertagen).

Apotheken

Das Apothekennetz ist in Mecklenburg flächendeckend. Bei der Suche hilft: www.gelbeseiten.de/branchenbuch/apotheke/mecklenburg-vorpommern. In der Lokalpresse und an den Eingangstüren der Apotheken sind die Bereitschaftsdienste angezeigt.

Feiertage

1. Januar (Neujahr), Karfreitag, Ostermontag, 1. Mai (Maifeiertag), Christi Himmelfahrt, Pfingstmontag, 3. Oktober (Tag der Deutschen Einheit), 31. Oktober (Reformationstag), 25./26. Dezember (1./2. Weihnachtsfeiertag).

Geld

Banken und Sparkassen bzw. Geldautomaten findet man fast in jedem Ort. Zum Einkaufen in kleinen Geschäften auf dem Land sollte man Bargeld mitnehmen, da sie häufig über kein mobiles bargelloses Zahlsystem verfügen. Ansonsten sind Bank-/Maestro-Karten und gängige Kreditkarten in allen Hotels und Restaurants akzeptiert.

Kinder

Familien mit Kindern bietet die Region Mecklenburgische Seenplatte jede Menge Abwechslung, egal wie das Wetter ist. Vorschläge für alle Fälle:

Tagesausflüge bei gutem Wetter
Der Veranstaltungskalender für speziell auf Kinder abgestimmte geführte Kindernaturwanderungen – allerdings nur in Begleitung ihrer Eltern – durch den Nationalpark und die Naturparks der Seenplatte ist online einsehbar: www.natur-mv.de
Wisent-Schaugehege auf dem Damerower Werder bei Jabel: zottelige Wisente hautnah. Restaurant mit Kinderspielplatz, s. S. 125.
Apachen-Live-Show im Reiterhof und Tipilager Neu Damerow bei Goldberg: Vorführungen an den Wochenenden von August bis September, s. S. 260.
Slawendorf Neustrelitz und Tempelort Groß Raden bei Sternberg: slawisches Brauchtum erlebnisorientiert aufbereitet für Kinder, wobei Groß Raden, die authentischste Stätte von beiden ist, s. S. 268. Neustrelitz, s. S. 170.
Bärenwald Müritz in Stuer: großes Braunbärfreigehege mit kleiner Ausstellung, s. S. 141.
Kletterpark in Plau am See: überwachtes Klettern in luftiger Höhe und durch lebende Bäume, s. S. 137.

Tagesausflüge bei schlechtem Wetter
Müritzeum in Waren (Müritz): für Kinder jeden Alters, wunderbares Naturerlebniszentrum zum Mitmachen, s. S. 88.

Reiseinfos von A bis Z

Hörspielkirche in Federow: Juli–Sept. Hörbücher für Kinder, s. S. 93.
Müritz-Therme in Röbel: Spaßbad mit 57 m langer Wasserrutsche, s. S. 112.
Familien- und Erholungsbad Oase in Güstrow: attraktives Hallenbad mit Sportbecken und fantasievollem Spaßbad, s. S. 255.
Karower Meiler in Karow: abwechslungsreiche interaktive Naturparkausstellung im Infozentrum, s. S. 257.
Luftfahrttechnisches Museum in Rechlin: für technikinteressierte Kinder, s. S. 103.
Wildpark Güstrow: kindgerechte Ausstellung über den Lebenskreislauf des Wassers samt zooähnlichem Freigelände, s. S. 253.

Kurtaxe

Im Heilbad Waren (Müritz) und den drei Luftkurorten Krakow am See, Plau am See und Malchow sollte man die zusätzlich Ausgabe einer Kurtaxe einplanen. Sie ist an den Vermieter zu entrichten und variiert pro Person und Tag zwischen 1 € und 1,50 € in der Hauptsaison (Mai–Sept.) und 0,50–1 € in der Nebensaison (Sept.–April). Meist sind Kinder bis 16 Jahre frei. Damit zahlt man für diverse Einrichtungen und die Sauberhaltung der öffentlichen Badestellen. Außerdem erhält man einen Gästepass, der zu Vergünstigungen in Museen, Schwimmbädern und teilnehmenden Restaurants berechtigt. Die Kursatzung ist auf der Webseite der jeweiligen Stadt einsehbar.

Medien

Radio
Norddeutscher Rundfunk: Landesfunkhaus, Mecklenburg-Studio Schwerin, Tel. 0385 5959 50. NDR 1 bis 4, Radio MV und NDR Jugendradio N-Joy.

Antenne Mecklenburg-Vorpommern (UKW): Studio Rostock, Hörertel. 0381 203 31 00. Studio Schwerin, Hörertel. 0385 59 38 66 89.
Röbel 93,8 – Marlow 100,8 – Schwerin 101,3 – Helpter Berge 103,8. Landesweiter privater Musiksender.
Ostseewelle – Hitradio Mecklenburg-Vorpommern (UKW): Rostock, Tel. 0381 44 07 71 10. Marlow 104,8 – Helpter Berge 105,8 – Schwerin 107,3.

Zeitungen
Die drei größten Tageszeitungen des Landes sind die »Ostsee-Zeitung« aus Rostock für den Bereich der Küste, die »Schweriner Volkszeitung« für den westlichen und der »Nordkurier« aus Neubrandenburg für den östlichen Bereich der Seenplatte.

National- und Naturparks

Nationalparks sind naturbelassene Gebiete mit dem weltweit höchsten Schutzstatus überhaupt. Hier greift der Mensch möglichst nicht ein. Naturparks sind Gebiete, in denen der Mensch nach Maßgabe des Natur- und Landschaftsschutzes plant, erschließt und weiterentwickelt. Ein Nationalpark liegt auf dem Gebiet der Seenplatte und stellt zugleich ihr ›gefühltes‹ Zentrum dar: der **Müritz-Nationalpark**. Weiterhin gibt es auf dem Gebiet der Seenplatte vier Naturparks: **Feldberger Seenlandschaft, Mecklenburgische Schweiz und Kummerower See, Nossentiner/ Schwinzer Heide** und **Sternberger Seenland** (Kontaktadressen s. Infokästen im Unterwegs-Teil).

Praktische National- und Naturparkinfos
www.natur-mv.de: Sehr ansprechende Beschreibungen und übersichtliche Kartierung aller mecklenbur-

39

Reiseinfos

Museen
Trotz der Ländlichkeit: Die Mecklenburgische Seenplatte ist reich an Museen verschiedenster Art – von der Heimatstube über das Literaturmuseum und das Technische Museum bis hin zur Kunstsammlung mit Exponaten von Weltrang. Einen guten Überblick, auch über aktuelle Ausstellungen, gibt das Kulturportal Mecklenburg-Vorpommern: www.museumstour.de.

gischen Nationalparks, Naturparks und Biosphärenreservate. Unbedingt ansehen sollte man sich den reich bestückten Veranstaltungskalender. In chronologischer Reihenfolge zeigt er alle Veranstaltungen sämtlicher Großschutzgebiete auf, darunter: geführte Erlebniswanderungen, thematische Parkführungen, Märkte, Natur-Ausstellungen und Kinderveranstaltungen, sodass man sich problemlos einer Interessengruppe anschließen kann.

www.nationale-naturlandschaften.de: informative Webseite des Europarc Deutschland e.V., des Dachverbands aller deutschen Großschutzgebiete. Mit Schilderungen ganz praktischer Neuigkeiten aus den Schutzgebieten sowie Presseberichten über aktuelle politische Ereignisse wie zum Beispiel zur Klimakonferenz.

Notruf

Feuerwehr/Notarzt: Tel. 112
Polizei: Tel. 110
Ärztlicher Bereitschaftsdienst: Tel. 116 117
Sperrung von Handys, Bank- und Kreditkarten: 116 116
Pannenhilfe: s. S. 23
Giftnotrufzentrale: Berliner Charité, Tel. 030 192 40 (rund um die Uhr)

Öffnungszeiten

In den größeren Städten Mecklenburg-Vorpommerns gelten die offiziellen deutschen Ladenöffnungszeiten: Mo–Fr 8–20, Sa 8–20 Uhr. Die Geschäfte und Läden auf dem Land handhaben ihre Öffnungszeiten individuell – so wird häufig eine Mittagspause eingelegt und ab 18 Uhr geschlossen.

Reisekasse und Preise

Generell liegen die Preise für Unterkünfte, Restaurants und Eintritte im Bereich der Seenplatte unter denen an der Ostseeküste, was der Seenplatte einen familienfreundlichen Ruf beschert. Saisonale Preisunterschiede machen sich vor allem bei der **Unterkunft** bemerkbar. Fast alle Hotels und Pensionen wirtschaften nach den üblichen Dreier-Kategorisierung: Am preiswertesten ist die Nebensaison A, in der auch viele Häuser Winterpause machen (Jan.–März, April außer Ostern, Nov.), gefolgt von der Nebensaison B (Mai, Juni, Sept.–Okt.). Am teuersten ist die Hauptsaison C (Ostern, Juli, Aug., Weihnachten–Silvester). Bei wintergeeigneten Hotels mit Schwimmbad, Sauna- und Spa-Bereich sind die Zimmerpreise der Hauptsaison C in der Nebensaison A im Durchschnitt um 15 % reduziert, bei einfacheren Häusern etwas mehr.

Bei **Museen** reicht die Spanne der Eintrittspreise für Erwachsene von 1 € bei einem dörflichen Heimatmuseum, über 5 € für das 3-Königinnen-Palais in Mirow bis zu den großen Kunstsammlungen der Schlösser und Gärten – Staatliches Museum Schwerin Alte & Neue Meister mit 8,50 €. Für Kinder und Jugendliche bis 18 J. sind die Eintrittspreise oft auf 50 % reduziert oder entfallen ganz. Rentner, Schwerbehinderte und Sozialhilfeempfänger erhalten die übliche Ermäßigung um 30 %.

Reiseinfos von A bis Z

Reisen mit Handicap

Naturbeobachtung ohne Hindernis im Müritz-Nationalpark ermöglichen Erlebnispfade für Sehbehinderte und Blinde, barrierefreie Natur-Beobachtungsplattformen sowie ebenerdige Ausstellungen und Toilettenräume. Infos:
Nationalparkamt Müritz, Tel. 039824 25 20.

Für die Planung von barrierefreien Reisen ist die **Mobilitätsservice-Zentrale der DB** täglich 6–22 Uhr zuständig: Tel. 0180 651 25 12 (20 ct/Anruf aus dem Festnetz, max. 60 ct/Anruf aus dem Mobilfunk), www.bahn.de/handicap.

Weitere Infos zum Thema Reisen mit Handicap auch bei:
Ohne Barrieren e. V.: Doberaner Str. 114, 18057 Rostock, Tel. 0381 877 67 77, www.barrierefrei.m-vp.de.

Souvenirs

Da die Seenplatte keinen landestypischen Stil bei kunsthandwerklichen Produkten hervorgebracht hat, eignen sich die Schätze der Natur am besten als Mitbringsel. So werden an Straßenverkaufsständen selbst gemachte Marmeladen, Honig und Sanddornprodukte angeboten. Urlauber mit kurzer Anreise nehmen auch gern frischen und geräucherten Fisch mit, den es an vielen Stellen in Räuchereien oder bei den Fischern zu kaufen gibt.

Auch von Künstlern getöpferte Keramik ist als Mitbringsel beliebt. Wer es lieber etwas ausgefallener mag, kann sich ein Stück ›**Sternberger Kuchen**‹, ein von der Natur gepresstes Muschelkalkgebilde, mit nach Hause nehmen (s. S. 264) oder bei der Warener Touristinfo ein Tütchen **Thermalsolen-Badesalz** für die Linderung oder Heilung von Hautkrankheiten, Bronchitis oder Rheuma erwerben.

Telefonieren

Mecklenburg-Vorpommern besitzt ein flächendeckendes Mobilfunknetz. Die WLAN-Ausstattung von Hotelzimmern und Ferienwohnungen ist mittlerweile Standard, sollte aber vor Urlaubsantritt sicherheitshalber erfragt werden.

Prepaid-Karten kann man in Postfilialen, Zeitungsläden und Supermärkten erstehen.

Vorwahl Österreich: 0043
Vorwahl Schweiz: 0041

Spartipps
www.nationalparkticket.de
Das Müritz-Nationalparkticket ist ein kombinierter Fahrschein für den Bus der Nationalparklinie und Schiffe der Weißen Flotte auf Müritz, Kölpinsee und Fleesensee bis Malchow. Der Bus pendelt stündlich von Mai bis Oktober im Müritz-Nationalpark. Inklusive sind auch NationalparkFührungen und der Transport von Fahrrädern. Liniennetz, Fahrplan und Ticketkauf: bei allen Tourist-Informationen oder online (s. auch S. 100).

www.1000seencard.de
Die 1000Seen-Card kostet 5 € als Familienkarte (2 Erw. mit bis zu 3 Kindern) und verschafft zahlreiche Vergünstigungen im Großraum Müritz. Beteiligte Partner sind Hotels, Restaurants, Fahrrad- und Bootsvermieter, Museen, Thermen und Freizeitparks. Erhältlich online über www.mueritz.de (Onlineshop ›müritz-online‹) oder Mo–Fr 9–16 Uhr Tel. 03991 63 46 91.

Panorama – Daten, Essays, Hintergründe

Wie ein Willkommensgruß: die Adorantinnen am Stargarder Tor in Neubrandenburg

Steckbrief Mecklenburgische Seenplatte

Lage und Fläche: Die Seenplatte zwischen Schwerin im Westen, Woldegk im Osten, Waren im Norden und der brandenburgischen Landesgrenze im Süden umfasst mit ca. 6000 km² ein Viertel der gesamten Landesfläche Mecklenburg Vorpommerns. Der Landkreis Mecklenburgische Seenplatte mit seinen 272 922 Einwohnern beansprucht flächenmäßig ein knappes Drittel des gesamten Bundeslandes Mecklenburg-Vorpommern, das insgesamt rund 1 605 173 Einwohner zählt.

Geografie und Natur

Von oben gesehen ist die Seenplatte ein sichelförmiges Gebilde in der Mitte und im Süden des Landes Mecklenburg-Vorpommern. Sie wird von einem nördlichen und einem südlichen Endmoränenzug begrenzt. Das westliche Ende bildet der Schaalsee an der Grenze zu Schleswig-Holstein, das östliche der Abhang zum Ückertal hinter Friedland. Der Begriff ›Platte‹ rührt daher, dass das ganze Gebiet auf einer riesigen, höher gelegenen Zechsteinmeersalzplatte liegt. Aufgrund der Plattenlage liegt auch die Wasseroberfläche aller Seen über dem Niveau des Meeresspiegels.

Der größte See ist die **Müritz** mit 117 km² Wasserfläche, nach dem auf 3 Länder verteilten Bodensee der zweitgrößte See in Deutschland. Der tiefste ist mit 58 m der **Breite Luzin**. Höchste Erhebung in ganz Mecklenburg sind mit 179 m die **Helpter Berge** bei Woldegk in der Feldberger Seenlandschaft.

Geschichte und Kultur

Die ältesten kulturellen Spuren führen zurück zu den Trichterbecherleuten um 4000 v. Chr. Erste nachvollziehbare Siedlungsorte bildeten um 600 n. Chr. die Slawen. Im hohen Mittelalter, als Mecklenburg deutsches Herzogtum wurde, legten die Bauern erste Reihen- und Haufendörfer mit niederdeutschen Hallenhäusern an. Zwischen 1250 und 1300 entstanden die ersten Klöster, um 1550 die ersten Schlossbauten; bis ins 19. Jh. wuchs die Zahl der Adelshäuser auf über 2000.

Zu den herausragenden Mecklenburger Kulturschaffenden gehören der Bildhauer Ernst Barlach und die Schriftsteller Fritz Reuter und Hans Fallada. Bekanntere Literaten-Namen aus aktueller Zeit sind Brigitte Reimann und Christa Wolf. Heute leben in Mecklenburg etwa 500 freie Künstler, unter denen die Keramiker die größte Gruppe bilden. In der Musik glänzt Mecklenburg mit seinen herausragenden Konzertreihen wie den Festspielen Mecklenburg-Vorpommern im Sommer oder dem Neubrandenburger Jazzfrühling.

Staat und Politik

Nach 1945 entstand zum ersten Mal der Landesname unter den Sowjets, als das historische Land Mecklenburg und die ehemalige preußische Provinz Vorpommern zu einem Land vereint wurden. 1990 entstand Mecklenburg-Vorpommern ein zweites Mal durch die Zusammenlegung der

DDR-Verwaltungsbezirke Schwerin, Rostock und Neubrandenburg. Das heutige Bundesland besteht zu zwei Dritteln aus dem Territorium des alten Mecklenburg. Seit der Kreisgebietsreform im Jahr 2011 gliedert es sich in die sechs Landkreise Mecklenburgische Seenplatte, Ludwigslust-Parchim, Nordwestmecklenburg, Rostock, Vorpommern-Greifswald und Vorpommern-Rügen sowie die kreisfreien Städte Schwerin und Rostock. Landeshauptstadt ist Schwerin.

Aus den Landtagswahlen 2016 ging die SPD mit 30,6 % erneut als stärkste Partei hervor. Sie einigte sich mit der CDU auf die Fortsetzung der großen Koalition unter Führung des Ministerpräsidenten Erwin Sellering (SPD).

Wirtschaft und Tourismus

Stärkste Wirtschaftszweige im Raum der Seenplatte sind die Landwirtschaft, die Fischerei und natürlich der zunehmende Tourismus. Einige Bedeutung hat auch die Viehzucht. Die wenigen industriellen Standorte konzentrieren sich auf Schwerin, Neubrandenburg und Waren. Vorherrschende Gewerbezweige sind die Veredelung landwirtschaftlicher Produkte, die Lebensmittelindustrie, die Produktion von Spezialtechnik für die Forstwirtschaft, die Zulieferindustrie für den Schiffbau in den großen Werften an der Ostseeküste sowie die Rohholzgewinnung und -verarbeitung. Bodenschätze hat Mecklenburg so gut wie keine.

Die Rate der Arbeitslosigkeit liegt durchschnittlich bei 11,5 % und hat eine leicht sinkende Tendenz. In erster Linie füllt mehr und mehr der Tourismus die häufig leeren Geldbeutel der Einheimischen; die Beliebtheit Mecklenburgs als Urlaubsland steigt insbesondere bei den Deutschen selbst wie auch bei den Skandinaviern, Niederländern, Österreichern und Schweizern.

Bevölkerung

Mit 69 Einwohnern pro km^2 hat Mecklenburg-Vorpommern die geringste Bevölkerungsdichte in der gesamten Bundesrepublik – mit sinkender Tendenz. Auch der Ausländeranteil ist mit 2,4 % der geringste der Republik. Da die Seenplatte bis auf Neubrandenburg keine größeren Städte vorzuweisen hat, leben die meisten Menschen in kleinen Stadtgemeinden, die in der Regel aus mehreren Siedlungen bestehen. 50 % dieser Gemeinden haben weniger als 500 Einwohner.

Eine große Veränderung in der Bevölkerungszusammensetzung brachte die Zeit nach dem Zweiten Weltkrieg, als hier viele Heimatvertriebene aus Ostpommern und Ostpreußen sesshaft wurden, später ergänzt von Zugezogenen aus anderen Regionen der DDR.

Sprache und Religion

Mecklenburg-Vorpommern gehört dem ostniederdeutschen Sprachraum an. Das vom Hochdeutschen über Jahrhunderte als Schriftsprache verdrängte Niederdeutsche erfährt gegenwärtig ein ›Revival‹, dennoch wird es in weiten Teilen des Landes aktiv vorwiegend nur von der älteren Generation gesprochen, von vielen Jüngeren aber immerhin noch verstanden.

Der überwiegende Teil der Bevölkerung in diesem Bundesland ist als konfessionslos verzeichnet, 17,3 % gehören der evangelischen und ca. 3,3 % der katholischen Kirche an.

Geschichte im Überblick

Eiszeit

ca. 10 000 v. Chr.
Ganz Mecklenburg ist von 1000 m hohen Eiskappen bedeckt. Am Ende der Eiszeit leben hier u. a. Eisfuchs, Ren, Mammut und Höhlenbär.

Mittelsteinzeit

ca. 9600–4000 v. Chr.
Ab etwa 9600 v. Chr. siedeln die ersten Menschen in dem Gebiet der Seenplatte. Sie leben von der Jagd und vom Fischfang und hinterlassen mit ihren imposanten Großsteingräbern der Nachwelt sichtbare Spuren.

Bronzezeit

ca.1800–600 v. Chr.
Kleine Stämme leben überall in der Seenplatte, nicht unbedingt friedlich: Ein riesiges Schlachtfeld aus der Zeit um 1100 v. Chr. mit über 750 jungen Kriegern wurde in einer Flussniederung des Tollensetals bei Altentreptow entdeckt; es wird seit 2007 archäologisch untersucht.

Germanenzeit und Slawenzeit

um Christi Geburt – ca. 500
Römische Kundschafter ermitteln, dass im Mecklenburger Gebiet Germanen siedeln. In der Völkerwanderungszeit ab etwa 500 n. Chr. ziehen die Germanen nach Süden. Slawische Stämme kommen in die menschenleeren mecklenburgischen Wälder. Sie roden große Flächen, bewirtschaften die Sandböden, bauen sich Hütten und befestigen ihre Siedlungen mit Burgen und Wällen, im Westen die Obotriten, im Osten die Wilzen. Eine ihrer Burgen, die **Mikilinborg** (slaw.: »große Burg«) bei Wismar, begründet den heutigen Landesnamen.

1147
Mit dem Wendenkreuzzug verzeichnen die deutschen Herrscher ihre ersten Erfolge bei der Vertreibung und Unterwerfung der Slawen.

1160
Der letzte freie Obotritenfürst Niklot setzt seine Burgen in Schwerin, Mecklenburg, Dobbin und Ilow in Brand. Auf der Flucht vor deutschen Rittern wird er getötet.

Deutsche Kolonisation

1154 und 1160
Die Bistümer Ratzeburg und Schwerin werden gegründet und nehmen ihre Missionstätigkeit auf. Daneben gibt es viele Städtegründungen und bäuerliche Kolonisation. Das alles fördert die Eindeutschung des Landes ohne blutige Kämpfe.

1167
Niklots Sohn Pribislaw lässt sich taufen und darf als Vasall von Herzog Heinrich dem Löwen das Land regieren. So wird er zum Stammvater des mecklenburgischen Fürstenhauses.

1348
Kaiser Karl IV. erhebt die mecklenburgischen Fürsten zu reichsunmittelbaren Herzögen.

1549	Der Sternberger Landtag erklärt das Luthertum zur Landesreligion.

Dreißigjähriger Krieg

1618–48	Während des Dreißigjährigen Krieges wird das Mecklenburger Land von durchziehenden Truppen aus Brandenburg und Schweden aufs Schlimmste geplündert und verwüstet. Auch benachbarte Adlige und Ritter berauben sich untereinander. In den Städten wütet die Pest.
1621	Mecklenburg wird in die Herzogtümer Mecklenburg-Schwerin und Mecklenburg-Güstrow geteilt.
1627	Beide Herzöge werden wegen ihres Bündnisses mit Christian IV. von Dänemark vom deutschen Kaiser vertrieben.
1629	regiert Wallenstein ganz Mecklenburg als Lehen. Erst 1631 kehren die geächteten Herzöge mithilfe des schwedischen Königs Gustav II. Adolf nach Schwerin und Güstrow zurück.

Das 18. Jahrhundert

ca. 1660–1760	Blütezeit der Mecklenburger Glasmanufakturen, die mit dem für sie typischen braunen und grünen Waldglas berühmt werden.
1695	Mit dem Tod Gustav Adolfs von Mecklenburg-Güstrow erlischt die Güstrower Linie. Ein Erbfolgestreit bricht aus, der erst 60 Jahre später durch den »Erbvergleich« besiegelt wird.
1701	Nach langen Wirren zwischen Herzögen und Ständen kommt es zum sogenannten Hamburger Vergleich. Unter Gustav Adolfs Schwiegersohn, Herzog Adolf Friedrich II. (Thronzeit 1701–08), entsteht die Linie Mecklenburg-Strelitz mit Residenz in Mirow.
ca. 1750	Um das Holzaufkommen zu erhöhen, werden die Buchenwälder abgeholzt und Kiefernforste angelegt. Die Kiefer wird zum typischen Baum der mecklenburgischen Heidewälder. Sie wird im 15. Jh. zum ersten Mal erwähnt und nimmt seitdem in ihrer Bedeutung für das Land stetig zu.

Napoleonische Besatzung

1813	Dem Beispiel Preußens folgend, erlässt Herzog Carl II. von Mecklenburg-Strelitz (Thronzeit 1794–1816), Vater der Königin Luise, einen Aufruf zum allgemeinen Widerstand gegen die napoleonische Fremdherrschaft. Das nach Carl benannte C-Husarenregiment wird unter dem Oberbefehl Blüchers in die Schlesische Armee Preußens integriert und zieht in die Völkerschlacht bei Leipzig.

Das 19. Jahrhundert

1815 Beide Mecklenburger Herrscherhäuser werden Großherzogtum.

1820 Als letztes Land auf deutschem Boden hebt die mecklenburgische Ritterschaft schrittweise die Leibeigenschaft der Bauern auf.

ab 1821 Infolge einer Agrarkrise und der fehlenden industriellen Entwicklung setzt eine große Auswanderungswelle nach Amerika ein. So ziehen Gutsbetriebe polnische Landarbeiter zur Erntearbeit heran.

1848/49 In Mecklenburg-Strelitz formiert sich mit der Vereinigung der Reformer und der Demokraten eine starke kleinbürgerliche Opposition gegen den Großherzog. Es gelingt ihnen, das ständische System aufzuheben, ein demokratisches Wahlrecht, Presse- und Versammlungsfreiheit zu etablieren.

1849 Als der preußische König Friedrich Wilhelm IV. in Berlin die Revolution vom Militär niederknüppeln lässt, bezwingt auch Großherzog Georg (Thronzeit 1816–60) ›seine‹ Aufständischen und stellt die alten Zustände wieder her. Die von Georg unterstützte Bemühung um eine Verfassungsreform scheitert am Widerstand der Ritterschaft. In der Nachfolgezeit bleibt Mecklenburg sowohl politisch als auch wirtschaftlich eines der rückständigsten Länder auf deutschem Gebiet.

ca. 1880– 1919 Die seit dem 17. Jh. verbreiteten Mecklenburger Glashütten stellen ihre Produktion ein, da sie der industriell gefertigten Konkurrenz nicht mehr gewachsen sind.

Weimarer Republik

1918 Der Schweriner Großherzog Friedrich Franz IV. dankt ab, die Volksvertretung in Ratzeburg tritt freiwillig nicht mehr zusammen. Auch in Mecklenburg-Strelitz geschieht Einschneidendes: Der letzte Großherzog Adolf Friedrich VI. (seit 1914 Regent) begeht am 24. Februar Selbstmord. Vor Regelung der Erbfolge bricht die Revolution aus, und erst jetzt wird in Mecklenburg der mittelalterliche Ständestaat offiziell abgeschafft.

1920 und 1923 Der Freistaat Schwerin gibt sich eine Verfassung und das Land Mecklenburg-Strelitz ein Landesgrundgesetz, wodurch beide parlamentarisch-demokratische Republiken werden.

Nationalsozialistische Zeit

1. Januar 1934 Beide Länder werden zum 15 700 km^2 großen Gau Mecklenburg vereinigt. Regierungssitz der 900 600 Mecklenburger wird Schwerin.

Nach 1945

1945 Nach Beendigung des Zweiten Weltkrieges wird Mecklenburg sowjetische Besatzungszone. Durch den Flüchtlingszustrom aus Ostpreußen, Westpreußen und Pommern verdoppelt sich die geringe Siedlungsdichte: Statt 50 leben hier nun 100 Einwohner pro km^2. Mecklenburg wird um Vorpommern, den verbliebenen Teil Pommerns westlich der Oder, auf 23 000 km^2 vergrößert und trägt seitdem den Namen Mecklenburg-Vorpommern.

1946 Mit der Bodenreform wird der Großgrundbesitz über 100 ha entschädigungslos enteignet und in Neubauernwirtschaften aufgeteilt. Nach dem Motto »Junkernland in Bauernhand« stößt die Bodenreform auf die Sympathie von Landarbeitern in dem jahrhundertealten Wunsch nach eigenem Land. Die schlossähnlichen Herrenhäuser und Parks werden entweder abgerissen oder zweckentfremdet genutzt.

DDR-Zeit

1949 Mecklenburg wird Teil der Deutschen Demokratischen Republik. Die aufgrund der Einheitsliste durchgeführten Wahlen sichern der SED 1950 die Mehrheit im Landtag.

23. Juli 1952 Während der DDR-Verwaltungsreform werden Landesregierung und Landtag aufgehoben und das historische Mecklenburg-Vorpommern in die drei Bezirke Rostock, Schwerin und Neubrandenburg aufgeteilt.

Mecklenburg-Vorpommern heute

1990 Mit der deutschen Vereinigung kommt es zur Neugründung des Landes Mecklenburg-Vorpommern.

1995 Mecklenburg-Vorpommern begeht seine Tausendjahrfeier mit vielen Festen, sportlichen und kulturellen Veranstaltungen.

2011 Nach einer Kreisgebietsreform gibt es in Mecklenburg-Vorpommern die zwei kreisfreien Städte Schwerin und Rostock sowie sechs Landkreise: Mecklenburgische Seenplatte, Ludwigslust-Parchim, Nordwest-Mecklenburg, Rostock, Vorpommern-Rügen und Vorpommern Greifswald.

2015 Das ganze Bundesland feiert: Seine Gründung 1990 fällt zusammen mit dem 25-jährigen Bestehen des Nationalparkprogramms, das die erste frei gewählte DDR-Regierung am 12.9.1990 verabschiedete.

2016/2017 Im Müritz-Nationalpark wird nach dem Waldbehandlungs-Programm der Holzeinschlag eingestellt. Damit ist die Natur sich komplett selbst überlassen.

Faszination Wasser – im Land der tausend Seen

Als »Augen der Erde« hat der Astronaut Ulf Merbold die großen Seen der Welt bezeichnet. Ob er von dort oben, aus der Umlaufbahn um die Erde, auch die Mecklenburgische Seenplatte erkannt hat? Vermutlich nicht, denn so groß wie der tibetische Qinghai Hu am Ostrand des tibetischen Hochlandes oder der Baikalsee in Sibirien sind die Gewässer der Seenplatte nicht. Doch auch wenn die Mecklenburgischen Seen aus der Ferne des Weltalls schon keine Augen sein dürften, so doch zumindest ein Gesprengsel zarter Sommersprossen ...

Wie viele Seen sind es denn nun eigentlich im Mecklenburgischen Binnenland? Das Güstrower Landesamt für Umwelt, Naturschutz und Geologie wollte diese viel diskutierte Frage klären. Bei 2014 hörte man auf mit dem Zählen, Gewässer mit einer Wasseroberfläche unter 10 000 m² wurden erst gar nicht mehr berücksichtigt. Hätte man auch die allerkleinsten Seechen, Sölle und Tümpel noch miteinbezogen, wäre die Zahl der mecklenburgischen Gewässer vermutlich um ein Vielfaches höher, doch eine genaue Angabe verweigert die Statistik. Seit dieser Erhebung betrachten die Mecklenburger die Frage nach der exakten Zahl ihrer Gewässer eher als Scherzfrage. Egal, wie viele Seen es im Einzelnen auch sein mögen – die Mecklenburgische Seenplatte ist neben der Masurischen und der Pommerschen eine der drei größten Seenlandschaften Mitteleuropas und die Müritz mit ihren 117 km² das zweitgrößte Binnengewässer Deutschlands.

Woher das viele Wasser kommt

Ihre heutige Prägung erhielt die Mecklenburgische Seenplatte durch die letzte, die sogenannte Weichsel-Eiszeit vor etwa 12 000 Jahren. Zu jener Zeit schoben 1000 m dicke Eisgletscher wie eine Planierraupe ungeheure Geröllmassen aus Skandinavien durch die Ostsee Richtung Süden. Die Riesengletscher stauchten die Erdmassen einerseits zu Moränen vor sich auf und drückten andererseits Hohlräume in den Boden. Nach dem Abtauen der Gletscher blieb das Wasser in den Rinnen und Senken stehen – die Mecklenburgische Seenplatte war entstanden! So kommt es, dass der Mecklenburger Boden eigentlich aus Skandinavien stammt und man sich beim Anblick eines baumumstandenen Sees an die urwüchsige Schönheit der norwegischen Landschaft erinnert fühlt.

Grundmoränensee oder Rinnensee?

Die Mecklenburgischen Seen sind sehr unterschiedlich tief – je nachdem, welchem geologischen Phänomen sie ihre Entstehung verdanken. Grundmoränenseen entstanden aus Senken und sind eher flache Gewässer, Rinnenseen bildeten sich aus den schmalen, bisweilen sehr tiefen Rinnen, in denen unter einem Gletscher das Schmelzwasser abfloss. Manche Seen verbinden beide Varianten – so beispielsweise die Müritz. An den meisten Stellen ist sie ein relativ seichtes Gewässer mit einer maximalen Tiefe von 10 m. Dort, wo

> **Infos zur Wasserqualität**
>
> Unter www.badewasser-mv.de findet man eine detaillierte, auch als App herunterladbare Landkarte, aus der die Badewasserqualität einzelner Seen hervorgeht. Zusätzlich informiert sie über so nützliche Dinge wie Badeaufsichten, Sanitäranlagen, behindertengerechte Strandzugänge, FKK-Gebiete und Parkmöglichkeiten. Die Telefonnummer des jeweils zuständigen Gesundheitsamtes, das über die aktuellen Badewasserproben Bescheid weiß, vermittelt die Gemeinde vor Ort.

ehemalige Schmelzwasserrinnen sie durchziehen, erreicht sie allerdings eine Tiefe von bis zu 30 m. Der Schmale Luzin dagegen ist ein typischer Rinnensee. Er ist fast 7 km lang, aber nur 200 bis 300 m breit, dafür bis zu 34 m tief.

Labiles Gleichgewicht

Im Gegensatz zu Flüssen, die sich durch ständige Frischwasserzufuhr selbst durchspülen können, sind Seen hochempfindliche Ökosysteme, sogenannte Nährstoff-Fallen. Was einmal hineingelangt ist, kommt so schnell nicht wieder heraus. Zwar ist die Seenplatte ein riesiger Seenverbund, aber die Fließgeschwindigkeit der Flüsse und Kanäle zwischen den Seen ist zu gering, als dass eine Reinigung aus eigener Kraft erfolgen könnte. In den tieferen Seen erfolgt bestenfalls während der Erwärmung im Frühjahr und der Abkühlung im Herbst eine Durchmischung der Wasserschichten auf natürliche Weise: Sauerstoff wird nach unten und die in Düngesalzen enthaltenen schädlichen Nährstoffe wie Stickstoff und Phosphor werden nach oben gespült.

Der Großstädter mag es kaum glauben, aber der größte Feind der Mecklenburger Seen ist nicht etwa die Industrie, die es im Bereich der Seenplatte sowieso kaum gibt, sondern die Landwirtschaft! Schätzungsweise gehen 90 % aller Wasser-Umweltsünden auf das Konto der Bauern. Am schädlichsten ist die Düngung und Begüllung der Äcker. Den zweiten Platz auf der Hitliste der Wasserverschmutzer besetzten jahrzehntelang die Kommunen. Leider schenkten die DDR-Regimegrößen einer umweltgerechten Abwasserentsorgung wenig Aufmerksamkeit. Damals mussten viele Städte mit völlig veralteten Kläranlagen aus der Vorkriegszeit auskommen oder hatten gar kein Klärsystem. Nach dem Abzug der sowjetischen Militärs kam auch so manche Umweltsünde ans Tageslicht: So war beispielsweise eine gängige Methode der Russen, sich der Ölschmiere ihrer Übungsfahrzeuge zu entledigen, die Panzerwäsche im See ...

Kaffeekochen mit Müritzwasser

Dass die Wasserqualität der Mecklenburgischen Seen heute hervorragend ist, weiß man seit 1994. Damals gab das Schweriner Umweltministerium das sogenannte »Seenprojekt« in Auftrag. In einer groß angelegten dreijährigen Untersuchung wurde der Zustand jedes einzelnen Gewässers ermittelt, um nötigenfalls »Gesundungsmaßnahmen« in die Wege leiten zu können. Das Ergebnis: Fast alle mecklenburgischen Binnenseen

Völlig entspannt zwischen Himmel und Wasser – Badender im Fleesensee

erfreuten sich ausgezeichneter Wasserqualität! Die Tourismusverantwortlichen konnten aufatmen und die vielen Camping- und Outdoor-Fans wussten nun, dass man das Wasser der meisten Seen – freilich nach dem Filtern – sogar zum Kaffeekochen benutzen kann. Damit diese Gewissheit auch bleibt, entnehmen die örtlichen Gesundheitsämter der Landkreise und kreisfreien Städte während der Saison von Mai bis September alle zwei Wochen Uferproben, die nach den strengen EU-Badewasserrichtlinien auf ihren bakteriologischen Gehalt untersucht werden. Sollten hygienisch bedenkliche Situationen auftreten – was sehr selten der Fall ist –, wird die Badestelle vorübergehend oder dauerhaft gesperrt.

Hüllenloses Badevergnügen

Wo Wasser ist, wird gebadet und wo gebadet wird, ist man gern hüllenlos. Das war schon immer so. Zu DDR-Zeiten nahm sich die Freikörperkultur nicht so kompliziert aus wie im Westen, in Ostdeutschland war Nacktbaden geradezu ›in‹! Obwohl diese Angewohnheit nach der Wende viele »Wessis« schockierte, haben sich die Mecklenburger von ihrer Tradition nicht abbringen lassen (s. S. 30). Wie von selbst haben sich manche Wiesen und Buchten zur FKK-Zone herausgebildet, im Zentrum der Seenplatte zum Beispiel am Ufer des Kölpinsees, gleich hinter Klink. Ausgesprochene FKK-Hochburgen sind heute die Insel Bohnenwerder im Carwitzer See, die Landzunge Buchenort am Tollensesee bei Neubrandenburg und die Halbinsel Alt Schwerin am Plauer See. Wer das nicht mag, legt sich einfach woandershin, denn Badestellen, an denen FKK nicht erwünscht ist, gibt es genügend. Wie bei allem, kommt es auch hier sehr auf das »Wie« an. Wer einmal erlebt hat, wie schön es ist, bei Sonnenuntergang ganz entspannt in der stillen Bucht eines kleinen Sees nackt zu baden, wird dieses Erlebnis nicht wieder vergessen.

Mecklenburg – das ›steinreiche‹ Land

Dass Mecklenburg ein steinreiches Land sei, diese Doppeldeutigkeit kursiert schon lange in der Bevölkerung. Nach dem Abtauen des Eiszeiteises vor circa 10 200 Jahren blieb der sogenannte skandinavische Geschiebemergel, ein weit gereistes ungeordnetes Material aus Ton, Schluff, Sand, Kies, kleineren Steinen und riesengroßen Brocken, auf mecklenburgischem Boden liegen. Im kürzlich gegründeten Geopark Mecklenburgische Eiszeitlandschaft kann man sich jetzt näher darüber informieren.

So manches Bauern Fluch

Jahrhunderte hat es gedauert, bis die Bauern ihre Wiesen und Äcker von den lästigen Kieseln und dickeren Steinen befreit hatten. Immer wieder holten Egge und Pflug neues Geröll nach oben und so manche Sense schrammte mit scharfem Klirren auf Widerstand, sodass es in den Ohren schmerzte. Bis heute hat Mecklenburg eiszeitliche Steine in allen Größen und Formvarianten zu bieten, vom hühnereigroßen glatten Kiesel bis zum scharfkantigen zentnerschweren Felsblock.

Findlinge an den Feldberger Seen

Urdolmen

Die ganz großen Findlinge sammelten schon die mecklenburgischen Landesureinwohner seit der Jungsteinzeit vor 5000 Jahren für ihre Großsteingräber. Die älteste Form dieser sogenannten Urdolmen besteht aus zwei mächtigen Trägersteinen, auf denen ein großer Deckstein liegt. Viele dieser ehemals zigtausend Gräber sind längst verschwunden. Sie fielen im 19. Jh. dem ›Besiedlungsfortschritt‹ zum Opfer. Die Steine in zahllosen Feldsteinsockeln von Kirchen oder die Stadtmauer von Neubrandenburg waren einmal Urdolmen und auch das holperige Pflastergestein vieler Dörfer sowie die Mauern der Tagelöhnerkaten sahen einmal anders aus. Im Mittelalter waren Feldsteine das billigste Baumaterial. Mittlerweile sind die Urdolmen als archäologische Bodendenkmäler geschützt.

Geopark

Der **Geopark Mecklenburgische Eiszeitlandschaft** ist einer von neun nationalen Geoparks in Deutschland, ein circa 5000 m² großes geologisches Modellgebiet, das sich zu rund 91 % im Bereich der Seenplatte befindet. Seine Aufgabe ist es, den eiszeitlichen Formenschatz für Touristen erlebbar zu machen. Der wichtigste Weg durch den Geopark ist

> **Geopark Mecklenburgische Eiszeitlandschaft**
> Geowissenschaftlicher Verein Neubrandenburg e. V., 0395 422 40 82, www.neubrandenburg.de. Infos über den Geopark und zum Thema Eiszeit.

> **Fahrradtour Eiszeitroute**
> Die Eiszeitroute ist eine etwa 666 km lange Radfahrstrecke durch den Geopark Mecklenburgische Eiszeitroute. Nähere Informationen über einzelne Streckenabschnitte erfährt man unter www.eiszeitroute.com.

die Eiszeitroute, die wichtigsten Anlaufpunkte sind zehn Aktionszentren, wie zum Beispiel die Findlingsgärten.

Findlingsgärten

Genauer zu studieren sind prachtvolle Einzelexemplare in den mecklenburgischen Findlingsgärten, schön sortiert und beschriftet nach Alter, Herkunft und Gesteinsart.

Der größte unter ihnen befindet sich im vorpommerschen **Schwichtenberg**, 12 km östlich von Friedland (Zur Kleinbahn 8, 17099 Galenbeck, Tel. 039607 26 48 58, www.brohmerberge.com), aber auch in den Findlingsgärten **Prälank-Kalkofen** am Buteberg bei Neustrelitz (s. S. 174) und in **Wesenberg** (s. S. 146) sind solch dicke Brocken zu betrachten.

Der größte deutsche Einzelfindling überhaupt steht – 500 t schwer – am Klosterhof von **Altentreptow**, 16 km nördlich von Neubrandenburg. Und auch in der Müritzgegend zwischen Röbel und Klink finden sich beeindruckende Steine, zum Beispiel der sogenannte **Schälchenstein**, ein interessanter Findling aus der Bronzezeit (1800–600 v. Chr.) mit kleinen napfartigen Vertiefungen auf der Oberfläche, die vermutlich kultischen Zwecken dienten. Man findet ihn, wenn man an der Landstraße zwischen Röbel und Groß Kelle ab dem Seerosenparadies Rohrteich der Beschilderung folgt.

Geschützte Natur – die National- und Naturparks der Seenplatte

»Wenn es so ein schöner Abend ist, an dem die Sonne glutrot untergeht, der See ganz glatt wie ein Spiegel liegt und sich die Bäume vom Ufer darin wiederfinden, und dann auch noch die Kraniche laut trompetend auf das Wasser herunterfliegen – ja, dann möchte ich manchmal vom Feierabend noch nichts wissen!«

**Christine Dingler,
Rangerin im Müritz-Nationalpark**

Schöpfungsgeschichte à la Reuter

Wie meistens, wenn eine Landschaft durch ganz besondere Schönheit glänzt, wird der spröden naturwissenschaftlichen auch eine legendäre Entstehungsgeschichte zur Seite gestellt. Im Fall von Mecklenburg übernahm es der berühmte Dichter Fritz Reuter, die volkstümliche Schöpfungsgeschichte des Landes zu erzählen, in seiner

vor knapp 150 Jahren geschriebenen »Urgeschicht von Mekelnborg«. Darin liest man: »... unser Herrgott machte das ganz fix eigenhändig, auf der einen Seite bei Ratzeburg und Schwerin, auf der anderen Seite bei Stavenhagen und Neubrandenburg« (Übersetzung ins Hochdeutsche durch die Autorin). Auch sogar das Paradies verpflanzte der Heimatverliebte nicht einfach irgendwohin, sondern: »... nach den zuverlässigen Nachrichten meines Ahnherrn Noah und nach Ansicht meiner ganzen Familie und unserer ganzen Sippschaft lag der Garten Eden in Mecklenburg«, und zwar schlichtweg dort, »wo es zuallererst trocken wurde und wo die ersten Menschen erschaffen worden sind: bei Groß Bäbelin, Serrahn und Krakow ...« – im Gebiet um den Naturpark Nossentiner/Schwinzer Heide

Unterwegs im Nationalpark
Grundsätzlich ist das Autofahren auf öffentlichen Fahrwegen im Nationalpark erlaubt – mit einer Ausnahme: Zum Schutz der Natur sind im Müritz-Nationalpark die Streckenabschnitte zwischen Speck und Schillersdorf, Boek und Krienke durch Schranken gesperrt und nur für Anlieger befahrbar. Empfehlung: Man lässt das Fahrzeug auf dem Parkplatz an einem der Eingangsbereiche in Waren, Speck, Federow oder Boek stehen und bewegt sich zu Fuß, mit dem Fahrrad, mit dem Nationalparkbus – oder man lässt sich in einer der bereitstehenden Pferdekutschen durch das Gelände chauffieren.

also liegt nach Reuter die Wiege der Menschheit!

Heute gibt es in ganz Mecklenburg-Vorpommern 13 Nationale Naturlandschaften – wie man National- und Naturparks sowie Biosphärenreservate zusammengefasst bezeichnet – und das sind immerhin fast 20 % der gesamten Landesfläche. Allein im Gebiet der Seenplatte liegen fünf dieser Gebiete: der **Müritz-Nationalpark** sowie die vier Naturparks **Mecklenburgische Schweiz und Kummerower See**, **Feldberger Seenlandschaft**, **Nossentiner/Schwinzer Heide** und **Sternberger Seenland**.

Vorbild Yellowstone

Die Idee des Nationalparks stammt aus den USA. 1872 wurde sie mit dem Yellowstone-Park erstmals realisiert. Heute gibt es fast 2000 Nationalparks in 120 Ländern der Erde, deren Gründung auf die Einsicht zurückgeht, dass der Mensch, wenn er auf diesem Planeten überleben will, die Natur Natur sein lassen muss, damit sie sich nach ihren eigenen Gesetzen fortentwickeln kann. Nationalparks bewahren nicht nur die Reste von ›Urnatur‹, die es noch gibt, sie überlassen auch einst von Menschen genutzte Landschaften wieder der Natur. Für die Deutschen erweist es sich nun als Vorteil, dass Mecklenburg nicht jede moderne Entwicklung mitgemacht hat und nicht bis in den letzten Winkel so erschlossen und schnurgerade flurbereinigt wurde wie weite Regionen der alten Bundesrepublik. Dadurch blieb ein reiches Naturparadies erhalten, das heute von den National- und Naturparkverwaltungen professionell betreut wird.

Drei Zonen im Müritz-Nationalpark

Der Müritz-Nationalpark genießt, wie jeder Nationalpark nach internationaler Abmachung, den höchstmöglichen Schutzstatus. Er ist in drei Schutzzonen unterteilt:

Zum einen gibt es die ›Kernbereiche‹ (Schutzzone 1), die 29 % der Gesamtfläche einnehmen. Sie sind die heimlichsten, weil unberührtesten Teile des Nationalparks. Wanderer und Radfahrer müssen deshalb auf den markierten Wegen bleiben, denn

wer sich hier verläuft, hat ein echtes Problem, wieder herauszufinden. Die Vegetation steht oftmals so dicht, dass man noch nicht einmal – wie sonst möglich – an der Beschaffenheit einer Baumrinde die Himmelsrichtung Norden ablesen kann!

Des Weiteren gibt es die ›Pflegebereiche‹ (Schutzzone 2) mit 3 % der Gesamtfläche. Sie bestehen meist aus landwirtschaftlich genutzten Wiesen und Weiden und dienen der Erhaltung historischer Kulturlandschaften.

Schließlich gibt es die ›Entwicklungsbereiche‹ (Schutzzone 3) mit 68 % Anteil an der Gesamtfläche. Hier soll sich die Natur ohne Zutun des Menschen selbst entwickeln können und deshalb führen die Förster ab 2018 hier gar keine ›Waldbehandlung‹ mehr durch. Dennoch dürfen Wanderer die vorgezeichneten Wege verlassen, was vor allem Pilz- und Beerensammler erfreut. Verboten ist dies nur dann, wenn die Waldbrandgefahrenstufe 5 als höchste Brandwarnstufe ausgerufen wird – was mehrmals im Jahr der Fall ist.

Eines der schönsten Beispiele für eine **Moor-Renaturierung** ist die von der Havel durchflossene, 1000 Hektar große **Zotzensee-Niederung** zwischen

Auch die scheue Rohrdommel lebt im Müritz-Nationalpark – perfekt getarnt im Schilf

Buchenurwälder
Wissenswertes über die Buchenurwälder in Deutschland und Europa, aktuelle Informationen und Veranstaltungstipps: www.weltnaturerbe-buchenwaelder.de.

Krienke und Babke. Früher wurde das Gebiet einfach entwässert und als Weideland genutzt. Heute vollzieht sich hier wieder ein Wandel durch Vernässung und Überflutung der Wiesen. Diese nährstoffreichen Feuchtgebiete ziehen viele Vögel an, darunter **Enten, Kraniche,** die vom Aussterben bedrohte Große **Rohrdommel** und besonders den **Moorfrosch,** ein in der Laichzeit leuchtend hellblaues Wesen, dessen dumpfes Blubbern im Frühjahr an eine im Wasser untergehende Flasche erinnert.

Nicht die Kiefer, nein, die Buche war's

Alle nationalen Naturlandschaften der Seenplatte umfassen weite Waldgebiete, ja, in grauer Vorzeit war in Europa eine riesige Fläche – von den bayerischen Alpen bis an die niederländische Meeresküste und weiter in den Osten bis in die ukrainischen Karpaten – als ein einziges zusammenhängendes Waldgebiet von dichtestem Buchenwald bewachsen. Davon existieren heute nur noch rund 7 %! Deshalb hat die UNESCO 2011 das Weltnaturerbe ›Buchenwälder der Karpaten und Alte Buchenwälder Deutschlands‹ ausgerufen. Auf mecklenburgischem Boden betrifft dies die Buchenwälder des Tieflandes auf Kreide und Geschiebelehm im Nationalpark Jasmund auf Rügen sowie den Waldteil Serrahn mit seinen Tiefland-Buchenwäldern auf eiszeitlichen Sanden im Müritz-Nationalpark östlich von Neustrelitz (s. auch S. 179). Schon seit 1952, als der Serrahner Buchenwald unter Naturschutz gestellt wurde, gab es keine nennenswerten forstlichen Eingriffe. Wenn die Bäume ihr Höchstalter erreicht haben, sterben sie einen natürlichen Tod, stürzen um und verrotten. Auf die freien Stellen werfen umstehende Bäume Samen und bald stehen kleine Sprösslinge neben alten Baumriesen. Hier geht der Kreislauf von Zerfall und Verjüngung seinen ungestörten Gang. Deshalb vermittelt der Serrahner Buchenwald eine Ahnung davon, wie deutsche Buchenwälder vor Jahrhunderten ausgesehen haben.

Unrühmliche Waldgeschicht'

Mecklenburgs nährstoffarmer Sandboden war noch nie die allerbeste Grundlage für wirklich ertragreichen Ackerbau. Das erkannten schon die Menschen im Mittelalter. So holzte man lieber die Bäume ab, denn auf diese Weise ließ sich mehr und schneller Geld verdienen. Und auf einmal war der Buchenwald auf einen Flächengesamtanteil von nur 10 % zusammengeschrumpft. Im 18. und 19. Jh. pendelte sich schließlich so etwas wie ein Rhythmus ein: Vor allem die Teeröfen und Glashütten betrieben erst den Raubbau an der Natur, indem sie weite Areale urwüchsigen Mischwalds ungehemmt für die **Brennholzgewinnung** abholzten. Noch heute erinnern Ortsnamen wie **Nossentiner Hütte** und **Wooster Teerofen** an diese Zeit. Dann wurden die Sandwüsten gleich wieder als reiner

Ungestörtes Brüten: Kranichpaar mit Nachwuchs im Müritz-Nationalpark

Kiefernwald planmäßig angelegt – zum erneuten Abholzen!

Doch wie sich zeigte, bilden reine Kiefernwälder kein intaktes Ökosystem. Sie sind anfällig für Schädlinge, produzieren wenig Humus und knicken bei Sturm leichter um. Wiederaufgeforstete Areale erkennt man leicht an ihrer Monostruktur. 1934 vernichtete ein großer Waldbrand in der heutigen Kernzone zwischen Klockow und Krienke südlich von Speck ca. 2000 Hektar Wald. Das nutzte die sowjetische Armee und machte dort die riesigen Sandflächen zu militärischen Übungsgebieten, bei denen das, was überhaupt noch stand, so lange von Panzerketten zermalmt wurde, bis gar nichts mehr da war. Doch planmäßig wieder aufforsten will das Nationalparkamt nicht. Stattdessen wächst der ehemalige sowjetische Truppenübungsplatz allmählich wieder zu.

Die uralten Damen von Ivenack

Erfreuliches gibt es zu vermelden: Trotz dieser massenhaften Baumvernichtung über Jahrhunderte kann sich die Seenplatte rühmen, Standort der ältesten Bäume Deutschlands zu sein, denn hier wachsen die mittlerweile 1000-jährigen Stieleichen von Ivenack (s. S. 227) sowie die etwa 340-jährigen Buchen im Naturschutzgebiet Die Heiligen Hallen (s. S. 187). Seit ihrer frühesten Jugend lieferten die »uralten Damen von Ivenack« den Slawen und später den Bauern ihre Eicheln zur Schweinemast, denn die durch ihre Bitterstoffe für den Menschen ungenießbaren Baumfrüchte mochten die Schweine dafür umso lieber. Die Tiere wurden aufgrund des hohen Stärkeanteils darüber hinaus schön dick und fett davon.

Mecklenburgs ›Tafelsilber‹ – Burgen, Schlösser, Herrenhäuser

Mecklenburgs historische Adelssitze – auch als ›Tafelsilber‹ des Landes bezeichnet – sind aus seiner Kulturgeschichte nicht wegzudenken. In fast jeder Ortschaft findet man eine dieser eindrucksvollen Hinterlassenschaften aus der Feudalzeit, ja manchmal – wie im Fall von Schloss Burg Ulrichshusen in der Mecklenburgischen Schweiz – gibt erst das Schloss dem Flecken die Seele!

Über 2400 herrschaftliche Anwesen hatte das Land bis 1945 vorzuweisen und immerhin 1800 sind auch heute noch vorhanden. Die meisten befinden sich in Privatbesitz und etwa 1010 stehen unter Denkmalschutz. Inzwischen werden etwa 310 Schlösser und Gutshäuser vom Tourismus genutzt, die meisten als Schlosshotel entweder mit B & B oder mit Restaurant oder als Ferienwohnungen (s. S. 65).

Wohnen im Schloss

Einmal im Leben ... morgens im Himmelbett aufwachen, das knarzende Parkett unter den Fußsohlen fühlen, nach dem Frühstück durch den Park schlendern, sich beim Fünfuhrtee auf der Gartenterrasse die wechselvolle Geschichte des Hauses vom Urenkel des Erbauers erzählen lassen und

Kunst im Schlosspark: Ulrichshusen

abends am prasselnden Kamin im Gewölbekeller das vom Hausherrn erlegte Wildbret genießen – auch wenn man nicht immer alles so perfekt antrifft: Mindestens aus einem dieser Gründe ist das Wohnen im stilvollen Ambiente eines mecklenburgischen Herrenhauses so beliebt!

Die ehemals ›härteren‹ Zeiten

Nicht in allen Epochen war das Wohnen im Schloss ein wirkliches Zuckerschlecken. Man hatte bis ins 20. Jh. hinein tüchtig mit der Kälte zu kämpfen, denn große Schlösser haben große Flure und Flure wurden nicht beheizt, was kalte Zugluft heraufbeschwor. Wirklich warm war es nur in den Salons und Zimmern, die die Dienerschaft vom Flur aus durch eine Klappe mit Holz befeuerte. Zwar linderten die dicken Teppiche und schweren Vorhänge, die vor allem in der Gründerzeit modern wurden, das Übel etwas, doch ging das so bis in die 1920er-Jahre – erst dann kam die Zentralheizung. Auch in der Schlossküche gab es einige Unbequemlichkeiten, die mit viel Arbeit verbunden waren: Bevor in den 1930er-Jahren der erste Kühlschrank Einzug hielt, mussten jeden Winter Eisblöcke gesägt werden, mit denen man das Wild im Eiskeller im Park bis in den Sommer hinein schön frisch halten konnte.

Fürstlich-Staatliches und Landadelig-Privates

Bei den mecklenburgischen Adelsbauten gilt es zu unterscheiden: Da gibt es die repräsentativen Schlossbauten der Krone, genauer der großherzoglichen Landesfürsten von Mecklenburg-Strelitz und Mecklenburg-Schwerin in den großen Städten wie Güstrow und Schwerin, zu denen später noch Mirow, Neustrelitz, Hohenzieritz und Ludwigslust als Sommer-, Zweit- oder Witwenresidenz hinzukamen. Aber es gibt auch die weitaus zahlreicheren Burgen, Guts- und Herrenhäuser des privaten Landadels aus dem 18. und 19. Jh., wie die der wohlhabenden Familien von Maltzahn, von Bassewitz, von Hahn und von Plessen – um nur einige der bekanntesten Namen zu nennen.

Das Haus ...

Aus vielen Burganlagen des Mittelalters entstanden – meist aus Fachwerk – die ersten Guts- und Herrenhäuser, nachdem im 16. Jh. weniger Wehrhaftigkeit als Komfort gefordert war. Einen eigenständigen lokaltypischen Baustil – wie z.B. die Sakralbauten der Backsteingotik – haben die mecklenburgischen Herrenhäuser nie entwickelt. Eher adaptierte man die gerade ›modernen‹ Grundrisse und Bauformen aus dem übrigen Westeuropa. Und so kommt es, dass in Mecklenburg Schlösser und Herrenhäuser in allen Baustilen zu finden sind: Eindrucksvolle Anschauung für den prachtvollen Baustil der **Renaissance** aus der Zeit um 1550 bieten **Schloss Güstrow** sowie Bauteile der Schlösser in **Schwerin** und **Basedow**. Ein Charakteristikum dieser Zeit sind die hübschen rötlichbraunen Terrakottaschmuckfliesen an den Außenmauern. Da diese Art der Fassadengestaltung während der Regierungszeit des Herzogs Johann Albrecht I. von Mecklenburg entstand, wird sie von der Kunstgeschichte als ›Johann-Albrecht-Stil‹ bezeichnet.

Eine tiefe Zäsur in der Geschichte der Herrenhäuser waren im 17. Jh. die Verwüstungen und Zerstörungen durch den Dreißigjährigen Krieg. Nach Kriegsende entstanden durch das ›Bauernlegen‹ neue Zuständigkeiten. Denn die adeligen Landbesitzer ›legten‹ die brachliegenden Äcker der vormals selbstständigen und selbstbewussten Bauern zu den ihrigen. Damit begann eine Phase, in der wunderbare **Barock- und Rokokoschlösser** entstanden, die vom Reichtum des wieder aufblühenden Landes zeugten. Da Versailles, das große französische Vorbild, nicht wirklich in mecklenburgische Verhältnisse passte, leistete man dem Anspruch nach Repräsentanz Genüge, indem man Wirtschaftsgebäude und Stallungen dreiseitig um einen Ehrenhof gruppierte, wie in **Ludwigslust, Hohenzieritz, Ivenack und Kummerow**. Überhaupt ging der Trend dahin, wie in **Schloss Diekhof** bei Güstrow, die Wirtschaftsgebäude vom Haupthaus zu trennen.

Über das gesamte 19. bis in die Anfänge des 20. Jh. setzte sich die Blütezeit der mecklenburgischen Gutswirtschaft fort und brachte zahlreiche neue Herrenhäuser im Stil des **Klassizismus** und des **Historismus** hervor. Einige der schönsten Beispiele sind **Kittendorf, Burg Schlitz** und **Schwerin**.

... und sein Garten

Im 18. Jh. entstanden barocke Parkanlagen mit geometrisch angeordneten Blumenbeeten, Rasenflächen und

Springbrunnen. Eine wirklich vollständige Barockanlage existiert in der Region Seenplatte aber heute nicht mehr – zu oft wurden sie später in der Mode des englischen Landschaftsgartens überformt, meist durch den preußischen Gartenkünstler **Peter Joseph Lenné**.

Vor und nach der ›Wende‹

Abgesehen von den Zerstörungen während der beiden Weltkriege hatten es die Adelssitze auch zu DDR-Zeiten schwer. Den Kommunisten galt Mecklenburg als das Land der verhassten Junker und so manches Anwesen wurde aus ideologischen Gründen dem Verfall preisgegeben.

Die Wiedervereinigung Deutschlands brachte für etliche Adelssitze die Rettung, denn viele Alt- und Neueigentümer haben saniert – nicht wenige um den Preis einer hohen Verschuldung. Trotz dieser Bemühungen wird man bei einer Fahrt durch Mecklenburg feststellen, dass viele Schlösser und Herrenhäuser – wie Ivenack oder Kummerow – im Verfall begriffen sind. Hauptgrund ist, dass viele große Hofanlagen zum Zeitpunkt der ›Wende‹ nicht in einer Hand waren. Im Zuge der Enteignung und Agrarreform wurde das Land oft in Einzelgrundstücke auf 20 oder 30 Besitzer aufgeteilt. So konnte das Kavaliershaus zwei Besitzer haben, während das Haupthaus der Gemeinde gehörte. Die vermietete an Kindergärten, Schulen oder an eine LPG – zum Schluss war alles zweckentfremdet und verwohnt. 1989 war eine solche Hofanlage geradezu filetiert und wirtschaftlich unrentabel – ein Zustand, der durch die Arbeit der Treuhand manifest wurde. Seitdem sind Haupthaus, Wirtschaftsgebäude und Ackerland getrennt – was man, gelinde gesagt, als »unglücklich« bezeichnen kann. Der in Gut Gremmelin ansässige Verein der Schlösser, Guts- und Herrenhäuser Mecklenburg-Vorpommerns kümmert sich um den Erhalt ruinöser Gutsanlagen und aristokratische Urlaubsdomizile. Nicht alle Herrenhäuser eignen sich für eine Umwandlung in ein Schlosshotel!

Schlosshotels
Die Vielfalt der mecklenburgischen Adelsdomizile ist etwas Besonderes: Das Angebot reicht von der Einzelübernachtung über das organisierte Event-Paket mit Jagdausritt oder Golfkurs (www.mein-urlaub-im-schloss.de) bis zu organisierten Reisen von Schloss zu Schloss, bekannt als Schlösser-Hopping (www.von-schloss-zu-schloss.de, s. S. 25). Sogar ein ganzes Schloss für sich allein mit hervorragendem Catering nach dem Motto »rent a castle« kann man buchen (www.schloss-retzow.de).

Schlosshotel Teschow bei Teterow

›Uppassen, nu ward platt snackt!‹

Buer Schütt un Buer Börger drapen sick mit Pird un Wagen up de Landstrat. In'n Vörbiföhren röppt Schütt: »Du, Börger, mien een Pird is krank; hett Kolik.« »Kolik?«, seggt Börger. »Hett mien ok hatt.« »Prrr!«, seggt Schütt un hölt still. »Wat hest em denn gäben?« »Terpentin heff ick em gäben.« »So, Terpentin? Hü!«, seggt Schütt. – Acht Dag later begägnen sei sick wedder up de Landstrat. »Du, Börger«, röppt Schütt, »mien Pird is dotbläben nah dat Terpentin.« »Mien ok«, seggt Börger.

Kostprobe verstanden? Macht nichts! Das war die Geschichte vom »Feinen Doktor« – und dergleichen gibt es natürlich noch viel mehr! Dazu müssen Sie aber schon nach Mecklenburg fahren, denn gegenwärtig erlebt das »Platt« hier wieder eine Renaissance.

›Frigen up platt‹

Freien auf Platt – das ist möglich, seitdem die EU 1999 das Niederdeutsch offiziell als richtige Sprache anerkannt hat. Seitdem ist das Platt von Amts wegen kein Dialekt und keine Mundart mehr, sondern man kann in mecklenburgischen und niedersächsischen Standesämtern sogar auf Platt heiraten und bekommt eine international gültige Urkunde auf Platt ausgestellt.

Gelebt wird die Freude an dieser Sprache auf vielfältige Weise. So

›Klönsnack‹ auf dem Pferdemarkt in Güstrow

gibt es zum Beispiel in ganz Mecklenburg-Vorpommern Feste und Veranstaltungen, die sich die besondere Pflege des Plattdeutschen auf die Fahne geschrieben haben. Was auch jungen Leuten Spaß daran macht? Es ist zum einen der schlagend trockene Humor und zum anderen die Lust an dieser warmherzigen und wortreichen Sprache, bei der selbst in der derbsten Beschimpfung noch eine Portion Wohlwollen durchklingt.

Wenn ein Mecklenburger so richtig loslegt, wird es höchstens jemandem aus Westfalen, Hamburg, Niedersachsen oder Schleswig-Holstein gelingen, mit ihm ein paar »olle Kamellen« auszutauschen oder gar einen «bannich gauden Klönsnack« hinzulegen.

Der reinste Sprachmischmasch

Die Ursache für diese empfundene »Verwandtschaft« unter Norddeutschen lässt sich bis ins Mittelalter des 12. und 13. Jh. zurückverfolgen, als die deutschen Fürsten die in Mecklenburg lebenden Slawen besiegten, das Land mit »ordentlichen« Christen besiedeln wollten und zu diesem Zweck Bauern aus Niedersachsen, Westfalen und Schleswig-Holstein zur »Verstärkung« anwarben. Die noch in Mecklenburg verbliebenen Slawen vermischten sich durch Heirat mit den eingewanderten Kolonisten. Nach 1356 kamen durch den Einfluss der Hanse noch die Flamen hinzu. Einen zweiten Vermischungs-Schub gab es gut 600 Jahre später, als sich nach dem Zweiten Weltkrieg Scharen von Flüchtlingen aus Ostpreußen, Westpreußen und Hinterpommern in Mecklenburg niederließen. Die fremden Mundarten mischten sich mit dem Mecklenburger Platt auf unterschiedliche Weise und so spricht noch heute jede Region in Mecklenburg ihr eigenes Plattdeutsch und – wie es in ländlichen Gebieten oft so ist: Selbstverständlich beharrt jeder darauf, dass sein Platt das richtige sei. So ist zu resümieren, dass es das Platt folglich gar nicht gibt! Ein ›waschechter‹ Mecklenburger gehört demnach im volkskundlichen Sinne zu einem deutschen Neustamm, in dessen Adern osteuropäisches Blut zirkuliert, dessen Urahnen einst dem freien Bauernstand angehörten und dessen Sprache aus allerlei niederdeutschen Mundarten hervorgegangen ist.

Niederdeutsch als Schriftsprache

Mit dem Niedergang der Hanse zu Anfang des 16. Jh. ging auch das allmähliche Aussterben des Mittelniederdeutschen als Schriftsprache einher. Auch der pommersche Reformator **Johannes Bugenhagen** (1485–1558), der Luthers Bibelübersetzung ins Niederdeutsche übertrug, vermochte das nicht aufzuhalten.

Im Volk aber feierte die Gebrauchsliteratur mit ihren genrehaften Hochzeitsgedichten und den Märchenerzählungen weiterhin ein fröhliches Dasein: 1777 trat **Johann Heinrich Voß** (1751–1826) mit seinen niederdeutschen Gedichten an die Öffentlichkeit. In seinen realistischen Schilderungen wie der »Leibeigenen-Trilogie« und »De Geldhapers« stand die Sprache im Dienst des politischen Anliegens der Aufklärung, die Leibeigenschaft aufzuheben und das Schicksal der Landsleute gegenüber der Ritterschaft zu verbessern. Etwa 50 Jahre später schrieb auch **John Brinckman** (1814–70) für demokratische Freiheiten. Als Rostocker Kapitänssohn kleidete er seine Geschichten zumeist in das Hafen- und Schiffermilieu seiner Kindheit. Von ihm stammen humorvolle Erzählungen wie die berühmte Lügengeschichte »Peter Lurenz bi Abukir« und die Tierfabel »Voß un Swinegel«.

Darüber hinaus hat der Hinstorff-Verlag mit seinem »Plattdütsch Billerbauck«, einer hübsch illustrierten Kinderverssammlung norddeutscher Autoren des 19. Jh., bis heute großen Erfolg.

Fritz Reuter macht's wieder salonfähig

In den Salons der gebildeten bürgerlichen Kreise und der Adligen aber, in denen man auf Hochdeutsch und Französisch zu parlieren pflegte, galt das Platt als Sprache der einfachen Landbevölkerung als minderwertig und höchst verpönt. Gegen Mitte des 19. Jh. kam dann einer, der das Niederdeutsche aus seiner beinahe schon angestammten Schmuddelecke wieder herausholte, indem er es als Schriftsprache salonfähig machte – und das war **Fritz Reuter** (1810–74), der seine Kindheit in Stavenhagen verbrachte und nach einer ereignisreichen Jugend- und Studentenzeit viele Jahre in Neubrandenburg lebte.

Sensibel gelauscht, mit Herz gereimt

Kraft seines unschlagbaren versöhnlichen Humors, mit dem er die Sprache des Volkes noch verfeinerte, feierte der sensible Gemütsmensch die allergrößten literarischen Erfolge. Schon zu Lebzeiten avancierte er zum damalig meistgelesenen deutschsprachigen Autor. Das sogenannte Binnenplatt, das man heute im Raum um Stavenhagen herum spricht, wird gelegentlich auch als Reuter-Platt bezeichnet. Seine Zeitgenossen empfanden Reuter als Volkes Anwalt in Volkes Sprache. Er war der Einzige, der ganze Romane auf Platt verfasste und lebendig ausgestaltete. 1853 erschien sein Erstlingswerk »Läuschen un Rimels« (Erlauschtes und Gereimtes), auf das weitere autobiografische Romane und zahlreiche Schwänke bzw. Volkserzählungen folgten.

»Platte Sprüche« auf weißen Manschetten

Ein Mann, der sein ganzes Leben dem Erforschen und Bewahren der »echten« Mecklenburger Sprache widmete, war **Richard Wossidlo** (1859–1939), zugleich Begründer der mecklenburgischen Volkskunde und einer der bedeutendsten Feldforscher der europäischen Ethnologie. Der Sohn eines Rittergutsbesitzers verdiente seine Brötchen als Latein- und Altgriechischlehrer am Gymnasium in Waren. Jede freie Minute opferte er seiner Leidenschaft, dem Sammeln volkskundlicher Quellen, darunter auch zigtausend ›platte‹ Sprüche. Ab 1884 bereiste er nahezu jeden Ort in Mecklenburg – und dies gleich zwei- oder dreimal. Alles Interessante, das die Menschen ihm erzählten, schrieb er auf Notizzettel, in der Eile zuweilen sogar auf seine Manschetten!

Wossidlosche Zettelwirtschaft

Nach seinem Tod hinterließ er einen Nachlass, der die Wissenschaft bis heute in Atem hält: die Wossidlosche Zettelwand! Die 6 m lange und 4 m hohe Karteikastenwand besteht aus 800 Zettelkästen in Zigarrenkisten-Format – zwei Millionen handtel-

> **›Meister aller Sprüche‹ im Wossidlo-Zimmer**
> Die Erinnerung an den ›Meister aller plattdeutschen Sprüche-Zettel‹ pflegt das Stadtgeschichtliche Museum Waren (Müritz) mit seinem Wossidlo-Zimmer (s. S. 88). Die von Volkskundlern der Uni Rostock digitalisierte Fassung steht im Netz zur Verfügung: www.wossidia.de.

lergroße Zettel, akribisch sortiert nach Sachgruppen und Orten. Das vereinigte Sammelsurium steht heute in der Abteilung Volkskunde der Philosophischen Fakultät der Universität Rostock. Die eines fernen Tages vollständige Auswertung dieses Schatzes lässt noch Interessantes über die mecklenburgische Volksseele erwarten! Wossidlo jedenfalls verbreitete seine plattdeutschen Sprichwörter nach absolvierter Reisetätigkeit in seinem mehrbändigen Werk, den »Mecklenburgischen Volksüberlieferungen«.

Aktuelles Revival

Zu DDR-Zeiten wurde mit Schulkindern meist Hochdeutsch gesprochen. Zwar wurde eigens zur Pflege der plattdeutschen Sprache und der Bräuche Mecklenburgs in den 1970er-Jahren das Mecklenburgische Folklorezentrum in Rostock gegründet, aber nichtsdestotrotz wurde Platt auch in den Dörfern immer seltener in den Mund genommen.

Mit der »Wende« sind Traditionen wieder mehr in das allgemeine Bewusstsein der Menschen gerückt. Regelmäßig treffen sich private Gruppen zum Platt-Plaudern. Sogar über das Internet kann man sich finden (www.groops.de/platt). Auch brachte der Langenscheidt-Verlag zur Jahrtausendwende das Lilliput-Wörterbuch »Plattdeutsch« heraus. Auf den Bühnen ist das Niederdeutsche schon seit Jahren zugkräftig vertreten: Neben dem im Westen altbekannten Hamburger Ohnsorg-Theater bilden die Schauspieler der Fritz-Reuter-Bühne am Staatstheater in Schwerin das niederdeutsche Berufsensemble aus Mecklenburg. Die Literaten der Gegenwart haben sich im Bund Niederdeutscher Autoren organisiert und die Theater im Niederdeutschen Bühnenbund Mecklenburg-Vorpommern e. V. Es ist eben wirklich so, wie die charmante Kabarettistin Ina Müller auf ihrer gleichnamigen CD behauptet: »Platt is nich uncool!«

> **Niederdeutsch im Äther und auf Bühnen**
> **Plattdeutscher Frühstart:** Nachrichten, Erzählungen und sogar eine Morgenandacht – alles auf Platt. So 6–9 Uhr, NDR 1 (92,8 MHz auf UKW).
> **De Plappermoehl:** rein plattdeutsche Livesendung des NDR 1. Jeden 4. Sa im Monat 19.05 Uhr, Wiederholung: folg. Fr 21.05 Uhr.
> **Fritz-Reuter-Bühne** am Mecklenburgischen Staatstheater Schwerin, www.theater-schwerin.de.
> **Niederdeutsche Bühne der Stadt Neubrandenburg e. V.:** Markplatz 1, Tel. 01805 17 03 30, www.niederdeutschebuehne.nbnet.de.
> **Plattdeutsche Nachmittage** im Fritz-Reuter-Literaturmuseum Stavenhagen: alle zwei Wochen Mi 15 Uhr, www.stavenhagen.de. Lesungen niederdeutscher Gegenwartsautoren (s. S. 223).

Fachwerkakustik: Konzert in der Festspielscheune in Ulrichshusen

Klassik in der Scheune

»Anne-Sophie Mutter hat mich schon gefragt, ob wir da mit dem Pferd auftreten, weil das Konzert in der Reithalle stattfindet. Aber ich habe sie beruhigen können.« So einmal der Cellist und Festspiele-Preisträger Daniel Müller-Schott vor einem Konzert der Festspiele Mecklenburg-Vorpommern im Landgestüt Redefin.

Eine Reithalle als Konzertstätte? Ein Liederabend in einer Scheune? Bei den Festspielen Mecklenburg-Vorpommern sind unkonventionelle Aufführungsorte keine Ausnahme, sondern das Markenzeichen. Keine eigens zu diesem Zweck gebauten Konzerthallen, sondern Schlösser und Herrenhäuser, aber auch Scheunen und Reithallen, Gutshäuser, Dorfkirchen, ja sogar Dome und Synagogen dienen dem Festival als Spielstätten. Wichtiger als die professionelle Ausstattung sind die ländliche Patina und die Ausstrahlung eines Ortes, die sich auf Musiker und Publikum gleichermaßen überträgt.

Picknick und Pferde zum Konzert

Einer dieser besonderen Orte ist das **Landgestüt Redefin** nahe Ludwigs-

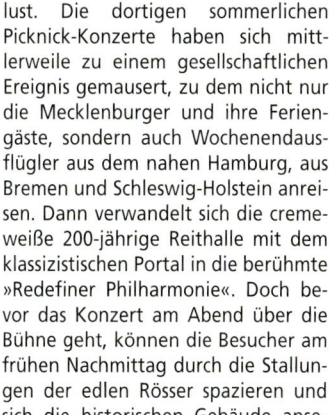

lust. Die dortigen sommerlichen Picknick-Konzerte haben sich mittlerweile zu einem gesellschaftlichen Ereignis gemausert, zu dem nicht nur die Mecklenburger und ihre Feriengäste, sondern auch Wochenendausflügler aus dem nahen Hamburg, aus Bremen und Schleswig-Holstein anreisen. Dann verwandelt sich die cremeweiße 200-jährige Reithalle mit dem klassizistischen Portal in die berühmte »Redefiner Philharmonie«. Doch bevor das Konzert am Abend über die Bühne geht, können die Besucher am frühen Nachmittag durch die Stallungen der edlen Rösser spazieren und sich die historischen Gebäude ansehen. Später präsentiert das Gestüt eine bunte Pferdeschau mit Spring-, Fahr- und Dressurvorführungen sowie sehr abwechslungsreichen Showeinlagen. Und wenn die Besucher – die Damen gerne mit ausgefallenen Hutkreationen auf dem Kopf – ihre mitgebrachten Decken und Picknickkörbe auf dem grünen Rasen ausbreiten, weht ein Hauch von Ascot über die Anlage.

Hochkarätige Events

Mit mehr als 120 Konzerten an fast 90 Spielstätten pro Saison sind die Fest-

Konzertkalender im Web
Programm und Konzerttermine aller etablierten großen mecklenburgischen Musikfestivals, sowohl Klassik als auch Jazz, unter www.musikland-mv.de.

Karten für die Festspiele Mecklenburg-Vorpommern
Lindenstr. 1, Schwerin, Tel. 0385 59 18 50, Kartentel. 0385 591 85 85, Vorverkaufskassen: www.festspiele-mv.de. Das Festspieljahr startet im März zum Festspielfrühling auf Rügen, dauert insgesamt von Juni bis September und klingt aus mit Konzerten im Advent in Stolpe und Ulrichshusen sowie an Neujahr in Ulrichshusen. Das Programm erscheint jeweils im Februar (Vorschau und Kartenvorbestellung ab November des Vorjahres).

spiele Mecklenburg-Vorpommern das **drittgrößte Klassikfestival** in Deutschland. Doch nicht nur im Hinblick auf die Zahl der Aufführungen, auch wenn man die musikalische Qualität und den Bekanntheitsgrad der Solisten zum Maßstab nimmt, spielt dieses Festival in der ersten Liga der Klassikevents. Berühmte Orchester wie die Academy of St. Martin in the Fields unter Sir Neville Mariner, die Berliner und Wiener Philharmoniker unter dem Dirigenten Gustavo Dudamel oder Interpreten von Weltrang wie Anne-Sophie Mutter, Nigel Kennedy, Gideon Kremer oder Alfred Brendel, die man sonst nur in etablierten Konzerthäusern erlebt, verleihen den Festspielen Glanz.

Publikumsmagnet sind auch die musikalisch begleiteten **Rezitationsabende** mit bekannten Schauspielern wie Martina Gedeck, Peter Lohmeyer oder Ilja Richter. Da nimmt schon manch einer, der eine Lesung von Thomas Fritsch aus Werken Gerhart Hauptmanns hören möchte, das Abenteuer einer Reise mit dem Fährboot vom Festland zur Insel Hiddensee auf sich!

Viele Reihen und Themen

Schon immer hat sich das Festspielprogramm aus verschiedenen musikalischen Reihen zusammengesetzt, und seit der Intendant Markus Fein ab 2014 das ›Großunternehmen‹ leitet, sind weitere dazugekommen: Neben den ›Picknick-Konzerten in Redefin‹ stehen mit ›Musik aus MV‹ einheimische Orchester, Chöre und Ensembles auf dem Programm. Die großen ›Open Airs‹ laden zu Ausflügen in die größten mecklenburgischen Schlossgärten und enden häufig mit einem spektakulären Feuerwerk. Die ›Pavillons der Jahrhunderte‹ beleuchten das kulturgeschichtliche Panorama verschiedener Epochen und machen die Musik im Zusammenhang mit Literatur und Bildender Kunst erlebbar.

Die ›Festspielfamilie‹

Eine wichtige Säule der Festspiele ist die Nachwuchsförderung, die u.a. mit den Reihen ›Preisträger in Residence‹ und ›Junge Elite‹ engagiert gepflegt wird. Sie gibt jungen, aber bereits wettbewerbserfahrenen Ensembles aus aller Welt die Chance, im Rahmen der Festspiele ihr Können einem größeren Publikum vorzustellen. Wer sich einen der drei Preise erspielen konnte, ist im nächsten Jahr wieder dabei. So hat das Publikum die seltene Gelegenheit, die Entwicklung junger Talente Jahr um

Jahr zu verfolgen. Dadurch wächst die Beziehung zwischen dem Publikum und den Interpreten, aber auch das Verhältnis der Musiker zu den Festspielen wird enger. Kein Wunder, dass die Musiker – wie in Bayreuth – von »der Festspielfamilie« sprechen. Häufig an verwunschenen Orten gastiert der ›Jahrmarkt der Sensationen‹, das musikalische Wandertheater der Festspiele, das mit einer festen Musikergruppe wie beispielsweise Quadro Nuevo durchs Land zieht.

Die Spatzen pfeifen's mit

Das Herz der Festspiele schlägt in der alten **Feldsteinscheune von Schloss Ulrichshusen**. Die mächtige Scheune wurde für 1000 Zuhörer zu einem der größten Konzertsäle Norddeutschlands hergerichtet und die Atmosphäre ist so naturnah, dass es schon mal vorkommt, dass die im Scheunengebälk nistenden Schwalben, angeregt von der Musik, während des Konzertes mitzwitschern! Da ist es klar, dass die Karten heiß begehrt sind. Anne-Sophie Mutter fühlt sich gar an den ländlichen Charme der englischen Sommerfestspiele von Glyndebourne erinnert.

Das erste Festspiel-Konzert in der Festspielscheune gab kein Geringerer als Lord **Yehudi Menuhin** (1916–1999) 1994. Mit der Aufführung des »Cantus in Memoriam Benjamin Britten« von Arvo Pärt, dem A-Dur-Klarinettenkonzert von Mozart und der 5. Sinfonie von Franz Schubert zeigte dieser außergewöhnlich feinsinnige und politisch denkende Mensch, dem es immer um mehr ging als um die reine Musikästhetik, seine tiefe Zuneigung zu Deutschland und sein ganz persönliches Interesse an den Ereignissen der deutschen Wiedervereinigung.

Ein Hauch von Ascot beim Picknick-Pferde-Sinfoniekonzert im Landgestüt Redefin

Alleen in Mecklenburg – sanftes Rauschen unter grünem Blätterdach

Sachsenkönig August dem Starken verliehen sie hoheitliches Geleit, wenn er sich seiner Residenzstadt Dresden näherte, Preußens Kriegsherr Friedrich der Große liebte ihr formvollendetes Gleichmaß, weil es seinen Soldaten das Marschieren erleichterte, und für uns heute sind sie vertraute Begleiter auf dem täglichen Weg zur Arbeit oder grüne Kathedralen, die zum Schwärmen oder Sinnieren verleiten – die schönen alten Alleenstraßen.

Wer nur, so fragt man sich, kam eigentlich auf die Idee, öffentliche Straßen mit Baumreihen zu bepflanzen, sodass das Land von oben besehen wie von grünen Adern durchzogen wirkt? Die Antwort: Es waren die alten Griechen, die Zypressenalleen als kilometerlange Schattenspender gegen die sengende Sonne anpflanzten. Die Gartenkünstler der Renaissance holten diese Zierde nach Italien, wovon sich wiederum die französischen Parkgestalter des Barock anregen ließen, und wenn das Phänomen schon in Frankreich grünte – so war es auch bis Mecklenburg nicht mehr weit!

Vom Postkutschenweg zur Cabriolet-Piste

In Mecklenburg stammen fast alle der alten Alleen aus der Blütezeit der Gutsherrschaft zwischen dem 17. und 19. Jh., einer Ära, in der noch Postkutschen auf Kopfsteinpflasterwegen von Gutshof zu Gutshof verkehrten. Zurzeit hat ganz Mecklenburg etwa 2600 km Alleen außerorts vorzuweisen, wenn man dazu die nicht kompletten Baumreihen mitzählt, sogar mehr als 4300 km. Bundesweit ist das immerhin der zweithöchste Alleenbestand – nach Brandenburg mit seinen eindrucksvollen geschätzten 10 000 Alleenkilometern. Prächtige Rot-, Blut- und Hainbuchen, Flatterulmen, Lärchen, Linden und Kastanien säumen die Wege beidseitig, wobei die **Linde** – als typischer Baum des Volkes – am häufigsten gepflanzt wurde.

Kilometer um Kilometer kann man, geschützt vor Regen, Sonne und Wind, unter einem lichtdurchfluteten Blätterdach entlangrauschen – ein Genuss vor allem für Radler und Cabriolet-Fahrer! Und auch der Tierwelt, insbesondere den Insekten, aber auch Eulen und Fledermäusen, bieten die grünen Tunnel Nahrung, Schutz und Lebensraum.

Alleenschutz in der Politik

Früher gab es auch in den alten Bundesländern zahlreiche baumgesäumte Straßen. Doch in den 60er- und 70er-Jahren des 20. Jh. fielen fast alle dem ›modernen‹ Straßenbau und der – so glaubte man – fortschrittlichen Flurbegradigung zum Opfer.

Allee bei Altentreptow

> **Mit der Postkutsche unter Alleebäumen**
> In gemächlichem Tempo auf den alten Poststraßen der Sternberger-Krakower Seenlandschaft unterwegs sein? Erholsame Tagesfahrten und Mehrtagesfahrten in einer flotten englischen Postkutsche, einer schicken weißen Hochzeitskutsche, einer offenen Wagonette oder einem schnöden Kremser – auf Wunsch mit Sehenswürdigkeiten-Besichtigung und Picknick – bietet von Mai bis Oktober Helmut Deutschkämer, Schillerstr. 15, Tel. 038485 219 38, www.postkutschenreisen.de.

Heute allerdings sind wir in der einzigartigen Situation, die Fehler von damals nicht wiederholen zu müssen. Der Naturschutzbund Deutschland (NABU) und der Bund für Umwelt und Naturschutz Deutschland (BUND) arbeiten eng zusammen mit dem Alleenschutzbeauftragten des Landwirtschaftsministeriums im Land. In den letzten Jahren wurden etwa 6000 Bäume vor allem aus Gründen der Verkehrssicherheit gefällt. Die Landesregierung ist aber bemüht, den Verlust durch Neuanpflanzungen auszugleichen.

Bäume in Gefahr

Der Trend ist nicht zu übersehen: Das Tempo auf Deutschlands Straßen nimmt allerorten rasant zu, so auch auf den ehemals beschaulichen Alleenstraßen. Und durch die vielen Unfälle, bei denen etwa um die 24 Menschen pro Jahr an mecklenburgischen Bäumen zu Tode kommen, geraten die Alleen immer wieder aufs Neue in die Negativ-Schlagzeilen. Die schmalen historischen Straßen sind für den heutigen Verkehr nicht gemacht und beim Überholen in Kurven behindern die Bäume an manchen Stellen die freie Sicht. Appelle an die Raser jedenfalls scheinen nicht zu fruchten.

Zur Lösung dieser Probleme gibt es mannigfaltige, zum Teil bereits realisierte Ansätze: Die eine Fraktion will sogenannte »Gefahrenbäume« kurzerhand beseitigen oder zwecks Straßenverbreiterung am besten gleich die ganze Allee abholzen. Die baumschonende Fraktion will Geschwindigkeitsbeschränkung auf Tempo 80, Leitplanken an Unfallschwerpunkten, weiße Baumspiegel, Fahrbegrenzungslinien am Straßenrand oder einen »Alleenrückbau«, bei dem nur noch eine Spur durch die Baumreihen führt und die andere daneben verläuft.

Hinzu kommt, dass Alleenbäume niemals so hohen Umweltbelastungen ausgesetzt waren wie gegenwärtig. Neben den Abgasen, der Bodenverdichtung, den permanenten Erschütterungen und den Straßenbauarbeiten ist das Winterstreusalz der größte Feind eines gesunden Baumes. Es ist bewiesen, dass sich die Vitalität vieler Bäume allein durch das aggressive Auftausalz in den letzten Jahren radikal verschlechtert hat.

Kartierung der Deutschen Alleenstraße

Doch Mecklenburg-Vorpommern ist beileibe nicht das einzige Bundesland, das dieses schöne Natur- und Kulturerbe vorzuweisen hat. Wie ein grünes Band durchzieht die Deutsche

Alleenstraße die gesamte Republik von Nord nach Süd. Wegführer ist das braune Schild mit dem Bäume-Logo und der Aufschrift »Deutsche Alleenstraße« (www.deutsche-alleenstrasse.de). Die 2000 offiziell benannte Route zieht sich über 2500 km von Sellin auf der Insel Rügen bis zur Insel Reichenau im Bodensee, allerdings mit einigen Unterbrechungen – noch! Denn hie und da wird von den Straßenbauämtern Land entlang der Straßen dazugekauft. Nur so ist es möglich, alte Alleen neu anzulegen – ein teures, aber lohnendes Unterfangen.

Patenschaft für einen Baum

Ein gutes Stück der Deutschen Alleenstraße verläuft durch die Mecklenburgische Seenplatte – und zwar von Demmin über Kummerow, Malchin und Malchow bis nach Röbel, Mirow, Wesenberg und führt schließlich weiter ins brandenburgische Rheinsberg.

Eine der schönsten Alleen führt von Ankershagen nach Pieverstorf am Rande des Müritz-Nationalparks. **45 Flatterulmen**, gut 150 Jahre alt, formieren sich hier zu einem 900 m langen Spalier – eine ausgesprochene Seltenheit. Damit das Straßenbauamt den Weg nicht ausbauen kann, vergibt der BUND seit Jahren Patenschaften für Bäume (www.bund-mv.de, Tel. 03855 21 33 90). Weitere sehenswerte Alleen hält vor allem die Mecklenburgische Schweiz parat: Da führt ein **Ebereschen-Tunnel** von Malchin nach Stavenhagen und auch die **Allee aus Linden, Rosskastanien und Obstbäumen**, von Malchin nach Dahmen ist eine Rarität. Eine besonders schöne, neu gepflanzte Lindenallee geleitet über 7 km von Malchin nach Teterow – und zwar dreireihig die Straße und den Radweg säumend.

Eher ein Weg für Kutschen als für rasende Blechkarossen: Allee bei Neustrelitz

Sanddorn – das Ludwigsluster Powerfrüchtchen

Nicht nur auf den Dünen der Ostseeküste, auch an den Gewässern im mecklenburgischen Binnenland sind die dornigen Sträucher des Sanddorns mit ihren lockend orangefarbigen Beeren weitverbreitet. Vor allem im Herbst, wenn sie üppig tragen, sind sie die reinste Augenweide. Deutschlands ältestes und zugleich größtes Anbaugebiet liegt in der Mecklenburgischen Seenplatte!

Import aus Asien

Ganz ursprünglich kommt der Sanddorn aus Asien, wurde aber schon vor ungefähr 12000 Jahren, also genau nach der letzten Eiszeit, in ganz Europa heimisch. Die 1,5 bis 4 m hohen Büsche sind ein Wunder an Anspruchslosigkeit: Ein karger Boden reicht dem Sanddorn allemal und auch dem Frost, der Hitze, den Wind- und Wetterstürmen hält die robuste Pflanze stand. Dem dichten, bis zu 10 m weit reichenden Wurzelgeflecht kann ein Sturm so leicht nichts anhaben.

Zitrone des Nordens

Die leicht ovalen Trauben sind nicht nur schön anzuschauen, ihr Inhalt ist das reinste Powerpaket aufgrund ihres hohen Vitamin-C-Gehalts. 100 g Sanddorn haben zehn Mal so viel Vitamin C wie die gleiche Menge einer Zitrone.

Für Vegetarier ist der Sanddorn besonders interessant, denn als einzige Frucht überhaupt enthalten seine Beeren das notwendige Vitamin B 12, das sonst nur in Fleisch zu finden ist. Außerdem sind viel Beta-Karotin, Gerbstoffe, Mineralstoffe und Spurenelemente in dieser Frucht nachgewiesen. Drei Esslöffel Sanddornmuttersaft täglich reichen – und der Körper bekommt alle lebensnotwendigen Vitamine!

Im Rohzustand ist Sanddorn extrem sauer, fast ungenießbar, er muss weiterverarbeitet werden. Seine ›Verwandlung‹ in leckere Säfte, Tees, Gelees, Konfitüren, Weine und Liköre hat eine jahrhundertelange Tradition in Mecklenburg.

Ludwigsluster Sanddornplantage

Ludwigslust ist die Geburtsstadt des professionellen Sanddornanbaus in Mecklenburg. Hier führt Silvia Hinrichs eine 100 ha große Plantage von sympathischer Ausstrahlung, auf der nach den Kriterien des Ökoverbandes Biopark geerntet und europaweit exportiert wird. Angeschlossen ist auch ein Hofladen, in dem Sanddorn in allen Verarbeitungsvarianten eingekauft werden kann (s. Kasten). Wer keine Gelegenheit hat hinzufahren, kann die Produkte auch online bestellen.

Sanddornernte

Die Sanddornernte von Ende August bis Ende September ist körperlich anstrengend: Da sich die Beeren im Gegensatz zu anderen Kulturen vom Zweig maschinell nicht abschütteln lassen, muss das Dornengestrüpp von Hand abgeschnitten werden. Dann wird es bei –70 °C mit Flüssigstickstoff schockgefroren. Danach gelingt das Abschütteln in der Rüttelmaschine. Wer selber ernten möchte, sollte Sanddorn von Feuerdorn unterscheiden können: Sanddornbeeren sind gelb- bis rötlich-orange, die schmalen, lanzettförmigen Blätter grünlich-grau, leicht silbrig. Der Feuerdorn ist ein eher kleines Gartenziergewächs mit roten Beeren und ellipsenförmigen Blättern von saftigem Dunkelgrün.

Einkauf und Verkostung von Sanddornprodukten
Einzelbesucher und Gruppen können sich bei Sanddorn-Storchennest in Ludwigslust zu einer Führung mit Verkostung über das Anbaugelände dieser gezähmten Wildfrucht anmelden: Friedrich-Naumann-Allee 26, Ludwigslust, Tel. 03874 219 73, www.sanddorn-storchennest.de. Wer mag, kann im Hofladen Sanddornkonfitüre, -likör oder -seife erstehen (s. auch S. 291).

Unterwegs in der Seenplatte

Am Schmalen Luzin: »Hol über«, die Fähre wartet auf Sie!

Das Beste auf einen Blick

Rund um die Müritz

Highlights!

Waren (Müritz): Das muntere Städtchen bildet den attraktiven touristischen Mittelpunkt der gesamten Müritzregion. Besonders die Atmosphäre unten am Stadthafen mit seinen vielen Segelbooten und Passagierschiffen sowie den vielen Restaurants und Kneipen ist lebendig und anregend. S. 84

Müritz-Nationalpark: Auf einer Fläche von 322 km² am Ostufer der Müritz erstreckt sich der größte deutsche Nationalpark des Binnenlandes, den man teilweise mit dem Auto befahren, auf schönste Weise aber mit dem Nationalparkbus, per Fahrrad, mit Pferdekutsche oder zu Fuß erkunden kann. S. 93

Auf Entdeckungstour

Adlerbeobachtung – Wanderung zum König der Seenplatte: Die geführte Wanderung durch den Müritz-Nationalpark, ein ungefähr zweistündiger Fußmarsch über 2 km, geht vom Informationshaus in Federow zu einem versteckt gelegenen Adlerhorst. S. 94

Kultur & Sehenswertes

Müritzeum in Waren: In dieser gekonnten Mischung aus Naturkundemuseum und Erlebniscenter kommt man aus dem Staunen nicht mehr heraus; besonders toll für Kinder. S. 88

Aktiv unterwegs

Schiffstour über die Müritz: Vom Warener Stadthafen gehen Schiffsverbindungen nach Klink, Röbel oder Boek, den gegenüberliegenden Orten am Müritzufer. S. 91

Radrundtour durch den Nationalpark zum Müritzhof: Die Fahrradtour durch den Nationalpark führt von Waren aus über den Müritzhof, ein Landschaftspflegehof mit Gaststätte und Vogelauffangstation, und zurück. S. 97

Genießen & Atmosphäre

Restaurant Kleines Meer in Waren: Stilvolle abendliche Tafelkultur in schnörkellosem Ambiente. S. 90

Gutshof Woldzegarten: Eine ganz spezielle Atmosphäre bietet das Hotel-Restaurant mit seinem 200 Jahre alten Herrenhaus und der riesigen Gutsscheune, in der häufig Konzerte, Opernaufführungen und andere kulturelle Events stattfinden. S. 115

Abends & Nachts

Hörspielkirche Federow: Das kleine Kirchlein in der 200-Seelen-Gemeinde des Müritz-Nationalparks bietet den ganzen Sommer hindurch jeden Abend ein Hörspiel für Erwachsene und mittwochs gar einen Krimi zur Nacht. S. 93

Rund um die Müritz

Man muss eigentlich nur die Landkarte zur Hand nehmen und den Finger auf den größten blauen Fleck in Mecklenburg-Vorpommern legen – und schon ist man an der Müritz: einer mit Wasser gefüllten flachen Mulde, etwa 28 km lang und bis zu 13 km breit. Der ursprüngliche Name morcze kommt aus dem Slawischen und bedeutet »Kleines Meer«; an rauen Tagen kann der Wellengang vor allem für kleinere Boote zu gefährlichen Havarien führen. Von den gut 2000 Seen des Mecklenburgischen Binnenlandes ist die Müritz mit ihren 117 km^2 mit Abstand der größte und streng genommen auch der größte rein deutsche Binnensee. Die Elde, die die Müritz durchfließt, ist Mecklenburgs größter Fluss. Hamburger können die Müritz über die Müritz-Elde-Wasserstraße erreichen, Berliner über den Müritz-Havel-Kanal – ein natürliches Wasser-Verbundsystem.

An der Müritz schlägt das Herz der Seenplatte. In der Hauptsaison ist hier viel los. Der Nachteil ist, dass die Müritz nicht gerade der ruhigste Fleck der Seenplatte ist. Das ist an Schönwetter-Wochenenden in Waren, der größten Stadt am Müritzufer, zu spüren.

Infobox

Touristeninformation
www.waren-tourismus.de: von der Tourist-Information gepflegte Webseite mit allen Informationen rund um die Stadt, inkl. Wassersportadressen und Veranstaltungskalender.

Verkehr
Die **Personenverkehr GmbH Müritz (PVM)** ist zuständig für den gesamten Busverkehr in und um Waren. Fahrplanauskünfte/Tickets: Strelitzer Str. 137, Waren (Müritz), Tel. 03991 64 50, www.pvm-waren.de. Mit dem **dat-Bus** kommt man schnell und umsteigefrei per Überlandfahrt von Waren ins Zentrum von Neubrandenburg, Röbel, Rechlin und Greifswald. **Anrufsammeltaxis (AST)** holen Passagiere abends und am Wochenende in Waren, Amtsbrink, nur nach Anmeldung (mind. 30 Min. vorher: Tel. 03991 18 07 77) ab und bringen sie auf drei festen Linien bis vor die eigene Haustür. Die **Nationalparklinie** ist eine Buslinie, die in Waren startet, dort an mehreren Stellen hält und bis in den Nationalpark fährt (**Nationalparkticket** s. S. 100); die Schiffe der **Weissen Flotte Müritz**, Strandstr./Steinmole, Waren (Müritz), Tel. 03991 12 26 68, www.weisse-flotte-mueritz.de, verbinden im Sommer ebenfalls die Orte am See.

Waren (Müritz)! ▶F5

Das Heilbad Waren an der Müritz liegt mit seinen etwa 21 500 Einwohnern auf einer schmalen Landzunge vom Wasser dreier Seen umgeben: im Süden von der **Binnenmüritz**, im Norden vom **Tiefwarensee** und im Südosten vom **Feisnecksee**. Außerdem ist Waren das Tor zum **Müritz-Nationalpark**. Waren ist geeignet für Urlauber, die tagsüber gern Wanderungen oder Fahrradtouren und Wasserausflüge in unberührte Natur unternehmen und dennoch abends die lukullischen und kulturellen Angebote einer Stadt wahrnehmen möchten – daher wundert es keineswegs, dass sich der Ort während der letzten Jahre zum attraktiven touristischen Mittelpunkt der gesamten Müritzregion gemausert hat. Heute tummeln sich hier – zusätzlich zu den von weit her gereisten Feriengästen – besonders über die Wochenenden viele Hamburger, Bremer, Schleswig-Holstei-

Waren (Müritz)

ner, Berliner und Brandenburger, die eben mal herüberkommen, um ihre Kanus zu Wasser zu lassen oder die Segeljachten flottzumachen.

Seinen Heilbadstatus verdankt Waren einer 200 Mio. Jahre alten jodhaltigen Thermalsole. Sie lagert in 1500 m Tiefe direkt unter der Müritz. Das Kurzentrum bietet Heilbäder in dieser Salzsole an.

Stadtgeschichte

Das genaue Gründungsdatum Warens kann heute niemand mehr feststellen, da mehrere Brände im 16. und 17. Jh. nahezu die gesamte Stadt bis auf die Grundmauern vernichteten – und alle Urkunden im Stadtarchiv. So kommt es, dass bis auf das vom Feuer verschonte Alte Rathaus und die zwei Kirchen kein Gebäude älter als 300 Jahre ist.

Unten am Stadthafen

Einen Rundgang durch Waren muss man am Wasser beginnen! Die atmosphärisch schönste Einstimmung auf die Stadt und überhaupt einen Urlaub im Gebiet der Seenplatte erhält man, wenn man zuerst den **Stadthafen** ansteuert. Hier flattern die Segel der Boote im Wind, stundenlang fischen die Angler um die Wette und die vielen Restaurants, Cocktailbars, Räucherfischbuden und Kneipen werben um ihre Gäste.

Drei eindrucksvolle **historische Speichergebäude** aus der Zeit um 1840 rahmen das Hafenbecken. Alle drei zeugen von der einstigen Bedeutung Warens

Beschaulich: der Hafen von Waren an der Müritz

Waren (Müritz)

Sehenswert
1. Altes Rathaus
2. Georgenkirche
3. Haus des Gastes
4. Stadtgeschichtliches Museum im Neuen Rathaus
5. Marienkirche
6. Müritzeum
7. Skulpturengarten am Müritzwasserhaus

Übernachten
1. Schlosshotel Groß Plasten
2. Hotel Harmonie
3. Hotel Ingeborg
4. Pension Warener Hof
5. Vieling Apartments
6. Campingplatz Ecktannen

Essen & Trinken
1. Restaurant im Hotel Kleines Meer
2. Restaurant Moritz im Seehotel Ecktannen
3. Pizzeria Etna
4. Shanghai-City
5. Fischerhof Waren

Einkaufen
1. Galerie an der Georgenkirche
2. Töpfergut Panschenhagen

Aktiv
1. Müritz Angelshop
2. Fischerei Müritz-Plau
3. Volksbad an der Müritz
4. Badestelle Ecktannen
5. Badestelle Feinecksee
6. Badestelle Tiefwarensee
7. Bootscharter Jörg Malow
8. Fahrgastschifffahrt
9. Zweiradhaus Karberg
10. Kutsch- und Kremserfahrten Vinzing
11. Wassersportcenter Fun Müritz
12. Thermalsole im Kurzentrum

Abends & Nachts
1. Escobar – Cocktailbar
2. Kino Cine Star – Der Filmpalast
3. Naturbühne Mühlenberg
4. Hafenkuddel

---

als Umschlagplatz für den Holz- und Kornhandel, denn nachdem zwischen 1798 und 1837 die Elde kanalisiert und der **Bolter Kanal** erbaut war, gab es einen durchgängigen Wasserweg zwischen Elbe und Havel – der Weg nach Hamburg, Berlin und weiter in den mitteldeutschen Raum war frei! Heute sind in allen Speichern Hotels, Ferienwohnungen, Restaurants, Boutiquen und Einkaufspassagen untergebracht.

Rund um den Alten Markt

Der **Alte Markt** ist der höchste Punkt der Stadt und noch weitgehend von historischer Bebauung gerahmt – nur an der Südseite gingen die Häuser während der letzten Kriegstage 1945 verloren.

Das **Alte Rathaus** 1 stammt noch aus dem 14. Jh. und wurde 1797 zugunsten eines Neubaus als Sitz der Stadtväter aufgegeben. Hinter den drei vermauerten Arkadenbögen auf der Ostseite tagte einst das Stadtgericht. Die Wände des kleinen Backsteinbaus sind fast 1 m stark.

Warens ältestes Bauwerk, die **St. Georgenkirche** 2 (Tel. 03991 73 25 04), ist eine kompakte dreischiffige Backsteinbasilika, die schon um 1300 als Pfarrkirche der Altstadt entstand. Nach den Stadtbränden wurde sie mehrfach verändert. Eine künstlerisch gute Arbeit ist die Kreuzigungsgruppe aus der Erbauungszeit mit Maria und Johannes.

Am Neuen Markt

Das Zentrum der Warener Altstadt ist der Neue Markt – v. a. an den Markttagen Dienstag und Donnerstag. Er wurde 1325 als verbindendes Glied zwischen Alt- und Neustadt angelegt. Im prachtvoll restaurierten **Haus des Gastes** 3 hat heute die Waren (Müritz)-Information ihren Sitz. Das bunte

Fachwerkhaus in Rot-Grau zählt zu einer Reihe Warener Bürgerhäuser, mit denen die Altstadt in der ersten Hälfte des 18. Jh. bebaut wurde. Der zähnefletschende König der Tiere im Emblem über dem Eingang spielt an auf die ursprüngliche Nutzung als Löwen-Apotheke. Von hier aus sieht man den Warener ›Boulevard‹ hinunter, wie die Einheimischen ihre Fußgängerzone, die **Lange Straße** mit ihren Läden und Cafés nennen. Schon im frühen Mittelalter führte hier ein viel benutzter Handelsweg entlang, von dessen Rändern aus sich die Stadt allmählich ausbreitete.

Stadtgeschichtliches Museum im Neuen Rathaus 4
Mo–Fr 9–16, Sa/So 14–17 Uhr
Das Gebäude aus dem Jahr 1796 wurde 1857 aufgestockt und die Fassade im Stil der englischen Tudorgotik verkleidet. Mit seinen pittoresken türmchenartigen Streben an den Ecken und den angedeuteten Burgzinnen unter dem Dach wirkt es zwischen den umliegenden barocken Bürgerhäusern ein bisschen fremd. An der Seite unter den Arkaden ist noch die alte Ratswaage mit ihren meterlangen Waagebalken angebracht.

Parken in Waren
Kostenpflichtige Parkplätze, Mo-Sa 8–19, So 12–19 Uhr: **Zum Amtsbrink** (nahe Müritzeum), **Mecklenburger Straße** (nahe Marienkirche) und **Müritzstraße** (nahe Stadthafen).

Rund um die Müritz

Müritz-Radrundweg

Von allen Orten an der Müritz aus kann man zu einer Radtour aufbrechen, die auf einer Strecke von ca. 88 km rund um den See führt. Da es am Ostufer der Müritz durch den Müritz-Nationalpark geht, bieten sich unterwegs die schönsten Natureindrücke. Die Wegführung ist nahezu anstiegsfrei und angenehm zu fahren. Manche Menschen lassen sich drei Tage Zeit und übernachten unterwegs, trainierte Biker machen die Strecke noch vor dem Frühstück. Wer unterwegs schlappmacht oder einfach nur genießen will, kann in den Häfen von Waren, Röbel und Bolter Kanal mit Fahrrad ein Fahrgastschiff der Weißen Flotte besteigen und sich zurückschippern lassen! (Nähere Infos zur Route: www.mueritz-radrundweg.de)

Im dritten Geschoss präsentiert das **Stadtgeschichtliche Museum** (Tel. 03991 17 73 51, Öffnungszeiten wie Rathaus, 2 €, Kinder ab 14 J.1 €) außer Wechselausstellungen das berühmte Wossidlo-Zimmer (s. S. 69) und die Warener Stadtgeschichte von den Anfängen bis zur Neuzeit.

Marienkirche 5

Burgstraße, Tel. 03991 63 57 23, Mai–Sept. Mo–Fr 10–18, Sa 10–16, So 11–16 Uhr, Turmbesteigung 1 €

Zunächst wurde der Feldsteinchor der Marienkirche vor 1225 als Burgkapelle der Fürsten von Werle-Waren errichtet und erst 1333 wurde das Kirchenschiff im Stil der Backsteingotik angebaut. Die Baugeschichte zog sich über sieben Jahrhunderte hin. Hierin begründet sich auch die Wertschätzung der Marienkirche: Sie wird oft wegen der Vielfalt ihrer Baustile gerühmt, die sich harmonisch zu einem würdevollen Ganzen verbinden. Ihr endgültiges Aussehen gab ihr 1792 der herzogliche Baumeister Johann Joachim Busch, der sie zur Pfarrkirche der Neustadt umbaute. Seitdem ist die schöne Turmsilhouette das Wahrzeichen Warens. Die Ersteigung des Kirchturms ist ein lohnendes Erlebnis: Von hier oben hat man einen wundervollen Blick über die gesamte Seenlandschaft der Müritz.

In der Oberwallstraße ist über die Jahrhunderte ein **mittelalterlicher Rinnstein** im Straßenpflaster erhalten geblieben, darüber hinaus sind in der Großen Wasserstraße 3 und in der Mühlenstraße wertvolle **barocke Haustüren zu bewundern**.

Außerhalb der Altstadt

Müritzeum 6

Zur Steinmole 1, Tel. 03991 63 36 80, www.mueritzeum.de, April–Okt. tgl. 10–19, Nov.–März tgl. 10–18 Uhr, 9 €, Kinder 6–16 J. 3 €

Einen gelungenen Einstieg in Natur und Geschichte der Müritzregion bietet das Müritzeum, ein 2007 erbautes Ausstellungsgebäude von sehr schöner, lichter und weitläufiger Architektur, dessen Markenzeichen die Fassade mit den absichtlich verkohlten Lärchenholzplatten ist. Bei jedem Wetter ist die interaktive Ausstellung mit den Themenbereichen »Vogelwelt«, »Wald«, »Wasserwelt«, »Zeitreise« und »Multivisionsshow« zu erleben. Sehr beliebt ist der über einen Steg zu betretende Heißluftballon, von dem man aus den Augen eines Kranichs auf die von Beamern projizierte Müritz samt Nationalpark hinunterschauen kann. Im Nachtraum kann man mit einer Taschenlampe durch einen dunklen

Waren (Müritz)

Wald streifen und den Tieren der Nacht lauschen.

Im Untergeschoss wartet Deutschlands größte Aquarienlandschaft für heimische Süßwasserfische, mit einer nachgebildeten Flusslandschaft sowie 26 Aquarien, in denen sich über 50 Fisch-, Krebs- und Muschelarten tummeln. Der Hit aber ist das über zwei Treppenhausetagen reichende Süßwasser-Tiefenbecken mit einem Maränenschwarm. Kinder-Treffpunkt ist ein Wasserbassin, wo man bunte Modellboote über die nachgebildete Müritz flitzen lassen kann.

Etwas entspannen können die bewegten Eltern im Museumsgarten, während die Kleinen das große Holzboot auf dem Abenteuerspielplatz entern. Gut essen lässt es sich im Müritzeum-Restaurant **»Fischers Küche«** (Tel. 03991 674 51 19), das die Vereinigung der Müritz-Fischer betreibt.

Skulpturengarten am Müritzwasserhaus 7

Gerhart-Hauptmann-Allee 5 (etwas außerhalb), Tel. 03991 12 54 80, www.poppe-keramik.de, Öffnung nach Vereinbarung

Etwas außerhalb der Altstadt liegt das privat bewohnte leuchtend blaue Müritzwasserhaus. In dem urwüchsigen Skulpturengarten, der bis hinunter zum Wasser reicht, organisiert der Keramiker Franz Poppe Ausstellungen mit Stein-, Metall-, Holz- und Keramikarbeiten von zehn verschiedenen Kunsthandwerkern aus der Region.

Übernachten

In Waren gibt es wohltuenderweise kein einziges Luxushotel in Gestalt eines nüchternen Hotelkastens, dafür aber eine große Auswahl an Unterkünften mit ganz persönlichem Charakter.

Klassisch – **Schlosshotel Groß Plasten** 1 : Groß-Plasten (10 km östl. von Waren), Tel 039934 80 20, www.schlosshotel-grossplasten.de, DZ 110–175 €. Gepflegte neubarocke Schlossanlage. Schon die romantische Atmosphäre auf der Restaurant-Terrasse mit Blick auf den See und der ausnehmend entgegenkommende Service lohnen zumindest eine ›Kaffeefahrt‹.

Zentral und gediegen – **Hotel Harmonie** 2 : Kietzstr. 16, Tel. 03991 669 50, www.hotelharmonie-waren.de, DZ 129 €. Betörend schöne Wellness-Oase und sehr günstige Preise für Aufbettung auch für Erwachsene.

Ordentlich und freundlich – **Hotel Ingeborg** 3 : Rosenthalstr. 5, Tel. 03991 613 00, www.hotel-ingeborg-waren.m-vp.de, DZ 75–90 €. Liebevoll eingerichtetes Hotel garni, nur 100 m vom Stadthafen, dennoch schön ruhig; hochseetauglicher Segeljollenkreuzer.

Mit persönlicher Ausstrahlung – **Pension Warener Hof** 4 : Mühlenstr. 6, Tel. 03991 12 24 48, www.pensionwarenerhof.m-vp.de, DZ 70 €. Liebevoll renoviertes Fachwerkhaus in der Altstadt.

Idyllisch – **Vieling Apartments** 5 : Papenbergstr. 22, Tel. 03991 12 02 00 oder 0160 721 27 97, www.vieling.de, Apart. 45–60 €. Esther Engels vermietet vier sehr helle und geschmackvoll eingerichtete Apartments mit kurzem Fußweg zum Stadthafen und zur Müritz-Badestelle, alle mit Garten und Terrasse.

Großzügig – **Campingplatz Ecktannen** 6 : Fontanestr. 66, Tel. 03991 66 85 13, www.camping-ecktannen.de, ganzjährig geöffnet. 16 ha naturbelassenes unparzelliertes Rasengelände mit vielen Bäumen auf einer Landzunge am Südrand von Waren und schon im Eingangsbereich des Müritz-Nationalparks. Verfügt über eine eigene Uferzone zum Baden in der Müritz.

Rund um die Müritz

Essen & Trinken

Erstklassig – **Restaurant im Hotel Kleines Meer** 1 : Alter Markt 7, Tel. 03991 64 80, www.kleinesmeer.com, tgl. 12–22 Uhr, Reservierung empfohlen, Hauptgericht 8,50–20 €, Menü 60–80 €. Hier pflegt der kreative Viersternekoch Hendrik Türk seine köstliche und ausgesuchte Küche. Das Ambiente ist betont puristisch, die Atmosphäre locker.

Gediegen und verlässlich – **Restaurant Moritz im Seehotel Ecktannen** 2 : Fontanestr. 51, Tel. 03991 62 90, www.seehotel-ecktannen.de, Hauptgericht 10–16 €. Romantisch anmutendes Ambiente in einer großzügig renovierten Villa der Jahrhundertwende. Gehobene gutbürgerliche Küche; bei gutem Wetter auf der schönen Terrasse.

Gemütlich und rustikal – **Pizzeria Etna** 3 : Mühlenstr. 2, Tel. 03991 66 47 66, tgl. 11.30–14, 17–22 Uhr (auch Lieferung frei Haus), Hauptgericht 6,70–12,50 €. Auch eine unaufwendige italienische Küche braucht man mal im Mecklenburg-Urlaub.

Preiswert und lecker – **Shanghai-City** 4 : Müritzstr. 7, Tel. 03991 66 61 72, Buffet, so oft man möchte, für 7,50 €. Leckere und knusprige chinesische Küche, das Preis-Leistungs-Verhältnis ist einfach nicht zu toppen!

Kutterfrisch – **Fischerhof Waren** 5 : Seeufer 73 (direkt am Hafen), Tel. 03991 63 31 10, tgl. 10–16 Uhr, 3, 50–10 €. Hier bekommt man kutterfrischen Müritzfisch direkt aufs Brötchen oder für die Pfanne zu Hause, einfach köstlich! Im Gebäude: Kleines Fischereimuseum der Müritzfischer.

Der Neue Markt: gemütliches Einkaufen im Zentrum von Waren

Waren (Müritz)

Einkaufen

Für Mitbringsel – **Galerie an der Georgenkirche** 1 : Schulstr. 6, Tel. 03991 63 21 94, www.georgen-galerie.de, Mo–Fr 9–18, Sa 9–13 Uhr. Kunsthistoriker Thomas Spahmann verkauft Grafik, Malerei, Skulpturen und Kunsthandwerk aus der Region.

Schöne Keramik – **Töpfergut Panschenhagen** 2 : Panschenhagen (10 km nördl. von Waren), Tel. 0399 26 32 75, www.henschelkeramik.de, Öffnung nach Vereinbarung. Im Gewölbekeller seines alten Herrenhauses verkauft Friedemann Henschel Gebrauchskeramik sowie seine ganz eigenen prallen Tonfigur-Damen.

Aktiv

Die Stadt Waren ist eine ausgesprochen **fahrrad**freundliche Stadt. Alle wichtigen Straßen sind von Radwegen begleitet, die Müritz-Nationalpark-Busse und die Fahrgastschiffe der Weißen Flotte nehmen Fahrräder mit. Zum **Angeln** ist die Müritz ideal und reichlich mit Karpfen, Schleie, Zander und Stör besetzt. Infos: www.mueritzfischer.de. Touristenfischereischein samt Angelkarte in der Waren (Müritz)-Information (s. S. 92). Die **Freibäder und Badebuchten** rund um Waren sind von sehr guter Qualität und haben alle einen weichen Badegrund mit feinem Sand.

Unkompliziert angeln – **Müritz Angelshop** 1 : Große Burgstr. 3, Tel. 03991 66 86 10, Mo–Fr 9–18, Sa 8–12 Uhr. Angelkarten und Angelzubehör.

Mit dem Angelkutter weiter raus – **Fischerei Müritz-Plau** 2 : Eldenholz 42, Tel. 03991 153 40, tgl. 7–13.30, 14–20.30 Uhr, www.mueritzfischer.de. Angeltouren auf Angelkuttern, Verleih von Angelgeräten.

Freibad – **Volksbad an der Müritz** 3 : Kameruner Weg, Tel. 03991 12 21 77, Mitte Mai–Mitte Sept. tgl. 9–18 Uhr. Badestrand mit großem Badesteg und Riesenrutsche. Weitere bewachte Badestellen: im Ortsteil **Ecktannen** 4 und am **Feisnecksee** 5 entlang der Straße An der Feisneck.

Unbewacht baden – am **Tiefwarensee** 6 , Am Schwalbenberg.

Bootsverleih – **Bootscharter Jörg Malow** 7 : Müritzstr. 14, Tel. 03991 66 23 94 od. 0171 821 79 67, www.bootscharter-malow.de. Führerscheinfreie Sport- und Hausboote, Segelboote.

Fahrgastschifffahrt 8 : **Blau Weisse Flotte Müritz und Seen:** Am Stadthafen, Tel. 03991 66 30 34, www.blau-weisse-flotte.de, Linienfahrten und Ausflugstouren; **Weiße Flotte Müritz**: Kietzstr. 17, Tel. 03991 12 26 68, www.mueritzschiffahrt.de. Schöne Touren u. a. mit der »MS Europa«, einem originalgetreu nachgebauten Dampfschiff der 1920er-Jahre, nach Röbel, Klink, Rechlin, Boek, Sietow und zum Bolter Kanal. Beide Anbieter nehmen Fahrräder mit.

Fahrradverleih mit Bringservice – **Zweiradhaus Karberg** 9 : Lange Str. 46, Tel. 03991 66 60 80, www.zweirad-karberg.de, Mo–Fr 8–18, Sa 8–13 Uhr u. Juli–Aug. auch So 9.30–11.30 Uhr. Größter und attraktivster in der Altstadt gelegener Radverleiher vor Ort, auch Reparaturschnellservice für Urlauber.

Unterwegs mit einem PS – **Kutsch- und Kremserfahrten Vinzing** 10 : Dorfstr. 7, Kargow (9 km östl. von Waren), Tel. 03991 67 04 19 od. 0174 657 51 70, www.mueritz-kutsche.de. 2-, 3- oder mehrstündige Fahrten durch den Nationalpark, auf Wunsch mit Nationalpark-Führer.

Wassersport außerhalb – **Wassersportcenter Fun Müritz** 11 : Auf dem Zeltplatz Kamerun, Zur stillen Bucht 3, Tel. 0157 76 08 08 74, www.fun-mueritz.de,

Rund um die Müritz

April–Sept. tgl. 10–18 Uhr. Stand-Up-Paddling, Segelboot- und Kanu-Verleih mit sehr netter Betreuung.
Zur Entspannung – **Thermalsole im Kurzentrum** 12 : Am Kurpark 2, Tel. 03991 182 40, www.waren-kurzentrum.com, Mo–Fr 7–17, Sa 7–12 Uhr. Externe Gäste können das Sole-Außenbecken und alle Nicht-Sole-Innenbecken (30 °C warm) in Verbindung mit einer therapeutischen Anwendung (z. B. Massage plus Fango) auf Rezept oder als Privatzahler nutzen.

Abends & Nachts

Lounge-Style – **Escobar – Cocktailbar** 1 : Strandstr. 3 (am Stadthafen), Tel. 03991 632 56 62, tgl. ab 11 Uhr bis tief in die Nacht. Clubatmosphäre drinnen und draußen mit Blick auf die Stadthafenromantik. Das Angebot reicht von Cocktails und Snacks bis zu klassischen Speisen. Einzige Sky-Sportsbar in Waren mit drei Flatscreens.
In 3 Sälen – **Kino Cine Star – Der Filmpalast** 2 : Im Bürgerzentrum, Zum Amtsbrink 3 (nähe Bahnhof), Tel. 03991 18 17 07, www.cinestar.de. Immer mittwochs: der besondere Film.
Amphitheaterähnlich – **Naturbühne Mühlenberg** 3 : www.freiluftspiele.de, Karten in der Waren (Müritz)-Information, über Tickethotline 01805 28 82 44, online oder an der Abendkasse, Vorstellung jeweils Fr, Sa 19.30 Uhr, So 17 Uhr. Hier wird alljährlich während der Sommersaison die Müritz-Saga gespielt, ein von dem Berliner Krimi-Autor Wolf-R. Kuhl eigens für diesen Zweck verfasster Theaterzyklus, in dem es sich stets um aufregende ränkespielerische und politische Streitigkeiten der Lokalgeschichte dreht.
Lässiger Absacker – **Hafenkuddel** 4 : Strandstr. 3, Tel. 03991 779 03 97, tgl. 14–2 Uhr. Gemütliche Kneipe mit Cocktails, Knoblauchbrot und Süppchen für den kleinen Hunger. Karaoke.

Infos & Termine

Waren (Müritz)-Information: Neuer Markt 21, im Haus des Gastes, 17192 Waren, Tel. 03991 74 77 90, www.waren-tourismus.de. Stadtführungen Mai–Sept. tgl. 11 Uhr. Einen kostenlosen Veranstaltungskalender gibt es in der Waren-(Müritz)-Information. Hier die schönsten und wichtigsten Feste:
Müritz-Sail: Maritimer Veranstaltungshöhepunkt der Seenplatten-Region im Mai, mit Regatten, diversen Bootsrennen und attraktivem Rahmenprogramm, Tel. 0381 71 90 74, www.mueritzsail.net, s. S. 36.
Müritzfest: im Juli am Warener Kietz mit Bootskorso, Fischerzug und Rummelplatz, Tel. 03991 18 04 33, www.mueritzfest.de.
Müritz-Triathlon: Am letzten Juli-Samstag starten der Wettbewerb 1 (für erfahrene und durchtrainierte Athleten) mit 2 km Schwimmen, 80 km Fahrradfahren, 20 km Laufen und der Wettbewerb 2 (für jedermann) mit 750 m Schwimmen, 20 km Fahrradfahren und 5 km Laufen. Müritz-Sport-Club, Tel. 03991 12 56 46, www.mueritz-sportclub.de.
Müritz-Schwimmen: Wettkampf im August. Die Schwimmer gehen an der Gaststätte Seebad am Campingplatz Ecktannen ins Wasser und schwimmen 1950 m auf Zeit durch die Binnen-Müritz hinüber zum Volksbad. Pokale vergibt der Müritz-Sport-Club, Tel. 03991 12 56 46, www.mueritz-sportclub.de.
Müritz Fischtage: Die von Ende September bis Mitte Oktober stattfindenden Fischtage der Müritzfischer beginnen in Plau am See und finden in Waren im Müritzeum ihren Ausklang. Ein einheimischer Fisch wird von etwa 50 Köchen der Region auf den Spei-

seplan ihrer Restaurants gesetzt und jeder kreiert mit diesem Fisch sein eigenes Gericht.
Bahn: Waren (Müritz) liegt an der Hauptstrecke Berlin–Rostock.
Anrufsammeltaxi (AST): s. Infobox S. 84
Taxi: Müritztaxi, Tel. 03991 150 00
Taxi-Zentrale Waren, Tel. 03991 12 22 55 oder 16 71 67

Müritz-Nationalpark! ▶ G 5/6

Seit dem 1. Oktober 1990 ist eine Fläche von 322 km² östlich der Müritz als Nationalpark ausgewiesen. Damit genießt der Müritz-Nationalpark zusammen mit den anderen deutschen Nationalparks nach Bundesnaturschutzrecht höchsten Schutzstatus. Genau genommen besteht der Müritz-Nationalpark aus zwei Teilgebieten: Das größere umrahmt das östliche Müritzufer, wobei auch ein 12 km langer Müritzwasserstreifen dazugehört. An diesem Uferbereich ist durch die Schiffbarmachung der Elde vor fast 200 Jahren und das darauf folgende Absinken des Müritz-Wasserspiegels um mehr als 1,5 m ganz besonders wertvoller Naturraum entstanden. Große Flächen fielen trocken, infolgedessen bildeten sich Röhrichte, Moore und Bruchwälder. Das kleinere Teilgebiet liegt bei Carpin und Serrahn östlich von Neustrelitz.

Der Müritz-Nationalpark ist ziemlich dünn besiedelt. Er besteht zu 72 % aus Wald, zu 13 % aus Gewässern, zu 8 % aus Mooren, zu 5 % aus Wiesen und Weiden und nur zu knapp 2 % aus Äckern, den Rest bilden Siedlungen, Straßen und Wege. Insgesamt leben hier etwa 800 Menschen. Man kann den Müritz-Nationalpark auf über 650 km Rad- und Wanderwegen erkunden.

Flora und Fauna

Sehenswert ist der Nationalpark zu jeder Jahreszeit, denn einem aufmerksamen Beobachter bieten sich immerzu zauberhafte Naturschauspiele: Rund 240 Vogelarten und etwa 280 Gefäßpflanzen bilden einen unermesslichen Reichtum. Allein über 800 Schmetterlings- und Libellenarten kommen hier vor. Berühmt ist der Müritz-Nationalpark vor allem wegen seiner Bestände an **See- und Fischadlern.** Auch die **Hirschbrunft** von Ende August bis Anfang Oktober und der **Zug der Kraniche** im September und Oktober (s. S. 21) sind beeindruckende Erlebnisse für jeden Naturliebhaber.

Federow ▶ F 5

Das erste Dorf, das man von Waren aus im Müritz-Nationalpark erreicht, ist das beschauliche Federow. Jedenfalls machen die Backsteingehöfte, der bescheidene Lebensmittelladen und das Kirchlein vorerst diesen Eindruck – wären nicht die 54 000 Besucher, die hier jedes Jahr das Info-Gebäude des Nationalpark-Service (s. S. 101) aufsuchen.

Hörspielkirche

www.hörspielkirche.de, Juli–Anf. Sept. tgl. ab 11 Uhr, Tel. 03991 63 57 23 oder 0151 11 64 12 65
Die Dorfkirche ist ein Feldsteinbau aus der Zeit um 1400 mit einigen ›Zutaten‹ aus dem 20. Jh. Viele Jahre lang stand sie ungenutzt, bis eine außergewöhnliche Idee sie vor dem drohenden Verfall rettete: Seit 2006 fungiert sie als Hörspielkirche. Der kleine Innenraum mit seinen etwa 40 Sitzplätzen hat eine so ausnehmend gute Akustik, ▷ S. 97

Auf Entdeckungstour: Adlerbeobachtung – der König der Seenplatte

Adler sind die ornithologische Attraktion Mecklenburgs. Allein im Müritzgebiet leben etwa 30 Fisch- und 30 Seeadlerpaare. Den Ausflug bis zum Beobachtungsstand eines Adlerhorstes können Sie auf eigene Faust oder in Begleitung eines Nationalparkrangers unternehmen.

Reisekarte: ▶ F/G 5

Zeit: 2,5 Stunden, Laufstrecke 2 km
Nationalpark-Information Federow: s. S. 101, April–Okt. tgl. 9–18 Uhr
Nationalparkamt Müritz: s. S. 93, Mo–Fr 7–16 Uhr, Exkursionen kostenfrei, Spenden erwünscht
Start: Federow, Nationalpark-Info, s. o.

Hinweis: Im Hochsommer Trinkwasser, Sonnen- und Mückenschutz mitnehmen. Fernglas kann geliehen werden.

Im Raum der Nationalpark-Information Federow (s. Abb. S. 101) leuchtet der Fernsehbildschirm. Live überträgt er alle Geschehnisse aus dem nahe gelegenen Fischadlerhorst in die gute Stube. Deutlichstes Erkennungsmerkmal des Fischadlers ist die dunkle Augenbinde, die den weißen Kopf überzieht – ähnlich wie bei Zorro! Jedes Frühjahr sind die Mitarbeiter des Nationalpark-Serivce aufs Neue gespannt, ob sich dasselbe Pärchen wie im Vorjahr einfindet oder ein Partnerwechsel stattfindet. Denn: Fischadler sind horstgebunden, aber nicht unbedingt partnergebunden.

Küken-Beobachtung

Etwa Anfang bis Mitte April legt das Fischadlerweibchen das erste von meist drei Eiern und beginnt mit der Bebrütung. Wer Mitte Mai nach Federow kommt, kann sich an den frisch geschlüpften Küken erfreuen – leider nur über das Fernsehen, denn draußen, in der Natur, geht der Blick vom Waldboden so steil nach oben, dass nicht so genau zu erkennen ist, was sich in den Tiefen des Horstes abspielt. Aber dafür gibt es ja die Kamera! Die wenigen Tage alten Küken tragen ihr erstes Daunengefieder aus weichen grauen Federchen. Erst sehen sie noch recht tollpatschig aus und fallen manchmal um. Große Augen, großer Schnabel, überhaupt ein großer Kopf im Vergleich zum Körper – das ist typisch für alle Nesthocker, bei denen erst einmal die Körperteile am größten ausfallen, die zum Fressen gebraucht werden.

Des Fischadlers Fangmethode

Die Adler-Exkursionsroute führt von der **Nationalpark-Information** ins Dorf und weiter zum **Federower Gutshaus**, hinter dem der Hofsee glitzert. Die Seen sind für einen Fischadler ganz besonders wichtig, denn er will sauberes Wasser in der Nähe haben, weil er auf lebendige und gesunde Fische spezialisiert ist, die er sich direkt aus dem See holt. Dabei kreist er über der Wasserfläche, bleibt im Rüttelflug stehen, stürzt dann urplötzlich hinunter, taucht ein, schießt bis zu 1 m hinab wie ein Pfeil und greift den Fisch mit den Fängen. Genau diese Fangmethode macht den Fischadler zum Zugvogel, denn dass ein ausschließlicher Fischfresser im Winter, wenn bei uns die Seen zufrieren, nach

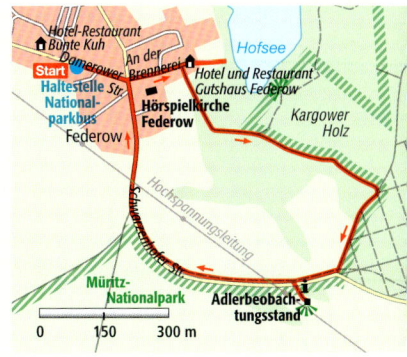

Afrika ziehen muss, ist klar. Ein Seeadler (s. Abb. S. 94) dagegen macht seine Beute ganz anders. Er streicht über das Wasser und holt die kranken und toten Fische heraus oder schlägt auch schon mal kleine Säugetiere, bis hin zum schwachen Reh. Ein Seeadler frisst eben auch Aas, was ein Fischadler nie macht.

Horstbau

Entlang des **Hofseewanderwegs** führt die Route durch ein Waldstück. Bäume mögen Adler ganz besonders, denn sie liefern ihnen das für den Horstbau notwendige Baumaterial. Der Fischadler ist – mit seiner Flügelspannweite von immerhin 1,70 m – ein ordentlich großer Vogel, weshalb kleine, kurze Zweige keineswegs ausreichen. Gebraucht werden starke und vor allem ganze Äste, die anschließend kunstvoll in den Horst eingewunden werden. Es wurde sogar schon beobachtet, wie ein Fischadler auf dem Ast eines Baumes sitzend kräftig auf und nieder wippte – und zwar so lange, bis der Ast abbrach!

Am Adlerhorst

Die Wanderung führt zum **Adler-Beobachtungsstand,** der aus einer Holzwand besteht. Sie fungiert als Sichtschutzblende und hat Sehschlitze auf unterschiedlichen Höhen – für kleine, mittlere und große Besucher. Meist werden die Luken eilig belagert, Fotoapparate hervorgeholt und die Ferngläser an die Augen gehalten. Zu sehen ist eine Wiese mit einem Hochspannungsmast, auf dem in etwa 20 m Höhe der Adlerhorst aufliegt. Fischadler lieben es geradezu, auf Hochspannungsmasten zu nisten! Zwar wollen sie beim Brüten ungestört sein, brauchen aber eine freie Rundumsicht, um von oben in den Horst einfliegen zu können.

Leben mit den Menschen
Der Fischadler ist ein Tier, das die Anwesenheit von Menschen einigermaßen verträgt. Ein Seeadler dagegen würde abwandern, wenn er so häufig Besuch bekäme. Deshalb horstet er lieber in Baumkronen tief im Wald, wo ihn kaum jemand findet. Und genau aus diesem Grund gibt das Nationalparkamt die Standorte der Seeadler-Horste der Öffentlichkeit nicht preis.

Trotzdem braucht jede Adlerart eine natürliche Entfernung zum Menschen, und die darf nicht unterschritten werden – hier in Federow sind es 300 m zwischen Beobachtungswand und Adlerhorst. Entsetzt mussten die Parkranger schon über die Fernsehkameras mitansehen, wie sich neugierige Besucher durch die Schlitze der Holzwand zwängten und dem Adlerhorst näherten. In so einem Fall regen sich die Tiere sehr auf, beginnen zu schreien, schlagen mit den Flügeln und fliegen zur Ablenkung Scheinangriffe. Dies aber hat die gefährliche Folge, dass die Brut unbewacht ist. Das wiederum nutzen die natürlichen Feinde der Adler: Kleinere Greifvögel wie Mäusebussarde und Habichte, aber auch Krähen oder Kolkraben lungern herum und warten nur auf eine passende Gelegenheit!

Das Adlermännchen kommt
Sobald das erste Ei gelegt ist, bewegt sich das Fischadlerweibchen aus dem Horst nur noch selten fort. Folglich muss das Männchen zu den nahe liegenden Tümpeln und Seen zum ›Fisch einkaufen‹ fliegen. Vom Beobachtungsstand ist sehr schön mitanzusehen, wie sich das Männchen bei der Rückkehr hoch oben aus der Luft nähert und – die Fänge mit dem Fisch nach vorne gestreckt – an die Horstkante heranschwebt und sich absetzt. Das Weibchen rückt zur Seite. So liefert er die Beute ab, reißt aber vorher noch einen Happen heraus und reicht ihn ihr – wie ein echter Gentleman! Gierig recken die Jungen die Hälse. Von unten sieht man, wie die Mutter den Jungen die Nahrung mit dem Schnabel reicht. Erstaunlich dezidiert und fein macht sie das, wie mit der Pinzette!

Seenplatte adieu
Auf dem Rückweg der geführten Adler-Wanderung erzählen die Parkranger, dass das Fischadlerweibchen – sobald die Jungen das Nest verlassen haben – als Erstes wieder ins Winterquartier zieht. Zurück bleibt das Männchen und lockt die Jungen ans Wasser, um ihnen das Fischen beizubringen. Wenn sie aufhören, um Fisch zu betteln, weiß er, dass er sich jetzt nicht mehr kümmern muss, und folgt seiner Partnerin in den Süden. Der Familienverband hat sich aufgelöst und die Jungen werden zu Einzelgängern. Noch bleiben sie etwa vier Wochen in Mecklenburg, um sich Fettgewebe anzufressen und Kraft zu sammeln, bevor sie dann ganz allein nach Nordwestafrika fliegen – und dies, ohne dass ihnen jemals ein alter Adler den Weg gezeigt hätte.

Müritz-Nationalpark

dass man meinen könnte, man sitze im eigenen Wohnzimmer. Die mundgeblasenen Farbfenster der Berliner Malerin Jana Franke tauchen den Raum in ein warmes lebendiges Licht. Im Sommer sind täglich drei Hörprogramme eintrittsfrei zu genießen. Nachmittags gibt es meist Märchen und Geschichten für Kinder, abends dann Krimis, Romanhaftes oder plattdeutsche Geschichten und sonntags eher Geistliches, Politisches, Meditatives oder Musik.

Schwarzenhof ▸ G 5

Nur ein kleines, aber bezauberndes Fleckchen Erde ist das abgeschieden gelegene Schwarzenhof mit seinen leuchtenden Blumenstauden zwischen halb verblichenen Gartenzäunen: eine Handvoll Einwohner, ein Hotel, ein schöner Standplatz für Wohnmobile, viel Wald drum herum und ein weiter Ausblick über die Wiesen des Nationalparks. Im Nationalparkhotel Kranichrast (s. S. 99) für ein paar Tage Station zu machen und von hier aus den Nationalpark zu erkunden lohnt sich. Direkt daneben hat das **Nationalparkamt** in seiner Informationsstelle (Mai–Okt. tgl. 10–17 Uhr) eine kleine Wechselausstellung eingerichtet.

Müritzhof

Im Müritz-Nationalpark, April–Okt. 10–18, Winter geschl.,Tel. 03991 61 15 40, www.lebenshilfswerk-waren.de/müritzhof; von hier aus dreistündige Führung durch die Wacholderheide am Spukloch: Mai–Sept. Di 11 Uhr
Westlich des Rederangsees liegt der 300 ha große Müritzhof, ein einsam und idyllisch gelegenes Landgehöft. Es ist ausschließlich zu Fuß oder mit dem Fahrrad erreichbar. Hier hat das Lebenshilfswerk Waren die Gebäude und Flächen des Landschaftshofes gepachtet, auf dem nun Menschen mit Handicap ökologischen Landbau betreiben. Sie versorgen Gotlandschafe, Shetlandponys und Fjällrinder.

Die **Fjällrinder** sind etwas ganz Besonderes, denn von ca. 1200 Tieren dieser skandinavischen Rasse, die es weltweit gibt, leben allein 50 auf dem Müritzhof. Ihre Weidung wirkt der permanenten Verbuschung und Verschilfung entgegen, die hier sonst über kurz oder lang die Brutplätze der am Boden brütenden Vögel zunichtemachen würde.

Zusätzlich betreiben die Hofbewohner eine nette **Gaststätte** mit Fisch- und Fleischgerichten sowie Eintöpfen, Salaten und hausgemachtem Kuchen, sodass es sich der Besucher im schattigen **Biergärtchen** mit Blick über die Viehweiden oder bei schlechtem Wetter im Gastraum gut gehen lassen kann. Nicht zuletzt deswegen ist der Müritzhof lohnende Etappe einer Fahrradtour, die man durch den Müritz-Nationalpark durchaus machen darf (Karte s. S. 98).

Radrundtour durch den Müritz-Nationalpark zum Müritzhof

Start: Waren, Nationalpark-Eingang Federow, Papenberger Straße; Länge: 17 km; Dauer: 2,5 Std. (reine Fahrzeit); Einkehr: Müritzhof (s. o.)
Von der Straße Am Seeufer/Ecke Strandpromenade geht es auf dem ausgeschilderten Weg ›Rotes Eichhörnchen‹ durch den Warener Stadtforst am Müritzufer entlang. Dabei passiert man die Olympia-Anlage, die 1936 anlässlich der Olympischen Spiele in Berlin entstand. Weiter geht es, vorbei an der bewachten Badestelle Campingplatz Ecktannen, durch das bewaldete Unterholz. Bald öffnet sich rechts die Wiese am Ausflugslokal Waldschänke (Strandpromenade 4, Mai–Sept. tgl. ab 11 Uhr, 03991 66 69 22), dahinter ein Bootsanleger der Müritzschifffahrt.

Rund um die Müritz

Danach wird der Waldweg holpriger. Eine Schautafel zeigt den Eintritt in den Nationalpark an (Naturschutzeule). Rechts führt ein Holzplankensteg durch glucksende Wässerchen eines Ufer-Moores mit mannshohem Schilfrohr und blühenden Blumen zum **Beobachtungsstand Schnakenburg**, einem Holzhaus auf Stelzen, das einen weiten Blick über die Müritz bietet. Vor allem Vögel lassen sich von hier oben sehr gut beobachten – mit Zeit, Geduld und einem guten Fernglas. Wer möchte, kann hier schon eine Rast einlegen, denn vor der Schnakenburg gibt es Holztische und Bänke für ein Picknick. An dieser Stelle wechselt der Weg die Richtung und man fährt für kurze Zeit auf dem sandig-kuhligen Müritzwanderweg, erkennbar an dem kleinen Schild mit dem blauen ›M‹.

Vor der Kuh- und Pferdekoppel **Teufelsbruch** fährt man scharf rechts auf eine grasvernarbte Autospur. Weil der Boden hier schön fest ist, lässt es sich wunderbar radeln, allerdings sollten Teilnehmer einer Radlergruppe wegen des manchmal überraschend auftauchenden ›Gegenverkehrs‹ sicherheitshalber hintereinander fahren.

Nach der Durchquerung eines ganz zauberhaften hellen Birkenwäldchens, in dem dicke weiche Graspuffer wie opulente Puderquasten den Boden bedecken, gelangt man an die **Südhütte Warnker See**. Hier herrscht absolute Stille. – Außer zwischen August und Oktober, denn da ist der Warnker See eines der wichtigsten Rastgewässer für Enten in ganz Mecklenburg. Da das Ufer hier dicht bewachsen ist, bietet sich auch Gelegenheit, in den Baumwipfeln sitzende schwarze Kormorane und Adler zu beobachten.

Weiter geradeaus geht der Weg nach einer Weile über in eine breite Staubstraße, die – vorbei an der von Rindern bestandenen **Spukloch**-Koppel – zum **Müritzhof** (s. S. 97) führt. Hier ist Zeit für eine ausgiebige Pause.

Auf dem Rückweg folgt man dem ›Violetten Maiglöckchen‹. Der Weg umrundet den Warnker See in einem sanften Bogen. Vorbei an der **Nordhütte Warnker See** trifft man nach 4 km auf die breite, asphaltierte Waldstraße nach Waren. Rechts schimmert der schmale **Feisnecksee** durch die belaubten Bäume.

Radrundtour zum Müritzhof

Speck ▶ G 5

In Speck, einer sympathischen Ansiedlung in einem der besonders schützenswerten Kernbereiche des Nationalparks, wohnen gerade einmal 50 Menschen. Der Name Speck rührt aus dem Slawischen her und bedeutet etwa »Damm, der durch einen Sumpf führt«. Im 13. Jh. herrschte hier der

Müritz-Nationalpark

holsteinische Ritter Ludwig Reimar von Rohr. Doch der ziemlich karge Sandboden dürfte seinem Gut nicht allzu große Ernteerträge erbracht haben.

Dorfkirche
Auf dem Weg zum Schloss passiert man linker Hand die kleine elegante klassizistische Dorfkirche, die von dem Neustrelitzer Baumeister C. L. F. Hustaedt 1876 bis 1877 errichtet wurde (Mai–Okt. tgl. 10–20 Uhr). Details erinnern an die Schlosskirche in Neustrelitz. Der frisch restaurierte Innenraum ist mit einer schönen Holzbalkendecke in blau-rot-goldener Kassettenmalerei ausgestattet, den Landesfarben Mecklenburgs.

Schloss
Dem von Efeu verhangenen Specker Schloss (Privatbesitz) sieht man an, dass es schon bessere Zeiten gesehen hat. Früher stand hier der alte Herrensitz der Ritter von Rohr. 1937 wurde das Schloss mit seinem sehr reizvollen unregelmäßigen Grundriss von dem Leipziger Großverleger Kurt Hermann errichtet, der u. a. mit Reichsmarschall Göring befreundet war. Insgesamt erinnert es sehr an den englischen Landhausstil des Schlosses Cecilienhof im Neuen Garten von Potsdam. Als passionierter Jäger umzog Hermann das Gebiet mit Zäunen und setzte Mufflons, Sika-Hirsche und Elche aus, um sie später zu erlegen. 1945 wurde Hermann enteignet, und die russische Kommandantura zog ein. Bald danach wurde das Schloss Erholungsheim für NVA-Offiziere.

Priesterbäker See
Aus Speck heraus Richtung Käflingsberg schlängelt sich ein etwa 15 m langer Holzplankenweg durch die Schilfzone bis zum Priesterbäker See. Am Ende des Weges erreicht man eine in die Uferzone hinausgebaute Plattform mit Holzbank, wo man sehr schön sitzen und den Blick in aller Ruhe über die Wasseroberfläche schweifen lassen und Geräuschen der umgebenden Natur lauschen kann. Wenn man hier unter praller Sonne Entspannung findet, kann man sich nur schwer vorstellen, dass im Priesterbäker See einmal ganz besondere U-Boote getestet wurden …

Turm auf dem Käflingsberg
Von Speck führt ein 1,5 km langer Wanderweg nach Südosten. Die Route ist mit einem grauen Wildschwein auf dem Hinweistäfelchen gekennzeichnet und kann auch zur Hälfte mit dem Nationalparkbus absolviert werden. Ziel ist der Turm auf dem 100 m hohen **Käflingsberg** am Ufer des **Großen Zillmannsees**. Wer die 168 Stufen des 31 m hoch aufragenden – leider optisch etwas unpassenden – Telekommunikationsturms erklimmt, hat einen herrlichen Rundblick fast über den ganzen Müritz-Nationalpark.

Übernachten

Eine **Unterkunft im Nationalpark** ist sehr begehrt, ist der dortige Aufenthalt doch mit vielen schönen Naturerlebnissen und – in der Regel – vor allem mit Ruhe verbunden. Preise und Standard der Quartiere sind sehr unterschiedlich. Siehe auch unter www.ferien-im-mueritznationalpark.de.
Ideal für Gruppen – **Nationalparkhotel Kranichrast**: Schwarzenhof, Tel. 03991 672 60, www.nationalparkhotel-kranichrast.de, DZ 88 €. Traumhafte Lage mit weitem Blick über die Wiesen und Wälder. Ein Plus sind die lebensrettenden Moskitonetze an allen Schlafzimmerfenstern! Nach Anmeldung wird für Gruppen ein Schwein am Spieß gedreht. Es gibt auch eine Kegelbahn.

Rund um die Müritz

Klassisch und edel – **Gutshaus Federow**: Federow, Am Park 1, Tel. 03991 67 49 80, www.gutshaus-federow.de, DZ 85 €. Das kleine Gutshaus aus dem Jahr 1845 wurde stilvoll rekonstruiert. Klassisches Ambiente, rückwärtige Zimmer mit Blick auf den Hofsee.

Kinderlieb und persönlich – **Die bunte Kuh**: Damerower Str. 8, Federow, Tel. 03991 67 00 38, www.diebuntekuh.com, DZ 60 €. Bauernhof mit Tierhaltung und Spielplatz. Die hausgemachten Eierpfannkuchen sind ein Gedicht!

Einfach – **Pension zur Fledermaus**: Am Teufelsbruch 1, Waren (im Nationalpark), Tel. 03991 66 32 93, www.pension-fledermaus.de, DZ ab 36 € (nicht alle mit Du u. WC). Allein am Waldrand auf einer Anhöhe gelegen mit Blick auf den Teufelsbruch, ein im Sommer fantastisch blühendes Moorwiesengebiet. Die Ausstattung hat den Charme einer Jugendherberge der 1980er-Jahre, ist aber ausreichend. Flugräume mit Ägyptischen Grabfledermäusen und amerikanischen Zwerggleithörnchen – eine echte Passion des Betreibers.

Geheimtipp – **Zartwitzer Hütte**: Rechlin, Tel. 039829 204 34, www.ferien-im-mueritznationalpark.de, Ferienhaus 59 €, Apart. 69–79 €. Ellen und Albrecht von Kessel bewirtschaften einen paradiesischen Bauernhof, der nur über einen Sandweg erreichbar ist. Ferienhaus und Apartments sind mit moderner Technik ausgestattet, ansprechend möbliert und haben eigene Sitzbereiche im Grünen. Das Frühstücksbuffet ist reichlich.

Zurückgezogen und charmant – **Landhaus Pieverstorf**: Dorfstr. 13b, Kratzeburg, OT Pieverstorf (15 km südöstl. von Waren), Tel. 030 322 81 03, www.ferien-privat.de/1327-1, FeWo 45–85 €. Altes, renoviertes Feldstein-Bauernhaus mit idyllischem Garten und vier fröhlich eingerichteten Ferienwohnungen. Die Badestelle am Dambecker See ist 150 m entfernt.

Essen & Trinken

Am Eingang zum Nationalpark – **Leddermann:** Specker Str. 71, Waren (Müritz), Tel. 03991 62 19 40, www.restaurant-leddermann.de, März–Dez. Mo–Do 14–22, Fr–So 11.30–22 Uhr, Jan.–Febr. eingeschränkt, vorher anrufen, Hauptgericht 10–18 €. Carsten Leddermann führt ein schickes und modernes Restaurant-Café mit Gartenterrasse zum Feisnecksee.

Landschaftlich toll – **Fischerrotunde Boek:** Boeker Mühle 4, Tel. 039823 277 54, April–23. Juni, Sept./Okt. tgl. 8–16 Uhr, 24. Juni–Aug. tgl. 8–20 Uhr. Besuchermagnet an den Boeker Fischteichen, Terrasse und überdacht, Fisch aus Topf, Pfanne, Räucherofen.

Urig – **Töpferhof Steuer:** Tel. 039822 202 42, www.toepferhof-steuer.de, Mai–Okt. tgl. 9–18 Uhr. Auf ihrem reizvollen Grundstück am Granziner See betreibt Doris Steuer neben ihrem Töpferhof auch ein kleines Hofcafé, wo man auf den besten selbst gemachten Kuchen weit und breit einkehren kann. Empfehlenswert ist auch die Holunderblütenlimonade.

Müritz-Nationalparkticket

Da bestimmte Wege im Müritz-Nationalpark für Autos gesperrt sind, ist es ratsam, das Auto auf einem der ausgeschilderten Parkplätze an den Eingängen abzustellen und ein Nationalparkticket für Bus und Schiff der Weißen Flotte zu lösen. Beide sind auf Fahrradmitnahme eingestellt. April–Okt., Tel. 03991 64 50, Tagesticket Bus 9 €, Bus/Schiff 18 €, Kinder- und Familienermäßigungen, www.nationalparkticket.de.

Spannendes – nicht nur über Fischadler – erfährt man in der Nationalpark-Information

Aktiv

Geführte Wanderungen – Exkursionen per pedes oder Rad durch den Nationalpark bieten der **Nationalpark-Service Müritz** (8,50 €/Pers., www.nationalpark-service.de) und das **Nationalparkamt Müritz** (kostenfrei, Spenden erwünscht), s. auch unten, Infos und Entdeckungstour S. 94.
Spielerisch – **Nationalpark-Information Federow:** Speziell für Kinder und Eltern ausgerichtete Naturwanderung zum Kennenlernen von Fauna, Flora und Wasserwelt des Nationalparks.

Infos

Nationalpark-Information Federow: Damerower Str. 6, Federow, Tel. 03991 66 88 49, April–Okt. tgl. 9–18 Uhr, www.nationalpark-service.de.
Nationalpark-Information Schwarzenhof: Tel. 02991 63 34 10, Mai–Okt. tgl. 10–17 Uhr. Verleih von GPS-Geräten für ausgearbeitete Wandertouren.
Bus und Schiff: Wer ein Nationalparkticket (s. Kasten S. 100) erwirbt, kann sich mit dem Bus der Nationalparklinie an die schönsten Ausgangspunkte für Unternehmungen im Nationalpark kutschieren lassen und vom Bolter Kanal mit dem Schiff zurück nach Waren/Müritz fahren.

Dörfer um die südliche Müritz

Boek ▶ G 6

Boek ist ein altes Gutsdorf von heute knapp 100 Einwohnern. Der Name Boek leitet sich übrigens ab von dem Wort Buche. Und die Buche ist hier noch heute recht häufig anzutreffen. So wurde Boek ursprünglich als Waldgut bezeichnet, zu dem auch die Boeker Mühle gehörte.

Gutshaus

Nachdem das Landgut über Jahrhunderte durch die Hände so illustrer Adelsfamilien aus der Gegend wie den Rittern von Havelberg, den von Malt-

Rund um die Müritz

zahns, den von Ribbecks oder den von Schorlemers gewandert war, erwarb es schließlich 1842 der hugenottische Dobbertiner Klosterhauptmann Baron Karl Peter von le Fort. Noch im selben Jahr ließ er das hübsche weiße **Gutshaus** an der Stirnseite eines herrschaftlichen Rondells erbauen, auf das schon von der Hauptortsdurchfahrt die Blicke auf sich zieht. Der zweigeschossige klassizistische Putzbau mit seinem dreiachsigen Mittelrisalit ist sehr schön ausgeglichen proportioniert, die Fassade von schlichter und klarer Wirkung. Den Giebel ziert das Wappen der italienisch stämmigen Dynastie der von le Forts, gut erkennbar an dem weißen Elefanten in der Mitte, der auch über dem Portal der **St. Johanniskirche** in Boek prangt.

Eine Generation später ging das Gutshaus an den preußischen Oberst Lothar von le Fort (1831–1902), den Vater der bedeutenden Schriftstellerin Gertrud von le Fort, über. Und so kam es, dass die kleine Gertrud, 1876 im westfälischen Minden geboren und später zum Katholizismus konvertiert, mehrere Jahre ihrer Kindheit auf dem Familiengut Boek verbrachte. Ein schlichter Feldstein, links vor dem Gutshaus, erinnert noch heute daran.

Der nachfolgende Erbe, ihr jüngerer Bruder, der Rittmeister Stephan von le Fort (1884–1953), verantwortete während des Kapp-Putsches 1920 die Belagerung und Beschießung der Stadt Waren (Müritz). Als er nach der Putsch-Niederschlagung nach Süddeutschland fliehen musste, ging der Familienbesitz Boek in Staatsbesitz über. Der Schriftsteller Uwe Johnson erzählt in seinem Roman »Die Jahrestage« von dieser Episode. 1935 wurde das Gut dann an den Reichsverband der Deutschen Luftwaffe veräußert. Nach der Wende wurde der Verbleib von Gut und Ländereien gerichtlich geklärt: Das Gut erhielt die Gemeinde, Land und Forst gingen an den Bund.

Hübsch verzierte Sandstein-Grabsteine der von le Forts finden sich noch auf dem Boeker **Friedhof.**

Damals wie heute bildet das Gut den kulturellen Anlaufpunkt Boeks, denn hier hat sich im Erdgeschoss die **Nationalpark-Information** etabliert, dazu ein mit allerhand Klimbim angefüllter Souvenirladen (Mai–Okt. tgl. 10–17 Uhr, Tel. 039823 270 88, mit Fahrradverleih).

Auf dem gleichen Gelände nebenan kann man in der **Remise** landwirtschaftliches Gerät wie einen alten Pflug, einen Dreschkasten oder eine Sämaschine anschauen (Eintritt frei).

Und im ehemaligen Pferde- und Kutschenstall der Gertrud von le Fort betreiben Ines und Walter Lüdemann das **Kutschercafé,** in dem sie hausgebackenen Kuchen, Eis, Kaffee und kleine Imbisse anbieten (Mai–Okt. tgl. 11–17 Uhr, Tel. 039823 270 64).

Wildpark Boek
Zu Boek gehört auch der **Wildpark**, ein 80 ha großes Freigehege mit einheimischem Rotwild sowie exotischem Damwild und Mufflons. Das Areal kann man im Rahmen einer anderthalbstündigen, geführten Kutschfahrt (Tel. 0171 308 34 73) erkunden. Währenddessen informiert der sachkundige Kutscher über Boek, den Nationalpark, die Hirsche sowie die Wildschafe mit ihren Widder-Hörnern.

Rechlin ▶ F 6

Die 1374 erstmals urkundlich erwähnte Gemeinde Rechlin wäre wohl eher unbedeutend geblieben, wenn nicht 1917 das Kaiserliche Heer auf einem Gelände am Ortseingang Rechlin-Nord ein Hauptflugfeld angelegt hätte, aus

Dörfer um die südliche Müritz

dem die Nationalsozialisten 1934 eine Luftfahrttechnische Erprobungsstelle machten. Nach 1945 kasernierten sich die Luftstreitkräfte der »ruhmreichen Sowjetarmee« in Rechlin ein und sperrten ganze Ortsteile ab.

1948 wurde zusätzlich auf dem gleichen Gelände am Claassee die Schiffswerft Rechlin gegründet, die sich auf den Bau von Rettungsbooten spezialisierte und mit 1100 Mitarbeitern der größte Arbeitgeber im Kreis Neustrelitz war. Der Claassee hat, vorteilhaft für den Bootsbau, einen Zufluss zur Müritz. Während dieser Jahre war die Versorgung und Belieferung der Russen ein maßgeblicher Faktor der Rechliner Wirtschaft. 1989 wohnten hier mit den 2400 Rechlinern etwa 4000 Angehörige der sowjetischen Streitkräfte. Nach dem Abzug der Russen erlebte Rechlin einen wirtschaftlichen Zusammenbruch mit hoher Arbeitslosigkeit und einen Wandel zu einer Tourismus-Gemeinde der Müritzregion.

Luftfahrttechnisches Museum
Am Claassee 1, www.luftfahrttechnisches-museum-rechlin.de, Tel. 039823 204 24, Mai–Okt. tgl. 10–17 Uhr, Feb.–April Mo–Do 10–16, Fr 10–15 Uhr
Das Museum auf dem ehemaligen Fluggelände dokumentiert die bewegte Luftfahrtgeschichte Rechlins vom Beginn der Fliegerei 1918 und die Geschichte der Luftfahrttechnik bis 1945. Zu sehen sind u. a. Flugzeugmotoren, Überschalldüsenbomber, ein bewaffnungsfähiger Transporthubschrauber Mil Mi-8T, der bis zu 4 t Lasten fliegen kann, und ein originales Rettungsboot.

Lärz ▶ F 6

Das Dorf Lärz ist militärgeschichtlich eng mit Rechlin verbunden, denn auch hier richtete sich das Kaiserliche Heer 1917 einen Flugplatz ein. Während der 1930er-Jahre machte sogar Heinz Rühmann hier seinen Flugschein. 1933 eröffnete die deutsche Luftwaffe für ihre Erprobungen einen Nebenflugplatz zu Rechlin, der dann später den Sowjets zur Stationierung ihres Jagdbomberdüsengeschwaders diente.

Heute kann man von dem kleinen zivilen **Müritzflugplatz Rechlin-Lärz** (Sommer tgl. 9–19 Uhr, Winter tgl. 9 Uhr bis Sonnenuntergang, Flugleiter Tel. 0398 332 22 82) zu Rundflügen über die Müritz und die kleine Seenplatte starten.

Wredenhagen ▶ F 7

Der idyllische Ort Wredenhagen liegt direkt am flachen **Mönchsee**, der für seine riesigen naturgeschützten Schilfgürtel bekannt ist, in denen zahlrei-

---

Mein Tipp

Scheunenatmosphäre zum Wohlfühlen
Markenzeichen der von Lilly und Hansi Witt geführten **Café-Scheune in Wredenhagen** ist die gelungene Mischung aus Gemütlichkeit und ausgefallenem kulturellen Programm. In der Scheune wird nostalgisches Programmkino geboten (Fr alle 14 Tage) und internationale Livemusik gespielt (Sa alle 14 Tage, vor allem Weltmusik und modernes Kunstlied). Die Küche serviert ihren Gästen stets frische und schmackhafte Kleinigkeiten (Dorfstr. 1, Tel. 039925 23 46, www.cafescheune.de, Sommer Mi–So 14–22, Winter Do–Fr 18–22, Sa, So 14–22 Uhr).

Rund um die Müritz

che Vögel nisten oder auf ihrem Wanderzug gen Süden Zwischenstation einlegen. Die nette kleine **Dorfkirche** stammt aus der zweiten Hälfte des 18. Jh. Der Westturm musste im 19. Jh. nach einem Brand erneuert werden.

Burg Wredenhagen
Auf dem Hügel neben der Kirche liegen die gut erhaltenen Reste der Burg der Fürsten von Werle-Waren, 1284 erstmals urkundlich erwähnt. Zu sehen sind noch ein kreisförmiger Feldsteinmauerring von 100 m Durchmesser und zwei mittelalterliche Torhäuser. Am Aufgang befand sich zwischen den mittlerweile stark veränderten Gebäuden einst das Eingangstor. Fachwerkhäuser und Gutshaus innerhalb der Burgmauern kamen im 18. Jh. dazu. Der schöne ehemalige Burghof dient heute als Schulhof.

Bollewick ▶ F 6

Bollewick (Betonung auf dem »e«) ist inklusive seiner umliegenden Orte ein schlichtes 650-Einwohner-Bio-Energiedorf, dessen Strom- und Wärmebedarf die Landwirte größtenteils selbst aus Biomasse decken. Eine weitere ›Sensation‹ des Dorfes ist die heute größte **Feldsteinscheune Deutschlands** (s. Landhotel, S. 105). Erbaut wurde die dreigeschossige, 125 m lange und 34 m breite Scheune 1881 von Baron von Langermann zu Erlenkamp und Spitzkuhn. Bis 1991 standen hier Kühe im Stall, heute wird das Mega-Bauwerk nach einem vierteiligen Konzept genutzt:
Auf drei Etagen von fast 10 000 m² bieten sich Einkaufsmöglichkeiten – mit gleichermaßen selbst produzierter, wie kommerzieller Ware – in vielen, meist täglich von 10–18 Uhr geöffneten **Geschäften und Werkstätten.** So gibt es die Töpferei Blauweiße Ecke, den Bauernladen für überwiegend regionale Produkte, eine Kürschnerei, die Traditionswerkstätten mit handgezogenen Kerzen in allen Farben, eine Chocolaterie, eine Kräuterstube, einen Laden mit feinem Leinen, das Stickstübchen, das Atelier Picasso, ein Café mit Backstube und noch viel mehr.

Im Rahmen einer **Regionalausstellung »Die Mecklenburgische Seenplatte stellt sich vor«** präsentieren sich touristische Anbieter aus den umliegenden Kreisen, dazu Museen, Theater und der Müritz-Nationalpark. Dritte feste Einrichtung ist das **Landhotel Zur Scheune Bollewick** (s. S. 105) mit einer dazugehörigen rustikalen Dorfschenke. Ergänzend gibt es rund ums Jahr zahlreiche **kulturelle Veranstaltungen** wie platt- und hochdeutsche Theatervorstellungen, Konzerte aller Musikrichtungen und Kräuterführungen. Anziehend für Tausende von Gästen sind die alljährlichen Ostermärkte, die Mecklenburger Marktfeste von Juni bis September, die Adventsmärkte sowie die monatlichen Flohmärkte.

Ludorf ▶ F 6

Das Einzigartige an Ludorf ist, dass man hier ein **Gutsensemble** in einem geschlossenen und sehr gut sanierten Zustand erleben kann, wie man es in Mecklenburg nicht häufig findet. Das beginnt schon mit der achteckigen gotischen **Dorfkirche**. Der verputzte Backsteinbau wurde 1346 geweiht. Einer Legende zufolge soll die Kirche aber noch 200 Jahre älter sein. Die Legende besagt, der von einer ›bewaffneten Pilgerreise‹ heimgekehrte Ritter Wilpert Morin, sei es um 1180 nach dem Vorbild des Heiligen Grabes in Jerusalem erbauen lassen.

Hauptanziehungspunkt des Dorfes ist das **Gutshaus Ludorf.** Das breit ge-

Dörfer um die südliche Müritz

lagerte barocke Herrenhaus entstand 1698 im Stil der dänischen Klinkerrenaissance und mit einer barocken Wappenkartusche über dem Portal. Im Barocksaal werden wechselnde Ausstellungen gezeigt. Dadurch sind die eindrucksvollen hölzernen Deckengemälde immer öffentlich zu sehen. Ab fünf Teilnehmern führt der Gutsherr persönlich und erzählt die Geschichte des gepflegten Gutsensembles (Mai–Okt., So 10 Uhr, bitte anfragen). Hinter dem Haus ragt die **Knut-Eiche** empor, die nach dem im Zweiten Weltkrieg gefallenen Knut von Bülow, dem ältesten Sohn der Familie, gepflanzt wurde. Der Hauptweg des Gutsparks führt in ein verwunschenes **Wäldchen** mit tiefschwarzen Teichen und dem netten **Dorffriedhof** sowie zur **Ludorfer Seebrücke**, die gut 40 Schiffen einen Liegeplatz bietet.

Übernachten

Romantikhotel – **Gutshaus Ludorf:** www.gutshaus-ludorf.de, Tel. 039931 84 00, DZ 98–180 €. Beim Umbau des Anwesens zu einem sehr schönen Hotel-Restaurant wurden die alten Holzböden aus dem 19. Jh. und die Deckengemälde aus der Erbauerzeit restauriert. Keril und Manfred Achtenhagen sorgen mit weltoffener Einstellung für zurückhaltende Eleganz.

Schwedisch bunt – **Müritzparadies:** Am Müritzufer 6, Boeker Mühle, Tel. 039823 25 30, www.mueritz.com, pro Haus 79–176 €. Fröhliche Holzhäuser für 2–8 Pers., behindertengerecht, direkt am flachen Müritzufer mit Bootshafen, Gasthaus zum Seeadler, Minimarkt.

Manchmal trubelig – **Landhotel Zur Scheune:** Dudel 1, Bollewick, Tel. 0399 31 580 70, www.landhotel-zur-scheune.de, DZ 88 €. Im Bauernstil mit Naturholzmöbeln in der größten deutschen Feldsteinscheune an der Müritz (s. S. 104).

Zweckmäßig und gut gelegen – **Feriendorf Boeker Mühle:** Am Müritzufer 4-5, Boeker Mühle, Tel. 039823 216 82, www.feriendorf-boeker-muehle.com, pro Haus 55–82 €. 25 freundlich und ausreichend ausgestattete holzverkleidete 1990er-Jahre-Häuschen für 4 Pers., 100 m bis zum Sandstrand der Müritz.

Eine eigene Ferienwelt – **Ferienpark Müritz:** im Hafendorf Rechlin-Nord, über Ferienpark Mirow GmbH, Tel. 039823 266 11 oder 0711 16 48 20, www.ferienpark-mueritz.de, pro Haus wöchentlich 693–1253 €. Nette großzügige Holzhäuser wie in Skandinavien, mit neuen Kapitänshäusern unmittelbar am Müritz-Sandstrand; ein Einkaufslädchen gibt es auch.

Mein Tipp

Müritzstrand klein und fein

Hinter dem Gutshaus Ludorf liegt ein breiter, feinsandiger Badestrand zur Müritz, der – trotz nahem Campingplatz – nicht so überlaufen ist, weil er so schön versteckt liegt. Und außerdem: Folgt man dem Uferweg durch das Wäldchen Kasboomhorst, trifft man noch auf weitere, besonders kleine und intime Badebuchten.

Essen & Trinken

Slow Food – **Restaurant »Morizaner«:** im **Gutshaus Ludorf** (siehe Übernachten), tgl. 15–18 Uhr Kaffee und Kuchen auch auf der Terrasse, ab 18 Uhr Abendmenüs zur Auswahl. Hier herrscht Maître Thomas Köpke, der frische mecklenburgische Zutaten für eine Küche mit pommerschem Einschlag verwendet,

Rund um die Müritz

aber auch vegetarische und ayurvedische Wünsche befriedigen kann.
Cool – **Captain's Inn:** In der Marina im Hafendorf Müritz, Rechlin-Nord, Tel. 039823 266 36, Hauptgericht 8,50–16,50 €, Menü ab 20 €. Hafenbistro mit exzellenter Küche; frischer Fisch mit knackigem Gemüse, aber auch feine Pralinen aus Bioschokolade.
Rund ums Fischen – **Fischerrotunde Bolter Schleuse:** Boeker Mühle 4 (2 km südl. von Boek), Tel. 039823 277 54 od. 0162 215 34 22, Ostern–Juni, Okt. tgl. 7–17, Juli–Sept. tgl. 7–21 Uhr, 3,50–12 €. Im Genuss: ein kaltes Bierchen und Räucherfisch mit Bratkartoffeln auf der in den See hinaus gebauten Sonnenterrasse; Fischzucht, Fischlehrpfad und Angelverleih.
Unkompliziert – **Fischerhof Vipperow:** Mirower Str. 11, Vipperow (an der Südspitze der Müritz), Tel. 039923 25 34, tgl. 10–16 Uhr, Hauptgericht 8–12 €. Im Fischerhof Vipperow sitzt man beim Fischermeister draußen unterm Sonnenschirm. Spezialität des Hauses ist gebratener Zander.

Einkaufen

Handgefertigtes – **Müritzkeramik:** Alt Gaarz 6, Lärz, Tel. 039833 222 19 od. 01 71 171 07 99, www.mueritzkeramik.de, Öffnung nach Vereinbarung. Auf ihrem stillen Gehöft am See arbeiten Ute und Markus Böhm: Während sie auf farbige Kristallglasuren spezialisiert ist, liebt er die traditionellen Salzglasuren aus dem Holzbrandofen.

Aktiv

Kanu- und Fahrradverleih – **Vipperower Kanutreff:** Mirower Str. 14, Vipperow, Tel. 039923 280 21 od. 0162 637 93 70. Verleih von Kanus, Kajaks, Fahrrädern.
Surfen und Segeln – **Katamaran- und Surfmühle:** Am Müritzufer 2a, Auf dem Campingplatz Am Bolter Ufer, Tel. 039823 213 80 od. 0172 659 93 11, April–Okt. tgl. 10–18 Uhr, www.surfmuehle.de. Tägliche Schnupper-, Anfänger- und Fortgeschrittenenkurse für Surf-, Segel- und Motorbootsport.
Schick – **Marina im Hafendorf Müritz Rechlin-Nord:** über Kuhnle-Tours, Tel. 039823 266 11 od. 0711 16 48 20, www.kuhnle-tours.de/webcamps. Die größte und modernste Anlage an der Müritz erhielt 2005 die Auszeichnung eines Vier-Sterne-Bootshafens. Vermietet werden große Hausboote, Segelboote, Segeljachten und kleine führerscheinfreie Sportboote.

Infos

Nationalpark-Information im Gutshaus Boek: Boeker Str. 36, Tel. 039823 270 64, Mai–Okt. tgl. 10–17 Uhr. Verleih von GPS-Geräten für ausgearbeitete Wandertouren.
Touristinformation Rechlin: Haus des Gastes, Müritzstr. 51, 17248 Rechlin, Tel. 039823 212 61, www.mueritzferien-rechlin.de

Röbel ▶ F 6

Das etwa 5100 Einwohner zählende Städtchen liegt in einer Bucht am Südwestufer der Müritz und besitzt natürlich einen Hafen. Von den Parkbänken an der Müritzpromenade lässt sich gemütlich das Ankommen und Ablegen der Röbeler Fahrgastschiffe »Diana« und »Mecklenburg« beobachten.

Das lang gestreckte Städtchen hat mit seinen vielen bunten Fachwerkhäusern entlang der Ortsdurchfahrt eine nette, charmante Ausstrahlung. Wer aber genau hinsieht, erkennt Röbels Doppelstadt-Charakter: Während das unten am Wasser gelegene Alt-Röbel schon im 10. Jh. als slawische Siedlung

Röbel

der Bauern und Fischer entstand, wurde das weiter oben gelegene Neu-Röbel von deutschen Kaufleuten und Handwerkern bewohnt. Im späten Mittelalter, während andernorts slawische und deutsche Siedlungen verschmolzen, trennten sich hier die Neustädter durch Mauern und Gräben von den Altstädtern ab. Die Folge war ein 400-jähriger Rechtsstreit. In diesem Zusammenhang entstand vermutlich der Entschuldigungsspruch, mit dem sich die Alt-Röbeler zur Anhörung bei der Landesjustizkammer vorstellten: »Nehmt's man nich' oewel, ick kum ut Roewel.«

Alt-Röbel

Pfarrkirche St. Marien 1
Straße der Dt. Einheit 14, Tel. 039931 501 85, Mai–Sept. tgl. 11–16 Uhr

Im Zentrum der Altstadt erhebt sich auf einer Anhöhe das dreischiffige Backsteingotteshaus. Es wurde etwa 1235 begonnen und ist eine der frühesten Hallenkirchen Mecklenburgs. Der reiche Blenddekor der Giebel und das farbig geschmückte Portal mit seinen Blattkapitellen, Zierfriesen und schwarz glasierten Steinen ist ein schönes Zeugnis der norddeutschen Backsteingotik. Der Innenraum hat eine warme und helle Ausstrahlung. Die kreisrunde Anordnung der Findlinge im **Kirchgarten** soll daran erinnern, dass die Anhöhe vermutlich schon als heidnische Kultstätte diente.

Von der **Plattform des St.-Marien-Kirchturms** hat man aus einer Höhe von 58 m einen unglaublich schönen und weiten Rundblick über das schilfbewachsene Westufer der Müritz und die

Auch Röbel am Südwestufer der Müritz hat einen Hafen

Röbel

Sehenswert
1. Pfarrkirche St. Marien
2. Wandmalerei von Werner Schinko
3. Ausstellung Stadtgeschichte
4. Reste der Stadtmauer
5. Rathaus
6. Nikolaikirche
7. Ehem. Synagoge

Übernachten
1. Landhaus Müritzgarten
2. Gutshaus Solzow
3. Hotel Seestern
4. Ferienresidenz Müritzpark

Essen & Trinken
1. Fischrestaurant Regattahaus
2. Fischhaus Meyl

Aktiv
1. Müritz Freibad
2. Müritztherme
3. Bootsverleih Stolschewski
4. Weiße Flotte Müritz

Wiesen und Weiden des Hinterlandes. Der Aufstieg lohnt sich eigentlich bei jedem Wetter (s. Lieblingsort s. S. 110)!

Wandmalerei von Werner Schinko 2

Am seitlichen Fachwerkgiebel eines Hauses auf halbem Weg zwischen Kirche und Hafen fällt eine Wandmalerei auf. Hier verewigte sich 1986 der Röbeler Maler und Illustrator Werner Schinko mit Szenen aus der Stadtgeschichte. Dargestellt sind das Röbeler Original Korl Lehmann, der einarmige Ausrufer mit der Glocke, und die Zunftzeichen der ehemaligen Gewerke.

Ständige Ausstellung Stadtgeschichte 3

Haus des Gastes, Straße der Deutschen Einheit 7, Tel. 039931 801 15, Mai–Sept. Di–Sa Okt.–April Di–Fr 10–15 Uhr

In den ›Heimatstuben‹ werden Ausstellungsstücke aus Handwerks- und Gewerbebetrieben sowie von Vereinen gezeigt. Fotos, Postkarten und

Röbel

Schautafeln erzählen von der Geschichte des Müritzstädtchens von etwa 900 bis 1900.

Neu-Röbel

An der Grenze zwischen Altstadt und Neustadt, vor allem in den Straßen Achter de Muer und Töpferwall, sind noch **Reste der alten Stadtmauer** 4 zu finden, die die Neustadt einst umschloss.

Historischer Kern ist der Marktplatz. Zur Randbebauung gehört das klassizistische **Rathaus** 5, das 1805 errichtet wurde, als der Vorgängerbau einem Großbrand zum Opfer fiel.

Nikolaikirche 6

Markt, Tel. 039931 526 85, Mo–Fr 10.30–16.30, Sa 10.30–12.30 Uhr
Erhabenster Bau am Markt ist die als Pfarrkirche der Neustadt erbaute, frühgotische Nikolaikirche. Eindrucksvoll an dem Bauwerk sind die massiven, hintereinandergestellten Kuben: Turm, Langhaus, Chor und Sakristei. Der Innenraum wirkt indes gar nicht so groß. Das vierteilige Chorgestühl mit den Frauen- und Männerköpfen an den Seitensitzen wurde im Jahr 1519 angefertigt. Schöne Schnitzarbeiten sind auch der Kanzelkorb und das neugotische Kirchgestühl.

Vor der Kirche wächst die **Friedenseiche,** die von den Röbelern im Jahr 1816 zur Erinnerung an die Gefallenen der Befreiungskriege (1813/14) gegen Napoleon gepflanzt wurde.

Ehemalige Synagoge 7

Kleine Stavenstr. 8, Tel. 039931 539 44, www.engelscherhof.de, Mo–Fr 9–16 Uhr, Führung auf Anfrage, 1 €
Der Schweriner Publizist Jürgen Borchert und der Fotograf Detlef Klose, die 1993 den letzten Resten jüdischer Friedhöfe in Mecklenburg nachspür-

Mein Tipp

Fisch satt – Im Regattahaus 1
Das familientaugliche und im Service angenehm freundliche Fischrestaurant in schlichter Vereins-Gaststättenatmosphäre profitiert von seiner herrlichen Lage am Wasser im Röbeler Seglerhafen und punktet zudem mit Sonnenterrasse und als Sky-Sportsbar. Wer mit dem Boot kommt, darf direkt am Restaurant anlegen. Die Küche bringt Verschiedenes aus dem Wasser auf den Tisch: Vom Fischbrötchen oder gebackenen Fish & Chips to go über Räucherfisch vom Buchenholzfeuer bis hin zum traditionellen Zanderfilet auf Bratkartoffeln – zur Not gibt's natürlich auch ein schnödes Rumpsteak (Müritzpromenade 20, Tel. 039931 535 36, tgl. 11–22 Uhr, www.raeucherkahn.de, Hauptgericht 9,60–17,90 €).

ten, entdeckten die ehemalige Synagoge inmitten des Gewirrs enger Gassen und verwinkelter Höfe der Neustadt. Das lange Zeit stark heruntergekommene, mittlerweile aber sanierte Baudenkmal, ein Fachwerkgebäude von 1830, ist zusammen mit einem **Kulturcafé** und einer sehr netten **Herberge** in den Baukomplex **Engelscher Hof** eingebunden. Im Innenraum ist eine Ausstellung zur Geschichte des Judentums in Mecklenburg zu sehen, die Unikate und Dokumente aus der jüdischen Kultur besonders des 19. Jh. zeigt.

Übernachten

Verlässlich gediegen – **Landhaus Müritzgarten** 1: Seebadstr. 45, Tel. 0399 31 88 10, www.landhaus-mue

Lieblingsort

Blick vom Kirchturm der Marienkirche in Röbel ▶ F 6
Die Anstrengung, die vielen Treppen des Turms der Röbeler Pfarrkirche St. Marien auf den 58 m hohen Turmumgang hochzusteigen, nehme ich jedes Mal gern auf mich, denn ich werde mit einem fürstlichen Rundumblick belohnt – wasserwärts über die weite Müritzbucht und landeinwärts über die ziegelroten Dächer von Alt-Röbel bis hinüber zur Nikolaikirche. Der Aufstieg lohnt bei fast jedem Wetter, denn die Aussicht über die weite blaue Wasserfläche ist einfach atemberaubend schön.

Rund um die Müritz

ritzgarten.m-vp.de, DZ 80–120 €. Das gepflegte und familiengeführte Hotel garni ist eine gute Adresse für Liebhaber des Landhausstils. Schön sind der weitläufige Garten hinterm Haus und die Nähe zur Müritz (100 m). Es gibt auch Blockhäuschen.

Herrenhausromantik – **Gutshaus Solzow** 2: Lange Str. 21, Solzow (6 km südöstl. von Röbel), Tel. 039923 25 17, www.gutshaus-solzow.de, DZ 77–83 €. Absolute Ruhe und Stille in einem kaum als Dorf zu bezeichnenden Flecken garantiert echte Entspannung. Antik-rustikal möblierte Zimmer, teilweise alte Holzböden. Von Mai bis September ist der selbst gebackene Kuchen im öffentlichen Café unbedingt eine Reise wert.

Von Wasser umarmt – **Hotel Seestern** 3: Müritzpromenade 12, Tel. 039931 580 30, www.hotel-seestern-roebel.de, DZ 65–80 €. Das Besondere an diesem Haus ist seine Lage etwas außerhalb des Trubels auf einer schmalen Landzunge in die Müritz hinein. Am nettesten sind die Maisonette-Zimmer mit Balkon. Hauseigener Bootsanleger und Restaurant.

Freundlich – **Ferienresidenz Müritzpark** 4: Bahnhofstr. 13, Tel. 039931 539 30, www.mueritzpark.de, DZ 47–59 €, Apart. 81–103 €. Modern möbliertes Hotel garni mit fast südländischer Außenwirkung. Nahe dem Ortskern in ruhiger Parklage gelegen, mit behindertengerechter Ausstattung, einem Kinderspielplatz sowie Radverleih.

Essen & Trinken

Fisch satt – **Restaurant Regattahaus** 1: s. Mein Tipp S. 109

Familienfreundlich – **Fischräucherei und Bistro im Fischhaus Meyl** 2: Straße der Deutschen Einheit 48, Mo–Sa 9–19, So u. Fei 11–19 Uhr, Tel. 039931 501 84 od. 0172 710 23 49, Hauptgericht 7,50 €. Fischbraterei im Hinterhof mit sehr netter Atmosphäre.

Aktiv

Röbel ist geeignetes Urlaubsziel für Familien mit kleinen Kindern, denn man kann drinnen und draußen baden:

Stadtnah – **Badeanstalt Müritz Freibad** 1: Seebadstraße, Tel. 039931 591 24. Das Röbeler Freibad bietet Wasserratten einen schönen Sandstrand und eine Liegewiese.

Kinderfreundliche Planschoase – **Müritztherme** 2: Am Gotthunskamp 14, Tel. 039931 878 19, www.mueritzther me.de, tgl. 9–21 Uhr, Eintritt für Eltern mit 1 Kind ohne Sauna: 25 €, Sauna Erw. für 2 Std. 9 €. Hier kann man auf 3000 m^2 schwimmen und saunieren, sich bei Aquarobic und Aquajogging verausgaben oder die mit 57 m längste Wasserrutsche ganz Mecklenburgs hinabsausen, Fitness.

Mitten im Ort – **Bootsverleih Manfred Stolschewski** 3: Straße der Deutschen Einheit 21, Tel. 039931 523 17. Die sehr malerisch gelegene Verleihstation bietet Angelboote (Elektro und Benzin), Ruder- u. Tretboote, Kanus, Kajaks, Motor- und Segelboote.

Fahrgastschifffahrt mit Fahrradtransport – **Weiße Flotte Müritz** 4: Am Hafen, Tel. 039931 512 34, www. mueritzschiffahrt.de. Müritzrundfahrten und Fahrten auf andere Seen Richtung Mirow, Rheinsberg, Malchow und Plau. Es werden auch Fahrräder mitgenommen.

Infos & Termine

Tourist-Information Röbel: Im Haus des Gastes, Straße der Deutschen Einheit 7, 17207 Röbel, Tel. 039931 801 13 und -14, www.stadt-roebel.de.
Ibena-Müritz & Natur Reiseservice: Pferdemarkt 3, Tel. 039931 518 09,

www.reiseservice-mueritz.de. Der Service ist spezialisiert auf Programmgestaltung für Reisegruppen, Stadtführungen, naturkundliche Führungen (Mai–Sept.).
Ostermarkt in der Scheune Bollewick: Konzerte, Osterquiz für Kinder und Erwachsene, Versteigerung von künstlerisch gestalteten Ostereiern. Abends wird ein prächtiges Feuer entzündet. Tel. 039931 520 09.
Pfingstregatta des Röbeler Seglervereins, Tel. 039931 591 98.
Konzertsommer Röbel: Von Mai bis in den September finden in und um Röbel Konzerte und andere gemeinsame Veranstaltungen von Stadt und Kirche statt, Infos über Tourist-Information, Tel. 039931 801 13.
Traditionelle Saisoneröffnung zum 1. Mai: Mit ›Tanzmusike‹ und Rundumversorgung für alle; Fischhaus Meyl, Tel. 039931 501 84.
Seefest: Volksfest am dritten Juliwochenende mit Karussell, Blasmusik und Händlermeile. Abends Tanz und ein Höhenfeuerwerk, Tel. 039931 801 13, www.stadt-roebel.de.
Bahn/Bus: Der nächste Regionalbahnhof ist Waren (Müritz). Röbel ist per dat-bus verbunden mit Neubrandenburg, Penzlin, Möllenhagen, Waren (Müritz), Klink und Rechlin. Haltestellen: Hafen, Altstadt, ZOB. Fahrplan: Tel. 039 91 64 50, www.pvm-waren.de.

Nordwestlich der Müritz

Woldzegarten ▶ E 6

Das Dorf **Woldzegarten** am **Tangahnsee**, 12 km westlich von Röbel, besteht im Wesentlichen aus dem gleichnamigen **Gutshof** (s. Mein Tipp S. 115).

Klink ▶ F 5

Der staatlich anerkannte Erholungsort Klink liegt auf einem nur 1500 m schmalen Landstreifen, wo Müritz und Kölpinsee einander fast berühren. Diesem Umstand verdankt der Ort auch seinen Namen, denn 1345 wurde die ›Villa Klincken‹ als Bezeichnung für ein keilförmiges Flurstück erstmals erwähnt. In den 1970er-Jahren war der Ort das größte Ferienzentrum an der Müritz. 1998 entstand die Müritz-Klinik, ein riesiges Reha-Zentrum.

Schloss Klink
Im Ort, direkt am Müritzufer, steht das elegante Schloss Klink. 1898 wurde es von dem Architekten Hans Grisebach (1848–1904) für den Kölner Industriellen Arthur Schnitzler erbaut. Grisebach gilt als einer der herausragenden Vertreter des Neorenaissancestils. Durch seine Erker und runden Erkertürme erinnert Schloss Klink an die Schlösser der Loire, während der reiche gotisierende Baudekor aus Terrakotta den Stil mecklenburgischer Residenzen aufweist. Leider hat sich das ursprüngliche Interieur nicht erhalten, aber 1977 wurde die stolze Anlage saniert und zu einem Schlosshotel (s. S. 114) ausgebaut, das mit schönen antiken Einzelstücken eingerichtet ist.

Kirche
An der Auffahrt zum Klinker Schloss passiert man das hübsche Backsteinkirchlein, das sich die Eheleute Jacob Ernst von Holstein und Elisabeth Sophia von Bülow 1736 erbauten. Ende des 19. Jh. fügten die Nachkommen eine niedrige Familiengruft an. Über dem Südportal zeigt die fein reliefierte Sandsteinkartusche die Wappen der von Holstein und Bülow, einer weitverzweigten Mecklenburger Familie.

Rund um die Müritz

Sietower Wandelweg

▶ F 5/6

Start: Infopoint Sietower Feldsteinkirche, Länge: 9 km, Infos: www.sietower-wandelweg.de, Beschilderung: in Form eines Fußabdrucks

Im Dörfchen Sietow, gelegen in einer ruhigen Müritzbucht, beginnt der Sietower Wandelweg, eine von der Atelierwerkstatt Jeikner ins Leben gerufene Initiative für einen kurzen ›Pilgerweg‹ in Form einer liegenden Acht, für den man sich einen Nachmittag Zeit nehmen sollte. Vom Start am Infopoint an der **Sietower Feldsteinkirche** kann man die zwölf Stationen ›abwandeln‹, darunter das **Kunstatelier von Manfred und Christel Jeikner** (Dorfstr. 10, 17209 Sietow-Dorf, Tel. 039931 547 99 oder 0173 261 38 52, Fr–So, Fei 10–17 Uhr oder nach Vereinbarung) und so geheimnisvoll spirituelle Ziele wie die ›Baumkathedrale‹ oder den ›See der flüsternden Waldgeister‹. Unterwegs einkehren kann man im **Landhaus Sietow** (s. unten, Übernachten), wo eine Wandelwegsuppe kredenzt wird.

Übernachten

Lifestyle – **Apartments am Schloss Klink:** Schulstr. 7, Klink, Tel. 03991 18 70 40, www.seeresidenz-klink.de, Apart. 110–180 €. Drei ganz moderne Apartmenthäuser, 100 m vom Müritzufer, alle mit Wasserblick, Parkett, Pantry-Küche, Kamin, Terrasse oder Balkon. Das Frühstück im Schlosshotel gleich nebenan kann mitgebucht werden.

Immer gut besucht – **Schlosshotel Klink:** Schlossstr. 6, Klink, Tel. 03991 74 70, www.schlosshotel-klink.de, DZ 90–150 €. Da viele Kaffee-Ausflügler die schöne Seeterrasse lieben, ist es hier bei gutem Wetter ziemlich trubelig – aber schön! Mit Panoramahallenschwimmbad, Beauty-Oase, Fitness- und Wellnessbereich.

Ganz besondere Atmosphäre – **Gutshof Woldzegarten:** s. Mein Tipp S. 115.

Ausgesprochen nett – **Landhaus Sietow:** Warener Str. 12, Sietow (5 km von Klink), Tel. 039931 513 42, www.landhaus-sietow.de, DZ 68 €, Apart. 65–98 €. Alles unter dem Dach eines umgebauten Bauernhofs: Hotel, Apartments, Restaurant, zweckmäßig und freundlich eingerichtet. Das Restaurant bietet Frühstück für die Apartmentbewohner, ein Wandelwegsüppchen für Wandler und ist eine tolle Pausenstation für Radfahrer.

Essen & Trinken

Zur Kaffeezeit und für Mitbringsel – **Alte Stellmacherei:** Röbeler Str. 1, Sietow (5 km von Klink), Tel. 039931 836 99, April–Okt. tgl. 10–20, Nov.–März Mi–So 12–18 Uhr. Das nette Café-Restaurant in einer alten Scheune kredenzt hausgebackenen Kuchen, dazu Sanddornprodukte, Wurst und Käse, Konfitüren und Honig, Weine und Tees.

Für Ausflügler – **Fischerhus:** Am Schlosshotel Klink, Tel. 03991 74 72 80, Hauptgericht 7,90–14,90 €. Fischspezialitäten in einem Glas-Pavillon, rustikales Ambiente wie in einem kleinen Hafenrestaurant.

Einkaufen

Aus der Region – **Müritzer Bauernmarkt:** Hafenstr. 3, 17192 Klink, Tel. 03991 634 63 90, tgl. 10 bis mind. 20 Uhr, www.mueritzer-bauernmarkt.de. Handwerkliche und kulinarische Kleinigkeiten, hausgemacht und direkt von den Erzeugern.

Individuell – **Der Sommerladen:** Dorfstr. 58, Minzow (3 km südl. von Wold-

Nordwestlich der Müritz

Mein Tipp

Eine ganz besondere Atmosphäre – Gutshof Woldzegarten ▶ E 6
Durch eine bauökologische Restaurierung sind in dem Fachwerkgebäude des ehemaligen Gutshauses 20 liebenswerte Zimmer entstanden. Jedes atmet – durch die honigfarbenen alten Holzbalken, die lehmgestrichenen cremefarbenen Wände und die Teppiche aus Naturmaterialien – eine Reinheit, die das Gemüt erhellt und guttut. Die Küche hat einen ländlich-raffinierten Einschlag. Schöne Familienapartments in der ehemaligen Schafscheune und moderne Radlerunterkünfte in der Veranstaltungsscheune (Walower Str. 30, Woldzegarten, Tel. 039922 82 20, www.gutshof-woldzegarten.de, DZ 89–139 €).

zegarten), Tel. 039922 821 73, www.sommerladen-minzow.de, Juli/Aug. Di–Sa 13.30–18.30, März–Dez. Do–Sa 13–18 Uhr und nach Vereinbarung. Susanne Fischer-Geißler verkauft in der Scheune ihrer alten Büdnerei südfranzösische Weine direkt vom Winzer (ab und zu Weinverkostungen) sowie Kleidung und Accessoires aus Naturmaterialien, z.B. Leinen, Seide, Bambus und Kaschmir – darunter selbst genähte Unikate – sowie Schmuck aus Perlen und Holz, Keramik und Silber.

Infos

Tourist-Information Klink: im Torhaus, Schlossstr. 1 (an der B 192), Tel. 03991 63 46 88, www.gemeinde-klink.info, Mai–Okt. tgl. 10–18, Nov.–April Mo, Fr 11–16 Uhr.

Fahrgastschifffahrt – **Weisse Flotte Müritz:** Die Linienschiffe zwischen Waren und Röbel (Ende April–Anfang Okt., Fahrradmitnahme) legen u.a. in Klink an; Fahrplan: www.mueritzflotte.de.

Das Beste auf einen Blick

An den großen Seen um Malchow und Plau

Highlight!

Plau am See: Das Städtchen mit seinen mittelalterlichen Fachwerkbauten und klassizistischen Bürgerhäusern rund um den Markt ist ein reizvolles Ensemble. S. 128

Auf Entdeckungstour

Die Lehm- und Backsteinstraße – Ökoprojekte zum Anfassen: Von Plau führt diese Rundtour – abseits des touristischen Mainstreams – über drei mecklenburgische Dörfer, von denen jedes mit einer geschichtsträchtigen Manufaktur oder einem alten Handwerk aufwarten kann – so gibt es hier ein Lehmmuseum, eine Schaugärtnerei und eine Ziegelbrennerei zu besuchen. S. 134

Die Lehm- und Backsteinstraße

Kultur & Sehenswertes

DDR-Museum in Malchow: Für ›Wessis‹ interessant, bei ›Ossis‹ Erinnerungen weckend – ein einzigartiger Fundus zahlreicher Gegenstände aus dem DDR-Alltag. S. 119

Bärenwald Müritz bei Stuer: Hier können Sie Braunbären beobachten, die sich – wie in freier Wildbahn – in einem abwechslungsreich gestalteten Areal frei bewegen. S. 141

Aktiv unterwegs

Fahrradtour um den Drewitzer See: Gute 26 km kann man um den Drewitzer See herumradeln, hat unterwegs die schönsten Natureindrücke und trifft auf die kulturhistorischen Sehenswürdigkeiten der Region. S. 127

Romantische Lampionschifffahrt auf dem Plauer See: Diese Rundfahrt ist ein ganz besonders schönes Erlebnis – erst recht, wenn der Mond sich zeigt. S. 137

Genießen & Atmosphäre

Rosendomizil Malchow: Das kleine, auf hohem Niveau eingerichtete Hotel-Restaurant auf der Insel – an zwei Seiten vom Wasser umarmt – ist ein betörender Ort zum Wohnen, Mittagessen oder Kaffeetrinken. S. 123

Café Pfarrhof Stuer: Ganz gleich ob drinnen im alten Pfarrhaus oder draußen unter den alten Kastanien – hier kann man eine stimmungsvolle und vorzüglich gepflegte Kaffeezeit sowie ein ›Abendmahl‹ genießen. S. 139

Abends & Nachts

Café Gutshaus Lexow in Walow: Täglich wechselnde, kleine Abendmenüs mit Fleisch aus artgerechter Tierhaltung, kinderfreundlich. S. 123

Restaurant-Café Fackelgarten in Plau: Auf der von Fackeln beleuchteten Terrasse an der Eldeschleuse mitten in Plau bei einem Glas Wein den Booten nachschauen. S. 133

An den großen Seen um Malchow und Plau

Der **Kölpinsee**, der **Fleesensee**, der **Jabelsche See**, der **Malchower See**, der **Petersdorfer See** und der **Plauer See**: Was das Blau anbetrifft, wird es ab Malchow schon fast ein bisschen unübersichtlich – Wasser, Wasser, wohin man schaut! Da hilft nur ein Blick auf die Karte: Die Gegend zwischen **Malchow** und **Plau** gehört zu einer über 200 km² großen Wasserfläche, den Mecklenburger Oberseen, einer weit verzweigten Landschaft mit Seen, Kanälen und Flüssen, deren westliche Grenze die **Plauer Schleuse** ist. Überall gegenwärtig ist die Elde, die aus dem Osten von der Müritz kommt und auf ihrem Weg zur Elbe zahlreiche Seen durchfließt. Was die touristische Frequenz angeht, kommt die Malchower Gegend gleich nach der Müritzregion. Während der Saison ist hier also ganz schön viel los.

Malchow ▶ E 5

Das Besondere an Malchow ist seine Lage als Inselstadt zwischen dem Fleesensee und Malchower See – und genau deshalb wird es mitunter auch als »Perle der Seenplatte« bezeichnet. In der Mitte liegt die malerische Altstadt auf einer kleinen Insel, die 1846 über einen Damm und eine Drehbrücke nach West und Ost mit den Ortsteilen Kloster, Laschendorf, Biestorf und Lenz auf dem Festland verbunden wurde.

Stadtgeschichte

1235 wurde Malchow erstmals urkundlich erwähnt, als es das Schwerinsche Stadtrecht erhielt. Heute leben hier 6600 Einwohner. Als Haupterwerbszweig bildet sich immer deutlicher der Tourismus heraus. Malchow kann aber auch, was im Raum der Seenplatte nicht oft vorkommt, auf eine handwerkliche Vergangenheit zurückblicken: Die günstige Lage am Wasser förderte im 19. Jh. die Ansiedlung einer Tuchmacherei und Färberei. Die Produktion war so erfolgreich, dass Malchow fortan den Spitznamen »Mecklenburgisches Manchester« führte. Leider ist das Tuchmacherhandwerk aber hier heute so gut wie ausgestorben.

Sehenswertes

Marktplatz
Um den Marktplatz auf der Insel entstanden im frühen Mittelalter die ersten Häuser. Die Front des Marktplatzes bildet das hübsche **Fachwerk-Rathaus** [1] von 1821. In den zwei erhaltenen Gefängniszellen im Dachgeschoss wurden noch bis kurz nach 1945 kleinere Strafen abgesessen. Ein niedriger Dreiecksgiebel und darunter das Stadtwappen betonen den Eingang.

Ein gläserner Gang geleitet zum **Amtsgerichtsgebäude** [2], einem 1880 errichteten Backsteinbau mit dem Wappen des Großherzogs von Schwerin im Giebel und einer schönen Skulptur der Justitia in der Seitenwandnische.

Infobox

Rundbus um den Plauer See
Mitte April–Anfang Okt. fährt tgl. alle 2 Std. ein doppelstöckiger Bus wichtige Orte rund um den Plauer See an (mit Audio-Info). Stationen: Plau, Heidekrug, Karower Meiler, Alt Schwerin, Sommerrodelbahn, Malchow, Zislow, Bärenwald, Twiefort, Appelburg. Fahrtunterbrechung möglich, 24-Std.-Ticket 16 €/Erw., 10 €/Kinder 6–10 J., Tel. 0800 132 33 30, www.rundbus.de.

Malchow

Am anderen Ende des Marktplatzes liegt das frühere **Malchower Standesamt** 3, heute Stadtarchiv, dessen Fassade der einheimische Grafiker Dittner mit dem weisen Spruch auf Platt versah: »Hochtitdag, du lustig büst, de annern Dag, du Sorgen möost.«

Malchower Drehbrücke 4

Die berühmte eiserne Drehbrücke verbindet die Insel mit dem Stadtufer. Sie ist ein echter Anziehungspunkt für Schaulustige, vor allem zu jeder vollen Stunde, wenn sie sich öffnet, um auch größeren Booten die Durchfahrt zu ermöglichen. Schon 1845 gab es hier eine Verbindung, allerdings war sie damals noch aus Holz. Abends um 20 Uhr schließt die Brücke und kein größeres Schiff kommt mehr durch – dann herrscht auch hier Ruhe.

Stadtkirche 5

Kirchenstr. 28/29, Tel. 039932 141 87, www.stadtkirche-malchow.de, Gottesdienst So 10 Uhr

Als die Insel zu klein für die wachsende Bürgerschar wurde, entstanden ab 1723 erste Bauten auf dem nördlichen, eigentlich nordwestlichen Festland. So erhebt sich auf einem Hügel in der Kirchenstraße die evangelisch-lutherische Stadtkirche, 1873 vom Schweriner Baukonduktor Georg Daniel (1829–1911) im neugotischen Stil errichtet. Verschiedenartig gewölbte Holzdecken verleihen dem Innenraum eine angenehm warme Ausstrahlung.

DDR-Museum 6

Kirchenstr. 25, Tel. 039932 180 00, März–Sept. Di–So 10–17, Okt. Di–So 11–16 Uhr

Im Foyer des einstigen Filmpalastes von 1957 ist ein erstaunlicher Fundus an Gegenständen aus dem DDR-Alltag zu sehen, den nicht nur Malchower Bürger zusammengetragen haben. Besonders witzig ist der kleine Kiosk mit Registrierkasse samt DDR-Geld, gestapelten Konserven und den berühmten Möve-Nudeln. Auch der

Annäherung aus der Luft: Malchows Altstadt auf der kleinen Insel

Malchow

Sehenswert
1 Fachwerk-Rathaus
2 Amtsgerichtsgebäude
3 Ehemaliges Standesamt
4 Drehbrücke
5 Stadtkirche
6 DDR-Museum
7 Blütengarten
8 Museum Kiek in un wunner di
9 Klosterkirche
10 Pfarrhaus mit Orgelmuseum
11 Damenstift
12 Engelscher Garten

Übernachten
1 Schloss Fleesensee/ Robinson Club
2 Zur Schmiede
3 Gutshaus Lexow
4 Naturcamping Malchow

Essen & Trinken
1 Rosendomizil
2 Klosterklause
3 Spiegelei
4 Lenzer Krug

Aktiv
1 Sommerrodelbahn
2 Tret-In
3 Fahrgastschifffahrt
4 Golfclub Fleesensee
5 Segeln mit Skipper
6 Pferdehof Zislow
7 SPAworld Fleesensee

Film über die Pionierfilmschule Studio Luckau findet Anklang, und für Technikinteressierte gibt es Einblick in die Fernseh- und Rundfunkgeschichte aus 40 Jahren DDR.

Malchower Blütengarten 7
Schulstr. 6, Tel. 039932 82 97 14, www.bluetengarten-malchow.de, Mai–Okt. Di–Fr 10–16 Uhr
Der Blütengarten ging 1976 aus einem Schulbotanischen Garten hervor. Hier haben sich Anne und Klaus Bargfried ein wunderschönes 1 ha großes Refugium geschaffen, das allerdings nicht wie ein klassischer botanischer Garten systematisch nach Abteilungen bepflanzt ist, sondern eine kleine Sammlung seltener einheimischer Blumen, Gräser, Kräuter und Stauden präsentiert, deren Standort eher nach Blütezeit und Farben ausgewählt wurde. Jeder Besucher erhält eine anregende Führung durch den Garten, auch Ableger für zu Hause darf man mitnehmen.

Museum Kiek in un wunner di 8
Friedrich-Lessen-Weg 1, Tel. 039932 126 02, März–Sept. Di–So 10–17, Okt. Di–So 11–16 Uhr
Mehr über das Malchower Alltagsleben vor allem während der ersten Hälfte des 20. Jh. erfährt man in diesem Museum der Stadtgeschichte. In einer Ausstellung über sieben Räume wurden Kuriositäten zusammengetragen, die einen Einblick in den damaligen Lebensalltag der Landbevölkerung Mecklenburgs geben. Zu besichtigen sind gleich ganze Gewerbezweige: u. a. eine Druckerei von 1930 mit einer Schreibmaschine, die nur mit einer Taste zu bedienen ist, und eine historische Küche aus den 1920/30er-Jahren. Die Krönung, die allseits größte Heiterkeit hervorruft, ist ein Toilettensessel von anno dazumal!

Kloster Malchow

Am gegenüberliegenden Ufer des Malchower Sees liegt die **Klosteranlage Malchow,** die sich zu einem kleinen Kulturzentrum entwickelt hat (Tel. 039932 823 92, www.kloster-malchow.de, mit Ausstellungs- und Veranstaltungskalender). Schon von Weitem grüßt der auffallend schlanke und filigrane Backsteinturm der Klosterkirche. 1298 wurde das Kloster vom Orden der Büßerinnen aus Röbel gegründet, später von Zisterziense-

An den großen Seen um Malchow und Plau

rinnen weitergeführt und fungierte nach der Reformation ab 1572 als Damenstift der mecklenburgischen Landstände. Hier wussten die Adligen ihre unverheirateten Töchter in bester Obhut. Die letzte Domina verstarb 1972. Zu besichtigen ist der historische Kreuzgang.

Klosterkirche [9] und Pfarrhaus [10] mit Orgelmuseum

In der Klosterkirche und im Pfarrhaus, Kloster 26, Tel. 039932 125 37, www.orgelmuseum-malchow.de, März–Sept. Di–So 10–17, Okt. Di–So 11–16 Uhr

Die **Klosterkirche** erhielt ihr neugotisches Aussehen nach einem Brand im Jahr 1888 von Baumeister Georg Daniel. Die Pläne zu dieser Anlage lieferte jedoch der mecklenburgische Oberbaurat und Schinkel-Schüler Friedrich Wilhelm Buttel bereits im Jahr 1849. Aus der Zeit nach dem Brand stammt auch die reiche Kirchenausstattung. Einmalig im gesamten norddeutschen Raum sind die Apostelfenster im Chor und im Querhaus, eine Innsbrucker Glasmalerei. Als die Klosterkirche 1997 in Stadteigentum überging, zog hier das **Orgelmuseum** ein.

Auch das als Orgelhaus bezeichnete **Pfarrhaus** gehört zur Ausstellung. Die gesamte mecklenburgische Orgelbaugeschichte von den Anfängen bis in die Gegenwart wird anhand von Bildern und Exponaten erklärt. Schwerpunkt sind Orgeln aus der Zeit der Romantik ab 1840. Eine Besonderheit ist eine Modell-Orgel, die von Besuchern angespielt werden darf. Sonntags gibt es **Orgelmatineen** (Juli–Sept. 11.30 Uhr, Tel. 0171 505 56 85) mit Gastorganisten.

Etwas entfernt liegt links hinter der Klosterkirche der kleine **Klosterfriedhof** mit den Nonnengräbern.

Damenstift [11] und Engelscher Garten [12]

Neben der Klosterkirche befinden sich die ehemaligen **Damenstiftswohnungen,** in denen heute Wechsel- und Sonderausstellungen zu regionalen Themen präsentiert werden.

Weiter Richtung Süden am Ufer entlang liegt der **Engelsche Garten**, benannt nach Johann Engel, der von 1787 bis 1819 Küchenmeister des Klosters war und als Erster mit der Anlage des Küchenkräuter- und Heilpflanzengartens begann. Heute ist davon nicht mehr viel zu sehen, aber es ist schön, auf den Wegen unter den Bäumen zu schlendern und den Ausblick über den See zu genießen.

Außerhalb des Zentrums

Sommerrodelbahn mit Affenwald [1]

Karower Chaussee 6, ca. 3 km westl. von Malchow, Tel. 039932 184 22, www.sommerrodelbahn-malchow.de, April–Okt. tgl. 9–18 Uhr, Affenwald 3,50 €, Sommerrodelbahn 2,30 €/Fahrt

Anstrengen muss man sich beim Sommerrodeln nicht, denn ein Schlepplift zieht die kleinen ein- oder doppelsitzigen Metallschlitten nach oben, aber dann kommt man schon ins Schwitzen: 800 m rast man in sieben Steilkurven den Wiesenhang hinunter und muss dabei sechs »Schikanen« über 30 m Höhenunterschied überwinden.

Auf gleichem Gelände befindet sich das 1,8 Hektar große bewaldete Naturgehege, der Affenwald, in dem eine Großfamilie von Berberaffen lebt, die ursprünglich marokkanischer Herkunft sind. Beim Durchstreifen des eingezäunten Geländes können Kinder und Erwachsene Kontakt zu dem frechen Affenvölkchen aufnehmen.

Malchow

Radtour nach Zislow ▶ E 6

In südwestlicher Richtung geht es von Malchow in das Örtchen Zislow. Die Strecke eignet sich hervorragend für eine Fahrradtour. Zislow war einst eine slawische Siedlung und später dann eine ziemlich große besiedelte germanische Kultstätte. Sehenswert ist die niedliche **achteckige Fachwerkkapelle** unmittelbar am Plauer See mit ihrem frei stehenden Holzglockenstuhl (Di–Sa 14–17 Uhr). Hier veranstaltet die Gemeinde während der Saison unter anderem Lesungen, Ausstellungen und allerhand Konzerte von Kammermusik über Boogie Woogie bis Jazz (Konzerte meist Fr 19.30 Uhr).

Übernachten

Mit altem Charme – **Schlosshotel Fleesensee** 1 : Schlossstr. 1, Göhren-Lebbin (5 km östl. Malchow), Tel. 039932 801 00, schlosshotel-fleesensee.com, DZ und unterschiedliche Suiten 188–488 €. Das neobarocke Schlosshotel Blücher aus dem Jahr 1842 bietet heute jeglichen Komfort inkl. Five o' Clock Tea auch für externe Gäste im Wintergarten oder auf der Schlossterrasse.

Der Einzige in MV – **Robinson Club Fleesensee** 1 : Göhren-Lebbin (5 km östl. von Malchow), Tel. 039932 802 00 (rund um die Uhr), www.robinson-fleesensee.de, ganzjährig geöffnet. Clubatmosphäre auf 66 000 m² mit Strandabschnitt am Fleesensee.

Bodenständig – **Zur Schmiede** 2 : Malchower Str. 6a, Roez (6 km südöstl. von Malchow), Tel. 039932 478 80, www.schmiede-roez.de, DZ 77 €. Großer behaglicher, familiengeführter netter Landgasthof in ehemaliger Chausseeschmiede des 19. Jh., mit Biergarten und dem mehrfach ausgezeichneten Restaurant »Smädstuv«.

Erholsame Idylle auf dem Dorfe
Das 8 km südöstlich von Malchow gelegene **Gutshaus Lexow** 3 beschert Erwachsenen willkommene Ruhe und Kindern ihre Freiheit. Mit Liebe haben Bettina Buschow und Patrick Oldendorf aus dem 1874 erbauten Gutsensemble ein wunderschönes Anwesen gezaubert, geeignet auch für Gruppen bis 20 Personen. Sehr zu genießen sind die modern gestylten Badezimmer. Treffpunkt ist das hauseigene Café, abends mit kleinem, feinem Menü-Angebot auf Vorbestellung (Speisekarte s. Homepage). Der Große Kressin mit romantischen Bade- und Angelstellen liegt 2 km entfernt (Dorfstr. 29–30, 17209 Walow, OT Lexow, Tel. 039932 41 70 37, www.gutshaus-lexow.de, DZ 80–140 €).

Gemütlich – **Naturcamping Malchow** 4 : Tel. 039932 499 07, www.campingtour-mv.de, ganzjährig. Der von Buchen und Kiefernwäldern umgebene Platz liegt am flachen Sandstrand des Plauer Sees. Nischen und Ecken unter Bäumen und Sträuchern.

Essen & Trinken

Schick – **Rosendomizil** 1 : Lange Str. 2–6, Tel. 039932 180 65, www.rosendomizil.de, tgl. 8–19 Uhr, Hauptgericht 16,90 €. Der kulinarische Mittelpunkt auf der Malchower Insel, dazu köstlichste Leckereien zur Kaffeezeit aus eigener Konditorei.

Gutbürgerlich und beliebt – **Klosterklause** 2 : Kloster 10, Tel. 039932 41 72 00, Hauptgericht 9,50–33,50 €. Einfaches Restaurant mit guter Küche,

An den großen Seen um Malchow und Plau

zusätzlich BBQ-Smoker, Grill und Räucherschrank, kleines Biergärtchen.
Beliebt – **Spiegelei** 3 : Güstrower Str. 43, Tel. 039932 124 51, Mo–Sa 17.30–23 Uhr, Hauptgericht 7,80–12,50 €. Preiswert-einfache Biergaststätte mit allerdings guter Hausmannskost wie Matjes und Mecklenburger Sauerfleisch.
Für Ausflüge – **Lenzer Krug** 4 : Am Lenz 1, Lenz (4 km westl. von Malchow, Busverbindung), Tel. 039932 16 70, www.lenzer-krug.de, Hauptgericht 6,50–15 €. Reetgedeckte Fachwerk-Schänke mit Sonnenterrasse unmittelbar am Petersdorfer Kanal, fisch- und wildbetonte Küche. Raucher haben ein eigenes Jagdzimmer.

Aktiv

Mit Affenpark – **Sommerrodelbahn** 1 : s. S. 122.
Schön Zentral – **Tret-In** 2 : Lange Str. 11, Tel. 0163 196 32 01, Mai–Okt. Mo–Sa 9–18, So 14–18 Uhr. Verleih von führerscheinfreien Motorbooten und E-Bikes.
Fahrgastschifffahrt – **Malchower Schifffahrtsgesellschaft** 3 : Kirchenstr. 6, Tel. 039932 832 56, www.malchower-schifffahrt.de. Tgl. Rundfahrten mit den Schiffen »Klaus Störtebeker« und »Warsteiner«, mit Fahrradtransport; **Reederei Pickran**: Kirchenstr. 2, Tel. 039932 817 35, www.pickran.de. Touren in die Umgebung, z. B. nach Waren, Plau, zum Bärenwald in Bad Stuer oder zum Wisentgehege nach Damerow, jeweils mit Landgang.
Größtes Golfrevier Deutschlands – **Golfclub Fleesensee** 4 : Tannenweg 1, Göhren-Lebbin (5 km östl. von Malchow), Tel. 039932 804 00, www.fleesensee-golfclub.de. Das 550 ha große Revier bietet zwei 9-Loch und drei 18-Loch-Plätze, die größte kreisförmige Driving Range Europas, ein Putting-, Pitching- und Bunkerareal und Europas modernstes Videoanalysezentrum. Für Anfänger und Profis.
Segelerlebnis – **Segeln mit Skipper** 5 : Frank Gebhardt, Strandstr. 10, Tel. 039932 127 07 oder 0172 543 19 30, www.segelnmitskipper.de. Tagestörns über 6, 8 oder 10 Stunden auf den Mecklenburgischen Oberseen auf einer Pegaz 31.
Gepflegter Reiterhof – **Pferdehof Zislow** 6 : Fam. Lange-Meyer, Dorfstr. 50/51, Zislow, Tel. 039924 25 61, www.pferdehof-zislow.de. Netter Kinderferienhof am Plauer See mit täglichem Reitunterricht für Kinder und Jugendliche im Alter von 6 bis 18 Jahren, mit abendlicher Betreuung. Jedes Kind bekommt sein eigenes Pony gestellt.
Luxus – **SPAworld Fleesensee** 7 : An der Therme 1, Göhren-Lebbin (5 km östl. von Malchow), Tel. 039932 805 00. Auf 6000 m² findet sich alles nur erdenklich Notwendige für Beauty, Wellness, Fitness und Physio: exotische Massagen, Kosmetikbehandlung, mehrere Saunen, türkisches Hamam mit Schaummassage, Pool-Bar, Sole-Außenbecken, Sprudelsitze, Wasser-Strömungskanal und eine 52 m lange Rutsche.

Infos & Termine

Fleesensee-Touristik Malchow e. V.: Kirchenstr. 11 (an der Drehbrücke), Tel. 039932 831 86, www.luftkurort-malchow.de, Mo–Fr 10–16/18 Uhr, Mai–Okt. auch Sa/So 10–14 Uhr.
Malchower Mühlenfest: Pfingstmontag, mit festem Programm, Marktständen und Kinderkarussell an der Malchower Stadtwindmühle, Friedrich-Ebert-Str., Tel. 039932 819 88.
Malchower Volksfest: Am ersten Juli-Wochenende finden Feste statt: auf dem Volksfestplatz mit Schaustellern und Festumzug, auf der Freilichtbühne mit Show und Party, am Hafen mit Bootskorso und Feuerwerk.

Ausflugsziele nördlich der Seen

Wilde Wisente? Nein, Bewohner des Schau-Freigeheges auf dem Damerower Werder

Malchower Inselschwimmen: Wettkampf im Juli, zu schwimmen ist eine 825-m-Strecke vom Wasserwanderrastplatz am Erddamm bis zum Inselhotel an der Drehbrücke, Tel. 039932 819 88.
Malchower Bikerparty: am vorletzten Augustwochenende auf dem Volksfestplatz, Tel. 0399 32 819 88.
Bahn: Vom Regionalbahnhof Inselstadt Malchow bestehen Verbindungen nach Waren und nach Parchim.
Bus: vom ZOB in Malchow Verbindung nach Plau am See, Nossentiner Hütte, Alt Schwerin, Röbel und Waren (Müritz); außerdem im Sommer Rundbus um den Plauer See (s. Infobox S. 118).

Ausflugsziele nördlich der Seen

Damerower Werder ▶ F 5

An die Südseite des **Jabelschen Sees** und die Nordseite des **Kölpinsees** grenzt der Damerower Werder, eine unter Naturschutz stehende Halbinsel, am östlichsten Zipfel des Naturparks Nossentiner/Schwinzer Heide. Hier ist man schon wieder in ruhigerer Atmosphäre. Durch seine geschützte Lage bietet der Werder vor allem dem Fischotter Lebensraum und hat als Rast-, Sammel- und Schlafplatz für Watt- und Wasservögel besondere Bedeutung.

Wisentreservat

Schau-Freigehege: Forstamt Nossentiner Heide, Tel. 039927 75 00 od. 0173 301 02 19, www.nossentinerheide. wald-mv.de, Schaugatter Ostern–Sept. tgl. 10–20, Okt.–Ostern tgl. 10–17 Uhr, Fütterung tgl. 11 u. 15 Uhr
In dem Naturschutzgebiet auf der Landzunge Damerower Werder werden schon seit 1957 unter natürlichen Bedingungen Wisente gezüchtet. Damit der Besucher den im hinteren Teil des Werders etwa 25 frei laufenden Wisenten nicht nachspüren muss, gibt es vorn am Übergang zur Halbinsel zwei große Schaugehege, in denen zusätzlich etwa 10 Tiere aus verschie-

An den großen Seen um Malchow und Plau

denen Zuchtgruppen mit jeweils einem Bullen leben.

Die Wisente mit ihren kleinen, starken Hörnern auf dem gewaltigen Schädel und ihrer weichen, zotteligen Behaarung sind die etwas kleineren europäischen Verwandten des schwergewichtigen nordamerikanischen Bisons – bestens aus amerikanischen Western bekannt. Wisente sind zwar immer noch vom Aussterben bedroht, aber freilebende Herden gibt es schon wieder im sauerländischen Rothaargebirge und im polnischen Nationalpark Białowieża.

Den Eingangsbereich bildet ein Gebäude, in dem der Besucher von einer Ausstellung über die Wisente empfangen wird. Hier gibt es das Restaurant »Zum Wisentreservat« (Tel. 039929 767 11), zu dem auch ein **Kinderspielplatz** und ein Kletterwald gehören.

Sparow ▶ E 5

Das zur Gemeinde Nossentin gehörige Dorf Sparow hat im Grunde nur eine Sehenswürdigkeit zu bieten, die dafür jedoch in ganz Mecklenburg bekannt ist: der Teerofen am Teerschwelergehöft.

Garten am Teerofen
Sparow 23, 17214 Sparow, Gemeinde Nossentiner Hütte, Tel. 039927 76 78 76, www.facebook.com/GartenAmTeerofen.de, bis 2017/18 im Umbau, Öffnungszeiten n. Vereinbarung
Im ausgehenden 17. und im 18. Jh. brauchten die Menschen Holzteer für den Schiffbau, die Fischerei und in der Seilerei. Da der dazu notwendige Rohstoff, die Kiefer, in der fast unbesiedelten Nossentiner/Schwinzer Heide in Hülle und Fülle vorhanden war, kam es hier zu Teerofengründungen, um die herum sich dann ganze Dörfer entwickelten – Ortsnamen wie Woos-ter Teerofen und Karower Teerofen erinnern an diese Zeit.

Wer nun den **Garten am Sparower Teerofen** besucht, bekommt Einsicht in das einstige ›Waldgewerbe‹ anhand von Europas größtem **Teerofen.** Das runde Gebilde aus gemauertem Ziegelstein ist allerdings kein Original, sondern wurde 1999 nach historischer Bauanleitung errichtet. Bis 2015 wurde der Teerofen mehrmals im Jahr mit Holz bepackt, zugemauert und auf tausend Grad angeheizt. Zum Schluss konnte man sehen, wie der Teerschweler Pech siedet. Im Zuge der gärtnerischen Neugestaltung des ganzen Freigeländes steht auch die Prüfung seiner Wieder-Inbetriebnahme bevor.

Zusätzlich gibt es hier einen **Hofladen** und in der **Caféstube** des reetgedeckten Fachwerkgehöfts wird selbst gebackener Kuchen angeboten.

Alt Schwerin ▶ E 5

Das Dorf **Alt Schwerin** am Nordufer des **Tauchow-Sees**, eines kleinen Sees neben dem Plauer See, nennt sich mittlerweile »Erlebnisdorf«, da sich hier in den vorhandenen alten Gebäuden oder unter offenem Himmel während der letzten Jahre mehrere Einrichtungen etabliert haben:

Agroneum
Achter de Isenbahn 1, Alt Schwerin, Tel. 039932 474 50, www.agroneum-altschwerin.de, April–Okt. tgl. 10–18 Uhr, 7 €
Das Agroneum Alt Schwerin informiert ausgiebig über die Agrargeschichte Mecklenburgs seit 1848. Das großzügig angelegte Freilichtmuseum bezieht das ganze Dorf in seine Ausstellung mit ein. Herzstück der Anlage ist das zwischen 2009 und 2012 neu gestaltete Freigelände mit

Ausflugsziele nördlich der Seen

der weithin sichtbaren **Windmühle,** einem Erd-Holländer aus der Mitte des 19. Jh. Eine Art ›Museum im Museum‹ befindet sich in der ehemaligen **Schnitterkaserne:** eine Original-DDR-Ausstellung zur Geschichte der Landwirtschaft von 1988, die einen Eindruck von der Selbstdarstellung der DDR in der damaligen Zeit vermittelt.

Einzigartig in Mecklenburg ist die **Katenzeile,** die das Wohnen auf dem Lande im Wandel der Zeit zeigt. Hier kann man seine Nase in eine Landarbeiterkate stecken, wie sie kurz vor der Gründung des Deutschen Reiches um 1870 bewohnt wurde. Das Highlight ist eine original belassene Wohnung eines LPG-Bauern von 1965. Ein weiteres interessantes Außenobjekt ist das **Holzpantinengymnasium,** eine kleine einklassige Dorfschule, wie sie im Jahr 1919 aussah.

Technikfans werden ihre helle Freude an der **Dampfpfluglokomotiven-, der Flugzeug- und** der **Traktorensammlung** in den Ausstellungshallen haben. Das Agroneum ist regelmäßiger, alljährlicher Schauplatz für eine Reihe von Veranstaltungen wie das Schlachtefest, das Hoffest oder der monatliche Trödelmarkt (Mai–Okt.), dazu das Internationale Dampftreffen (alle ungeraden Jahre) sowie das Oldtimer- und Traktorentreffen (s. S. 128).

Radtour um den Drewitzer See

Länge: 26 km, Infos: Fleesensee-Touristik Malchow e.V., Tel. 039932 831 86, www.tourismus-malchow.de
Die Radtour verläuft auf gut befahrbaren Waldwegen und verkehrsarmen Straßen. Am besten startet man in Alt Schwerin, fährt entlang des See-Westufers und über Wiesen und Wälder zurück. Unterwegs passiert man die kulturhistorischen Sehenswürdigkeiten der Region: das Agroneum Alt Schwerin und den Schauteerofen Sparow.

Übernachten

Nach Öko-Standard – **Feriendorf Maribell**: Jabel (6 km nordwestl. vom Damerower Werder), Am Ufer, Tel. 039929 705 00, www.maribell.de, Haus 105–115 €. Jedes der 23 Holzhäuschen (60–120 m^2) im Stil finnischer Blockhütten ist modern und funktionell möbliert und hat ein eigenes Ruderboot! Die Anlage liegt von ruhigem Wald umgeben, 80 m zum Wasser und zu dem kleinen Jachthafen.

Essen & Trinken

Unkompliziert – **Fischer-Rotunde Damerower Werder**: Dorfstraße, Damerow, Tel. 039929 707 02, April–Okt. tgl. 10–16 Uhr (mind.). Ganz in der Nähe vom Wisenreservat liegt der Hof des Fischermeisters, natürlich mit großer Auswahl an Fischgerichten. Spezialität ist das selbst gebackene Brot.

Elegante Schlichtheit – **Wirtshaus zur Eibe**: Hoher Damm 7, Jabel (6 km nordwestl. vom Damerower Werder), Tel. 039929 766 93 od. 709 99, www.wirtshaus-zur-eibe.de, April–Okt. tgl. 11 bis circa 22 Uhr, Hauptgericht 6–15 €. Schmucker Gasthof mit schönen alten Holzdielen. Regionale Gerichte in Öko- und Bioqualität.

Beliebt – **Restaurant Toplicht:** im Feriendorf Maribell am Jabelschen See, Am Ufer 1, Jabel (6 km nordwestl. vom Damerower Werder), Tel. 039929 705 03, www.maribell.de, Hauptgericht 6,50 – 30 €. Bekanntes und allseits geschätztes Fischrestaurant der Region mit Terrasse am Jabelschen See; der Fisch wird vor den Augen des Gastes zubereitet.

An den großen Seen um Malchow und Plau

Sympathisch – **Restaurant Jägerstube im Gutshof Sparow**: Tel. 039927 76 20, www.hotel-gutshof-sparow.de, DZ 85 €. Eine große stilvolle, urgemütliche Gutshofanlage mit verlässlicher und schmackhafter Küche. Der saubere Drewitzer Badesee ist 900 m entfernt.

Termine

Altschweriner Dorf- und Sportfest auf dem Sportplatz: Sommerfest an einem Wochenende im Juni mit Luftgewehr-, Bogen- und Armbrustschießen, Fußball, Volleyball und Nordic-Walking, Tel. 039932 819 88.
Osterallerlei für Jung und Alt: im Agroneum Alt Schwerin, mit Osterfeuer und Eiersuche für Kinder.
Schlachtefest: an einem Wochenende Ende Febr./Anfang März und Anfang Nov. im Agroneum Alt Schwerin.
Trödelmarkt: Pfingsten–Anf. Okt. einmal im Monat Sa/So im Agroneum Alt Schwerin, Tel. 038457 242 14.
Hoffest im Agroneum Alt Schwerin: 2. Juli-Wochenende, Tel. 039932 474 50, www.agroneum-altschwerin.de.
Internationales Dampftreffen: 1. Wochenende im August im Agroneum Alt Schwerin.
Oldtimer- und Traktorentreffen: 2. Wochenende im August im Agroneum Alt Schwerin.

Plau am See! ▶ E 5

Stadtgeschichte

Der seit 1997 staatlich anerkannte Luftkurort kann auf eine 100-jährige Tradition als beliebter Ferienort zurückblicken. Kaum war das Städtchen um 1900 an die Eisenbahnlinie Berlin–Rostock angeschlossen, entstanden auch schon die ersten Sommerhäuser, Pensionen und Kurhotels. Nach 1945 dienten die großen Häuser dem Gewerkschaftsbund als Ferienheime. Mittlerweile sind sie alle wieder in privater Hand.

Die slawische Herkunft des Namens Plau deutet schon die landschaftliche Lage am See an, denn *plawen* heißt ›Flößort‹. Die Ufer des Plauer Sees, des immerhin siebtgrößten Sees Deutschlands, sind bewaldet, leicht hügelig und größtenteils von breiten Schilfgürteln gesäumt. Direkt bei Plau tritt die Elde, von der Müritz kommend, aus dem See aus und fließt weiter über Lübz und Parchim in die Elbe.

Im 19. Jh. erlebte auch Plau seine industrielle Revolution: 1830 entstand die erste Tuchfabrik, zehn Jahre später kam die Maschinenfabrik Ernst Albans dazu, danach eine zweite Tuchfabrik, eine Stärkefabrik, ein Elektrizitätswerk, zwei Ziegeleien – und unversehens war Plau die größte Industriestadt Mecklenburgs.

Sehenswertes

Wo heute der starke, runde **Burgfried** mit dem weithin sichtbaren Kegeldach als verbliebener Rest einer stattlichen Burganlage steht, war früher aufgrund der strategisch günstigen Lage das mittelalterliche Zentrum von Plau. Schon 1287 hatte Landesfürst Heinrich Borwin I. dort eine bescheidene Burg errichtet, die Herzog Heinrich im Jahre 1550 in eine wehrhafte Festung mit 3 m dicken Wänden umbauen ließ. Die starke Umwallung der Anlage musste vor allem im Dreißigjährigen Krieg häufigen Belagerungen widerstehen. 1660, als modernere Waffentechniken Einzug hielten, wurde die Burg geschleift.

Hoch hinauf mit Wasserdruck: in der Elde-Schleuse bei Plau

Plau am See

Sehenswert
1. Plauer Burgmuseum
2. Burgturm
3. Rathaus
4. Stadtkirche St. Marien
5. Leuchtturm
6. Hubbrücke
7. Hühnerleiter
8. Barfußpfad

Übernachten
1. Parkhotel Klüschenberg
2. Zur Scheune
3. Ferienpark An der Metow

Essen & Trinken
1. Fackelgarten
2. Pavillon
3. Fischerhaus

Einkaufen
1. Susanne König Bauterrakotta
2. Plauder Käseeck
3. Wunderfeld-Laden

Aktiv
1. Anglereck
2. Badestelle Hermann-Niemann-Straße
3. Badestellen Plötzenhöhe, Seelust, Appelburg
4. Badestellen Quetzin, Heidenholz
5. Plauer Werder
6. Segelschule Plau am See
7. Kanu-Team
8. Fahrgastschifffahrt
9. Kletterpark Plau am See
10. Abenteuer und Wassersport

Plauer Burgmuseum 1
Burgplatz 2, www.burgmuseum-plau.eu, Ostern–Okt. tgl. 10–17 Uhr

Unterhalb des Burgturms steht eine ehemalige Scheune, in der das Plauer Burgmuseum untergebracht ist. Es ergänzt den Burgturm zwar thematisch, die reichhaltige Sammlung geht allerdings mehr auf die Geschichte von Plauer Gewerken ein. Eine Druckerei, eine Schusterei und die Drillmaschine zum Aussäen der Getreidekörner, die der Plauer Industrielle Ernst Alban erfunden hatte, sind hier zu sehen. Außerdem informiert das Burgmuseum über Leben und Werk des Plauer Bildhauers Wilhelm Wandschneider (1866–1942), der an der Berliner Akademie von Fritz Schaper und Reinhold Begas ausgebildet wurde. Die Plauer nannten ›ihren‹ Wandschneider ›uns lütt Michelangelo‹.

Burgturm 2
Im Burgfried, Ostern–Okt. tgl. 10–17 Uhr, Tel. 038735 401 58

Auf drei Etagen, verbunden durch eine äußerst enge Steintreppe, ist die Geschichte Plaus anhand allerlei Ausstellungsstücke bis ins Jahr 1950 dokumentiert, darunter ein Modell der Burg und eine Kirchturmuhr von 1582. Durch einen Gitterrost sieht man mit leichtem Schwindel ins 11 m tiefe Burgverlies hinab, in das Gefangene im Korb hinabgelassen wurden und wo sie so lange in Kühlschranktemperaturen um 8°C bibbern mussten, bis das Lösegeld eintraf. Durch die Fensterchen der Aussichtsplattform im dritten Geschoss hat man einen herrlichen Blick in alle Himmelsrichtungen des Plauer Umlandes.

Am Marktplatz
Vom Burgplatz führt die lang gezogene **Steinstraße** mit ihren historischen Fachwerkbürgerhäusern, in denen sich viele Einkaufsläden etabliert haben, ins heutige Zentrum von Plau. Schön ist der längliche, von barocken und klassizistischen Bürgerhäusern und mittelalterlichen Fachwerkbauten umgebene Marktplatz, auf dem dienstags und donnerstags ein Wochenmarkt stattfindet. Das reizvolle Ensemble, zu dem auch das von Wildem Wein berankte **Rathaus** 3 von 1889 gehört, steht geschlossen unter Denkmalschutz.

Stadtkirche St. Marien 4
Kirchplatz, Juni–Sept. Mo–Fr 10–16 Uhr (mit Turmbesichtigung), Tel. 038735 402 00

Einen Besuch wert ist die evangelische Stadtkirche, ein mächtiger, dunkler Backsteinbau. Künstlerisch wertvoll sind besonders der dreiflügelige, spätgotische Lübecker Schnitzaltar aus der Zeit um 1500 sowie das bronzene Taufbecken, das der Plauer Meister Wichtendal 1570 goss.

Leuchtturm 5

An der Metow, Tel. 038735 456 78, April–Okt. tgl. 9–20 Uhr
Unten am Wasser, wo die Anleger für die Fahrgastschifffahrt sind, grüßt seit 2012 ein Leuchtturm alle Passagiere, die vom Wasser her nach Plau einfahren. Der immerhin 13,5 m hohe rotbraune Turm hat in 8 m Höhe eine Aussichtsplattform, die einen sehr schönen Rundblick auf den Plauer See gewährt.

Hubbrücke 6

Die vier Wasserstraßen, engere Gassen, die man im Mittelalter bei den Stadtbränden als wichtige Zufahrtswege für den Löschwassertransport benötigte, führen bergab zur Strandstraße, der Uferpromenade entlang der Elde. Hier unten zieht das Gewimmel an Schiffen die Aufmerksamkeit

An den großen Seen um Malchow und Plau

Fachwerkromantik in Plau am See

auf sich. Das einzigartige technische Denkmal von 1917 hebt und senkt sich erst, wenn die Durchfahrt voller Wasserfahrzeuge ist.

Hühnerleiter 7
Am anderen Ende der Uferpromenade führt ein auffälliges Brückengebilde über die Eldeschleuse, die sogenannte Hühnerleiter, eine aufwendig gezimmerte Holzbrücke, die tatsächlich so aussieht, wie sie heißt, wenn die Menschen auf ihr die Elde überqueren.

Oben auf dem Klüschenberg
Am südlichen Ortsrand von Plau liegt der parkähnlich gestaltete **Klüschenberg**, der im 16. Jh. eine lokale Berühmtheit darstellte. In dieser Zeit nämlich diente der Südhang als Weinberg, der eine Plauer Spezialität, den **Klüschenberger Multrecker**, hervorbrachte, auf Hochdeutsch »Klüschenberger Mundverzieher« – ein Wein mit hohem Säuregehalt also!

Oben auf dem Klüschenberg werden auf einem **Barfußpfad** 8 Sand-, Moor- oder Kiesuntergrund fühlbar. Ein Quietschvergnügen besonders für Kinder sind die Fühlkästen (März–Okt. tgl. 10–19 Uhr, 4 €, Kinder bis 14 J. 3 €).

Übernachten

Schick – **Parkhotel Klüschenberg** 1: Klüschenberg 14, Tel. 038735 492 10, www.klueschenberg.de, DZ ab 79 €, Apart. ab 105 €. Geschmackvoll eingerichtetes Viersternehaus, stadtnah im Grünen, Restaurant mit ausgezeichnetem Service, Sauna, Radwanderprogramm.

Total nett – **Zur Scheune** 2: Lübzer Chaussee 12, Tel. 038735 85 50, www.zur-scheune-plau.m-vp.de, DZ ab 65 €. Schlicht und mit viel Holz ausgestattete Ferienwohnungen und Zimmer in einer gemütlichen umgebauten alten Bauernhofscheune. Heller Frühstücksraum auf der Tenne für alle; Liegewiese.

Plau am See

Ideal mit Kindern – **Ferienpark An der Metow** 3 : An der Metow 12, Tel. 038735 83 90, www.an-der-metow.de, Ferienwohnungen/Apartments ab 49 €. Architektonisch wundervolle Häuser mit viel Naturholz direkt an der Bootsanlegestelle im Plauer Hafen, mit Sauna und eigener Motorjacht.

Essen & Trinken

Romantischer Tagesausklang – **Fackelgarten** 1 : s. Mein Tipp S. 133
Unkompliziert – **Pavillon** 2 : An der Metow 12–16, in der Ferienhausanlage, tgl. 8–22 Uhr, Tel. 038735 83 90, schönes Frühstücksbuffet 7,50 €, Abendküche 8–12 €. Über Tag: Fischbrötchen und andere Kleinigkeiten, abends Steak am Grill.
Einfach gut – **Fischerhaus** 3 : An der Metow 12–16, in der Ferienhausanlage, tgl. 11 Uhr–open end, Tel. 0387 35 83 90. Im schmucken Häuschen unterm Reetdach gibt's allerhand frische Fischgerichte von Flusskrebs bis Edelmaräne; Räucherofen.

Einkaufen

Etwas Besonderes – **Susanne König Bauterrakotta** 1 : Große Burgstr. 24, Tel. 0172 238 74 54, www.bauterrakotta.de, Mo/Di, Do/Fr 9–13, 14.30–18, Sa 9–12 Uhr. Kleine Kunstwerke: im traditionellen Handstrich-Verfahren individuell angefertigte Fliesen und Terrakotten, Wand- und Bodenmosaike und auch Gefäße.
Äußerst appetitlich – **Plauder Käseeck** 2 : Wallstr. 2, Tel. 038735 139 68, www.plauder-kaeseeck.de, Mai–Sept. Di, Mi 10–18, Do–Sa 10–22, Okt.–April Do–Sa 10–22 Uhr. In ihrem Bistro mit Patio kredenzt Uta Gebert kleine warme Gerichte und Käseplatten aus dem großen Käsetresen mit regionaler und internationaler Auswahl, dazu Antipas-

Mein Tipp

Romantischer Tagesausklang im Restaurant Fackelgarten 1
Claudia Rauer hat den Dreh raus: eine schöne fackelbeleuchtete Terrasse direkt am Eldeufer, die vorbeiziehenden Boote im Blick, ein Rotwein im Glas, dazu eine pfiffige Kleinigkeit aus der Küche auf dem Teller – so könnte es bleiben! (Dammstr. 1, Tel. 038735 85 30, Mai–Okt. Fr–Mi 14–22, Nov.–April Mi–So 15–22 Uhr, www.fackelgarten.de, Hauptgericht 12,90–27,90 €).

ti, Weine, Schinken, Salami, Öle. Gelegentlich Lesungen, Ausstellungen.
Regionales Schönes – **Wunderfeld-Laden** 3 : Steinstr. 16, Tel. 038735 812 20, www.wunderfeld.de, April–Dez. Mo–Fr 10–18, Sa 10–14, Jan.–März Mi–Fr 10–18 Uhr. Viele Produkte aus der Seenplatte: Kulinarisches, Kunst und Handwerk, Wohnaccessoires.

Aktiv

Angebot für Fischfreunde – **Anglereck** 1 : Markt 12, Tel. 038735 468 32, Mo–Fr 9–18, Sa 9–12.30 Uhr. Anglerbedarf, Aquaristik, Zoohandlung.
Badestellen – innerorts: **Hermann-Niemann-Straße** 2 ; südlich: in **Plötzenhöhe, Seelust, Appelburg** 3 ; nördlich: in **Quetzin** u. **Heidenholz** 4 .
FKK – **Insel Plauer Werder** 5 : am Campingplatz Inselcamping Werder (Wendorf Nr. 8, Tel. 039932 420 74).
Segeln lernen – **Boots-Charter in der Marina & Segelschule Plau am See** 6 : Seestr. 2 b, Tel. 038735 455 39, www.segelschule-plau.de. Sportbootführerscheine Binnen und See, Segelboote, Motorboote, Kindersegelkurse. ▷ S. 137

Auf Entdeckungstour: Die Lehm- und Backsteinstraße – Ökoprojekte zum Anfassen

In Plau beginnt die Lehm- und Backsteinstraße. Während der hier beschriebenen Rundtour per Auto lernt man drei Projekte kennen, bei denen sich alles um die natürlichen Baustoffe Lehm und Ziegel, regionales Handwerk sowie die Kultur des Kräuteranbaus dreht.

Reisekarte: ▶ D 6

Zeit, Länge: Tagesrundtour, 48 km
Planung: Wer ein Fahrrad im Auto mitnehmen kann, kann zwischendurch im **Naturschutzgebiet Marienfließ** (s. S. 141) radeln. Essen und Trinken gibt es in den Cafés des Kräutergartens Wangelin und der Ziegelei Benzin.

Start: Plau, Ortsausfahrt Richtung Ganzlin

Information: Verein für die Förderung angemessener Lebensverhältnisse FAL e.V., www.fal-ev.de

Die Lehm- und Backsteinstraße ist eine Rundroute, die u. a. mit verschiedenen Projekten des Vereins FAL e.V. bekannt macht, der sich die Förderung ökologischer Regionalprojekte in der Mecklenburgischen Seenplatte auf seine Fahnen geschrieben hat.

Allerlei altes Handwerk

Bei allem, was im **Wunderfeld-Laden** in **Plau** verkauft wird (s. auch S. 133), spielen traditionell gewachsene Arbeitsweisen eine große Rolle. Hier gibt es von Lebensmitteln bis zu Kleidung viele Produkte, die natürlich hergestellt sind: Brotaufstriche, Marmeladen sowie Gelees, Honig, Kräuter, Öle und Essige, Holzerzeugnisse, Naturkleidung, Filzwerk, Strickwaren, Schmuck und Accessoires (Steinstr. 16, **Plau am See**, Tel. 038735 812 20, www.wunderfeld.de, April–Dez. Mo-Fr 10–18, Sa 10–14, Jan.–März Mi–Fr 10–18 Uhr).

Lehm – ein Baustoff im Trend

Eine reetgedeckten Scheune in Gnevsdorf aus dem Jahr 1876 beherbergt das erste **Lehmmuseum** Deutschlands. Es informiert über Geschichte und Techniken der jahrtausendealten Lehmbauweisen auf der ganzen Welt, ist aber auch Ansprechpartner für alle, die selbst mit Lehm arbeiten wollen, sei es beim Bau eines Lehmbackofens für den Garten oder beim Innenausbau des eigenen Hauses mit farbigem Lehmputz.

Lehm ist optimal für den menschlichen Organismus: Er wirkt antiallergisch und schadstoffbindend, ist brandhemmend und schalldämpfend, im Sommer kühl, im Winter warm, absorbiert Elektrosmog und reguliert die Raumfeuchte. Wer Lehm einmal selbst formen möchte, darf das hier ausprobieren. Angeboten werden Wochenendkurse in Backofenbau und farbigem Lehmputz sowie während der Sommermonate kreativen Aktionstage, dazu Vorträge, Ausstellungen und Schaubacktage (Steinstr. 64 a, 19395 **Gnevsdorf**, Tel. 038737 338 30 od. 038737 202 07, www.lehmmuseum.de, Mai–Sept. Di–So 10–17 Uhr und auf Anfrage, Eintritt 3 €).

Paradies für Kräuterweiblein

Im größten Kräutergarten Mecklenburgs, dem **Wangeliner Garten**, kann man die blühende Pracht von über 900 Pflanzenarten in verschiedenen Abteilungen durchlaufen: Da wird fein säuberlich getrennt zwischen Bauerngarten, Naturgarten mit Streuobstwiese und Zaubergarten mit historisch bedeutsamen Wundermittel-Pflanzen. Spaß macht das Versteckspiel in den Irrgängen des Weidenlabyrinths und im Maulwurfshügel. In seinen unterirdischen Gängen erfahren Kinder und Erwachsene mehr über das Leben unter der Erde – dargestellt von Künstlerhand. Im Café, einem sinnlichen Naturbau, wird kalte und warme Küche serviert. Übernachten kann man ebenfalls – in liebevoll gestalteten Lehmhäusern (Nachtkoppelweg, 19395 Ganzlin, OT **Wangelin**, Tel. 038737 49 98 78, www.wangeliner-garten.de, Mai–Sept. tgl. 10–18, April und Okt. Mo–Do 10–16, Fr–So 12–17 Uhr, 4,50 €).

Stein auf Stein

Die **Historische Ziegelei Benzin** kann sich rühmen, die einzige Ringofenzie-

gelei Mecklenburgs zu sein, die noch für das Publikum zugänglich ist. Zentrum der Ziegelei ist der Hoffmannsche Ringofen, in dem fast 100 Jahre lang der typische rote Ziegel entstand. Vor Ort kann man das technische Denkmal ansehen und dabei den Weg des Rohstoffs vom Abbau bis zum fertigen Ziegel nachvollziehen. Die alte Technik funktioniert: vom Eimerkettenbagger über den Kollergang bis zur Schneckenpresse. Gemütlich ist die Fahrt im Parkeisenbähnchen rund um die große Tongrube. Zwar wird in der Ziegelei heute nicht mehr gebrannt, aber an wohngesundem Bauen interessierte Menschen können hier produzierte Lehmbaustoffe erhalten.

Überhaupt hat sich die Ziegelei während der letzten Jahre zu einem regelrechten Veranstaltungszentrum in der Region entwickelt: Im Scheunen-Café kann man eine kleine Pause einlegen und Räucherfisch essen oder den in der Scheunen-Galerie arbeitenden russischen Maler Valeriy Bigday besuchen. Die Termine für die monatlichen Markttage mit vielen bunten Verkaufsständen sowie für die Open-Air-Festivals von Schlagerparade und Rockmusik bis zu klassischem Theater erfährt man in der Plauer Touristinfo (s. u.) oder unter www.sonntagsboerse.de. Ziegeleiweg 8, 19386 Krotzow, OT Benzin, Tel. 038731 80 59, www.ziegelei-benzin.de, Mai–Sept. Mo, Do 11–17, Führungen 11 und 13.30; Sa, So, Fei 12–17, Führungen 12 und 14.30 Uhr. Gruppenführungen nach Anmeldung sind jederzeit möglich, 5 € inkl. Führung/ Kinder bis 16 Jahre 2,50 €.

Im Wangeliner Garten ist viel über Wildkräuter und Heilpflanzen zu erfahren

Für Paddler – **Kanu-Team** 7 : Lübzer Chaussee 17b (hinter der Brücke B 191), tgl. 9–20 Uhr, Tel. 038735 148 83 od. 0172 307 65 14. Kanus, Motorboote ohne Führerschein, Paddelboote.

Romantische Lampionfahrten – **Fahrgastschifffahrt Wichmann** 8 : Gerichtsberg 34, Anleger: An der Metow, Tel. 038735 444 49 od. Bordtel. 0172 741 54 10, www.fahrgastschiff fahrt-wichmann.de. Verschiedene Tagesfahrten, Specials: abendliche Grill- und Lampionfahrten.

Durch lebende Bäume – **Kletterpark Plau am See** 9 : Ziegeleiweg (auf dem Klüschenberg), Tel. 038735 81 97 38, www.kletterpark-plau.de, keine Mindestkörpergröße, Kinder unter 14 Jahren nur in Begleitung Erwachsener. Während der Sommermonate ab 10 Uhr und bei geeignetem Wetter nach Vereinbarung. Mehrere Seilparcours; geklettert wird unter den Augen eines ausgebildeten Kletterpark-Teams.

Tauchen – **Abenteuer und Wassersport** 10 : Hopfensoll 2, Tel. 038735 422 00, www.nitrokids.de. Tauchausbildung durch erfahrene Tauchlehrer.

Infos & Termine

Touristinfo Plau am See: Marktstr. 20, 19395 Plau am See, Tel. 038735 456 78, www.plau-am-see.de, Mai–Sept. Mo–Sa 9–18, So/Fei 10–16, Okt. und April Mo–Fr 10–17, Sa/Fei 10–14, Nov.–März Mo–Fr 10–16, Sa 10–14 Uhr.

Badewannenrallye Plau: Am dritten Juliwochenende, traditionsreiches Fest der ulkigsten Wasservehikel auf der Elde bis in den Plauer See hinaus, Tel. 038735 456 78, www.ilovewanne.de.

Plauer Ritterspiele: viertes Juliwochenende, Ritterkämpfe zu Pferd auf dem Burgengelände, mit mittelalterlichem Handwerkermarkt, Tavernenspektakel und Kinderbelustigung, Tel. 038735 456 78, www.mittelalterspass.de.

Müritz-Fischtage: Ende Sept./Anfang Okt. wird eine heimische Fischart aus den Binnenseen zum Thema erkoren, von den Fischern angelandet, mit einem Musikzug zum Fischerhof »An der Metow« gebracht. 14 Tage lang Kochevents mit Küchenchefs der Umgebung, www.mueritz-fischtage.de.

Bahn/Bus: Nächste Bahnhöfe sind Malchow und Parchim, von dort Busse nach Plau am See. Infos: Tel. 03991 64 5-0, www.pvm-waren.de.

Bus: vom ZOB Plau Busverbindung nach Goldberg, Güstrow, Dobbertin, Lübz und Malchow. Rundbus um den Plauer See (s. Infobox S. 118).

Ausflüge von Plau am See

Bad Stuer und Stuer ▶ E 6

Bad Stuer liegt am südlichen Zipfel des **Plauer Sees,** umrahmt von bewaldeten Hügelketten alter Buchen und Eichen, durchzogen von Wasserquellen. Nach 1845, als **Stuer** einen Ruf als »Kaltwasserheilanstalt« erworben hatte, entstand **Bad Stuer.** Bis etwa 1910 erlebte der Ort eine Blütezeit als Wasserheilbad mit Quellwasserbrunnen und gepflegten Wanderwegen. Hier wurde getrunken, geschwitzt und gebadet.

Einer der prominentesten Patienten war der Mundartdichter **Fritz Reuter**, der hier im Winter 1847/48 weilte, weil er hoffte, von seinem Alkoholismus geheilt zu werden. In seinen Briefen an den Freund Fritz Peters zeigt sich, dass man ihm die gute Laune nicht wegzuwaschen vermochte: »Mein ganzer Lebenslauf ist Wasser, ich werde damit begossen wie ein Pudel, werde darin ersäuft wie junge Katzen, sitze darin wie ein Frosch und saufe es wie ein Ochs ...«

Lieblingsort

Ausgesucht gut – Café Pfarrhof in Stuer ▶ E 6
Einen besonderen Ort zum Innehalten mit leckeren selbst gebackenen ländlichen Kuchen und Torten nach alten Rezepten, dazu ebenso leckerer Kaffee und auch Bio-Eis – sommers unter alten Kastanien und winters am gusseisernen Ofen in der ehemaligen Amtsstube –, das haben Manja Wulf und Gunnar Schütt aus diesem Fleckchen Erde geschaffen (Dorfstr. 20, Stuer, Tel. 039924 75 00 75, Mai–Okt. tgl. 14–18, Nov.–April Sa, So und Fei 14–18 Uhr, »Abendmahl« ab 19 Uhr nach Anmeldung, und Ferienwohnungen für 2–20 Personen gibt es auch, www.pfarrhof-stuer.de).

An den großen Seen um Malchow und Plau

Geführte Wanderung
Am Bärenwald geht es vorbei bis zum Südende des Plauer Sees und durch Stuer zurück, mit Ausführungen zur Bäderarchitektur, Geschichte des Ortes und der Gebäude (Dr. Brigitte Kassens: Im Tal der Eisvögel u. in Bad Stuer. 3 Std., Tel. 0173 202 82 63).

Im Tal der Eisvögel
Gegenüber vom Hotel Stuersche Hintermühle, neben dem kleinen Wasserfall am Stuerschen Bach, führt ein schmaler Waldweg nach zwei Minuten zum sog. ›Tal der Eisvögel‹. Mit ein bisschen Glück kann man hier einige der kleinen azurblau gefiederten Vögel links in einer hohen Lehmsteilwand brüten sehen. Die reinweißen rundlichen Eier legen sie in bis zu 2 m tiefen Brutröhren auf nacktem Boden ab. Nach 800 m erreicht man den »Forellenfischer«.

Bäderarchitektur in Bad Stuer
Die am Hotel vorbeiführende Straße führt zum **Haus Seeblick** mit der Adresse **Seeufer 11**, dem ehemaligen Wohnhaus des Heilpraktikers Gustav Bardey. Hier logierte Fritz Reuter während des zweiten Aufenthaltes im Winter 1868/69 privat. Der aus Rummelsburg bei Berlin stammende Bardey hatte 1862 die Wasserheilanstalt zunächst gepachtet. 1877 erwarb er sie, baute sie aus und gestaltete gärtnerisch die umgebende Landschaft. Die **Villa Seeufer 10** hatte sich der Sohn Hans Bardey, später leitender Kurarzt von Bad Stuer, 1896 oben auf dem Hügel errichtet. Aus diesem Grund wird das Anwesen auch **Berghaus** genannt.

Die sog. **Parkvilla** am Seeufer 17, ein prachtvolles Haus mit Schnitzwerk im russischen Stil, ließ der mit einer Russin verheiratete Zahnarzt Dr. Sührsen 1877 als Sommerresidenz errichten. Heute wird es für Apartments

Villengarten in Bad Stuer

genutzt. Sührsen, ein Freund Bardeys, war ab 1871 mit der Erfindung von Prothesen zu Geld gekommen.

Petruskirche in Stuer

Mai–Sept. ist der Vorraum mit Glastür in der Regel geöffnet; Schlüssel auf Anfrage im Pfarrhof-Café (s. Lieblingsort S. 139)

Gleich am Eingang von Stuer steht die Petruskirche, ein ausgesprochen hübscher barocker Fachwerkbau von 1717. Die Stuerer Dorfkirche ist eine in ihren Ausmaßen von 14 x 10 m außergewöhnlich große Einbaumständerkirche, eine der letzten Mecklenburgs. Innen hält ein Mittelständer aus Holz die Flachbalkendecke im Lot. Das Gestühl und die Patronatslogen mit ihrem schönen Wappenschmuck derer von Flotow stammen noch aus der Erbauungszeit. Nachfahren dieser Ritterfamilie liegen auf dem umliegenden Friedhof begraben. An der Kirchwand hängen sage und schreibe 65 Sargbeschläge der Flotows in Wappengestalt. Vom Meister des Güstrower Domaltars stammt vermutlich der wertvolle Schnitzaltar aus der Zeit um 1500.

Bärenwald Müritz bei Stuer

Am Bärenwald 1, www.baerenwald-mueritz.de, April–Okt. tgl. 9–18, Nov.–März tgl. 10–16 Uhr, Tel. 039924 791 18, 7,50 €, Kinder bis 14 J. 4 €, Familie 18 €, Anreise/Kombiticket s. Kasten oben

Der Bärenwald Müritz ist Europas größtes Bärenschutzzentrum und bietet Braunbären aus schlechten Haltungsbedingungen eine neue Heimat. In dem 16 ha großen Freigehege können Bären beobachtet werden, die die Tierschutzorganisation Vier Pfoten gerettet hat. Fast wie in freier Wildbahn können die Bären hier schwimmen, Höhlen bauen und den Wald durchstreifen. Für die Besucher gibt es

Bärenwald-Müritz-Ticket

Das Kombiticket ermöglicht einen Tagesausflug per Schiff ab Klink, eine Bus-Rundfahrt um den Plauer See und den Besuch im Bärenwald (www.baerenwald-mueritz-ticket.de, 30 €, Kinder 6–14 Jahre 15 €).

mehrere Informations- und Spielstationen: Outdoor einen Naturentdeckerpfad, einen Abenteuer-Waldspielplatz und ein Bio-Bistro sowie indoor, im barrierefreien Besucherzentrum eine Bären-Bibliothek und einen Andenken-Shop. Wer etwas mehr Abstand möchte, kann sich von der Besucherterrasse in Ruhe alles von oben ansehen.

Naturschutzgebiet Marienfließ ▶ D 6

16 km südwestlich von Plau, zwischen Retzow und Wahlstorf

Eines der schönsten Heidegebiete Deutschlands ist das Naturschutzgebiet Marienfließ in der Retzow-Stepenitzer Heide: 1838 Hektar abgelegene offene Landschaft. Das Naturschutzgebiet gehört zu einem Drittel zu Mecklenburg, zu zwei Dritteln zu Brandenburg. Besonders im August und September, wenn das violette Heide-Polsterkissen auf hellgelber Sandheide kilometerweit leuchtet, sind Spaziergang oder Radtour besonders zu empfehlen. Bis 1991 wurde das Gelände militärisch genutzt. Heute führt ein verzweigtes Wegenetz durch den munitionsfreien Ostteil mit idyllischen Wäldchen aus Birken und Büschen. Schmetterlinge flattern und Bienen summen durch die Luft. Ganz still und friedlich ist es hier. Von Retzow kommend trifft man auf einen Waldparkplatz mit überdachtem Picknicktisch.

Das Beste auf einen Blick

Die Mecklenburgische Kleinseenplatte um Mirow

Highlight!

Mecklenburgische Kleinseenplatte: Die vielen kleinen Seen im Dreieck zwischen Mirow, Rheinsberg und Wesenberg lassen Kanufahrer-Herzen höherschlagen. S. 144

Auf Entdeckungstour

Abenteuer Kanutour – die Rätzsee-Runde: Eine ganztägige Kanu-Rundtour, geführt von einem versierten Guide von Biber-Tours, ist ein unvergleichliches Erlebnis – ganz egal, ob man schon Paddel-Erfahrung hat oder nicht. Außer allergrößter seelischer Entspannung und ein wenig Muskelkater erfährt man auch viel über Seerosen, Eisvögel und »Rekord-Welse«. S. 152

Kultur & Sehenswertes

3-Königinnen-Palais auf der Schlossinsel Mirow: Eine interessante Ausstellung auf der zauberhaften ›Liebesinsel‹ der einstigen Residenz. S. 146

Schloss und Schlosspark von Rheinsberg am Grienericksee: In den südlichen Ausläufern der Seenplatte, schon im Ruppiner Land, wird man überrascht von der Idylle eines Anwesens, das sich der Alte Fritz während seiner Kronprinzenzeit geschaffen hat. S. 157

Aktiv unterwegs

Erbsland: In dem jahrhundertealten Anbaugebiet nordöstlich von Granzow gibt es Gelegenheit, bei einem Waldspaziergang Baumarten aus aller Welt kennenzulernen. S. 147

Genießen & Atmosphäre

Zum Biber in Diemitz: Manuel Regolin kocht gepflegt-bürgerlich, legendär ist sein Biber-Burger. S. 151

Restaurant im Strandhotel Mirow: Mit betörend schöner Lage am Mirower See. S. 151

Gourmethof Below: In Rita Dubbes altem Fachwerk-Bauernhaus kommt hochwertiges Bio-Essen auf den Tisch. Mit Hofladen. S. 161

Abends & Nachts

Schleusentheater Diemitz: Abendspektakel über den Kanal hinweg. S. 156

Geführte Nachtwanderung: Auf dem Weg von Wesenberg zum Rotemoor Tiere beobachten, Geräuschen lauschen ..., unterwegs mit einer zertifizierten Natur- und Landschaftsführerin. S. 161

Mecklenburgische Kleinseenplatte!

Die Kleinstadt Mirow, an der Südostseite des lang gestreckten Mirower Sees gelegen, bildet den Auftakt zur sog. Mecklenburger Kleinseenplatte, einer Gegend von ungefähr 300 kleinen und allerkleinsten Seen, die nicht rein mecklenburgisch ist, sondern sich bis ins Brandenburgische hinzieht. Auf der Landkarte sieht die Region aus wie eine reichlich ›blau gesprenkelte‹ Gegend und liegt ungefähr zwischen **Mirow** im Nordwesten, Neustrelitz im Nordosten, **Rheinsberg** im Südwesten und Fürstenberg im Südosten; **Wesenberg** liegt mittendrin.

Charakteristisch für die Kleinseenplatte ist die Orientierung auf den Wassersport. Die Gegend ist dünn besiedelt, touristisch aber sehr gut besucht und hat weniger Kulturelles, dafür aber umso mehr Wassersportmöglichkeiten zu bieten. Folglich sind die Ufer gut bestückt mit Kanustationen, Wasserwanderrastplätzen, Campingplätzen und Schleusenanlagen. Auch alle Campingplätze und manche größeren Hotels bieten ihren Gästen buchbare Kanutouren unter Leitung eines erfahrenen Wasserwanderführers an, was besonders Anfängern sehr zu empfehlen ist. Das gehört hier einfach zu einem Urlaub dazu!

Infobox

Verkehr
Die Kleinseenplatte ist so ländlich – da ist man am besten mit dem Auto oder dem Rad unterwegs!
Bus: Mecklenburg-Vorpommersche Verkehrsgesellschaft (MVVG), Tel. 0395 570 87 84 73, www.mvvg-bus.de.
Bahn: Die Hanseatische Eisenbahn, eine Kleinseenbahn und im Volksmund auch einfach »Der Hans« genannt, pendelt tgl. im 2-Std.-Takt zwischen Mirow, Weißer See, Wesenberg, Groß Quassow bis Neustrelitz und weiter Richtung Ostseeküste (Radmitnahme), Tel. 03395 30 99 48 24, www.egp-spnv.de.
Schiff: Eine dreistündige Schifffahrt von Mirow nach Rheinsberg bietet die Mirower Schifffahrtsgesellschaft, Tel. 039833 222 70, www.blau-weisse-flotte.de. Noch besser: Hinfahrt per Schiff, Rückfahrt per Rad (25 km).

Mirow ▶ G 7

Die Kleinstadt Mirow (4500 Einwohner) profitiert heute sehr von ihrer Lage am **Müritz-Havel-Kanal.** Gegründet wurde der Ort von Slawen, doch als Heinrich Borwin, Herr zu Rostock, ihn 1227 dem Johanniterorden schenkte, ließen sich hier Ritter nieder, um das Gebiet zu christianisieren. Sie erbauten ihr Ordenshaus, die Komturei auf der Schlossinsel. Aus dieser ›friedlichen‹ Absicht leitet sich auch der Ortsname Mirow her, denn das slawische *mir* heißt »Ort des Friedens«. Das weiße Kreuz im Mirower Stadtwappen deutet noch heute auf den Johanniterorden hin, der im 14. Jh. unter dem Komturherrn Liborius von Bredow großen Reichtum erlangte. Ländereien wurden dazugekauft und bewirtschaftet. Dieser Wohlstand lockte Handwerker und Bauern an, die sich am Seeufer ansiedelten, und allmählich entstand der Ort Mirow. Als sich der

Mirow

Strahlender Anziehungspunkt auf der kleinen Schlossinsel: das Residenzschloss Mirow

Johanniterorden 1587 auflöste, bezog Herzog Karl von Mecklenburg die Komturei als Residenz.

Auf der Schlossinsel

Lauschig und romantisch ist es auf der Schlossinsel im Mirower See, die durch eine kurze Feldsteinbrücke mit dem Ort verbunden ist. Empfangen wird man von einem weißen **Torhaus,** in dem sich Wohnungen befinden. Dieses älteste Mirower Gebäude wurde 1588 unter Herzog Karl erbaut und später zum Wahrzeichen der Stadt. Friedrich der Große, der während seiner Kronprinzenzeit die Fürstenfamilie vom nahe gelegenen Rheinsberg aus öfter besuchte, ist hier hindurchgeschritten.

Kirche der ehemaligen Johanniter-Komturei
Schlossinsel 2, Tel. 039833 263 57 od. 0160 290 68 80, www.johanniterkir che-mirow.de, Mai–Okt. tgl. 10–18 Uhr, Museum und Kirchturm Erw. 2 €, Kinder 6–18 J. 1 €

Links am Weg liegt die Kirche der ehemaligen Johanniter-Komturei. Sie ist das wieder aufgebaute Resultat eines Gotteshauses aus der ersten Hälfte des 14. Jh., das in den letzten Tagen des Zweiten Weltkrieges bis auf die Umfassungsmauern zerstört wurde. Von der ehemals barocken Innenausstattung ist leider nichts mehr erhalten. Im nördlichen Kirchenschiff führt eine schwere Eisentür zur **Fürstengruft**, einer Grablege für alle Herrscher des Hauses Mecklenburg-Strelitz im 18. und 19. Jh. Dieses sogenannte Mirower Erbbegräbnis hatte Herzog Adolf Friedrich II. 1704 begründet. Hier liegt der Leichnam Adolf Friedrichs IV., den **Fritz Reuter** in seinem Roman »Dörchläuchting« wenig charmant als knochengeizig charakterisierte, und auch die Eltern der Königin Luise von Preußen fanden hier ihre letzte Ruhestätte.

Wer sich die 146 Stufen des 41 m hohen Kirchturms hinaufarbeitet, er-

Die Mecklenburgische Kleinseenplatte um Mirow

reicht in 29 m Höhe die **Aussichtsplattform** und hat einen weiten Rundblick über die malerische Lage Mirows.

Mirower Residenzschloss

Tel. 039833 27 51 18 76 61, www.schlossmirow.de, April Sa, So, Fei 10–17, Mai, Juni, Sept., Okt. Di–So, Fei 10–18, Juli, Aug. tgl. 10–18 Uhr, Nov.–März Führung auf Anfrage, Schloss Mirow 6 € inkl. Audioguide, Kombiticket mit 3-Königinnen-Palais und Johanniterkirche 8 €

Am zentralen barocken Gartenrondell steht rechts das ockerfarbene Mirower Residenzschloss. Schon immer war die an drei Seiten von Wasser umflossene Landzunge ein bevorzugter Bauplatz gewesen: Als Erste hatten die Johanniter hier ihr Ordenshaus errichtet. Es wurde später überbaut durch ein Schloss, das sich Christiane Emilie Antonie von Schwarzburg-Sondershausen, die dritte Frau Adolf Friedrichs II., ab 1708 als Witwensitz erbauen ließ. Als es 1742 abbrannte, ging Baumeister Christoph Julius Löwe 1749–60 an den Wiederaufbau im barocken Stil.

Als die Fürsten des Hauses Mecklenburg-Strelitz ihre Hofhaltung 1761 endgültig nach Neustrelitz verlegten, versank Mirow in einen Dornröschenschlaf. Bis zur Wende wurde das Schloss zeitweilig als Museum, Dienststelle der Wehrmacht, Lazarett und Seniorenheim genutzt. Sogar die DEFA drehte hier einige Filme. 2013 wurde das Gebäude als Schlossmuseum mit Festsaal und Nebenzimmern wiedereröffnet.

3-Königinnen-Palais

Tel. 039833 26 99 55, www.3königinnen.de, April–Okt. tgl. 10–18 Uhr, Nov.–März Fr–Mo 10–16 Uhr, Di–Do auf Anfrage, 5/2 €, Familien bis 4 Kinder 12 €

3-Königinnen-Palais heißt das cremeweiße ehemalige Kavaliersgebäude in Erinnerung an die drei berühmten Töchter des Hauses Mecklenburg-Strelitz: die spätere englische Königin Sophie-Charlotte sowie ihre Nichten, die Preußenkönigin Luise und ihre Schwester Friederike von Hannover. Einst waren hier die Schlossküche und die Bediensteten untergebracht. Heute logieren in den Räumen die Mirower Touristinfo, ein nettes Lesecafé sowie eine kleine interaktiv gestaltete Ausstellung, in der sich alles um die drei Prinzessinnen des Großherzogtums dreht.

Schräg hinter dem Palais sieht man die **Remise**. In dem ehemaligen Stallgebäude finden kulturelle Veranstaltungen wie Konzerte, Ausstellungen und Lesungen statt.

Auf der Liebesinsel

Eine zierlich gebogene Brücke mit kunstvoll geschmiedetem Geländer führt auf die Liebesinsel, wo Adolf Friedrich VI., der letzte regierende Großherzog von Mecklenburg-Strelitz, begraben liegt. Der Grund für die Wahl dieses romantischen, aber unüblichen Bestattungsortes abseits der Familiengruft in der Johanniterkirche muss wohl der Selbstmord des Großherzogs gewesen sein. Er nahm sich 1918, im Jahr der Abdankung, das Leben, als er keinen Ausweg mehr aus der unglücklichen Liebesbeziehung zur Gräfin Daisy Pleß wusste und ihm zudem eine Spionageanklage ins Haus stand. Die **gebrochene Säule des Grabmonuments** auf der Liebesinsel symbolisiert das unerfüllt gebliebene Leben des Großherzogs.

Mirower Hubschleuse

Da Mirow am Müritz-Havel-Kanal liegt, ist die dortige Hubschleuse für Wassersportler wie eine Drehscheibe zwischen der Kleinseenplatte im Süden und der

Mirow

Seenplatte der Müritz im Norden oder, in einem größeren Rahmen gedacht: zwischen Berlin und Hamburg samt dem gesamten Ostseeraum. Von April bis Oktober schließen die großen Hubtore zu jeder vollen Stunde die Wasserkammer und heben oder senken die Schiffe um 3,50 m zwischen Elde- und Havelwasserspiegel. Dann steht auf der Brücke immer eine Traube von Menschen zur Beobachtung des Schauspiels.

Ausflug zum Erbsland
▶ G 6

Kostenloser Lageplan: bei der Touristinformation Mirow s. S. 156, Gruppenführungen ab 8 Personen bietet das Forstamt Mirow, Rudolf-Breitscheid-Str. 26, Tel. 039833 261 90, 2,50 €/Person, Kinder 1,50 €

Um das **Erbsland,** eines der ältesten und dendrologisch interessantesten Anbauversuchsgebiete des deutschen Bundesforstes, zu besichtigen, fährt man die Landstraße Richtung Granzow nach Norden etwa 3 km aus Mirow heraus, durch Granzow hindurch, nach 3 km geht es dann rechts ca. 1,7 km tief in den Wald hinein bis zum ausgeschilderten Erbsland (Waldweg allerdings für Pkw gesperrt). Früher bauten hier die Bauern aus dem nahen Dorf Qualzow ihre Erbsen an – daher vermutlich der Flurname.

Das Erbsland entstand vor gut 120 Jahren, als der Mirower Forstmeister Friedrich Scharenberg (1821–1901) ein 7 ha großes Terrain mit ausländischen Baumarten bepflanzte, um deren Eignung für die deutsche Forstwirtschaft zu erproben. Nach Scharenbergs Tod geriet sein Anbauversuch in Vergessenheit. So konnte über Jahrzehnte ungestört ein Arboretum entstehen, in dem sich fremde Baumarten, vor allem aus Nordamerika und Asien, mit einheimischen Stieleichen, Weißbuchen, Eschen, Ulmen, Moorbirken und Roterlen mischten. Erst ab 1960 wurde es wieder von der Försterei gehegt und gepflegt.

Ein Spaziergang im Erbsland ist zu allen Jahreszeiten empfehlenswert. Im Frühjahr blühen Vogelkirsche und Tulpenbaum und leuchten mit dem frischen Hellgrün der Tannentriebe um die Wette. Im Frühsommer blüht die Robinie, während im Herbst das Goldgelb der Hickorynuss zwischen dem Rot der Scharlacheiche leuchtet. Im Winter erstrahlen die vielen exotischen Kiefern, Fichten, Zypressen und Riesenlebensbäume wie in einem Märchenwald. Zu den größten Sehenswürdigkeiten zählen die 47 m hohen Küstentannen, vermutlich die stärksten Exemplare Mitteleuropas. Im Gebiet stehen Bänkchen, auf denen man sich niederlassen und die Bäume auf sich wirken lassen kann.

Zwar sind die Bäume beschriftet, aber im Erbsland kommt man besser zurecht, wenn man sich vorher den kleinen kostenlosen Lageplan bei der Touristinformation in Mirow abholt.

Ausflüge südlich von Mirow

Gleich hinter der Mirower Hubschleuse kann man nach links von der B 198 auf die schmalere Starsower Straße abbiegen.

Schwarz ▶ G 7
Nach wenigen Kilometern ist Schwarz erreicht, eine 400-Seelen-Gemeinde von adretter Ausstrahlung, mit einem barocken **Dorfkirchlein** und **Bauerngehöften** am **Schwarzer See**. Die Kirche stammt aus dem Jahr 1767. Der Kanzelaltar mit der Rokoko-Ornamentik und das seitliche Pastoren- und Patronatsgestühl sind noch aus der Erbauungszeit (Schlüssel im

147

Lieblingsort

Lyrische Morgenstimmung
Diese kleinen Bootshäuschen sind für die Kleinseenplatte in der Gegend um Mirow besonders typisch. So nah am Ufer, ja fast schon über dem Wasser, ist die zarte Atmosphäre einer frühen Morgenstunde einfach unvergleichlich. Mitunter vermieten die Einheimischen ihre Schatzkästlein – freilich ohne großen Komfort und meist nur wochenweise – auch an Feriengäste. Eine Nachfrage bei der Touristinformation Mirow lohnt sich (oder Anbieter, s. S 27).

Die Mecklenburgische Kleinseenplatte um Mirow

Pfarrhaus oder in der Küsterei gegenüber der Post). Wer Lust auf ein kleines Bad hat, kann zur **Liegewiese am Badestrand** laufen, nur 300 m von der Kirche entfernt. Der Sandstrand ist leicht zum Seeufer abfallend und wegen seiner Flachwasserzone für Kinder bestens geeignet.

Mirower Holm ▶ G 7

Weiter geht es auf der Landstraße nach Süden. Ein erster Stopp lohnt schon nach etwa 2 km an dem Naturcampingplatz auf der rechten Seite. Vor der großen Linkskurve um das Südende des **Zethner Sees** gibt es einen landschaftlich besonders schönen Ausblick auf den **Mirower Holm**, eine große Halbinsel am gegenüberliegenden Ufer.

Diemitz ▶ G 7

Die Landstraße führt weiter parallel zum Vilzsee über Schwarzer Hof, vorbei an Kiefernwäldern bis nach **Diemitz**. Mitten auf dem Dorfanger steht hier eine unauffällige barocke **Backsteinkirche** aus dem Jahr 1765. Eine gemütliche und warme Ausstrahlung hat die mit Holzbohlen bezogene Decke.

Ein paar Hundert Meter weiter biegt man nach rechts Richtung Canow ab und schon ist die **Diemitzer Schleuse** erreicht, die den Wasserspiegel-Höhenunterschied zwischen Vilzsee und Labussee für den Schiffsverkehr regelt (tgl. 7–19 Uhr).

Übernachten

Ideales Familienhotel – **Seehotel Ichlim**: Am Nebelsee 1, Lärz, OT Ichlim (bei Sewekow, 13 km südwestl. von Mirow), Tel. 039827 302 64 oder 602 53, www.seehotel-ichlim.de, DZ 69–104, Apart. 108–152 €, Ferienhäuschen 64–82 €. Sehr angenehmes Mittelklassehotel in waldreicher Natur. Eigener Privatbadestrand direkt vor dem Restaurant.

Hell und familientauglich – **Pension Am Peetscher See:** Dorfstr. 23, Peetsch (3 km südöstl. von Mirow), Tel. 039833 213 15, www.landhotel-peetsch.de, DZ 73 €. Behagliches, modernes Haus zwischen Wiesen und Feldern. Restaurant mit gutbürgerlicher Küche, Wellnessmöglichkeiten. Baden kann man im Schulzensee in Sichtweite.

Kinderfreundlich – **Bioland Ranch Zempow:** Birkenallee 3–12, Zempow (14 km südwestl. von Mirow), Tel. 033923 769 15, www.zempow.de, 225–515 € pro Woche. Schöne Ferienwohnungen und -häuser in ruhiger Lage am Rand eines (schon brandenburgischen) Minidorfes mit ökologischem Landwirtschaftsbetrieb. Ponyreiten.

Fröhlich dänisch angehaucht – **Ferienpark Mirow:** Dorfstr. 1a, Granzow (2 km nördl. von Mirow), Tel. 039833 600, www.allseasonparks.de, Ferienhaus 99–199 €. Schöne dänische Blockhäuser in offener Galeriebauweise, teilweise mit Kaminofen, Sauna, Whirlpool.

Vier Sterne und preiswert – **Jugendherberge Mirow:** stadtauswärts 3 km vom Bahnhof, Retzower Str., Tel. 039833 261 00, http://mirow.jugendherbergen-mv.de. Nach ökologischen Prioritäten umgebaut ist dieses Haus die wohl schönste und modernste Jugendherberge Deutschlands. Großes Freizeitangebot und Zusammenarbeit mit dem Naturseilgarten.

Total nett – **Biber Ferienhof:** Diemitz Schleuse 5, 17252 Diemitz, Tel. 039827 798 88, www.biberferienhof.de. Um einen gepflasterten Innenhof gruppierter Dreiseithof mit renovierten Stallgebäuden und Scheune. Darin freundliche Ferienwohnungen (50–85 €). Auf dem großen Wiesengrundstück auch Holzhäuser (65 €). Die familienfreundliche Gaststätte **Zum Biber** ist gleich um die Ecke (s. Essen & Trinken).

Mirow

Camping und Outdoor-Hotels

Auf einer Landzunge, die auf der einen Seite in den Kleinen Peetschsee und auf der anderen Seite in den Labussee ragt:

Im Wald – **C 24 Biber-Tours:** Diemitzer Schleuse 1, 17252 Diemitz, www.bibertours.de, Tel. 039827 305 99, tgl. 9–19 Uhr. Großzügiger Waldcampingplatz für Zelte und Wohnmobile sowie Zelthotels, Floßhotels und Wagenhotels.

Herrlich romantisch – **Zeltplatz Biber Ferienhof:** Diemitz Schleuse 5, 17252 Diemitz, www.biberferienhof.de, Tel. 039827 799. Wiesencamp mit viel Platz. Lagerfeuerplätze, dazu Kanu-, Floß- und Ruderbootverleih.

Essen & Trinken

Am Mirower See – **Restaurant im Strandhotel Mirow:** Strandstr. 20, Mirow, Tel. 039833 22 019, www.strandhotel-mirow.de, tgl. 7.30–21 Uhr, Hauptgericht 10–15 €. Bezaubernde Lage mit Sonnenterrasse und Wintergarten, Frühstück und durchgehend warme Küche, kinderfreundlich und familiengeführt.

Schnuckelig – **Blaue Maus:** Schlossstr. 11, Mirow, Tel. 039833 217 34, Mo–Fr ab 17, Sa, So ab 11 Uhr, Hauptgericht 8–17 €. Traditionsreiche Mirower Gaststätte in 250-jährigem Fachwerkhäuschen mit zwei Gasträumen, maritim und jagdmäßig eingerichtet.

Jung und gut – **Gaststätte Zum Biber:** Diemitzer Schleuse 5, Diemitz, Tel. 039827 799 35, www.biberferienhof.de, April, Okt. Fr–So 12–20.30, Mai, Sept. Do–Mo 12–21, Juni–Aug. tgl. 12–22 Uhr, Hauptgericht 6–17,50 €. Gekocht wird lecker, frisch und ohne Zusatzstoffe. Beliebter Knüller sind Fisch- und Biberburger.

Zum Lesen – **Café im 3-Königinnen-Palais:** Schlossinsel 2a, Mirow, Tel. 039833 26 99 55, www.3königinnen.de, April–Okt. tgl. 10–18 Uhr, Nov.–März Fr–Mo 10–16 Uhr, Di–Do auf Anfrage. Innen Lesecafé mit Büchersortiment, außen Caféterrasse mit Blick auf den Mirower See.

Aktiv

Zentral – **Strandbad Mirow:** Strandstr., Tel. 039833 220 19. Nur 5 Min. Fußweg zum Ortszentrum. Schöner Blick auf die Liebesinsel.

Bootsverleih und geführte Kanutouren – **Kanustation Mirow:** An der Clön 1, April–Okt. tgl. 9–19 Uhr, Tel. 039833 220 98, www.kanustation.de. Kanus, Kajaks, Tret- und Angelboote. Kanutouren mit Führung, kleiner Imbiss. An bestimmten Nachmittagen und Abenden gibt's Grünholzschnitzen und Puppentheater auf der Holzbühne am Strand.

Paddeln für Familien – **Kanustation Granzow:** Am Badestrand, Granzow (2 km nördl. von Mirow), Tel. 039833 218 00, www.kanustation-granzow.de. Kanus und Kajaks, Fahrräder. Laternenverleih für private abendliche Lampionfahrten oder geführt zur Mirower Liebesinsel für Gruppen ab 15 Teilnehmern.

Boote mit Rückholservice – **Bootsverleih Stegemann:** Strandstr. 20 (auf dem Gelände des Strandrestaurants), Tel. 039833 220 19, www.strandrestaurant.de. Ruderboote, Wassertreter, Kanus, Kanadier, Kajaks und führerscheinfreie und -pflichtige Motorboote.

Die Kugel rollt – **Bowling Scheune Peetsch:** Dorfstr. 20, Peetsch (3 km südöstl. von Mirow), Tel. 039833 208 87, www.bowlingscheune-heise.de Mai–Sept. tgl. ab 11, Okt.–April n. Vereinb., 9–15 €/Std. pro Bahn. Vier Bowlingbahnen und ein Billardtisch stehen zur Nutzung bereit.

Schiffstouren auf zwölf Routen – **Mirower Schifffahrtsgesellschaft:** Rotdornstraße (Am Hafen)   ▷ S. 156

Auf Entdeckungstour:
Abenteuer Kanutour – die Rätzsee-Runde

Die Rätzsee-Runde ist eine ganz wunderbare Tagestour, denn Seen und natürliche Kanäle wechseln einander ab und mit ein bisschen Glück bekommt man blühende Seerosen, Eisvögel und Seeadler zu sehen. Die Richtung der Tour kann nach der Windrichtung gewählt werden: Bloß keinen Gegenwind auf Vilz- und Rätzsee! Man kann auf eigene Faust fahren, Anfänger lassen sich besser von einem Biber-Tours-Guide führen.

Reisekarte: ▶ G 7
Länge: 16 km
Start: Allein-Paddler können an allen Einsetzstellen beginnen. Die von Biber-Tours angebotene Strecke beginnt am Labussee am **Campingplatz C24** von **Biber-Tours (1)**. Anmeldung: Diemitzer Schleuse 1, Mirow-Diemitz, Tel. 039827 300 11, www.bibertours.com. Gruppe ab fünf Pers., pro Pers. 35 € oder in Mietbooten auf eigene Faust.

Vorbereitungen an Land
Für die Paddeltour Rätzsee-Runde ist es günstig, pro Person ein Einerkajak zu mieten. Es gibt natürlich auch Zweierkajaks, aber sobald zwei Personen ein Boot fahren, müssen sie sich verständigen, und wer auf dem Wasser spricht, ist laut, und wer laut ist, sieht keine Tiere. Passend für Anfänger ist ein Recreational-Paddling-Boot. Es hat eine große Einstiegsluke mit ei-

ner sehr komfortablen Sitzverankerung, damit man besser fotografieren kann, ist relativ breit und damit kentersicher. Je nach Schulterbreite und Körpergröße wählt man die Länge des Doppelpaddels mit ovalem Blatt. Ist das Paddelblatt zu groß, ist man schon nach wenigen Kilometern erschöpft. Der Guide hilft bei der Auswahl. Vor der Abfahrt heißt es, die Schwimmweste anlegen und den wasserdichten Packsack verstauen: Darin ist alles, was nicht nass werden darf. Kleidung, Handtuch, Badesachen, Handy, Kamera, Fernglas. Er wird vorn am Kajak angeleint und zwischen die Knie geklemmt. Bei Biber-Tours steigt man vom flachen Steg, der nur 10 cm über der Wasseroberfläche steht, ins Boot. Das Einsteigen ist eine Kunst, die man sich aber vom Guide zeigen lassen kann!

Jetzt fahr'n wir übern See

Der **Labussee (2)** lässt sich am besten entlang des linken Uferrandes überqueren, gut 50 m vom Schilfgürtel entfernt. Hier gilt es, den Motorbooten nicht in die Quere zu kommen. Zwar hat ein Kanu als muskelbetriebenes Fahrzeug offiziell Vorfahrt, aber selbst wenn der Paddler bei einer Karambolage im Recht wäre, würde es ihm auch nichts mehr nützen. Einer der ersten Lehrsätze beim Paddeln ist: Wer auf dem Wasser Distanz hält, ist immer gut beraten.

Seerosen und Eisvogelbalz

Vom Labussee kann man nach links in die **Dollbek (3)** einbiegen *(bek: plattdt. für ›Bach‹)*. Bald weitet sich das kleine Fließgewässer etwas aus – und dann sieht man Seerosen und Teichrosen zu einem grünen Teppich auf dem Wasser vereint. Seerosen haben weiße und rosafarbene wachsartige Blütenblätter, Teichrosen blühen gelb und haben kleine kugelförmige Blüten. Beide stehen unter Naturschutz, weshalb der naturliebende Paddler sie nicht überfährt.

Das Ufer zu beiden Seiten ist moorig und wird von Schwarzerlen gesäumt. Die kräftigen Wurzeln dieser Bäume ragen knapp über das Wasser und bieten Eisvögeln einen idealen Sitzplatz zur Wasserbeobachtung. Diese saphirblauen Vögelchen mit orangefarbenem Bauchgefieder, kaum größer als Kanarienvögel, wirken beim Fliegen auf das menschliche Auge wie schnurgerade blaue Blitze. Jetzt ist es ratsam, sich untereinander nur noch per Handzeichen zu verständigen und die Ferngläser leise herauszuholen, denn Eisvögel haben eine große Fluchtdistanz von mindestens 100 m. Mit etwas Glück lassen sich Beutefang und Balz dieser kleinen Stoßtaucher miterleben: Das Männchen sitzt auf einem Zweig, stürzt sich plötzlich kopfüber ins Wasser, taucht nach einer Sekunde mit einem Fisch quer im Schnabel wieder auf, schlägt ihn gegen einen Zweig bewusstlos und fliegt damit zur Partnerin. Sie ziert sich erst einmal mächtig, bevor sie den Fisch dann gern als Gabe annimmt.

Auf dem Gobenowsee und Rast in der Drosedower Bek

Den anschließenden **Gobenowsee (4)** kann man in aller Seelenruhe genau in der Mitte überqueren, denn bis auf die Anlieger mit Sondergenehmigung sind Motorboote hier verboten. Nach kurzer Zeit passiert man die sehr schmale **Drosedower Bek (5)**. An einem alten Holzsteg kann man anlanden und ein Päuschen einlegen. Wer einen netten Guide hat, bekommt jetzt vielleicht ein zweites Frühstück. Der Rastplatz ist idyllisch und wer noch kurz zur Erholung dösen möchte, findet hier die besten Voraussetzungen.

»Rekord-Welse« im Rätsee

Die nächste Etappe der Tour ist der **Rätzsee (6)**, mit seiner Länge von 5 km und der Breite von 1 km ein typischer eiszeitlicher Rinnensee. Bei starkem Wind gibt es hier schon mal ordentlich Wellengang. Der Rätzsee gilt als ausgesprochen fischreich: Aale, Zander, Schleien, Maränen, Karpfen und Plötzen gibt es hier – und genau diese Tatsache zieht eine Menge anderer Tiere an. Während die Paddler an der Wasseroberfläche über sie hinweggleiten, machen bis zu 2,50 m große Rekord-Welse in 30 m Tiefe ihr Tagesnickerchen, denn Welse sind überwiegend nachtaktiv. Auch Graureiher und Fischadler kann man hier erleben sowie Kormoran-Schwärme. Die großen schwarzen Vögel, die man leicht an ihrem schnellen Flügelschlag erkennt, sind ausgezeichnete Fischjäger.

Eine leichte Portage

Am Südzipfel des Rätzsees, an der alten abgebrannten **Fleether Mühle**, ist das Gewässer zu Ende; hier gilt es anzulanden und das Boot über eine Strecke von 30 m zu tragen. Dazu haben die Boote Griffe an Bug und Heck und zu zweit lässt sich das leicht bewerkstelligen. Am Ufer gibt es einen Holzsteg, der eine prima Einstiegshilfe in das Gewässer bietet: Das Boot wird angelegt, man steigt von oben hinein – und ab geht's in die Oberbek!

Fauna-Beobachtung

In der **Oberbek (7)** kann man noch einmal für einige Hundert Meter die Schönheit und Ruhe der Kanäle genießen. Wer bis jetzt noch nicht in den Genuss einer Eisvogelsichtung kam, hat in der Oberbek gute Chancen. Auch Schwarzspechte, Graureiher oder Schwarzmilane lassen sich hier öfter beobachten. Unter der 2010 neu errichteten Holzbrücke bei **Fleeth** hindurch erreicht man schließlich den nordöstlichen Zipfel des etwas stärker befahrenen und oft auch ziemlich windigen **Vilzsees** *(vilz*: slaw. *vilec* für ›Fee‹. Mit etwas Glück bekommt man hier sogar See- oder Fischadler zu sehen. Aber erst, wenn sich das Gewässer zum Vilzsee weitet, wirklich erst dann ist Gelegenheit, sich ausgiebig über das Gesehene zu unterhalten.

Erlebnis Diemitzer Schleuse

Eine Abbiegung nach links führt in einen kurzen Kanal, der in den **Großen Peetschsee** mündet – und schon wieder wird es spannend, denn die **Diemitzer Schleuse (8)** ist erreicht. Der Ablauf einer Einschleusung folgt einer Art internationaler Boote-Choreografie: Zuerst fahren alle Motorboote in die Schleusenkammer ein, dann die Paddler – einer nach dem anderen, denn so eine

Schleusenkammer ist ganz schön eng. Der erste Paddler fährt sein Boot parallel zur Schleusenwand und hält sich an einer senkrecht in der Wand verankerten Stange fest. Der zweite hält sich am Boot des ersten, sodass jeweils zwei Paddler ein nebeneinander geparktes Päckchen bilden. Das hintere Schleusentor schließt sich, einen Moment herrscht gespannte Stille und dann beginnt der Wasserspiegel ganz langsam zu sinken. Für Anfänger ist das Runterschleusen leichter, denn beim Aufwärtsschleusen schießt das Wasser durch die Schütze im Obertor und verursacht so kräftige Strudel und Verwirbelungen, dass ein Paddler sich schon sehr gut festhalten muss, um nicht den Halt zu verlieren. Nachdem sich die vordere Schleusenwand geöffnet hat, halten sich die Paddler trotzdem noch so lange fest, bis alle Motorboote die Kammer verlassen haben – und erst dann paddelt man hinaus. Es folgt dabei einer hübsch dem anderen, wie Perlen an einer Kette.

Und am Schluss eine beherzte Anlandung

Kurz darauf kommt man wieder zum **Labussee** und überquert linker Hand eine Bucht, bevor man die Anlandestelle von Biber-Tours sieht. Anstatt gemächlich anzulanden, erlaubt der Guide die etwas spritzigere Variante, die aber nur hier erlaubt ist, weil sie ansonsten die Natur schädigt – und dann macht der Guide sie schnurstracks vor: Mit einem kräftigen Paddelschlag lässt er das Kajak auf den flachen Sandstrand auflaufen, steht einfach auf – und fertig!

Vogelbeobachtung vom Kajak aus: Graureiher fühlen sich wohl am Rätzsee

Die Mecklenburgische Kleinseenplatte um Mirow

und Schlossinsel, April–Aug., Tel. 039833 222 70 od. 0172 722 36 29, www.mirower-schifffahrt.de. Tgl. Rundfahrten über Seen und Kanäle der Umgebung.
Fahrradverleih zentral – **Zweirad Flitzer:** Rudolf-Breitscheid-Str. 12, Tel. 039833 205 19, www.zweirad-flitzer.de, tgl. 9–18 Uhr. Radverleih mit Pannennotdienst.

Abends & Nachts

Entspannend – **Schwimmende Floßbar:** Auf dem Campingplatz C 24 von Biber-Tours (s. S. 151), Tel. 039827 300 11. In afrikanischem Stil eingerichtetes Floß mit chilliger Bar.
Romantisch – **Autokino Zempow:** Dorfstr., Wittstock/Dosse, 7 km südl. von Mirow, Tel. 033923 704 26, www.autokino-zempow.com. Terrassenartig angelegter Zuschauerplatz mit gastronomischer Versorgung.
Launig – **Schleusentheater Diemitz:** Biber-Ferienhof, 17252 Diemitz, Tel. 039827 79 98 88, www.biberferienhof.de, Juli–Aug. So 20.30 Uhr nach Schleusenschluss, Eintritt auf Spendenbasis. Musik, Kabarett und Theater in guter Freiluftakustik quer über den Kanal. Decke mitbringen.

Infos & Termine

Touristinformation Mirow: Im 3-Königinnen-Palais, Schlossinsel 2a, 17252 Mirow, Tel. 039833 275 67, www.klein-seenplatte.de, Mai, Sept. Mo–Fr 10–18, Sa 9–15, Juni–Aug. Mo–Fr 10–18, Sa–So 9–15, Okt.–April Mo–Fr 10–16 Uhr.
Mirower Inselfest: an einem Wochenende im Aug., Hauptfest der Mirower. Tel. 0398 33 203 46 (Herr Smenteck von der Alten Schlossbrauerei).
1000-Seen-Marathon: Jedes Jahr Ende Sept.–Anfang Okt. organisiert Biber-Tours den krönenden Abschluss der mecklenburgischen Kanusaison für drei Wasserwanderstrecken: Über 21 km, 42 km und 62 km, Tel. 039827 300 11, www.1000seen-marathon.de.
Bus/Bahn: s. S. 144

Rheinsberg ▶ G 8

Nur 25 km von Mirow entfernt, in der wald- und seenreichen Landschaft des Ruppiner Landes, liegt das brandenburgische Städtchen Rheinsberg. Es gehört zwar nicht mehr zu Mecklenburg-Vorpommern, stellt aber – durch die Brille des Geologen betrachtet – doch einen der südlichsten Ausläufer der Seenplatte dar. Tatsächlich gab es auch in der Historie enge Verbindungen zwischen den Preußen und Mecklenburgern, sprich zwischen Rheinsberg und Mirow. So war Friedrich der Große, der Rheinsberg

Rheinsberg

sehr liebte und hier seine glücklichsten Kronprinzenjahre verlebte, häufig im herzoglichen Schloss in Mirow zu Gast.

Einen Ausflug nach Rheinsberg sollten Sie in jedem Fall einplanen, denn die Stadt hat viele bedeutende Sehenswürdigkeiten und mit der Kammeroper auch eine kulturelle Veranstaltungsreihe von internationalem Rang zu bieten. Die **geschlossene barocke Stadtanlage,** deren Zentrum der **Triangelplatz** mit der Postmeilensäule ist, entwarf Knobelsdorff nach dem großen Brand von 1740 neu. Die einheitliche Bebauung in rechtwinkligen Straßenkarrees ist als Ensemble noch weitgehend erhalten und stellt ein einmaliges Zeugnis friderizianischer Stadtplanung dar. Beim Abschreiten der Karrees trifft man auf viele schöne Lädchen mit netten Einkaufsmöglichkeiten.

Schlossanlage

Schloss Rheinsberg

Schlosskasse im Marstall, Tel. 033931 726-15 od. Pförtner, Tel. 033931 72 60, www.spsg.de, April–Okt. Di–So 10–18, Nov.–März Di–So 10–17 Uhr, 8 €, Familienkarte 15 €

1734 erwarb der preußische Soldatenkönig Friedrich Wilhelm I. das Rheinsberger Schloss für seinen Sohn, den Kronprinzen Friedrich, der später als Friedrich der Große in die Geschichte eingehen sollte. Friedrichs Lieblingsarchitekt **Georg Wenzeslaus von Knobelsdorff**, der ihm später auch Schloss Sanssouci in Potsdam errichten sollte, baute ihm aus der alten Renaissance-Wasserburg am **Grienericksee** ein repräsentatives dreiflügeliges **Barock-Schloss** mit Ehrenhof, Säulenkolonnade und zwei markanten Rundtürmen.

Beliebtes Ausflugsziel: das Barockschloss Rheinsberg am Grienericksee

Die Mecklenburgische Kleinseenplatte um Mirow

Wer eine Führung durch die Innenräume mitmacht, wird hie und da auf Anspielungen auf die Geschichte hingewiesen: Im **Konzertsaal** versinnbildlicht das mythologische Deckengemälde »Apoll vertreibt die Finsternis« vermutlich einen versteckten Affront gegen den als Tyrann empfundenen Vater des Kronprinzen. Beeindruckend sind der **Spiegelsaal** mit seiner Vorkammer und auch das **Bacchuskabinett**, denn sie zählen zu ganz frühen Zeugnissen der friderizianischen Innenraumgestaltung des Rokoko.

Schlosspark

Als Friedrich 1740 den Thron in Berlin bestieg, schenkte er das Schloss seinem jüngeren Bruder Prinz Heinrich, der hier bis zu seinem Tod 1802 lebte und in einer **Grabpyramide** im Schlosspark am Orangerieparterre beigesetzt wurde.

Beide Brüder hatten zwar häufig Differenzen, waren aber der Liebe zur Musik und den schönen Künsten gleichermaßen zugeneigt. So ließ Heinrich 1758 im Lustgarten das **Heckentheater** erbauen. Überhaupt kann man im Park zwischen **Feldsteingrotte**, **Laubengang** und **Gartenpavillon** bis zum Obelisken auf der gegenüberliegenden Seeseite wandeln.

Nach dem Tod Heinrichs geriet Rheinsberg in Vergessenheit, und erst Kurt Tucholsky machte es 1912 mit seiner Erzählung »Rheinsberg, ein Bilderbuch für Verliebte« zu einem Schauplatz der Weltliteratur.

Kurt-Tucholsky-Literaturmuseum

im Schloss Rheinsberg, Tel. 033931 390 07, www.tucholsky-museum.de, Di–So 10–16.30 Uhr, 4 €, Familien 8 €

Das Kurt-Tucholsky-Literaturmuseum im Schloss zeigt eine kleine Dauerausstellung, in der Bücher, Fotos und andere Dokumente zu Leben und Werk ›Tuchos‹ zu sehen sind, der sich 1935 entmutigt vom Terror der Nazis im schwedischen Exil das Leben nahm. Zum Museumsprogramm gehören monatliche Lesungen, die telefonisch erfragt werden können. Unter anderem lasen hier schon Günter Grass, Günter de Bruyn und Christa Wolf.

Schlosstheater

www.musikakademie-rheinsberg.de, Besichtigung nach Absprache, Tel. 033931 72 10

Auf der anderen Seite des Wassergrabens liegen nebeneinander das Kavalierhaus und das 1774 auf Heinrichs Wunsch hin erbaute Schlosstheater, das nach Restaurierung 1999 wieder eröffnet wurde. In dem Haus hat die Musikakademie Rheinsberg ihren Sitz, die jungen Musikern aus aller Welt ideale Probebedingungen bietet. Das Erprobte wird später im Schlosstheater oder auf Tourneen aufgeführt. Außerdem steht das Schlosstheater während der Sommermonate der Kammeroper Rheinsberg zur Verfügung, einem international renommierten Festival zur Förderung junger Sänger.

Essen & Trinken

Traditionell – **Ratskeller:** Markt 1, Tel. 033931 22 64, www.ratskeller-rheinsberg.de, tgl. 11–23 Uhr. Hauptgericht 10–18 €. Wo schon Fontane einst auf das Wohl der Stadt trank und an seinem Werk »Wanderungen durch die Mark Brandenburg« schrieb, kann man noch heute die deftigen märkischen Spezialitäten – wie z. B. einen Altbrandenburger Schmorbraten mit einem kühlen Berliner Pilsner – zu sich nehmen.

Liebevoll und gepflegt – **Seehof Rheinsberg:** Seestr. 18, Tel. 033931 40 30, www.seehof-rheinsberg.de, Hauptgericht 10–18 €. Mit Liebe hergerichtetes Hotel-Restaurant mit Kaminzimmer. Feinschmeckerqualität zu erschwinglichen Preisen. Angenehm sitzt man im gepflasterten und begrünten Innenhof.

Einkaufen

Günstige Werkstatteinkäufe – **Carstens-Keramik:** Rhinstr. 6 (5 Min. Fußweg vom Schloss), Tel. 033931 439 89, www.keramik-rheinsberg.de, tgl. 10–18 Uhr. Glaskunst aus Lauscha, Brandenburger Töpferware, Korbwaren u. a.

Aktiv

Fahrgastschifffahrt – **Reederei Halbeck:** Am Markt 11, Tel. 033931 386 19, www.schifffahrt-rheinsberg.de. Mehrmals tgl. Seerundfahrten, Halbtages- und Tagesfahrten auf modernen Panoramaschiffen mit Bordrestaurant, Ableger in der Seestraße. Dazu auch Verleih von Motorbooten, Kanus, Kajaks, Ruder- und Tretbooten.

Infos & Termine

Tourist Information Rheinsberg: Remise am Schloss, Mühlenstr. 15a, 16831 Rheinsberg, Tel. 033931 349 40, www.rheinsberg.de.
Konzerte der Musikakademie Rheinsberg: Jan.–Juni u. Aug.–Dez. Sa/So; Programm: www.musikakademie-rheinsberg.de, Karten: Tourist Information. Absolventen der Musikakademie sowie auswärtige Musiker führen ihre erarbeiteten Werke (Konzerte, Ballett, Musiktheater) im Schlosstheater oder der Umgebung des Schlossparks auf.
Kammeroper Schloss Rheinsberg: Juni/Juli/Aug.; Programm und Karten: Tourist Information Rheinsberg, Tel. 033931 349 40, www.kammeroper-schloss-rheinsberg.de, Karten 10–40 €. Festival zur Präsentation von jungen Weltelite-Gesangstalenten im Opernfach im Heckentheater, dem Schlossinnenhof oder dem Schlosstheater.
Rheinsberger Töpfermarkt: Am zweiten Wochenende im Oktober präsentieren über 70 Kunstkeramiker aus ganz Deutschland ihre Produkte auf der Schlossstraße und dem Kirchplatz, Tel. 033931 349 40.
Lange Nacht der Künste: am 1. Sa im Nov. Ausstellungen, Führungen, Lesungen und Konzerte in ganz Rheinsberg, Information, Tel. 033931 349 40.

Wesenberg und Umgebung ▶ G 6

Wesenberg

Obwohl eine Kleinstadt mit immerhin 3300 Einwohnern, hat Wesenberg am Ufer des Woblitzsees einen wohltuend dörflichen Charakter. Es wurde vermutlich um 1250 durch Fürst Nikolaus I. von Werle im Schutz seiner Burg gegründet. Wie viele der märkisch-mecklenburgischen Grenzstädte wechselte dieses Städtchen häufiger den Besitzer, bis es 1323 endgültig an Mecklenburg fiel.

Mein Tipp

Frischer Fisch!
Hier unten am See, in ungemein netter Atmosphäre, hat Fischer Eilke seine Räucherei und eine kleine Fischbräterei, in der man vom Fischbrötchen bis zur Fischplatte mal eben einen Happen essen kann (Seestr. 19a/Uferpromenade, Rheinsberg, Tel. 033931 395 86, April–Okt. Mi–Mo 12–22 Uhr, Hauptgericht 11–17 €).

Die Mecklenburgische Kleinseenplatte um Mirow

Findlingsgarten
Wustrower Chaussee (B 122), kurz vor dem Ortseingang von Wesenberg
Auf einer kleinen Anhöhe trifft man auf den Wesenberger Findlingsgarten. Zahlreiche, von der Eiszeit rundlich geschliffene Gesteinsbrocken sind mit Namenstäfelchen versehen und eine große Hinweistafel erläutert die Herkunftsländer der dicken Brocken.

Altstadt
Von der Planmäßigkeit, mit der Fürst Nikolaus I. Wesenberg anlegen ließ, zeugt der ovale Grundriss der Altstadt. Rund um den Marktplatz bilden hübsche Fachwerkhäuser und verputzte Bürgerhäuser im klassizistischen Stil ein fast geschlossenes Ensemble. Auf einer kleinen Anhöhe wurde die evangelische **Stadtkirche St. Marien** (Mo–Fr 9–17 Uhr) gut 50 Jahre nach der Stadtgründung erbaut. Der imposante **Lindenbaum** neben der Kirche von 8 m Umfang wurde wegen seines geschätzten Alters von 600 Jahren zum Naturdenkmal erklärt.

Im hinteren Winkel des Marktplatzes führt ein kurzer Weg bergan auf einen Hügel, wo die restaurierten Reste der ehemaligen **Burg Wesenberg** innerhalb einer Umfassungsmauer zu sehen sind. Der Blick fällt geradeaus auf das ehemalige Gutshaus, in dem die Touristeninformation und die Heimatstube ihren Sitz haben. Rechts liegen zwei alte Wirtschaftsgebäude, in denen eine **Fischerei-Ausstellung** (Fischer Borck, Tel. 039832 202 68) einiges zu den Wasservögeln dieser Region erzählt und auch die Stadtbibliothek untergebracht ist.

In der Südostecke erhebt sich der **Fangelturm** aus dem späten 13. Jh., im Unterteil quadratisch, im Oberteil rund. Oben lockt ein Panoramablick über den Woblitzsee und seine Umgebung.

Ausflüge von Wesenberg

Skulpturenpark Wesenberg: *3 km westlich von Wesenberg, www.kuenstlerbeiwu.com, Mai–Okt. Di–So 9–16 Uhr*
Auf dem weitläufigen Park- und Waldgelände am Nordufer des Großen Weißen Sees präsentiert die Peter-Wilmot-Thompson-Stiftung Skulpturen zeitgenössischer deutscher und australischer Bildhauer.

Ahrensberg ▶ H 7
5 km südöstlich von Wesenberg
Ein sehr schönes Ausflugsziel ist die älteste erhaltene hölzerne Hausbrücke Norddeutschlands in dem Straßendorf Ahrensberg. Unterhalb der Brücke hat der Fischer einen Imbiss, an dem viele Kanuten und Radler eine Jause bei Räucherfisch machen.

Am Useriner See ▶ G 6
Das Dorf Userin liegt am Rand des Müritz-Nationalparks, in unbeschreiblich schöner Lage am Ostufer des sehr schmalen und lang gestreckten Useriner Sees. Der weiche Sandstrand hat ein langes flaches Ufer und eignet sich bestens zum Faulenzen und Baden, oder um Boote ins Wasser zu lassen.

Übernachten

Familienhotel am Platze – **Borchard's Rookhus:** Am großen Labussee, Tel. 039832 500, www.rookhus.de, DZ 70–163 €, Suiten 175–220 €. Traditionsreiches Familienhotel im englischen Landhausstil, ausgezeichnete Küche.

Tolles Frühstück – **Bed & Breakfast:** Zwenzower Weg, Tel. 039832 200 43, www.pension-wesenberg.de, DZ 55 €. Rauchfrei, hell und freundlich; mit Sauna für Schlechtwettertage sowie Grill und Lagerfeuer nach Absprache. Ideal für kleinere Gruppen.

Wesenberg und Umgebung

Kinderfreundlich – **Villa Pusteblume:** Burgweg 1, Tel. 039832 213 05, Ferienwohnung 40 €. Schöne, Villa mit komplett ausgestatteten Ferienwohnungen in Drei-Sterne-Standard, Liegewiese mit Platz zum Spielen.

Essen & Trinken

Optimal für pausierende Kanufahrer – **Hotel-Gasthaus Peters:** Canower Allee 21, Canow (12 km südl. von Wesenberg), Tel. 039828 200 53, www.gasthaus-hotel-peters.de, tgl. ab 11.30 Uhr, Hauptgericht 7,50–13,50 €. Besticht durch seine Lage am Labussee. Deftige Küche, nachmittags eigener Kuchen und freitags Brot aus dem Lehmofen.

Einkaufen

Praktisch – **Kanumühle Wesenberg:** Ahrensberger Weg, Tel. 0398 32 20350, www.kanu-muehle.de. Kanuverleih und Shop mit Zubehör und Outdoor-Equipment.

Aktiv

Freies Baden – Badestellen am **Woblitzsee** und am **Großen Labussee.**
Schiffsrundfahrten – **Blau-Weiße Flotte:** Tel. 039833 222 70, www.schiffahrt-mueritz.de. Mit der »Königin-Sophie-Charlotte« nach Neustrelitz.

Abends & Nachts

Schön unheimlich – **Geführte Nachtwanderung mit Sabine Görmar:** Tel. 039832 265 58 oder 0151 50 10 73 28, www.sabine-görmar.de, Juni–Sept. Do, den Beginn bei tel. Anmeldung erfragen, Erw. 10 €, bis 12 J. 5 €. Die Natur- und Landschaftsführerin führt 2,5 Std. ca. 4 km von Wesenberg zum Rotemoor, empfohlen wird dafür dunkle Kleidung.

Mein Tipp

Hochwertig und urgemütlich: Gourmethof in Below ▶ H 6
Rita Dube führt den Biohof mit hausgezüchteten Angusrindern sowie Damwild. Und Robert Rausch macht die herzhafte, klassisch-kreative Küche daraus, größtenteils aus eigenen Erzeugnissen und den der umliegenden Biobauernhöfe. Beinahe alles, was im Restaurant auf den Teller kommt, wird auch im Hofladen zum Mitnehmen angeboten. Ein Kinderspielplatz und das Tiergehege beschäftigen die lieben Kleinen, derweil die Eltern in Ruhe genießen können (Belower Str. 2, 17255 Wesenberg, OT Below, Tel. 039832 265 82, Juli–Aug. Mo–Fr ab 14, Sa, So ab 11 Uhr, ansonsten s. Homepage, an festen Tagen: Barbecue Rocks, www.gourmethof.de, Hauptgericht 15–25 €)

Cinema – **Kino Wesenberg:** Bahnhofstr. 1a, Tel. 039832 266 01. Kleines, behindertengerechtes Kino mit großer Leinwand und Dolby-Digital-Surround.

Infos & Termine

Kleinseenplatte Touristik GmbH Wesenberg: Burg 1, 17255 Wesenberg, Tel. 039832 206 21, www.klein-seenplatte.de, Mai, Sept. Mo–Fr 10–18, Sa 9–15, Juni–Aug. Mo–Fr 10–18, Sa–So 9–15, Okt.–April Mo–Fr 10–16 Uhr.
Burgfest Wesenberg: am ersten Juli-Wochenende, mit historischem Festumzug, Trödlermarkt, Ritterkämpfen. Abends gibt es Tanz sowie Lagerfeuer mit zünftiger Ochsenbraterei am Spieß, Information unter Tel. 039832 206 21.

Das Beste auf einen Blick

Neustrelitz und die Feldberger Seen

Highlight!

Neustrelitz: Die ehemalige Residenzstadt des Großherzogtums Mecklenburg-Strelitz besticht durch ihren architektonischen Reiz als eine der letzten barocken Stadtgründungen Europas. Mit ihrer sternförmigen Stadtanlage, dem Kunstquartier, dem Schlossgartenensemble mit Hebetempel, neogotischer Schlosskirche, klassizistischer Orangerie und seinem Landestheater ist Neustrelitz der kulturelle Anziehungspunkt der Region. S. 164

Auf Entdeckungstour

Hans Fallada – Literaturgeschichte aus der Provinz: Wie sich während der 30er-/40er-Jahre des 20. Jh. ein Schriftstellerleben in der tiefsten mecklenburgischen Provinz anfühlte, zeigt ein Besuch im Fallada-Museum in Carwitz am Carwitzer See. S. 184

Kultur & Sehenswertes

Marktplatz Neustrelitz: Die sternförmige Anlage dieses Platzes, bei der acht Straßen in alle Himmelsrichtungen führen, ist einmalig in Europa. S. 164

Slawendorf Neustrelitz: Auf einer Landzunge am Zierker See zeigt das palisadenumzäunte nachgebaute Holzdorf, wie man vor 1000 Jahren lebte. S. 170

Zu Fuß & mit dem Rad

Radtour um den Zierker See: Eine kurzweilige Strecke mit Findlingsgarten, schönen Seeblicken und Badeplätzen. S. 171

Wandern im Urwald von Serrahn: Im Weltnaturerbe Alte Buchenwälder Deutschlands erlebt man einen Wald im ungestörten Naturkreislauf. S. 179

Wanderung um den Schmalen Luzin: Die Runde um das kristallklare Gewässer lockt mit Badestellen, romantischer Fähre und einer Schäferei. S. 183

Genießen & Atmosphäre

Café Sommerliebe in Carwitz: Bunt und fröhlich das Interieur, kreativ selbst gebacken und lecker die Kuchen und Torten. S. 190

Tenzo Gasthof in Triepkendorf: Schlicht und klasse! Das Gasthaus in traditioneller Lehmbauweise, die Küche überwiegend ökologisch. S. 191

Abends & Nachts

Kulturzentrum Alte Kachelofenfabrik in Neustrelitz: In dem coolen, aber dennoch warmen Backstein-Ambiente fühlt man sich gut aufgehoben. Neben Bar und Restaurant gibt es ein richtig gutes Programmkino. S. 170, 175

Hofkonzerte: Auf der Seeterrasse des »Abendseglers« in Feldberg gibt es jeden Samstagabend Livekonzerte von Jazz über Tango bis hin zu Klassik. Dazu werden aus dem Gewölbekeller Kleinigkeiten serviert. S. 191

Neustrelitz und die Feldberger Seen

Wer seine Ruhe haben will, ist hier genau richtig! In der Feldberger Seenlandschaft kann man noch sicher sein, dass außer weiter Natur, hie und da versehen mit kulturellen Einsprengseln, kaum etwas los ist. Wer großstadtmüde oder einfach rückzugsbedürftig ist, findet in dieser zutiefst beschaulichen, lieblichen Landschaft leichter zu einem gesunden Pulsschlag zurück.

Der **Naturpark Feldberger Seenlandschaft** umfasst rund 345 km² im Osten der Mecklenburgischen Seenplatte. Eckpunkte sind die nahe gelegenen Städte **Neustrelitz** im Westen und Woldegk im Osten, die B 198 im Norden und die brandenburgische Landesgrenze mit dem angrenzenden Naturpark Uckermärkische Seen im Süden. Die Stadt **Feldberg** liegt mittendrin, **Carwitz** am südöstlichen Rand.

Neustrelitz! ▶ H 6

Eigentlich war das heute benachbarte Städtchen Strelitz-Alt die ursprüngliche Residenz der Herzöge von Mecklenburg-Strelitz. Als dort aber 1712 das Residenzschloss abbrannte, fehlte das nötige Geld zum Wiederaufbau. Herzog Adolf Friedrich III., Großonkel der Königin Luise, entschied sich deshalb für die preiswertere Alternative, sein Jagdhaus Glieneke am **Zierker See** zu einer neuen Residenz auszubauen. Deshalb erließ er 1733 einen Gründungsaufruf für eine neue Stadt und nannte sie – wie kann es anders sein – Neustrelitz!

Während der folgenden Jahrzehnte bestimmten die Belange des Hofes die wirtschaftliche Entwicklung der Stadt. Neustrelitz war Grund und Boden des Landesherrn und der wünschte keine Ansiedlung von Industrie. Diese Einstellung aber rächte sich. Denn nachdem das Herzogtum Mecklenburg-Strelitz 1918 unterging, fehlte Neustrelitz jegliche Infrastruktur, um wirtschaftlich auf die Beine zu kommen. Wer heute die Altstadt durchstreift, kann den vornehmen Charme der ehemaligen Residenzstadt, die überwiegend von Beamten und Handwerkern bewohnt wurde, noch an vielen Gebäuden ablesen. Besonders Großherzog Georg, Bruder der Königin Luise, der von 1816 bis 1860 regierte, nutzte die Nähe zu Berlin und pflegte persönliche Kontakte zu bedeutenden Künstlern und Philosophen seiner Zeit, darunter die Baumeister Karl Friedrich Schinkel und Friedrich Wilhelm Buttel sowie der Bildhauer Christian Daniel Rauch und der preußische Gartenbaudirektor Peter Joseph Lenné.

Rund um den Marktplatz

Der **Marktplatz** ist das städtebauliche Zentrum der Altstadt, von dem sternförmig acht Straßen in alle Himmelsrichtungen ausgehen. Das ist einmalig in Europa, somit steht das

---

Infobox

Naturparkamt Feldberger Seenlandschaft
Haus des Gastes, Strelitzer Str. 42, 17258 Feldberger Seenlandschaft, OT Feldberg, Tel. 039831 27 00, www.naturpark-feldberger-seenlandschaft.de. Broschüren zu geführten Wanderungen und eine interessante Ausstellung zum Feldberger Naturpark.

Verkehr
Zugverbindungen nach Neustrelitz von Berlin, Rostock, Stralsund, Mirow. Von dort Busse in die Region, s. S. 177.

Neustrelitz

Stadtzentrum unter Denkmalschutz. Die Idee geht auf die Planung des »hochfürstlichen Kunstgaertners« und Baumeisters Christoph Julius Löwe zurück, der 1726 nach Strelitz gekommen war. Federführend beim Entwurf der Bürgerhäuser und öffentlicher Bauten war der Architekt Friedrich Wilhelm Buttel (1796–1869), ein Schüler Karl Friedrich Schinkels. Von ihm stammt das stattliche **Rathaus** 1, 1841 an der Ostseite des Marktplatzes errichtet.

Stadtkirche 2

Markt, Tel. 03981 20 15 16, www.kirche-neustrelitz.de, Mai–Sept. Mo–Fr 10–17.30, Sa 10–12.30 Uhr. In der übrigen Zeit kann der Kirchturm über den Eine-Welt-Laden, Glambecker Str., zu dessen Öffnungszeiten bestiegen werden: Mo, Mi 10–18, Di 13–18, Do, Fr 15–18, Sa 10–12 Uhr

Dominierend in der Randbebauung des Marktes ist die evangelische Stadtkirche, die der Neustrelitzer Hofarzt und Architekt Johann Christian Verporten (gest. 1794) 1778 erbaute. Der hohe Westturm im geradlinigen toskanischen Stil wird bei den Neustrelitzern kurzerhand »Bodderfatt« genannt. Der von innen eindrucksvolle Turm kann bestiegen werden und bietet eine schöne Aussicht über die barocke Stadtanlage bis hin zum Zierker See. Der in zartes Beige-Weiß getauchte Innenraum mit den zweigeschossigen Emporen und dem spätbarocken Kanzelaltar hat eine elegante Ausstrahlung.

Die streng symmetrisch, mit acht sternförmig ausgerichteten Straßen angelegte Altstadt von Neustrelitz ist die einzige ihrer Art in ganz Europa

Neustrelitz

Sehenswert
1. Rathaus
2. Stadtkirche
3. Kulturquartier Mecklenburg Strelitz
4. Carolinenpalais
5. Orangerie
6. Plastikgalerie Schlosskirche
7. Marienpalais
8. Tiergarten
9. Hirschtor
10. Standort ehemaliges Residenzschloss
11. Hebetempel
12. Königin-Luise-Gedächtnishalle
13. Landestheater Neustrelitz
14. Alte Kachelofenfabrik
15. Slawendorf Neustrelitz
16. Naturschutzgebiet Kalkhorst
17. Strelitzienskulptur

Übernachten
1. Hotel Schlossgarten

Essen & Trinken
1. Forsthaus Strelitz
2. Quer Beet
3. Zum Fischerhof

Aktiv
1. Badeanstalt am Glambecker See
2. Badestelle bei Prälank
3. Fahrgastschifffahrt
4. Pedal Point
5. Fahrradverleih am Stadthafen
6. Fahrradcenter Ballin

Abends & Nachts
1. Kino Movie Star
2. Tanzremise
3. Hofkonzerte Klein Trebbow

Kulturquartier Mecklenburg-Strelitz 3

Schlossstr. 12/13, Tel. 03981 239 09 99, www.kulturquartier-neustrelitz.de, tgl. 10–18 Uhr, Erw. 6 €, Kinder bis 12 J. 3 €, Familienkarte 12 €

Im ehemaligen Kaiserlichen Postamt von 1901 samt modernem Ergänzungsbau sind das Museum Neustrelitz, das Karbe-Wagner-Archiv und die Stadtbibliothek unter einem Dach zusammengeführt – ein unterhaltsamer Ort der Geschichte und Bildung. Über 800 Exponate, viele Ton- und Filmdokumente spannen den Bogen von der Gründung des Herzogtums Mecklenburg-Strelitz bis heute. Besonders spannend ist ein virtueller Rundgang durch das 1945 abgebrannte Neustrelitzer Stadtschloss. Abschließend locken Shop und Café mit Gartenterrasse.

Rund um den Buttelplatz

Der als Grünfläche gestaltete **Buttelplatz** dient im 18 Jh. als Paradeplatz. Heute steht hier das Denkmal Großherzog Georgs, der das Land von 1816 bis 1860 regierte. Das **Carolinenpalais** 4 erbaute Buttel 1850 eigens für Caroline, Tochter des Großherzogs Georg und geschiedene Kronprinzessin von Dänemark. Die hübschen architektonischen Dekorationselemente, wie der auffällige Zinnenkranz und der gotisierende Erker am südlichen Eckrisalit, sind der englischen Tudorgotik entlehnt.

Orangerie 5

An der Promenade 22, Tel. 03981 23 74 87, www.orangerie-neustrelitz. de, Sa 11.30–21, So 11.30–17 Uhr, auf Vorbest. auch andere Zeiten; z. Zt. wird es saniert und soll 2019 als Café-Restaurant wiedereröffnet werden

Das kleine Rokokogebäude von 1755 erhielt seine klassizistische Gestalt 1840/42 nach Vorschlägen der Architekten Schinkel und Buttel. Sein Inneres besteht aus drei wunderschönen repräsentativen Sälen in den Landesfarben Blau, Gelb, Rot. Auf der Gartenseite plätschert das Wasser in dem niedlichen, mit Kinderfiguren

bestückten **Märchenbrunnen** von Albert Wolff.

Plastikgalerie Schlosskirche 6
Hertelstr. 2, Tel. 03981 23 92 62, Mai–Sept. Di–So 11–18 Uhr
Die durch ihre schlanken Doppeltürme weithin sichtbare Schlosskirche wurde nach ihrer Vollendung im Jahr 1859 durch Friedrich Wilhelm Buttel vom Hof genutzt. Die Hauptfassade ist mit reichem Blendmaßwerk und den von Albert Wolff gefertigten Terrakottafiguren der vier Evangelisten geschmückt. Seit 2001 heißt das Gebäude **Plastikgalerie Schlosskirche**, da im Innenraum Skulpturen und Plastiken aus privaten Sammlungen und Museen oder Arbeiten zeitgenössischer Künstler zu sehen sind.

Marienpalais 7
Links neben der Kirche steht das Marienpalais, benannt nach seiner Bewohnerin Großherzogin Marie. In zwei Bauetappen wurde das hell erstrahlende, breit gelagerte Gebäude im Stil der Berliner Schinkelschule fertiggestellt. Nach dem Tod ihres Gemahls Großherzog Georg diente ihr das Palais als Witwensitz. Die Hermen- und Karyatidenfiguren an der Westseite des Gebäudes erinnern an das Erechtheion auf der Athener Akropolis.

Parken in Neustrelitz
Unbegrenztes und gebührenfreies Parken ist möglich auf folgenden Parkplätzen: Am Stadthafen, Tiergartenstraße am Schwanenteich, Louisenstraße an der Strelitzhalle, auf dem Rummelplatz an der Strelitzer Chaussee sowie entlang der Useriner Straße an der Uferzone des Zierker Sees. Von da aus läuft man jeweils 10 Minuten bis zum Marktplatz. Einen Reisemobilstellplatz gibt es am Stadthafen.

Neustrelitz

Tiergarten 8

Am Tiergarten 14, Tel. 03981 20 44 90, www.tiergarten-neustrelitz.de, Juni–Aug. 9–19, Mai, Sept. 9–18, April, Okt. 9–17, Nov.–März 9–16 Uhr

Für Kinder kann hier ein Aufenthalt ganz schön sein, da es viele begehbare Streichelgehege gibt, vorwiegend besetzt mit einheimischen Paarhufern u. a. mit Mufflons sowie Eseln. Den exotischen Akzent setzt das begehbare Berberaffengehege.

Das **Hirschtor** 9 ist der ehemalige Haupteingang des Neustrelitzer Tiergartens. Schon 1721 ließ Herzog Adolf Friedrich III. hier ein Wildgehege südlich seines Schlosses einzäunen. Das Portal zeigt zwei große Bronzehirsche, die Karl Friedrich Schinkel 1826 entwarf.

Im Biergarten der **Tiergartengaststätte** kann man sich an Fleischgerichten und Vegetarischem gütlich tun, während die Kinder auf dem Spielplatz toben.

Im Schlossgarten

Der Schlossgarten vermittelt zwischen der Stadt Neustrelitz und der umgebenden Natur. Das **ehemalige Residenzschloss** 10 der Herzöge von Mecklenburg-Strelitz, 1726 bis 1731 durch Christoph Julius Löwe erbaut, brannte allerdings 1945 während der letzten Kriegstage aus und wurde später abgetragen. Es befand sich oben auf der Terrassenanhöhe am Schlossberg, von wo man noch heute einen herrlichen Blick über den Schlossgarten am Ufer des Zierker Sees hat. Es lässt sich erkennen, dass der Schlossgarten aus zwei Partien besteht: der weitgehend original erhaltenen barocken Anlage mit Mittelachse und der westlichen

Orientierungspunkt im Schlossgarten: der Hebetempel

Erweiterung im Stil eines englischen Landschaftsgartens, die der preußische Gartenbaudirektor Peter Joseph Lenné Mitte des 19. Jh. gärtnerisch umsetzte. Den Übergang bildete die sogenannte **Seufzerallee,** ein langer, von Hecken und Hainbuchen gesäumter Gang.

Heute dient der Schlossberg während der Sommermonate alljährlich als Aufführungsort der **Festspiele im Schlossgarten,** eines Theaterprogramms für etwa 1000 Zuschauer, das jeweils eine Operette zur Aufführung bringt (Infos und Kartenservice, s. S. 176). Am schönsten ist die Stimmung im Schlossgarten während der Abendvorstellung, wenn man links hinter dem Bühnenrand auf die beleuchtete Schlosskirche schaut und oben am Himmel die Sterne leuchten.

Hebetempel 11

Optisch wirkungsvoll am Ende der Parkachse platziert ist der Hebetempel, ein kleiner Rundtempel. Die anmutige Marmorskulptur der Hebe, der griechischen Göttin jugendlicher Schönheit, die als Schenkin im Olymp diente, ist die Kopie einer gleichnamigen Figur des italienischen Bildhauers Antonio Canova.

Gedächtnishalle für Königin Luise 12

Oben auf dem Kaninchenberg und überschattet von einer riesigen Blutbuche steht die Gedächtnishalle für Königin Luise. 1891, 81 Jahre nach dem Tod der verehrten Königin, errichtete Bernhard Sehring dieses kleine Bauwerk. Der Innenraum birgt die Marmorkopie eines Sarkophags, die Albert Wolff 1891 nach dem Vorbild schuf, das sein Lehrer Christian Daniel Rauch für das Mausoleum im Charlottenburger Schlosspark von Berlin angefertigt hatte. Mit diesem Werk, das die ganze Anmut und die menschliche

169

Neustrelitz und die Feldberger Seen

Würde der Königin zum Ausdruck bringt, begann Rauchs Aufstieg zum bedeutendsten preußischen Bildhauer des 19. Jh.

Landestheater Neustrelitz 13
Friedrich-Ludwig-Jahnstraße 14
Diese älteste kulturelle Einrichtung der Stadt wurde im Jahre 1759 eigentlich als Reithaus eröffnet, dann aber 16 Jahre später zum Theater umgebaut. Auch hier wüteten 1945 bei Kriegsende die Flammen, sodass das Haus Mitte der 1950er-Jahre neu aufgebaut werden musste. Seit dem Zusammenschluss mit dem Schauspielhaus und der Philharmonie Neubrandenburg im Jahr 2000 finden im Neustrelitzer Landestheater häufig Philharmonische Konzerte der Neubrandenburger Musiker statt.

Am Hafen

Alte Kachelofenfabrik 14
Sandberg 3a, Tel. 03981 20 31 45, www.basiskulturfabrik.de
Die Alte Kachelofenfabrik ist ein Industriedenkmal aus der zweiten Hälfte des 19. Jh. Auf dem großen Gelände wurden zuerst Gefäße für Sauermilch – sogenannte Milchsatten, dann Töpferware und später Kachelöfen produziert, dies sogar bis 1963. Heute sind auf dem großen Gelände mehrere Gewerke zu einem Kulturzentrum vereinigt:

Für das leibliche Wohl sorgt die **Fabrik.Kneipe** mit Biergarten. Im hinteren Teil des Geländes gibt es ein wunderbares **Öko-Hotel** (s. S. 174) und **Öko-Ferienhäuser**.

Kulturell erfreut hier ein **Kino**, das mehrere Vorstellungen internationaler Filmkunst täglich, dazu regelmäßige Filmgespräche mit Schauspielern und Regisseuren anzubieten hat, darüber hinaus eine **Kunstgalerie für Zeitgenössisches**. Konzerte von Klassik bis Jazz, Lesungen, Theateraufführungen und Filmpreviews runden das Programm ab. Das Kulturzentrum erhielt 2005 den Bundespreis für Denkmalpflege, denn das ganze Areal besticht durch seine charmante Ausstrahlung.

Slawendorf Neustrelitz 15
Franzosensteg, Tel. 03981 23 75 45 (Kasse), 03981 27 31 35 (Büro), www.slawendorf-neustrelitz.de, Mitte April–Okt. Mo–Fr 10–17 Uhr, letzter Einlass 16 Uhr, Erw. 4 €, Kinder 2 €, Familienkarte 10 €
Die Slawen siedelten in weit verstreuten Stämmen von Mecklenburg-Vorpommern über Berlin-Brandenburg und Sachsen-Anhalt bis hinunter nach Sachsen etwa vom 7. Jh. bis ins frühmittelalterliche 12. Jh. Dann setzten sich die alten Kultorte in deutschen Städten fort. Der Stamm, der hier um Neustrelitz herum lebte, waren die Redarier.

Der Grund und Boden auf der kleinen Landzunge im **Zierker See** ist nicht wirklich archäologisch bedeutend, aber dennoch wurde das 1,4 Hektar große Areal in Erinnerung an die slawische Besiedlung durch ebenjene Redarier zum Schaudorf bestimmt. Während die Landseite durch einen übermannshohen **Palisadenzaun** aus 1300 Baumstämmen abgesteckt wurde, ist die Wasserseite zum Zierker See durch einen 180 m langen **Flechtzaun** gesichert.

Zahlreiche Gebäude und Unterstände in Blockhaus- oder Ständerbauweise sind als Wohn- oder Handwerkerhaus gestaltet. In der großen **Kulthalle** ist eine Ausstellung zu sehen und vom hohen **Wachturm**, der sogar eine Alarmglocke hatte, kann man weit über den Zierker See blicken. An allen **Handwerkerständen** kann man das Alltagsleben der Slawen nachvoll-

Neustrelitz

ziehen, selbst einen Korb flechten, ein Schwert schnitzen oder einen Specksteinanhänger bearbeiten. Highlight ist eine Fahrt über den Zierker See mit dem originalgetreu nachgebauten **Ruderschiff »Nakon«**. Wenn man Glück hat, kann man einmal richtiges echtes Slawenbrot probieren, das gerade im **Lehmofen** gebacken wurde.

Naturschutzgebiet Kalkhorst 16

6 km südlich von Neustrelitz

Zum Naturschutzgebiet Kalkhorst fährt man vom Neustrelitzer Marktplatz erst die Strelitzer, dann die Wesenberger Chaussee stadtauswärts und biegt etwa 150 m nach dem Kalkhorstweg links in den Waldweg zur Försterei Kalkhorst ab. Dort beginnt ein 3,2 m langer Wander-Lehrpfad durch das moorige Naturschutzgebiet bis zur Wasservogelwarte am Nordufer des Tiefen Trebbow. Eine Aussichtskanzel mit Hinweistafel lädt zur Beobachtung der Vögel ein (Fernglas mitnehmen).

Der Name Kalkhorst rührt aus dem späten Mittelalter, denn schon damals wussten die Strelitzer aus diesem Waldboden Seekalk zu gewinnen. Er hatte sich während der Eiszeit in dicken Schichten abgelagert.

Strelitzienskulptur 17

Auf dem Kreisverkehrsplatz an der Seestraße

Die Strelitzienskulptur des Wustrower Metallgestalters René Winter erinnert an die Entdeckung dieser afrikanischen Blume im 18. Jh. durch Joseph Banks, den Direktor des Royal Botanic Gardens in Kew (London). Er benannte sie nach der Neustrelitzer Heimat der britischen Königin Charlotte.

Radtour rund um den Zierker See

Länge: 12 km, ausgeschildert, Start: Neustrelitzer Stadthafen, Faltblatt mit Karte in der Tourist- und Nationalpark-Information Neustrelitz, s. S. 176

Die landschaftlich abwechslungsreiche Tour führt um den **Zierker See**, der über den langen, 1,40 m tiefen **Kammerkanal** Verbindung zur gesamten Mecklenburgischen Seenplatte hat

Vom **Stadthafen** fährt man entlang der Useriner Straße zum **Slawendorf** und befindet sich dann auf einem Abschnitt des Radfernwegs Lüneburg–Usedom. Anschließend gelangt man zur **Schlosskoppel**, eine 50 Hektar große waldartige Parkanlage, wegen ihrer Naturbelassenheit auch ›Urwald von Neustrelitz‹ genannt. Wer sich den artenreichen Laub- und Mischwald etwas genauer ansehen möchte, biegt an der Holzplastik »Große Mutter« vom Hauptweg ab und trifft auf die **Tabula**, eine kleine Ruheterrasse mit Tisch und Eichen-Bänken, an der die Hofgesellschaft gern Sängerwettbewerben lauschte.

An der 72,7 m hohen **Marienhöhe** vorbei führt die Route am Rande einer breiten Verlandungszone des Zierker Sees um den Südzipfel des Gewässers herum und trifft wieder auf die Use-

Radtour um den Zierker See

Lieblingsort

Seepavillon am Zierker See ▶ H 6
Auf diesem langen Holzsteg mit seinem schönen Geländer gehe ich gern aufs Wasser hinaus. Der Seepavillon an seinem Ende bietet Schutz vor Sonne und Regen. Hier kann man angeln, unterhalb des Steges mit dem Boot anlegen oder einfach den fantastischen Ausblick weit über den Zierker See mit seinen angrenzenden Wäldern genießen, und – wenn man nach links schaut – auf das Stadtpanorama von Neustrelitz. Erreichbar ist der Ausguck mit dem Hütchen-Dach entweder vom Stadthafen Neustrelitz aus (dem Trimm-Dich-Pfad durchs Schilf folgen) oder vom benachbarten Örtchen Zierke aus (an der Kreuzung Zierke/Wiesenthaler Weg Richtung Wasser laufen).

Neustrelitz und die Feldberger Seen

riner Straße. Gleich hinter der Brücke über den Kammerkanal geht es geradeaus in die Ansiedlung **Lindenberg**.

In Lindenberg biegt man rechts ab Richtung **Prälank-Kalkofen**, das für seinen **Findlingsgarten am Buteberg** bekannt ist. Hier wurden auf der grünen Wiese über 80 dicke Findlingssteine zusammengeschleppt und in Form einer Eule aufgestellt. Den Grundstock der Sammlung bilden Steine, die hier 1920 erstmals entdeckt und abergläubisch als Höhlenreste des Räubers Bute, der hier gehaust haben soll, gedeutet wurden. Wohlgeordnet und bezeichnet liegen da Brocken aus Granit, Sandstein, Porphyr, Gneis, Glimmerschiefer, Basalt und Diabas, alle vor 1,5 Mio. Jahren aus Finnland, Schweden und Dänemark vom eiszeitlichen Gletscher hergeschoben.

Hinter Prälank Kalkofen geht es rechts Richtung Torwitz. Linker Hand kann man sich an der offiziellen **Badestelle im Großen Prälanksee** abkühlen.

Ab der Siedlung **Torwitz** beginnen die großen **Niedermoorwiesen**. Wer ein gutes Fernglas dabeihat, kann hier Gänse, Enten, Kraniche und Rehe beobachten. In Torwitz trifft man auf die Straße nach **Zierke**, wo eine schöne **Dorfkirche** von Friedrich Wilhelm Buttel aus dem Jahr 1865 steht. Von Zierke aus führt der Weg am Ufer entlang als schön geschwungener Trimm-Dich-Pfad wieder zum Hafen Neustrelitz zurück. Unterwegs passiert man einen langen Holzsteg mit Pavillon, wo man eine kleine Pause zur Naturbeobachtung einlegen kann (s. Lieblingsort S. 173).

Übernachten

Klein und klassisch – **Hotel Schlossgarten 1**: Tiergartenstr. 15, Tel. 03981 245 00, www.hotel-schlossgarten.de, DZ 69–99 €, Hotel Garni. Ein kleiner, hübscher und zentral gelegener Altbau mit parkettiertem, betont stilvollem Biedermeier-Ambiente, Garten mit Liegewiese. Die Gästeliste ist illuster.

Familientauglich – **Öko-Hotel:** in der **Alten Kachelofenfabrik 14**: DZ 58–71 € (Wochenrabatt). Dem menschlichen Organismus wohltuendes Holz-Lehmhaus in moderner Kuben-Architektur. Die Zimmer sind sehr hell und ohne jeden Schnörkel möbliert.

Essen & Trinken

Mit Seele – **Forsthaus Strelitz 1**: Berliner Chaussee 1, Tel. 03981 44 71 35, www.forsthaus-strelitz.de, ganzjährig Mi–So ab 18 Uhr, Hauptgericht 8,50–13 €. Eine Slow-Food-Oase in renoviertem Forsthaus von 1912. Hofladen mit sehr leckeren Marmeladen, Säften von der Streuobstwiese und Schlachterprodukten – alles selbst gemacht und zum Mitnehmen, große Terrasse im lauschigen Forstgarten.

Für Neugierige – **Fabrik.Kneipe:** in der **Alten Kachelofenfabrik 14**, Reservierung: Tel. 03981 23 70 96, tgl. ab 17 Uhr bis open end, Hauptgericht 6,80–11,50 €. Cooles Mobiliar, aber durch die Backsteinwände gemütlich. Unschlagbar lecker ist das Chatchapuri, eine georgische Käsepastete, schön angemacht mit einer scharfen Mischung aus Rote Bete, Apfel, Meerrettich mit Oliven, Aioli und Baguette.

Bio-Küche, auch vegan – **Quer Beet 2**: Useriner Str. 9 (An den Gartenanlagen), Tel. 03981 498 04 57 oder 0151 51 03 89 41, April–Sept. Di–So 11–22, Okt.–März Di–Fr 16–22, Sa/So/Fei 11–22 Uhr, Hauptgericht 14–18 €. Christian Staff hat beim Küchenchef von Tim Mälzer gelernt. In seinem Häuschen mit Sommerterrasse serviert er Pasta-, Gemüse-, Fisch- und Fleischgerichte. Unbedingt probieren: Bio-Currywurst und das Schokoladenmalheur.

Neustrelitz

Auf die Schnelle – **Zum Fischerhof** 3 : Seestr. 15a, Tel. 03981 20 08 42, www.fischerei-neustrelitz.de, tgl. ab 11 Uhr, im Sommer bis ca. 23 Uhr geöffnet, Hauptgerichte 4–10 €. Der Fischladen nebenan hat täglich ab 7 Uhr geöffnet. Was Fischer Rüdiger Glashagen in Netz und Reuse vorfindet, kommt hier in der offenen Bistroküche zwischen zwei Brötchenhälften oder warm auf den Tisch. Schöne Essplätze: im Holzhäuschen, auf der Wiese, auf der Mole oder im Strandkorb am See.

Aktiv

Baden umgrünt – Bewachte **Badeanstalt** in der Neustrelitzer Innenstadt am **Glambecker See** 1 : Adolf-Friedrich-Str. 11, Tel. 03981 25 69 88, Mai–Sept. 10–20 Uhr, mit Beach-Volleyball. Außerdem freie Badestellen am **Domjüch-See**, am **Klugen See** bei **Klein Trebbow**, am **Langen See** bei **Weisdin**, am **Großen Prälanksee** bei **Prälank** 2 .
Mit dem Schiff weiter hinaus – **Fahrgastschifffahrt** 3 : Mole im Stadthafen, Tel. 039833 222 70, www.schifffahrt-mueritz.de (Fahrplan zum Download). Tgl. Fahrten von Neustrelitz über den Zierker See und die angrenzenden Gewässer durch die Mirower Schifffahrt.
Fahrradvermietung – **Pedal Point** 4 , Strelitzer Chaussee 278, Tel. 03981 44 16 38, www.pedalpoint.de. Mo–Fr 9–18, Sa 9–12 Uhr. Reparatur und Verleih, mit Zweitstation beim Hafenmeister, **Fahrradverleih am Stadthafen** 5 , Seestr. 11, Tel. 03981 26 29 96; **Fahrradcenter Ballin** 6 , Zierke 36, Tel. 03981 20 30 44. Mit Pannenhilfe.

Abends & Nachts

Schön groß – **Kino Movie Star** 1 : Kühlhausberg 16, Tel. 03981 48 92 50, www.moviestar-neustrelitz.de. Etwas außerhalb, mit mehreren Kinosälen, u. a. Arthouse-Programm, Dolby 3D.
Gutes Programmkino – **Fabrik.Kino 1 und 2**: in der **Alten Kachelofenfabrik** 14 , Tel. 03981 23 70 92 (Programmansage).
Vielfältiges Repertoire – **Landestheater Neustrelitz** 13 : Programm- und Karteninformation über Service Neustrelitz, Tel. 03981 20 64 00 od. 03981 27 70 (Zentrale), Mo–Fr 9–18, Sa 9–12 Uhr. Einheimische und auswärtige Ensembles: Schauspiel, Musiktheater, Konzert und Kabarett sowie ein engagiertes Kindertheaterprogramm.
Rustikal – **Tanzremise** 2 : Penzliner Str. 15, Tel. 03981 20 59 09 oder 0151 57 11 16 64, www.tanzremise.de, tgl. ab 11 Uhr und zu den Veranstaltungen. Gaststätte und Biergarten mit traditioneller Küche, in der junge Leute aus der Gegend Musical-Shows aufführen, u. a. für die ganze Familie.
Individuell – **Hofkonzerte Klein Trebbow** 3 : Dorfstr., 16, OT Klein Trebbow, Tel. 03981 44 13 08, www.hof-konzerte.de. Gabriele und Christoph Poland holen Jazz, Soul, Gitarrenmusik, Gesang und Kleinkunst in die stimmungsvolle ländliche Atmosphäre ihrer Scheune.

Mein Tipp

Sandstrand in Wanzka ▶ H 6
In Wanzka am Wanzkaer See, 10 km nordöstlich von Neustrelitz, gibt es einen schönen breiten Badestrand mit hellem weichem Sandufer und Kinderspielpatz. Der kleine Ort liegt in dem bisher touristisch noch nicht so sehr frequentierten Erholungsgebiet Serrahn-Wanzka, weshalb es hier auch in der Hochsaison meist nicht so voll ist.

Neustrelitz und die Feldberger Seen

Anlegen am Feldberger Haussee mit Blick auf den Kirchturm der Feldberger Stadtkirche

Infos & Termine

Tourist- und Nationalpark-Information Neustrelitz: Strelitzer Str. 1, 17235 Neustrelitz, Tel. 03981 25 31 19, www.neustrelitz.de, Mai–Sept. Mo–Fr 9–18, Sa–So 9.30–13, Okt.–April Mo–Do 9–12, 13–16, Fr 9–12 Uhr.
Hafenbüro Neustrelitz: Semmelweisstr. 20, Tel. 03981 26 29 96, www.neustrelitz.de, Mai–Sept. tgl. 8–20, April u. Okt. tgl. 9–18 Uhr.
Festspiele im Schlossgarten Neustrelitz: Im Juni/Juli. Veranstaltungskalender und Karteninformation über den Theaterservice (Tel. 03981 20 64 00, www.festspiele-schlossgarten-neustrelitz.de) oder die Touristinformation Neustrelitz. Tausende Zuschauer begeistern sich jedes Jahr für die Open-Air-Vorstellungen im Neustrelitzer Schlossgarten, darunter werden Operetten wie »Frau Luna« oder »Die Csárdásfürstin« aufgeführt. Die Vorstellungen sind Produktionen des Landestheaters Neustrelitz mit der Neubrandenburger Philharmonie, der Deutschen Tanzkompagnie Neustrelitz sowie auswärtigen Künstlern.

Feldberger Seenlandschaft

Eine Besonderheit des Naturparks **Feldberger Seenlandschaft** ist, dass hier alle typischen Landschaftsformen der Eiszeit auf dem relativ kleinen Raum von 75 km^2 vorkommen. Acht große und ungezählte kleine Seen, hübsch in Landschaftsmulden gebettet, gehören dazu. Die großen muss man einfach kennen: Es sind der **Breite** und der **Schmale Luzin**, der **Haussee**, der **Lütte See**, der **Carwitzer See**, der **Zansen**, der **Dreetz** und der **Wootzen**. Zusammengenommen machen alle Seen ein gutes Fünftel des Gebietes aus. Nicht umsonst begeisterte sich der Schriftsteller Hans Fallada, der in den 30er-Jahren des 20. Jh. hier lebte: »Von allen Fenstern aus sehen wir Wasser …«. Die Eiszeit hinterließ Grund- und Endmoränen sowie flussartige Talrinnen, die das abwechslungsreiche und typische Landschaftsbild dieser Gegend ausmachen.

Um die artenreiche Flora und Fauna optimal schützen zu können, wurden innerhalb des Naturparks bisher 15 kleinere Naturschutzgebiete ausgewiesen, meist einzelne Seen, Moore und Wälder. Die Naturschutzgebiete werden touristisch ›sanft‹ genutzt, das heißt, der Besucher kann sie zu Land auf den ausgewiesenen Wegen oder zu Wasser mit dem Ruderboot erkunden.

Besonders stolz ist das Feldberger Naturparkamt auf ›seine‹ Fischotter und Biber, deren Anwesenheit in jedem Fall für die Qualität des dortigen Wassers spricht. Beide Tierarten sind so scheu, dass man sie kaum zu Gesicht bekommt. Wittert ein Biber den Menschen, klatscht er kräftig mit seiner Kelle und ist ruck, zuck verschwunden.

Feste im Slawendorf Neustrelitz: Über das Jahr verteilt, Veranstaltungen z. B. am Kindertag, am Vatertag oder zur Sommernachtsparty, Tel. 03981 23 75 45 od. 03981 27 31 35.
Bahn: Bahnhof Neustrelitz, Rudi-Arndt-Platz 2, Reiseservice Tel. 03981 23 80 41, Mo–Fr 6.45–17.30, Sa 7.30–12.30, So 12.30–18 Uhr. Zugverbindungen s. Infobox S. 164.
Bus: Vom Bahnhofsvorplatz fahren Busse in die Feldberger Seenlandschaft. Mecklenburg-Vorpommersche Verkehrsgesellschaft (MVVG), www.mvvg-bus.de, Tel. 03981 48 14 73.

Neustrelitz und die Feldberger Seen

Feldberg ▶ J 6

Feldberg, seit 2015 staatlich anerkannter Kneipp-Kurort mit rund 3000 Einwohnern, hat sich mit den umliegenden Dörfern und Flecken im südlichen Bereich des Naturparks zur Großgemeinde Feldberger Seenlandschaft zusammengeschlossen – und so kommt man auf stattliche 4600 Einwohner! Feldberg selbst mutet an wie eine Kleinstadt ohne wirklich städtischen Charakter. Reizvoll, ja fast märchenhaft platziert in einer malerischen Landschaft, am Westufer des Haussees, ist sie schon von Ferne an ihrem spitzen Kirchturm auszumachen.

Geschichte

Vom 7. bis zum 9. Jh. stand auf dem Nordwestufer des Breiten Luzins fast 60 m über dem Haussee ein slawischer Kultplatz, eine gewaltige Burganlage, in der fast 1000 Menschen lebten. Lange wurde hier die Stammesburg der Redarier, das Heiligtum »Rethra«, vermutet, doch drei archäologische Grabungen in den Jahren 1885, 1922 und 1967 haben dies widerlegt. Erst 1236, als das Stargarder Land in den Besitz der Askanier gelangte, setzte die deutsche Kolonisation ein. Dabei entstand eine frühmittelalterliche Grenzburg, auf deren Grundmauern seit 1782 das **Drostenhaus** steht, das auffällige Fachwerkgebäude am Amtsplatz 4, in dem der Droste, wie man den Verwalter eines Amtes nannte, seinen Sitz hatte (heute Apartmenthaus Drostenhaus Feldberg, s. S. 189). Alsbald entstand um die Burg herum die Siedlung Feldberg, die sich allmählich immer weiter bis aufs Festland ausbreitete.

Schon während des 19. Jh. entwickelte sich Feldberg zu einem beliebten Erholungsort. 1855 entstand hier gar eine Wasserheilanstalt für die Urlaubsgäste. 1932/33 wohnte der Schriftsteller Hans Fallada für kurze Zeit in dem Feldberger Hotel Deutsches Haus in der Strelitzer Straße 18, während er die Renovierung seines 6 km entfernten Carwitzer Wohnhauses (s. Entdeckungstour S. 184) abwartete.

Heimatstube Feldberg

Amtsplatz 36, Tel. 039831 206 76, Mai–Okt. Mo/Mi/Fr 14–16, Sa/So/Fei 10–12, 14–16 Uhr

In dem ehemaligen Spritzenhaus aus dem Jahr 1827 mit dem putzig heruntergezogenen Glockendach ist eine Mini-Ausstellung zur Ortsgeschichte mit Gebrauchsgegenständen aus dem ländlichen Alltagsleben zu sehen. Anhand des Studiums der verschiedensten Ausstellungsstücke erfährt man u. a., wo bronzezeitliche Hügelgräber und slawische Burgreste in der Umgebung zu finden sind.

Mein Tipp

Köstlichkeiten für Feinschmecker in der Alten Schule ▶ J 6

Im ehemaligen Klassenzimmer regiert der gute Geschmack, denn es kocht Daniel Schmidthaler – alias Souschef in der Quadriga bei Bobby Bräuer in Berlin und wiederholt mit einem Michelin-Stern ausgezeichnet. Feinste, jahreszeitlich durchschmeckte Landküche, bei der die Zutaten ausschließlich aus heimischen Kräutergärten, Seen und Ställen stammen. Nicole Schmidthaler serviert und führt das schöne Hotel (**Alte Schule Hotel & Restaurant**, OT Fürstenhagen, 7 km östl. von Feldberg, Tel. 039831 220 23, www.hotelalteschule.de, Hauptgericht 36–38 €, 4-Gänge-Menü 68 €, DZ ab 90 €).

Feldberger Seenlandschaft

Evangelische Stadtkirche
Tel. 039831 204 05, im Sommer tgl. 10–18 Uhr, ansonsten Schlüssel im Pfarramt, Prenzlauer Str. 18
Auf dem Festland mitten im Ort erhebt sich die evangelische Stadtkirche, ein kreuzförmiger Backsteinbau, der 1875 vollendet wurde. Die Stilspracheverrät die späte Nachfolge des bedeutendsten preußischen Baumeisters Karl Friedrich Schinkel. Aus der Erbauungszeit stammt auch das Altargemälde des Malers Georg Kannengießer (1814–1900), der lange Jahre in Neustrelitz die Großherzogin von Mecklenburg-Strelitz unterrichtet hatte und in dieser Zeit viele Kirchen der Umgebung mit seinen Gemälden ausstattete.

Feldberger Wiesenpark
Parkplatz Strelitzer Straße, dann Zugang von der Kastanienallee 200 m weiter, naturkundliche Führungen über die Kurverwaltung, Tel. 039831 27 00
Der Spaziergang durch dieses »**Wiesenmuseum**« beginnt am Haupteingang an der Strelitzer Straße, wo ein ca. 1 km langer Holzsteg durch vier Wiesenlandschaften führt, zunächst durch eine nährstoffreiche Feuchtwiese, dann durch eine nährstoffarme Sumpfwiese, die nur einmal im Jahr die Sense sieht, anschließend durch eine dreijährige Brachfläche, in der das Schilf mannshoch steht, und zuletzt durch eine zehnjährige Brache, die von Weidengebüsch durchsetzt ist. Hier wachsen Kräuter, brüten Vögel, flattern Schmetterlinge – ein artenreiches Nebeneinander in unterschiedlichsten Strukturen.

Auf dem Naturerlebnispfad durch den Buchen-Urwald Serrahn ▶ H 6
Start: Zinow (Auto evtl. an der B 198 in Carpin parken, Fahrt mit dem Linienbus bis zur nächsten Station nach Zinow), Ziel: Carpin, Länge: 8 km, Dauer: 4 Std., Beschilderung: grünes Buchenblatt, mit Richtungspfeilen, Einkehr: privates Gartencafé in Serrahn bei Kristina Lange-Weber, wetterabhängig meist tgl. ab 14 Uhr, klingeln od. tel. Anmeldung erbeten, Tel. 039821 402 04
Am **Eingangsbereich Zinow** beginnt die Wanderung in Richtung Serrahn. Achtung: Gleich zu Beginn den Naturerlebnispfad nach links benutzen! Nach gut 2 km kann man auf einer kleinen Lichtung in der **Lauschecke** Platz nehmen. In dem alten, ausgehölten Eichenstamm von gut 2,20 m Durchmesser, hört man fast keine Naturgeräusche mehr, so ruhig ist es darin! Auf dem weiteren Weg trifft man rechts zwischen den Bäumen auf zwei Hängematten (hineinlegen erwünscht). Damit soll dem Besucher die Bedeutung des Lichtes für die natürliche Waldentwicklung demonstriert werden, denn wo es hell ist, wächst von unten die Naturverjüngung nach, aber unter dunklen Buchen eben nicht. Weiter geht es zu einem imposanten hölzernen **Aussichtsturm**. Von oben schweift der Rundblick über ein großflächiges

Auf dem Naturerlebnispfad durch den Buchen-Urwald Serrahn

Lieblingsort

Bei den Schäfern in Hullerbusch ▶ J 6

In ihrem Hofladen bieten die Geschwister Josephine und Jakob Hermühlen alle Produkte, die aus ihrer biologischen Zucht Rauwolliger Pommerscher Landschafe hervorgehen. Klein und fein ist das appetitliche Angebot: Wurst und Braten aus dem Fleisch der Lämmer. Schön warme Socken, Westen und naturfarbenes Strickgarn werden aus der Wolle der Tiere hergestellt. Leckerer Ziegenkäse vom befreundeten havelländischen Capriolenhof wird dazugekauft. Hier esse ich mittags gern frische heiße Lammwiener oder hausgemachte Lammsoljanka mit einem Stück selbst gebackenem Kuchen zum Nachtisch. **Hofladen Schäferei Hullerbusch:** Hullerbusch 2, an der Straße Carwitz–Wittenhagen, OT Feldberg, Tel. 039831 200 06, aktuelle Öffnungszeiten ersichtlich auf der Homepage: www.schaeferei-hullerbusch.de.

Neustrelitz und die Feldberger Seen

Verlandungsmoor, in dessen Schilf und Wollgras sich so manches Wildschwein versteckt. Aber auch Kraniche, Rohrdommeln (Abb. s. S. 59f) oder Rohrweihen sind hier mit dem Fernglas zu beobachten. Das Moor entstand im 18. Jh. infolge der Absenkung des Wasserspiegels des **Großen Serrahnsees**. Neben dem Turm schlängelt sich der schmale Pfad entlang des Großen Serrahnbruchs. Ein Felssteinbrocken erinnert an die Ausgrabung der historischen slawischen Dorfstelle **Saran**, die hier ab ca. 900 bis 1440 existierte.

Unweit davon eröffnet sich ein zauberhaftes einzigartiges Idyll bei der Überquerung des langen Moorsteges. In diesem intakten **Moor** wachsen zahlreiche seltene Pflanzen. Viele sind beschildert und können genauer studiert werden.

Wie eine verwunschene Erscheinung taucht plötzlich **Serrahn** zwischen dem Grün der Bäume auf – bestehend aus vier Häusern: zwei Privathäusern (Gartencafé und Fotoausstellung), dem 1911 erbauten **Forsthaus** und einem **Ausstellungsgebäude des Müritz-Nationalparks**, in dem Fotos und Texttafeln die Geschichte und Einzigartigkeit des Weltnaturerbes präsentieren.

Ab Serrahn führt der Weg durchs Naturerbe: Hier beginnt der reine Buchenwald und somit der schattigste und kühlste Teil der Wanderung. Denn eine Buche hat ein so dichtes Laubdach, dass in ihrem Schatten nur wenige andere Pflanzen heranwachsen – außer neue Buchen! Bald taucht links ein einladender **Picknicktisch** auf. Von hier lässt sich die unglaubliche Naturschönheit und atemberaubende Stille am Ufer des **Schweingartensees** genießen. Auf dem Rückweg nach Carpin passiert man unterwegs noch zwei sehr schöne intakte Moore, das **Moosbruch** und das Bixbeerenbruch.

Aktiv

Wassertreten im Natursteinbecken – **Arm- und Bein-Kneippbecken**, Im Kurpark, Strelitzer Str. 42; **Bein-Kneippbecken**, etwas außerhalb, Parkplatz Waldhotel Stieglitzkrug, Schlichter Damm 10, von dort knapp 1 km ausgeschilderter Fußweg. Beide Becken sind von April bis Oktober öffentlich und unentgeltlich zugänglich.

Carwitz ▸ J 6

Carwitz, auch ein Ortsteil der Feldberger Seenlandschaft, ist ein ausgesprochen nettes und ruhiges Straßendorf mit sage und schreibe 200 Einwohnern. Der Ort erstreckt sich rechts und links einer einzigen Landstraße, die parallel zum Schmalen Luzin und rechtwinklig zum Carwitzer See gebaut wurde.

Carwitz ist Literaturkennern ein Begriff, da der Schriftsteller Hans Fallada hier von 1933 bis 1944 mit seiner Familie lebte (s. Entdeckungstour S. 184).

Dorfkirche
Schlüssel im Pfarramt Feldberg, Tel. 039831 204 05, www.dorfkirche-carwitz.de
Der turmlose rechteckige Fachwerkbau der Dorfkirche von Carwitz stammt von 1706. Kunstgeschichtlich interessant ist der acht Jahre später entstandene Kanzelaltar. In den architektonischen Aufbau des Kanzelkorbes sind übermalte spätgotische Schnitzfiguren und Flügel eines älteren Altars eingearbeitet.

Naturschutzgebiet Schmaler Luzin
Der **Schmale Luzin** – eben schmal und sehr lang – ist das klassische Beispiel für einen flussartigen Rinnensee, wie sie während der Eiszeit so zahlreich in der Seenplatte entstanden sind.

Feldberger Seenlandschaft

Mit seinen 40 m hohen, bewaldeten Steilufern, seinen ›Felsen‹, wie man in Mecklenburg die eiszeitlichen Steinwände nennt, wurde auch dieser See 1939 zum **Naturschutzgebiet Hullerbusch und Schmaler Luzin** erklärt. Von geradezu überwältigender Schönheit, ist der Blick auf das Wasser, wenn es je nach Tageszeit und Sonnenlicht entweder verheißungsvoll helltürkis, leuchtend grün oder zart transparent wie im Elysium schimmert.

Fridolin-Wanderung um den Schmalen Luzin

Start: Ortseingang von Carwitz, Länge: 12,5 km, Dauer: 4 Std., Beschilderung: grau-schwarzer Dachs auf grüner Wiese, Einkehr: Carwitz, Café Sommerliebe (s. S. 190), Schäferei Hullerbusch (s. S. 180) oder Hotel-Restaurant Hullerbusch (s. S. 189)

Der Wanderweg ist benannt nach dem frechen Dachs Fridolin, dem Held eines Kinderbuchs von Hans Fallada.

Am Ortseingang von **Carwitz,** gleich gegenüber der Windmühle, beginnt unten an der Badewiese ein schmaler Waldwanderweg, der über mehrere Kilometer am Ufer des **Schmalen Luzins** entlang bis nach Feldberg führt. Ungefähr auf halber Strecke, am **Schmal,** der tatsächlich engsten Stelle des Luzins, passiert man die offizielle **Badestelle Ziegenwiese.** In Feldberg geht es vom Waldparkplatz (Picknicktische) hinter der Luzin-Klinik 105 Stufen hinunter zum Fähranleger. Hier trifft man den freundlichen Gemütsmenschen Thomas Voigtländer, den Fährmann der in ganz Europa einzigartigen handbetriebenen **Seilfähre,** die täglich im Halbstundentakt auf die gegenüberliegende Halbinsel, den Hullerbusch, übersetzt (Bordtel.: 0170 307 01 28, Fährzeiten siehe www.luzinfaehre.de). Drüben angekommen, geht es wieder eine Treppe hinauf durch den Wald bis auf die Straße zum **Hotel-Restaurant Hullerbusch.** Hier wendet man sich nach links Richtung Wittenhagen. Nach knapp 1 km, an einer Infotafel, geht es rechts hoch auf den **Naturlehrpfad Hullerbusch.** Über den steinig-bergigen **Hünenwall,** vorbei am **Kesselmoor,** auf das ein etwa 10 m langer Holzsteg zur Naturbeobachtung hinausführt, geht es weiter geradeaus zum sagenumwobenen **Teufelsstein,** der angeblich vom Teufel einem Menschen hinterhergeworfen worden sein soll. Hier biegt man nach rechts ab und gelangt, vorbei am halbrund aufgeschütteten **Hünenfriedhof,** zum alten **Jagenstein** (alte Forstabmessung), durchwandert von hier aus die weiten Wiesen des **Hullerbusches,** auf denen man die Schäfer von Hullerbusch mit ihrer Herde antreffen oder gleich in der Schäferei einkehren kann. Den ers- ▷ S. 187

Wanderung um den Schmalen Luzin

Auf Entdeckungstour: Hans Fallada – Literaturgeschichte aus der Provinz

Carwitz ist Literaturkennern ein Begriff: Hier bewohnte der Schriftsteller Hans Fallada mit seiner Familie von 1933 bis 1944 ein Anwesen am Carwitzer See. Aus Wohnhaus samt Scheune und Garten hat die Hans-Fallada-Gesellschaft e.V. ein Museum gemacht – so schön und originalgetreu, dass man sich mühelos in die unterhaltsamen Lebensumstände von Familie Fallada einfühlen kann.

Reisekarte: ▶ J 6
Lesetipp: Hans Fallada, Heute bei uns zu Haus, Aufbau Verlag Berlin 2012
Ort: Zum Bohnenwerder 2, Carwitz, Tel. 039831 203 59, www.fallada.de, April–Okt. Di–So 10–17, Nov.–März Di–So 13–16 Uhr, Führungen n. Vereinbarung, Eintritt 4 €, ermäßigt 3 €, Kinder unter 6 Jahren frei
Hinweis: gebührenfreies Parken am Ende der Carwitzer Ortsdurchfahrt, 400 m vor dem Fallada-Haus

Die Vorgeschichte ...

... ist perfektes Drama: Nach einer höchst problematischen Kindheit, einer Einweisung in die Nervenheilanstalt, einer Rauschgift- und Alkoholentziehungskur sowie zwei Gefängnisaufenthalten wegen Unterschlagung macht der Roman »Kleiner Mann – was nun?« seinen völlig verarmten Autor Rudolf Ditzen (1893–1947) im Jahre 1932 unter dem Pseudonym Hans Fallada schlagartig berühmt. Fallada kam mit dem überraschenden Erfolg nicht zurecht, fing erneut an zu trinken und verschleuderte das Geld. Da geleitete ihn seine Frau Anna geschickt in das entlegene Dörfchen Carwitz, nur zwei Autostunden von Berlin entfernt und doch so angenehm zurückgezogen von der Welt.

Auf der Veranda …

… sitzend, den Blick über Garten und Carwitzer See schweifen lassend, kann man die Atmosphäre dieses zauberhaften Ortes spüren. In seinem autobiografischen Buch »Heute bei uns zu Haus« schildert Fallada auf mitreißende Weise, wie er in Mahlendorf – so heißt Carwitz in dem Erinnerungsbändchen – ein reichlich verfallenes Bauernhaus, die Büdnerei 17, kauft: »… in völliger Ahnungslosigkeit hatte ich einen der schönsten, stillsten Erdenflecken eingehandelt … Was ich dir nicht schildern kann, lieber Leser, das ist die Lage dieses Landhauses, ein wenig abseits vom Dorf, zwischen Obstbäumen, von hohen Tannen beschirmt, am Ufer eines großen Sees. Der See ist sehr tief, sein Wasser kristallklar, noch in der stärksten Sommerhitze bleibt es kühl.«

Dass die Leute im Dorf ihn freilich für verrückt halten, erfährt Fallada dann bei einem Besuch im Gasthof: »Ein paar Leute sitzen da, ich kenne sie nicht, sie kennen mich nicht, ich bin ein Kurgast für sie. Eine Stimme erhebt sich und spricht: ›Da hat ja so'n Berliner Dösbartel das Haus in Mahlendorf gekauft. Zwölftausend Mark soll er dafür gegeben haben. Daß die Dummen nicht alle werden!‹ ›Dat segg man, Päule!‹, stimmt der Wirt eifrig zu. ›Zwölfdusend Mark – und is doch bloß ne Baracke, die alle Tage einfallen kann! Herrgott, wie groß ist dein Tiergarten!‹ ›Meine Herren!‹, sprach ich hoheitsvoll. ›Der Dösbartel aus unsers Herrgotts Tiergarten – der bin ich!‹ Sah sie alle der Reihe nach an und verschwand unter tiefem Stillschweigen.«

Küche und Esszimmer …

… sind auch voller Geschichten: Mit der Zeit vergrößert sich der Carwitzer Hausstand. In »Heute bei uns zu Haus« schildert Fallada die häusliche Mittagsrunde mit dem treuen Gärtner Onkel Herbert und der kapriziösen Hausdame Fräulein Bäht. Gelegentlich kommen Freunde zu Besuch, darunter auch Falladas Verleger Ernst Rowohlt, und werden aufs Beste von Anna bewirtet. Fallada schwärmt begeistert: »Ist im August der Tag sehr heiß, ist es beinahe Essenszeit, so stürzen, gesotten vom Küchenherd, Hausfrau und Haustöchter erst noch einmal in den See. Ein wenig feucht, aber kühl und lächelnd setzen sie sich an den Tisch.« Mittags sitzt er mit seiner Tochter Lore, genannt Mückchen, stundenlang am Esstisch und erzählt ihr Ge-

schichten. Der Grund dafür ist einfach: Mückchen ist die langsamste Esserin der Welt und Fallada will ihr die Zeit dabei vertreiben.

Im Arbeitszimmer ...
..., das mithilfe der beiden Fallada-Söhne so weit wie möglich wieder auf den Stand von 1938 gebracht wurde und jetzt so wirkt, als habe der Dichter eben den Schreibtisch verlassen, steht das originale Mobiliar und sogar Falladas alte Remington-Reiseschreibmaschine.

Hier verfasst der disziplinierte, nahezu pingelig an ein festes tägliches Arbeitspensum gebundene Schriftsteller weitere 14 Romane und Geschichten, bedeutende darunter: »Wer einmal aus dem Blechnapf frißt«, »Wolf unter Wölfen« und »Der eiserne Gustav« oder die Kindererzählungen »Hoppelpoppel, wo bist du?« und »Geschichten aus der Murkelei«. Fallada erzählt humorvoll, volkstümlich und zeitnah. Er hat ein Auge für das Leben der kleinen Leute in den wirren Jahren zwischen den beiden Weltkriegen. Mit sachlicher Genauigkeit beschreibt er ihre Freuden und Nöte. Schon damals erkennen die Germanisten einen der bedeutendsten deutschen realistischen Erzähler in ihm.

Doch nicht nur vor sich selbst, auch vor den Nazis ist Fallada nach Mecklenburg geflüchtet. Schon 1933 hatte ihn die SA einmal verhaftet. Bis nach Carwitz verfolgen ihn ihre Attacken. Eingeschüchtert weicht Fallada in seiner Schreiberei der Problematik des sozialen Realismus vorübergehend aus und macht schließlich vor den Nazis einen »Knicks«, wie er selbst es ausdrückt.

Im Garten ...
... steht noch das Bienenhaus, in dem Fallada zwölf Bienenvölker hielt. Außerdem leben in Hütte und Stall der Neufundländer Brumbusch, die Kuh Olsch und zig Hühner. Unermüdlich rackern die Ditzens und verwandeln den heruntergekommenen Hof unter den erstaunten Augen des gesamten Dorfes in ein blühendes Anwesen. Im Garten steht Falladas Bootshaus, das 2010 originalgetreu wiederhergerichtet wurde.

Im Balkonzimmer ...
... kann man Filme anschauen, in denen Falladas Sohn Ulrich vom Leben im Carwitzer Haus und vom unseligen Ende des Vaters erzählt. Fallada beginnt ein Verhältnis mit der 30 Jahre jüngeren, suchtkranken Ursula Losch, die so ganz anders ist als die eher mütterliche Anna, die immer auf »ihren Jungen« aufpassen musste. 1944 wird Fallada geschieden und in die Neustrelitzer Heilanstalt zwangseingewiesen. Im Jahr darauf heiratet er Ursula, und als er mit nur 53 Jahren in Berlin elend stirbt, ist sie die Erbin aller Rechte an seinen Büchern. Doch die Witwe braucht Geld und verkauft die Rechte nach und nach an Privatpersonen; erst der Aufbau Verlag hat sie über Jahrzehnte wieder zusammengetragen.

Die Scheune ...
... wurde nach 1995 zu einer kulturellen Begegnungsstätte, die besonders im Sommer genutzt wird. Oben, im ehemaligen Gärtnerzimmer, hat das Fallada-Archiv sein Domizil, das von Philologen aus aller Welt besucht wird.

Auf dem alten Dorffriedhof ...
... sind die Ruhestätten von Fallada, seiner Mutter Elisabeth, seiner ersten Frau Anna und der kurz vor ihrem 18. Geburtstag verstorbenen Tochter Lore (Mücke) zu finden. Der Friedhof hinter der hohen Feldsteinmauer gewährt einen fantastischen landschaftlichen Ausblick auf den Schmalen Luzin.

Feldberger Seenlandschaft

ten, wirklich fantastischen Ausblick über den tiefer liegenden Zansen hat man vom **Zansenblick** aus. Dem Weg über den 120 m hohen **Hauptmannsberg** weiter folgend, passiert man noch mehrere atemberaubende Aussichtspunkte. Ab hier führt die Route wieder bergab auf die Landstraße nach **Carwitz** – und zwar dort, wo die **Beek** entlangfließt, die den Schmalen Luzin mit dem Carwitzer See verbindet. Die Carwitzer Straße führt durch den Ort zum Ausgangspunkt zurück.

Lüttenhagen ▸ J 6

Lütt Holthus

Lüttenhagen (nahe Feldberg), Forsthof 1, Tel. 039831 59 12 65, www.wald-mv. de/lütt_holthus, Mai– Sept. Di–So 10–16, Okt.–April Di– Sa 13–16 Uhr
Wer sich für die Entstehung eines Waldes und für das Ökosystem Wald im Speziellen interessiert, kann das Lütt Holthus, ein **Waldmuseum** in **Lüttenhagen,** besuchen. Auf dem dortigen Forstamtsgelände wurde 1999 ein alter Marstall aus dem 19. Jh. wiederhergerichtet und bietet nun in einer fast 200 m^2 großen Ausstellung neben Bäumen und Tierpräparaten auch zahlreiche Informationen zu den Heilkräften von Rinden, Blättern, Blüten und Früchten. Auf dem Gelände steht auch eine **Harzerhütte**, die die mittlerweile veraltete Form der Waldnutzung, die sogenannte Harzung, veranschaulicht.

Naturschutzgebiet Die Heiligen Hallen bei Lüttenhagen

Anfahrt mit Auto: Parkplatz am Lütt Holthus in Lüttenhagen, Forsthof 1. Dort beginnt der ausgeschilderte Rundwanderweg über 6 km mit Infotafeln. Anfahrt mit Fahrrad: von Feldberg 2 km bis Neuhof, dort in den Herrenweg einbiegen.
Er führt über 3 km in die Heiligen Hallen
Die Heiligen Hallen bei Lüttenhagen sind ein seit 1838 ausgewiesenes, 65,5 Hektar großes Naturschutzgebiet, hauptsächlich aus Buchen, von denen die ältesten auf 370 Jahre geschätzt werden. Die bis zu 53 m hoch gewachsenen Stämme erinnern an gotische Säulen – daher der Name. Das Gebiet blieb seit Jahrzehnten von der Försterei fast gänzlich unangetastet. Schon Großherzog Georg von Mecklenburg-Strelitz begeisterte sich in einem Gedicht und verfügte 1850, diesen urwüchsigen Wald »für alle Zeiten zu schonen«. Da viele Bäume über ihr natürliches Lebensalter hinaus sind, weist der Wald heutzutage einen hohen Totholzanteil auf. Eine der Infotafeln markiert den **Paradiesgarten**, ein schon im 19. Jh. angelegtes Areal, in dem die Forstverwaltung jeweils den ›Baum des Jahres‹ nachpflanzt.

Krumbecker Park ▸ J 6

Von der B 198 führt kurz vor der Dorfkirche in Bredenfelde rechts eine Abzweigung nach Krumbeck, wo Preußens bedeutendster Gartenbaumeister **Peter Joseph Lenné** (1789–1866) 1832 einen Landschaftspark nach englischem Vorbild anlegte, der so hoch im Norden, fernab der Residenzstädte Berlin und Potsdam, schon etwas Besonderes ist. Lange war die herrliche Gartenanlage vollkommen in Vergessenheit geraten. Erst 1986, im Rahmen der Vorbereitung für Lennés 200. Geburtstag, rückte der Park ins Blickfeld der Öffentlichkeit.

Die Geschichte des **Gutes Krumbeck** lässt sich bis zur Reformation im 16. Jh. zurückverfolgen, als es noch Eigentum des brandenburgischen Zisterzienserklosters Himmelpfort war. Nach mehrmaligem Besit-

Neustrelitz und die Feldberger Seen

Der Krumbecker Park, ein Landschaftskunstwerk von Peter Joseph Lenné

zerwechsel wurde 1797 die Familie von Dewitz belehnt. Bis 1945 war Krumbeck eine Stätte kultivierter Gastlichkeit, dann wurde Ursula von Dewitz wie alle Großgrundbesitzer enteignet. Park und Gutsanlage verfielen. 1951 brannte das Haupthaus fast bis auf die Grundmauern nieder, Siedler bebauten den Parkrand mit Neubauerngehöften und Anfang der 1960er-Jahre setzte die LPG Rinderställe mitten in den Park. Nach der Wende erblühte die Gartenanlage wieder zu neuem Leben: Nachkommen der Familie von Dewitz nahmen den Landwirtschaftsbetrieb wieder auf. Sie restaurierten das **Nebenhaus** (privat), das barocke **Wirtschaftshaus** und den alten Feldsteingetreidespeicher am Parkrand.

Heute erstreckt sich das vorbildlich gepflegte **Parkgelände,** das öffentlich begehbar ist, über 4 ha. Die ursprüngliche sanft geschwungene Wegeführung konnte durch stichprobenartige Suchgrabungen rekonstruiert werden. Der Königlich Preußische Kammerherr Karl Ludwig von Berg, der das Gut ab 1784 bewirtschaftete, hatte eigens für Krumbeck unbekannte nordamerikanische Nadelhölzer aus Samen ziehen lassen. Drei schön geschwungene Holzbrücken führen auf die **Kleine Insel im Schulzensee.** Hier befinden sich auch das schlichte **Feldsteingrab des letzten Gutsbesitzers Ulrich Otto von Dewitz** (1856–1921) und eine **Gedenktafel für seine Schwester Ursula** (1864–1950). Nordwestlich der Insel liegt unter einem Hügel versteckt ein **Eiskeller**. Eine weitere dendrologische Besonderheit ist die komplett erhaltene **Lärchenallee** am nördlichen Parkrand. Überall verlaufen die be-

Feldberger Seenlandschaft

rühmten lennéschen Sichtachsen zwischen **Herrenhaus**, **Schmiede**, **Brennerei**, Gutshof, Teich sowie dem Dorf Krumbeck und seiner **Dorfkirche**, deren schöne Innenraumgestaltung ein Werk des Schinkel-Schülers Friedrich Wilhelm Buttel ist (Schlüssel gegenüber der Kirche erhältlich).

Übernachten

Traumlage – **Drostenhaus Feldberg:** Amtsplatz 4, OT Feldberg, Tel. 0398 31 52 89 40, www.drostenhaus.de. Apartments 60–160 €. Komfortabel im historischen Gebäude der alten Drostei auf der Spitze der Halbinsel Amtswerder.
Ästhetisch – **Haus Seenland:** Strelitzer Str. 4, OT Feldberg, Tel. 039831 22 22 od. 222 34, www.luzin.de, Apart. 48–90 €. Altes Herrenhaus direkt am Haussee in parkähnlichem Garten mit eigener Badestelle. Apartments und Maisonettewohnungen in komfortablem puristischem Landhausstil; stimmungsvoller Gewölbekeller ›Abendsegler‹ (s. S. 189), Gartencafé und samstägliche Hofkonzerte.
ADAC-prämiert – **Campingplatz Am Dreetzsee:** Thomsdorf 51, 17268 Boitzenburger Land, Tel. 039889 746, ganzjährig geöffnet, www.dreetzseecamping.de. Naturcamping am Südufer des Sees, teils parzelliert, teils naturbelassen, mit großzügigem Badestrand, sehr nette Holzhäuschen.
Auf einer Landzunge – **Campingplatz »Klein & Fein«:** Am Carwitzer See, OT Carwitz, Tel. 039831 211 60, www.campingplatzcarwitz.de, April–Okt. Vom Carwitzer See umschlossener Platz mit einem Kanal zum Dreetzsee. Moderne Sanitäranlagen, Grill- und Spielplatz.

Essen & Trinken

Schön abgeschieden und ruhig – **Hotel-Restaurant Hullerbusch:** Hullerbusch 12, 17258 Feldberger Seenlandschaft, Tel. 039831 20243, www.hotel-hullerbusch.de. DZ/Suite 65–110 €. Zimmer und Suiten in einer modernisierten alten Villa mit Park und Liegewiese, Sauna, regionale Küche in drei verschiedenen Restaurant-Räumen, hausgebackener Kuchen auf der Terrasse.
Romantisch-rustikal – **Altes Zollhaus:** Am Erddamm 31, OT Feldberg, Tel. 039831 500, www.romantik-am-see.de, Hauptgericht 12–25 €. Für Ausflügler prädestinierter Fachwerkgasthof mit Biergarten, hoffnungslos romantisch direkt am Breiten Luzin.
Stimmungsvoll – **Abendsegler:** Gewölbekeller im Haus Seenland, Strelitzer Str. 4, OT Feldberg, Tel. 039831 222 34, www.abendsegler.com, Ostern–Okt. tgl. ab 8, Nov.–Ostern Mi–So ab 18 Uhr, Hauptgericht 6,50–10 €. Medi-

Neustrelitz und die Feldberger Seen

terran angehauchte Kleinigkeiten im Gewölbekeller oder auf der Terrasse mit Seeblick. Im Sommer kann man hier jeden Samstag den Hofkonzerten lauschen, die ansonsten im Keller stattfinden.

Mit Biergärtchen – **Seehotel Lichtenberg:** Forsthaus am See 1, OT Lichtenberg (7 km nördl. von Feldberg), Tel. 039831 22 22, www.seehotel-lichtenberg.de, Café und Bistro Mi–Mo 11–18 Uhr; Abendessen für externe Gäste nach Anmeldung unter Tel. 209 46, Mi–Do, Mo 18–21, Fr–So 11–21 Uhr. Ein sehr schönes helles Haus, mit Seeterrasse.

Idyllisch – **Café Sommerliebe:** Carwitzer Str. 37, OT Carwitz, Tel. 039831 591 09. April–Okt. Di–So 14–18 Uhr, bei Nachfrage Frühstück ab 9 Uhr, Nov.–März Fr, Sa 14–max. 18 Uhr, Uhr. Romantisches kleines Café mit selbst gebackenem, leckerem Kuchen, auch laktose- und glutenfrei.

Aktiv

Baden, auch hüllenlos – **Badestrand am Schmalen Luzin:** Inoffizielle FKK-Strände am Schmalen Luzin und auf der Halbinsel Bohnenwerder am Carwitzer See.

Bootsverleih – **Ruhepuls:** Amtsplatz 50, OT Feldberg, Tel. 039831 229 09 od. 0177 278 12 89, www.ruhepuls.com. Ruderboote, 2er- und 4er-Kanadier sowie 1er- und 2er-Kajaks stehen im Angebot. Shuttle-Service, geführte Halbtags- und Ganztagstour sowie Fackeltour bei Anbruch der Nacht.

Für mehr Beweglichkeit – **Natur- und Fitness-Park Feldberg:** Kurverwaltung Feldberg, Tel. 039831 27 00. Eine aufeinander abgestimmte Kombination von 5 Nordic-Walking-Routen, einer Kneipp-Anlage und einem achtteiligen-Fitness-Parcours rund um den Haussee in Feldberg.

Wassersport über Wasser – **Wasserskiclub Luzin Feldberg:** Amtsplatz 44, OT Feldberg, Tel. 039831 204 22, www.best-of-wasserski.de, Wasserski für Jedermann, Ende Juni–Anf. Sept. nur Mo 17–20 Uhr. Der Wasserskiclub ist bedeutender Schauplatz nationaler und internationaler Sportwettkämpfe. Der Klub verleiht auch an Gäste Wasserskier, Bananen oder Reifen samt Schwimmweste.

Infos & Termine

Kurverwaltung Feldberger Seenlandschaft: Haus des Gastes, Strelitzer Str. 42, 17258 Feldberger Seenlandschaft, OT Feldberg, Tel. 039 831 27 00, www.feldberger-seenlandschaft.de. Das im Touristenbüro erhältliche Blättchen »Utröper« (»Ausrufer«) enthält alle Veranstaltungshinweise zur Region.

Feldberger Kneipp-Woche: Ende Sept./ Anfang Okt. Veranstaltungen, um das ganzheitliche Fünf-Säulen-Konzept aus Wasser, Bewegung, Ernährung, (Heil-)Kräutern und Lebensordnung erlebbar zu machen, Broschüre bei der Kurverwaltung, Tel. 039831 27 00, www.feldberger-seenlandschaft.de/gaeste/veranstaltungen.

Puppentheater Lampion: Zu bestimmten Terminen von Mai–Aug. im Ole Pfarrhof Carwitz, Carwitzer Str. 47, Info bei der Kurverwaltung: Tel. 039831 27 00 oder dem Puppenspieler, Tel. 039889 86 153, www.puppentheater-lampion.de. Mit Herzenslust spielt Klaus Breuing traditionelles Kasper- und Marionettentheater für Kinder ab drei Jahren und Erwachsene im Zelt auf dem alten Ole Pfarrhof Carwitz in der Carwitzer Straße.

Kirchenkonzerte in der Feldberger Seenlandschaft: Mitte Mai–Anf. Okt., attraktive Konzerte auswärtiger Solisten und Ensembles in der Feldberger, Carwitzer und Fürstenhagener Kir-

Feldberger Seenlandschaft

Mein Tipp

Gut aufgehoben am Ende der Welt – Tenzo Gasthof ▶ J 6
Katarina Hering und Marcus Sapion haben das alte Triepkendorfer Schulhaus in traditioneller Lehmbauweise zu einem denkbar schönen und ästhetisch-schlichten Hotelgasthof umgebaut. Das Haus empfängt seine Gäste in einer warmen und kultivierten Atmosphäre. Die frische und leckere ländlich-ökologische Küche zeigt einen Einschlag ins Asiatische, was die weltoffene Philosophie und Reiseerfahrung der beiden gelernten Köche widerspiegelt. Daher auch der Name Tenzo Gasthof – ein Tenzo ist in Japan ein Kloster-Koch, der seine Gäste aufmerksam umsorgt und liebevoll verwöhnt. Unschlagbar ist ein Abend im gepflegt-wildbelassenen Garten unter den Lampions des Apfelbaums (Alter Schulweg 2–4, 17258 Feldberger Seenlandschaft, OT Triepkendorf, Tel. 039820 339 40, www.tenzo-gasthof.de, Jan.–März meist geschl., Pension DZ 80 €, Restaurant Juli–Aug. Mo–Di, Do–Fr 17–22, Sa–So, Fei 12–22 Uhr, Sept.–Dez., April–Juni Mo, Do, Fr 17–22, Sa/So, Fei 12–22 Uhr, Hauptgericht 11–27 €).

che, Programm-Info und Tickets Tel. 039831 22 22 od. 204 05.
Hofkonzerte: Mai–Aug., Jazz, Tango, Gitarrenmusik, Liedermacher, seltener auch mal Klassik. Jeden Samstagabend auf der Seeterrasse vom ›Abendsegler‹ in Haus Seenland (s. Übernachten).

Freitags bei Fallada: Mitte Mai–Mitte Sept., Fr 20 Uhr im Scheunensaal des Fallada-Museums, Lesungen, Konzerte, Theateraufführungen u. v. m., Tel. 039831 203 59, www.fallada.de.
Bahn/Bus: Nächster IC-Bahnhof ist Neustrelitz. Dort fährt die Buslinie 619 nach Feldberg.

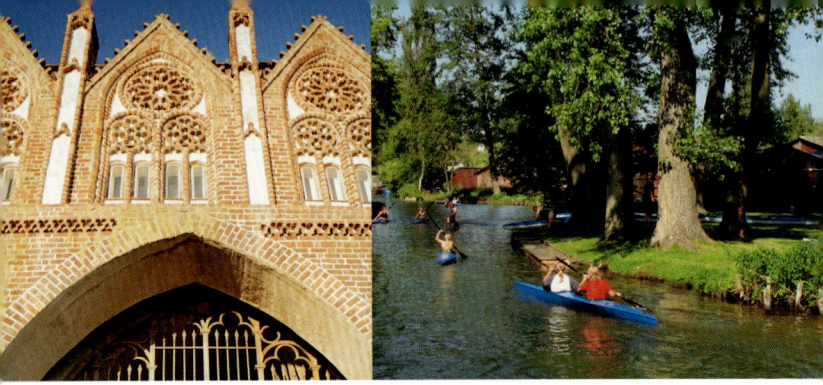

Das Beste auf einen Blick

Neubrandenburg und Umgebung

Highlight!

Backsteingotik in Neubrandenburg: Einmalig im Raum der Mecklenburger Seenplatte ist das von einer Stadtmauer samt doppelter Wallanlage umschlossene Altstadtquartier. Die Wiekhäuschen, die vier Stadttore, die Marienkirche – all das sind verbliebene Zeugnisse, die heute eine Station auf der europäischen Route der norddeutschen Backsteingotik bilden. S. 194

Auf Entdeckungstour

Fritz Reuter – glückliche Jahre in Neubrandenburg: Bei einem Spaziergang durch die Altstadt von Neubrandenburg folgt man der Spur der Erinnerungen und Lebensstätten des weltberühmten Niederdeutsch-Dichters Fritz Reuter, der hier die glücklichsten und schaffensreichsten Jahre seines Lebens verbrachte. S. 198

Kultur & Sehenswertes

Heinrich-Schliemann-Museum in Ankershagen: In diesem Zentrum der internationalen Schliemann-Forschung erfährt man Biografisches über den sprachbegabten Altertumsforscher und bekommt Kopien aus dem »Schatz des Priamos« zu Gesicht. S. 212

Glasmanufaktur Dalmsdorf: Fröhliches und Buntes aus Glas so weit das Auge reicht und handgemacht von Bettina Paesler. S. 214

Zu Fuß & mit dem Rad

Fahrradtour rund um den Tollensesee: Die 35 km lange Rundfahrt führt u. a. durch das Naturschutzgebiet Nonnenhof, ein bedeutender Vogelrast- und Brutplatz. S. 203

Burgenwanderweg zwischen Penzlin und Burg Stargard: Die Strecke führt nach Penzlin durch eine bezaubernde Hügel- und Waldlandschaft um das Südufer der Lieps herum. S. 217

Genießen & Atmosphäre

Restaurant-Bar Berlin: Nirgendwo ist das Ambiente in der ländlichen Seenplatte more stylish als im Berlin in Neubrandenburg! Die Küche ist hervorragend und nicht überteuert. S. 200

Hotel Bornmühle: In der kultivierten Atmosphäre des Restaurants bei Groß Nemerow, direkt am Tollensesee, fühlt man sich gut aufgehoben. S. 206

Havelkrug Granzin: Köstliche Rehragouts, italienische Pasta und Pizza aus dem Holzbackofen mitten in der Natur des Müritz-Nationalparks. S. 214

Abends & Nachts

Konzertkirche Neubrandenburg: Im altehrwürdigen, modernisierten Kirchengemäuer spielen die Neubrandenburger Philharmoniker und andere Orchester aus ganz Europa symphonische und kammermusikalische Werke. S. 201

Neubrandenburg und Umgebung

Ausgehend von der Stadt Neubrandenburg am Nordufer des **Tollensesees** und dem sich anschließenden Wasserbecken der Lieps kann man eine Rundtour durch die hügelige Landschaft des nordöstlichen Landrückens der Seenplatte machen und dabei so attraktive Ziele besuchen wie das Kulturgeschichtliche Museum für Alltagsmagie und Hexenverfolgung in Mecklenburg, das sich in Penzlin befindet, den Sterbeort der Preußenkönigin Luise in Schloss Hohenzieritz oder das Elternhaus des Troja-Ausgräbers Heinrich Schliemann in Ankershagen.

Infobox

Verkehr in Neubrandenburg

Das Autofahren in der Neubrandenburger Innenstadt ist erlaubt. Gebührenpflichtiges Parken innerhalb der Wallanlagen ist möglich auf dem freien Parkplatz in der **Poststraße** sowie in den Tiefgaragen **Marktplatz** und **Krämerstraße**. Gebührenfreie Parkplätze gibt es in der Innenstadt leider keine.
Infos zu Busverbindungen innerhalb der Stadt über die Leitzentrale der Neubrandenburger Verkehrsbetriebe, Tel. 0395 350 05 24, www.neu-sw.de.

Verbindungen in die Umgebung

Regelmäßige Fernbusverbindungen nach Waren (Müritz), Burg Stargard, Neustrelitz, Teterow oder Malchin mit der Mecklenburg-Vorpommerschen Verkehrsgesellschaft. Infos: Mobilitätszentrale Neubrandenburg, Busbahnhof, Tel. 0395 35 17 63 50, www.mvvg-bus.de. Stündlich und umsteigefrei fährt der dat-Bus, auf der Strecke Neubrandenburg–Waren (Müritz)–Röbel–Rechlin, www.pvm-waren.de.

Neubrandenburg!

▶ H 4/5

Neubrandenburg, von den Stadtvätern gern mit dem Zusatzprädikat »Stadt der vier Tore am Tollensesee« versehen, ist mit 65000 Einwohnern die drittgrößte Stadt Mecklenburgs und zugleich wirtschaftlicher, sportlicher und kultureller Mittelpunkt der Region Ostmecklenburg. Außerdem hat Neubrandenburg den am besten erhaltenen mittelalterlichen Altstadtring der **norddeutschen Backsteingotik**.

Sobald man die Befestigungsmauer durchschritten hat, bemerkt man die rechtwinklige Straßenführung in der Altstadt. Eine Legende will wissen, dass der brandenburgische Ritter Herbord von Raven an eine italienische Stadt gedacht haben soll, als er 1248 das rechtwinklige Straßenraster anlegen ließ.

Landschaftlich liegt die Stadt sehr reizvoll am **Tollensesee**, der so heißt, weil er vom Flüsschen Tollense durchflossen wird. Der Tollensesee ist 10 Kilometer lang, bis zu 2,5 km breit und an manchen Stellen bis zu 32 m tief. Dieses Wasser und die bewaldeten Hügel der Umgebung sind Teil des 100 km² großen **Landschaftsschutzgebiets Tollensebecken**. Durch die damit verbundenen Freizeitmöglichkeiten, die Badestrände und Segelmöglichkeiten sowie das Wasserskifahren auf dem Reitbahnsee, ist Neubrandenburg zu einem Touristenmagnet geworden. Auch für Profisportler sind die natürlich gegebenen Trainingsbedingungen ideal. Nicht umsonst hat der Sportclub Neubrandenburg mehrere Olympiasieger und Weltmeister hervorgebracht.

Das Treptower Tor, ein lebendiges Zeugnis norddeutscher Backsteingotik

Neubrandenburg

Sehenswert
1. Wehranlage
2. Mönchenturm
3. Friedländer Tor
4. Neues Tor
5. Stargarder Tor
6. Treptower Tor
7. Schauspielhaus
8. Konzertkirche
9. Kunstsammlung Neubrandenburg
10. Franziskanerkloster mit Johanniskirche
11. Fritz-Reuter-Denkmal
12. Mudder-Schulten-Brunnen
13. Fritz-Reuter-Wohnhaus Stargarder Straße
14. Gaststätte Fürstenkeller
15. Vierrade Mühle
16. Belvedere in Broda

Übernachten
1. Hotel Bornmühle
2. Gasthaus-Hotel Badehaus
3. Wiekhaus Nr. 49

Essen & Trinken
1. Restaurant-Bar Berlin
2. Wiekhaus 45
3. Kornhus Neubrandenburg
4. Oliva

Aktiv
1. Augustabad
2. Freibad Broda
3. Badestelle Reitbahnsee
4. Boots- und Fahrradverleih am Jachthafen
5. Schiffsanleger der Fahrgastschifffahrt
6. Golfclub Mecklenburg-Strelitz
7. Wasserskiseilbahn

Abends & Nachts
1. Winehouse Bar
2. Kino Latücht
3. Colosseum
4. Last Orders Pub
5. Güterbahnhof Neubrandenburg
6. Niederdeutsche Bühne

Stadtgeschichte

Neubrandenburg wurde 1248 durch deutsche Kolonisten im ehemaligen Slawenland unter dem Markgraf Johann I. gegründet. Im Jahr 1631, während des Dreißigjährigen Krieges, wurde die Stadt durch die kaiserlichen Truppen von Graf Tilly, der Neubrandenburg von den Schweden befreien wollte, vollkommen verwüstet und erholte sich nur langsam.

Doch die schlimmste Wunde erhielt Neubrandenburg gegen Ende des Zweiten Weltkriegs: Am 29. April 1945 besetzte die Rote Armee die Stadt, fast ohne erwähnenswerte Kampfhandlungen, dann aber gingen fast 80 % der Bausubstanz infolge der Brandschatzung in Flammen auf. So entstanden riesige Baulücken im Altstadtrund. Zwar wurde einiges nach dem Krieg wieder aufgebaut, doch das historische Rathaus oder auch das großherzogliche Palais des Hauses Mecklenburg-Strelitz sind seitdem verloren.

Wehranlage 1

Die fast kreisrunde Innenstadt von Neubrandenburg ist von einer **doppelten Wallanlage** umzogen, bestehend aus zwei Wällen und zwei Gräben, die zu Beginn des 14. Jh. angelegt wurden. Mit der an manchen Stellen noch 7 m hohen **Feldsteinmauer**, den **vier Stadttoren**, den **Wiekhäuschen** und dem **Fangelturm** ist der gesamte Wall ein beeindruckendes Bauwerk norddeutscher Backsteingotik, das vom mittelalterlichen Reichtum Neubrandenburgs zeugt.

Wiekhäuser und Mönchenturm

Bestandteil der Wehranlage sind die alten **Wiekhäuser**, die etwa alle 30 m an der Stadtmauer sitzen und eine anheimelnde Atmosphäre schaffen. Ursprünglich waren es 56 Wiekhäuser, von denen bis jetzt 25 wieder aufgebaut wurden. Die meisten der drei- bis vierstöckigen Fachwerkhäuschen ragten über die Mauerkrone hinaus und

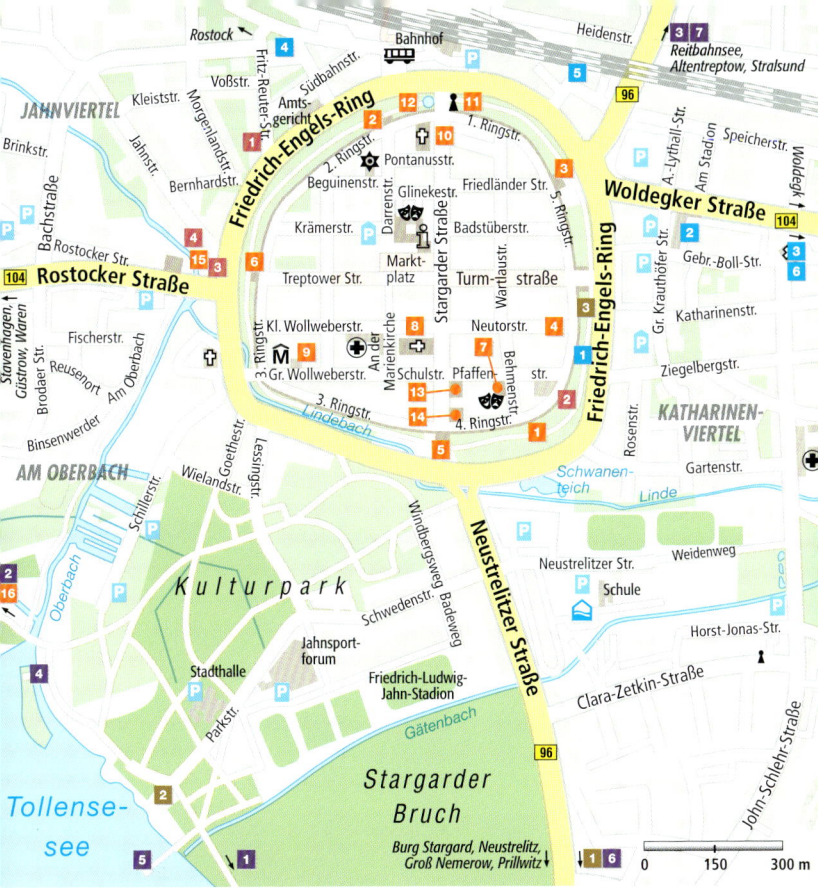

waren nach außen mit Schießscharten versehen. Heute sind sie in Privatbesitz oder gehören der Stadt. Der **Mönchenturm** 2, ein runder Backsteinbau, wurde im 15. Jh. als Wehrturm erbaut, Zinnenkranz und steinerner Spitzhelm kamen 1862 dazu. Wegen der dicken Mauern richtete man im Turm ein Gefangenenverlies ein, das noch bis ins 19. Jh. genutzt wurde.

Friedländer Tor 3
Entlang der 1. Ringstraße führt der Weg zum Friedländer Tor, dem ältesten und am vollständigsten erhaltenen der vier Neubrandenburger Tore. Es besteht aus einem Innentor aus der Zeit um 1400, einem Vortor von etwa 1470 und dem vorgelagerten Zingel, einem halbrunden Kampfturm, der um 1530 als Schutz gegen die aufkommenden Kanonen und Gewehre gebaut wurde.

Neues Tor 4
Ausstellung der Fritz-Reuter-Gesellschaft, Tel. 0395 544 27 53, Mo–Fr 9–16.30 Uhr
Vom Neuen Tor ist nur noch der Torturm aus der Zeit um 1470 erhalten. Auf der Stadtseite schmü- ▷ S. 200

Auf Entdeckungstour: Fritz Reuter – glückliche Jahre in Neubrandenburg

Nach einer Inhaftierung wegen »Hochverrats und Majestätsbeleidigung«, einem abgebrochenen Jura-Studium, Tätigkeiten als Landwirtschaftsgehilfe und Privatlehrer für Zeichnen und Turnen zog Fritz Reuter 1856 mit seiner Frau nach Neubrandenburg – und erlebte dort eine glückliche Zeit und eine erfolgreiche Schaffensphase. Dieser Spaziergang beleuchtet die Vita des erfolgreichsten mecklenburgischen Schriftstellers der plattdeutschen Sprache.

Cityplan: s. S. 196

Start: Neubrandenburg, Stargarder Straße, in den Wallanlagen, gegenüber vom Bahnhof

Gaststätte Fürstenkeller: Stargarder Str. 37, Neubrandenburg, Tel. 0395 569 19 91, Mo–Sa 11.30–14 und 17– ca. 22 Uhr

Ganz gemütlich sitzt Mecklenburgs berühmtester Mundartdichter auf seinem Sessel in den Wallanlagen Neubrandenburgs. Munterer Stimmung, mit einem schlauen Lächeln hinter dem Vollbart, die Feder in der Hand, so zeigt ihn das **Fritz-Reuter-Denkmal** [11], wie er gerade seinen Roman »Dörchläuchting« (plattdeutsche Verniedlichung von »Durchlaucht«) verfasst. Dieses erste mecklenburgische Reuter-Denkmal stammt von dem Berliner Bildhauer Martin Wolff aus dem Jahr 1893.

Die beherzte Bäckersfrau

Des Literaten verschmitzter Blick fällt vis-à-vis auf den **Mudder-Schulten-Brunnen** 12, der eine Szene aus dem Ende des 18. Jh. in Neubrandenburg spielenden Roman »Dörchläuchting« darstellt: Auf der Muschelkalksäule im Brunnenbecken stemmt »Mudder Schulten«, die resolute Neubrandenburger Bäckersfrau, beide Hände in die Hüften und verlangt von dem ewig verschuldeten Herzog Adolf Friedrich IV., genannt Dörchläuchting, die Begleichung der sich seit zwei Jahren summierenden Brötchenrechnung – eine damals unerhört couragierte Forderung! Die schroffe Antwort des verblüfften Landesherrn meißelte der Bildhauer Wilhelm Jäger in den Brunnensockel: »Impertinentes Frauensmensch! rep hei un stödd ehr de Rekning ut de Hand.«

Hier wohnte Reuter

Ein klassizistisches Bürgerhaus ist die einzige seit 1945 erhaltene der ehemals vier Reuter-Wohnstätten in Neubrandenburg. Im **Wohnhaus Stargarder Straße 35** 13, 2. Stock, lebte der Dichter ab 1859 mit seiner Frau Luise genau zwei Jahre lang. Nach anfänglich nur mäßig erfolgreichen Bühnenaufführungen kam hier der erste Vertrag mit dem geschäftstüchtigen Verleger Dethloff Carl Hinstorff zustande. In der Stargarder Straße entstanden in rascher Folge einige der wichtigsten Prosawerke Reuters, die er mit dem Haupttitel »Olle Kamellen« versah, u. a. »Ut de Franzosentid«, »Ut mine Festungstid« und »Ut mine Stromtid«. Seine originell-beherzten, heiteren Typen skizziert Reuter mit feinem psychologischem Gefühl. Den Handlungsstoff entnahm

er gern den Klassenauseinandersetzungen des 19. Jh. In vielem erinnert sein literarischer Duktus an Charles Dickens.

Und hier trank Reuter

In der **Gaststätte Fürstenkeller** 14 (Stargarder Str. 37, Öffnungszeiten s. S. 198), wo sich im Mittelalter tatsächlich ein Fürstenhof befunden hatte, traf sich Reuter mit Freunden und Bekannten und machte dabei so manche Beobachtung, die er später in seine Werke einfließen ließ. Auch frönte er hier ausgiebig dem Alkohol, einem Laster, das ihn sein Leben lang begleitete.

1863 siedelte das Ehepaar Reuter nach Eisenach um. Kurz zuvor wurde Reuter, der das Abitur nur mit Mühe geschafft hatte, die Ehrendoktorwürde der Universität Rostock verliehen. »Die sieben Jahre, ich kann es ganz aufrichtig sagen, sind die glücklichsten meines Lebens gewesen«, beteuerte der Dichter in seiner Abschiedsrede an die Neubrandenburger.

Als Reuter 64-jährig hochgeehrt in Eisenach stirbt, hinterlässt er das Fragment »Urgeschicht von Mekelnborg«, eine Darstellung des ärmlichen Lebens in Mecklenburg, deren radikale Forderung nach Aufteilung der großen Gutshöfe Reuters Sympathie mit der Revolution von 1848 widerspiegelt.

Neubrandenburg und Umgebung

> ## *Mein Tipp*
>
> ### Zwei kulinarische Farbtupfer
> Die anspruchsvollere **Restaurant-Bar Berlin** 1 von Thomas Ganschow besticht neben der leckeren Currywurst mit einer außergewöhnlichen, kreativen Küche, einem sehr schönen Ambiente, mit Kabarett, Konzerten, Buchlesungen und Partys (Fritz-Reuter-Str. 1a, Tel. 0395 570 89 70, www.berlin-nb.de, Mo–Fr 11.30–14.30, 17.30–23, Sa 17.30–23 Uhr, Hauptgericht 7,50–17 €).
>
> Die Spezialitäten des **Kornhus Neubrandenburg** 3 mit seinem wunderbar rustikalen Holzschummerambiente sind die hervorragenden Frühstücksvarianten und dazu eine einfallsreiche Bistro-Küche; die selbst gebackenen Kuchen, Grillplatten, Scampi-Spieße, Holzofenpizze und vegetarischen Gratins mit knusprigem belegtem Brotfladen aus dem Holzofen sind einfach lecker (in der Vierrade Mühle 15, Jahnstr. 3a, Tel. 0395 555 31 01, tgl. 7–20 Uhr, www.demaekelboerger.de, Hauptgericht 7–11 €).

cken acht Terrakottafiguren den Staffelgiebel. Die Wimpergaufsätze auf den Giebeln und die hübschen Maßwerkrosetten sind eine neugotische Zutat des 19. Jh. Im Neuen Tor hat die **Fritz-Reuter-Gesellschaft** ihren Sitz, die sich durch eine ständige **Ausstellung** auf drei Etagen um die Pflege des Reuter-Erbes kümmert, indem sie sich einmal monatlich zum »Klönsnack« trifft und abends gelegentlich öffentliche Lesungen veranstaltet.

Stargarder Tor 5

Das Stargarder Tor markiert den südlichen Ausgang der Stadt. Eigentlich besteht es aus drei Einzelbauten: einem Torturm zur Stadtseite, einem Torwächterhaus in der Mitte und einem Vortor zur Feldseite. Der Torturm ist der älteste Teil, er entstand um 1350. Wie am Neuen Tor stehen hier Terrakottafiguren in Adorantenhaltung, diesmal neun an der Zahl, mit erhobenen Armen in den Giebelnischen. Eine baukünstlerische Kostbarkeit ist die Feldseite des Torturms mit den über das Satteldach hinausgeführten Staffelgiebeln. Die filigrane Eleganz der blendengeschmückten Schaugiebel mit den vier Maßwerkrosetten bestätigt eine Bemerkung der Schriftstellerin Ricarda Huch, die 1931 in ihrem Band »Lebensbilder mecklenburgischer Städte« davon sprach, dass die vier Tore aussähen, »als wären sie mehr zur Zier als zur Wehr da«.

Treptower Tor 6

Abteilung Ur- und Frühgeschichte des Regionalmuseums Neubrandenburg, Tel. 0395 555 12 71 73, www.museum-neubrandenburg.de, Di–So 10–17 Uhr

Den westlichen Stadtausgang markiert das Treptower Tor, erbaut um 1400. Der innere Torturm macht es mit seinen 32 m zum höchsten der vier Stadttore. Seit 1873 hat hier das erste bürgerliche Museum des Fürstentums Meckenburg-Strelitz mit einer **Ausstellung zur Ur- und Frühgeschichte** seinen Sitz. Wer etwas über Mecklenburgs erste steinzeitliche Besiedlung im 10. Jt. v. Chr. bis zur deutschen Kolonisation im Mittelalter mit ihren ersten Städtegründungen des 13./14. Jh. erfahren will, muss sich die enge Steintreppe über fünf Ausstellungsetagen hinaufschrauben. Thematische Schwerpunkte sind die Rethra, die Germanen- und die Mittelalterforschung. Einen Höhepunkt bilden Kopien der beiden hölzernen Götter-

Neubrandenburg

figuren aus dem 12. Jh., die 1969 auf der Fischerinsel im Tollensesee gefunden wurden, gelten sie doch als Hinweis auf ein slawisches Heiligtum in der Nähe von Neubrandenburg – ob es das sagenhafte slawische Heiligtum Rethra war, ist vorerst noch offen.

Innerhalb des Stadtmauerrings

Schauspielhaus 7
Pfaffenstr. 22, Tel. 0395 569 98 11, www.theater-und-orchester.de
Mecklenburgs ältestes erhaltenes Theatergebäude: Der zweistöckige Fachwerkbau von 1780 erhielt nach der ›Wende‹ einen modernen Glasanbau. Im Theatersaal, der für 180 Zuschauer Platz bietet, ist noch die ehemalige Fürstenloge erhalten. Heute hat hier die Theater- und Orchester GmbH Neubrandenburg/Neustrelitz eine feste Spielstätte.

1858 spielte sich an diesem Ort ein Stück lokale Theatergeschichte ab, als der mecklenburgische Mundartdichter Fritz Reuter die Direktoren einer Wanderbühne dazu überredete, sein Lustspiel »Die drei Langhänse« und den dramatischen Schwank »Des alten Blüchers Tabakspfeife« aufzuführen. Leider hatten die Stücke wenig Erfolg, das Publikum soll den »Blücher« noch nicht einmal beklatscht haben!

Konzertkirche 8
An der Marienkirche, www.konzertkirche-nb.de, tgl. 10–17 Uhr außer an Veranstaltungs- und Probeterminen (siehe Schaukasten), Eintritt 3 €, Ticketservice Tel. 0395 559 51 27
Weithin sichtbar ist die heute sogenannte **Neubrandenburger Konzertkirche,** im Mittelalter als **Marienkirche** erbaut und vielen Menschen noch unter diesem Namen bekannt. Sie bildet eine Station auf der Route der Europäischen Backsteingotik.

1298 wurde die eindrucksvolle gotische Backstein-Hallenkirche geweiht, wobei das reich geschmückte Ostgiebeldreieck mit den filigranen frühgotischen Maßwerkfenstern und den zierlichen Fialtürmchen damals etwas Neues im gesamten nordostdeutschen Raum war. Der Baumeister muss das Straßburger Münster gekannt haben, denn es gibt zahlreiche Parallelen. 1676 wurden die Gewölbe des Mittelschiffs und die Turmoberteile zerstört. Erst 1841 erfolgte die Wiederherstellung durch den Architekten **Friedrich Wilhelm Buttel**, der den Turm mit seinem achteckigen gotisierenden Aufsatz versah. 1945 brannte die Kirche komplett aus.

1996 wurde ein europaweiter Architektenwettbewerb ausgeschrieben zur Umgestaltung in eine Konzertkirche. Es gewann der Architekt Pekka Salminen aus Helsinki. Seine Baulösung besticht durch das Spiel spannender Kontraste zwischen moderner Architektur und historischem Mauerwerk. Seit dem Eröffnungskonzert im Juli 2001 ist die Konzertkirche Heimstatt der Neubrandenburger Philharmonie.

Wer Lust hat, kann den Aufgang zum **Turm** hochsteigen, die kleine **Ausstellung zur Geschichte der Kirche** anschauen und sich mit einer fürstlichen Aussicht über das ganze Tollensegebiet belohnen.

Spartipp »Museumsmeile«
An allen Museumskassen und in der Touristinfo ist die Kombikarte »Museumsmeile« erhältlich, mit der man folgende Museen zum Preis von 7 € kennenlernen kann: Konzertkirche, Kunstsammlung Neubrandenburg, Regionalmuseum im Treptower Tor und im Franziskanerkloster.

Neubrandenburg und Umgebung

Kunstsammlung Neubrandenburg 9

Große Wollweberstr. 24, Tel. 0395 555 12 90, www.kunstsammlung-neubrandenburg.de, Di–So 10–17 Uhr, 4–6 €

Mit der Großen Wollweberstraße betritt man das ehemalige Quartier der Tuchmacher mit seinen dicht an dicht stehenden niedrigen Fachwerktraufenhäusern. Hier befindet sich in einem barocken Anwesen mit modernem Anbau das Domizil der Kunstsammlung Neubrandenburg, eines von insgesamt vier Kunstmuseen des Bundeslandes. Den Ursprung der Sammlung bildete in den Jahren 1890 bis 1911 die Sammelleidenschaft wohlhabender Bürger von Neubrandenburg. Die damals zusammengetragenen Schätze sind seit einem Auslagerungstransport 1945 verschollen. Seit der Wiedereröffnung 2003 werden nun auf 400 m² Ausstellungsfläche sowohl Bestandsausstellungen als auch Wechselausstellungen zeitgenössischer Kunst des 20. und 21. Jh. präsentiert, darunter Malerei, Plastik und Grafik von Künstlern wie Günther Uecker oder Daniel Spoerri, aber Sammlungsschwerpunkt sind Werke von Künstlern aus der Region.

Franziskanerkloster mit Johanniskirche 10

Johanniskirche Tel. 0395 56 39 39 80, www.johanniskantorei-nb.de, Regionalmuseum Tel. 0395 55 51 270, www.museum-neubrandenburg.de, beides Di–So 10–17 Uhr; regelmäßig Orgel- und Chorkonzerte

In dem Quartier Darrenstraße/Pontanusstraße liegt das ehemalige **Franziskanerkloster**, der älteste Gebäudekomplex Neubrandenburgs. Bald nach der Stadtgründung, im Jahr 1260, ließen sich die grauen Mönche des Franziskanerordens hier nieder, bis sie im 16. Jh. durch die Reformation vertrieben wurden. Von den schönen spätgotischen Klosterräumen haben sich nach 1945 nur der Nordflügel mit Kreuzgang und Refektorium sowie die **Klosterkirche St. Johannis** erhalten. Die im Inneren sehr schöne Backsteinhallenkirche wurde etwa 1350 auf asymmetrischem Grundriss errichtet. Ein Schmuckstück ist der prächtig geschnitzte Holzaltar aus dem Jahr 1817 mit Gemälden vom Abendmahl und einer figurenreichen Kreuzigung im Hauptfeld.

In einem modernen Anbau zeigt das **Regionalmuseum** Exponate aus seiner über 140-jährigen Sammlungsgeschichte zu verschiedenen Aspekten der Neubrandenburger Stadt- und Regionalgeschichte, u.a. zu Fritz Reuter und zum verheerenden Stadtbrand von 1945. Im Dachgeschoss des Franziskanerklosters werden Wechselausstellungen präsentiert.

11 – 14 s. Entdeckungstour S. 198

Neubrandenburg

Vom Tollensesee entlang des Oberbachs führt eine bei Kanuten beliebte Trainingsroute

Vor dem Stadtmauerring

Vierrade Mühle 15
Jahnstr. 3a, Tel. 0395 56 91 610, www.vierrademuehle.de
Die Vierrade Mühle – einst hatte sie vier Mühlräder – ist die älteste Neubrandenburger Wassermühle und galt im 18. Jh. immerhin als eines der größten Mühlenwerke in Mecklenburg. Heute beherbergt der schöne große Backsteinbau mehrere Cafés, Bistros und Kneipen sowie Gesundheitspraxen und Geschäftsbüros.

Am Tollensesee

Belvedere in Broda 16
Wer den atemberaubenden Blick über die schöne Landschaftsszenerie von Neubrandenburg und den Tollensesee genießen möchte, dem sei eine Fahrt in den südwestlichen Ortsteil Broda ans Herz gelegt. In der Seestraße (Haltestelle Buslinie 11) kann man das Auto parken und sich auf den zehnminütigen Fußweg durch den Wald machen. Auf einem Hügel über dem steilen Seeufer steht das Belvedere, ein hell verputztes dorisches Tempelchen, das sich die Großherzogin Marie von Mecklenburg-Strelitz 1823 von Baurat Friedrich Wilhelm Buttel als Tee- und Ausflugshäuschen errichten ließ. Während der Sommermonate finden hier Konzerte und Theateraufführungen statt (Infos bei der Touristinfo, s. S. 208).

Tollensesee-Radrundweg
Start: Schiffsanleger Fahrgastschifffahrt, Länge: 35 km, Markierung: gelbes Schild, auf dem der blaue See von einem roten Pfeil umrandet ist, Rückfahrt per Linienschiff möglich

Lieblingsort

Sonne, Strand und ganz viel See – Naturstrandbad Broda ▶ H 5
Es ist der weite Blick über den zehn Kilometer langen Tollensesee und das unweigerlich damit verbundene Aufatmen – der feinkörnige Sandstrand, das angenehm flache Ufer und die schön sonnige Norduferlage. Zudem kann man tagsüber auf der großen Liegewiese in Strandliegestühlen ausruhen, Beachvolleyball und Basketball spielen oder vom langen Holzsteg ins Wasser springen. Spätnachmittags dann einen Aperol-Sprizz an der Beachbar StrandGut schlürfen, derweil die Kinder auf dem Spielplatz toben. Und über all dem weht die Blaue Flagge, die alljährlich verliehene Auszeichnung für vorbildlich gepflegte Badestellen. **Naturstrandbad Broda:** Seestr. 25, 17033 Neubrandenburg-Broda, Tel. 0395 582 21 66, tgl. ab 9 Uhr, eintrittsfrei, www.neubrandenburg.m-vp.de/strandbad-broda.

Neubrandenburg und Umgebung

Neubrandenburg ist von einem Netz mehrerer sehr schöner und gut ausgeschilderter Fahrradrouten unterschiedlicher Länge umgeben (Prospekt »Radwege in Mecklenburg« bei der Stadtinfo).

Eine der stadtnächsten Touren ist der landschaftlich reizvolle Rundweg um den Tollensesee. Vom Start am **Schiffsanleger der Fahrgastschifffahrt** beim Badehaus im Kulturpark führt der Weg am Ostufer des Tollensesees entlang durch das 10 600 ha große Landschaftsschutzgebiet des Neubrandenburger Tollensebeckens. Zuerst kommt man durch das weitläufige Waldgebiet des **Nemerower Holzes**, wo man auf der Behmshöhe die 111 Stufen zum 34 m hohen **Aussichtsturm** besteigen kann. Etwa 3 km hinter Klein Nemerow kann man dann in Bornmühle vom offiziellen Radweg abzweigen und einen Abstecher zum **Naturschutzgebiet Nonnenhof** machen, einem bedeutenden Vogelrast- und -brutplatz. Bevor es bei Usadel um das **Südufer der Lieps** geht, kann man das wunderbare Panorama von der Aussichtsplattform **Gnagelberg** genießen. Zurück geht es entlang dem Westufer über **Prillwitz** mit seinem Jagdschloss und **Wustrow** mit seinem bronzezeitlichen Hügelgrab durch den schönen Mischwald des **Brodaer Forstes** bis nach Neubrandenburg.

Übernachten

Zuverlässige Vierternequalität – **Hotel Bornmühle** **1**: Bornmühle 35, Groß Nemerow (10 km südl. von Neubrandenburg), Tel. 039605 600, www.bornmuehle.com, DZ 92–101 €. In freier Natur am Groß Nemerower See gelegener Backsteinneubau mit elegantem Ambiente. Hallenschwimmbad, Restaurant-Terrasse mit Blick auf den Tollensesee. Der Golfplatz ist gleich nebenan.
Direkt am See – **Gasthaus-Hotel Badehaus** **2**: Parkstr. 3/4, Tel. 0395 571 92 40, www.badehaus-am-see.de, DZ 78 €. Angenehmes Kleinhotel mit hellen und freundlich möblierten Zimmern, bei warmem Wetter wird es hier wegen des Biergartens schon mal ein wenig rummelig.
Exponiert – **Wiekhaus Nr. 49** **3**: 1. Ringstraße, Tel. 0395 58 12 30 (Buchung über Hotel Weinert garni), www.hotel-weinert.de, Ferienwohnung 75 € (gestaffelt nach Mietdauer). Das Haus bietet drei Etagen für max. 5 Personen. Die Küche ist voll ausgestattet.

Essen & Trinken

Gute Laune – **Berlin** **1**: s. Mein Tipp S. 200
Klein und intim – **Wiekhaus 45** **2**: im Wiekhaus Nummer 44, 4. Ringstr./Ecke Pfaffenstraße, Tel. 0395 566 77 62, tgl. 11 bis mind. 23 Uhr, www.wiekhaus.de, Hauptgericht 8–14 €. Sehr nettes Ambiente in kleinen Räumlichkeiten, aber auch draußen an der Stadtmauer. Die Karte hat einen gutbürgerlichen Einschlag mit Würzfleisch, Fischpfanne und Bauernteller.
Rustikal – **Kornhus Neubrandenburg** **3**: s. Mein Tipp S. 200
Mediterran – **Oliva** **4**: Jahnstr. 3, Tel. 0395 37 99 861, Mo, So 8.30–21, Di–Sa 8.30–22 Uhr, www.oliva-nb.de. Schönes und empfehlenswertes Bistro-Restaurant. Steaks, knackige Salate, Käse, Weine. Hauptgericht 7–11 €.

Aktiv

Neubrandenburg hat **drei Freibäder**, die Mitte Mai–Mitte Sept. tgl. 10–18 Uhr geöffnet sind. Aber auch außer-

Neubrandenburg

halb dieser Zeiten kann man jederzeit schwimmen, da die Bäder nicht abgeschlossen werden. Bewacht ist nur das Augustabad.

Stadtnah – **Augustabad 1**: Lindenstraße, OT Lindenberg, Tel. 0395 368 18 31. Am Nordostufer des Tollensesees, mit sauberen Sandstränden, Liegewiesen, Spielplätzen. Preisgekrönt für sein Umweltmanagement.

Etwas außerhalb – **Naturstrandbad Broda 2**: Seestraße, Tel. 0395 582 21 66. An der Nordspitze des Tollensesees, mit sauberen Sandstränden, Liegewiesen, Spielplätzen, s. auch S. 204

Nördliche Innenstadt – **Badestelle am Reitbahnsee 3**: Am Reitbahnsee, Tel. 0395 469 93 44. Am Nordrand der Stadt (Buslinie 1).

Kundenfreundlich – **Boots- und Fahrradverleih am Yachthafen 4**: Augustastr. 7, Tel. 0171 401 34 88, www.yachthafen-nb.de. Helmut Leppin verleiht Ruder-, Tret- und Motorboote sowie Kanus und Trekkingräder aller Größen, darunter E-Bikes, am Start des Radrundwegs um den Tollensesee (Tourenberatung, nach Lieferservice fragen).

Fahrgastschifffahrt – **Tollensesee-Rundfahrten 5**: Friedländer Str. 7, Tel. 03 95 584 12 18 od. Bordtel. 0173 216 50 99, www.fahrgastschiff-mudderschulten.de, Di–So meistens 10, 13, 15 Uhr (jahreszeitl. variierend), Fahrräder kostenlos. Anlegestelle am Badehaus im Kulturpark; Linienschiff s. Infos & Termine S. 209.

Golfplatz klein und familiär – **Golfclub Mecklenburg-Strelitz 6**: An der Bornmühle 1a, Groß Nemerow (6 km südl. von Neubrandenburg), Tel. 0395 422 74 14, www.gc-mst.de. Der 9-Loch-Kurzplatz mit 10 Rangeplätzen, *Putting green* und Übungsbunkern ist gut geeignet für Anfänger. Schnupperkurse.

Wasserski und Wakeboarding – **Wasserskiseilbahn Neubrandenburg 7**: Reitbahnweg 90 (am nördl. Stadtrand,

Abendessen im Wiekhaus 45: ein stimmungsvoller Tagesausklang

Neubrandenburg und Umgebung

Buslinie 1), Tel. 0395 421 61 61, www.wasserski-nb.de. Diese Anlage ist so gut, dass sie 2010 die WM ausrichten durfte. Wasserski-Anfängerkurs So 10–12 Uhr, Wakeboard-Anfängerkurs Mo 18–20 Uhr. Verliehen werden auch Paarski, Slalomski und Kneeboard.

Abwechslungsreich – die **Nordic-Fitnessparks Lindenstraße im Nemerower Mühlenholz, Seestraße in Broda** und in **Wulkenzin**: Information über die Touristinfo. Drei attraktive Strecken unterschiedlicher Länge und Schwierigkeit durch die Wälder am Tollensesee.

Abends & Nachts

Für Nachtschwärmer – **Winehouse Bar 1**: Wiekhaus Nummer 45, 4. Ringstr./Ecke Pfaffenstraße, Tel. 0395 568 30 30 od. 0176 61 01 43 74, Mo–Do 18–2, Fr–Sa 19–3, Cocktail ab 4 €. Ab Happy-Hour-Zeit eine gute Abendadresse wegen seiner leckeren Cocktails und Café-Spezialitäten.

Anspruchsvoll – **Latücht 2**: In der Kirche St. Joseph, Große Krauthöferstr. 16, Tel. 0395 56 38 90 26, www.latücht.de. Internationales Programmkino sowie verschiedenste Konzerte, Lesungen und andere Events in der Atmosphäre eines Kirchenraumes.

Beliebt – **Colosseum 3**: An der Hochstr. 4, östlich außerhalb der Innenstadt, Tel. 0395 707 79 01, ab 22 Uhr. www.colosseum-disco.de. Events und Partys in House, Charts, Dance, Schlager der 1980er, 1990er und 2000er so richtig zum Abtanzen auf drei Tanz-Areas und mit 9 Bars.

Saugemütlich – **Last Orders 4**: Gerichtsstr. 2b, Tel. 0395 568 31 22, www.lastorders-pub.de, Mo–Sa ab 19 Uhr. In diesem Raucherpub weht der echte Geist Britanniens, Guinness and Brown Ales bis in den Morgen und tanzen nach der Musik von Live-Bands kann man auch.

Vielseitig – **Güterbahnhof Neubrandenburg 5**: Am Güterbahnhof 5, Tel. 0395 455 56 66, WM www.gueterbahnhof-nb.de. Fast täglich entweder Livemusik, Comedy, Partys, Lesungen, Polittalks mit Promis oder Tanzveranstaltungen.

Alles auf Platt! – **Niederdeutsche Bühne 6**: Steiger Weg 15 a–d, Tel. 0151 52 55 85 33, www.kulturportal-mv.de, Programm und Kartenvorverkauf über Ticket-Service, www.niederdeutsche-buehne-neubrandenburg.de. Die älteste Amateurtheatertruppe der Region bringt amüsante Komödien und Kleinprogramme niederdeutscher Autoren auf die Bretter. Zu Weihnachten gibt es manchmal Märchenerzählungen auf Hochdeutsch.

Klassisches Theater – **Schauspielhaus Neubrandenburg 7**: s. auch S. 201. Programm u. Kartenvorverkauf Tel. 0395 569 98 32, Di–Fr 10–13, 13.30–17 Uhr oder über Ticket-Service, www.theater-und-orchester.de.

Konzertprogramm – **Konzertkirche Neubrandenburg 8**: s. auch S. 201. Programm u. Kartenvorverkauf über Ticket-Service, Tel. 0395 55 95 127, Programminfo über www.konzertkirche-nb.de od. www.vznb.de.

Infos & Termine

Touristinfo Neubrandenburg: Marktplatz 1, 17033 Neubrandenburg, Tel. 0395 194 33, www.neubrandenburg-touristinfo.de, Mo–Fr 10–19, Sa 10–16 Uhr.

Ticket-Service: Marktplatz 1, Tel. 0395 559 51 27, Fax 0395 559 81 28, Öffnungszeiten wie Touristinfo-Neubrandenburg (s. o.), www.vznb.de.

Der Festkalender der Stadt Neubrandenburg und Umgebung ist einsehbar unter www.vznb.de/Ticket-Service.

Kunstmarkt Neubrandenburg: Am Ostersamstag präsentieren um die 20 regionale Kunsthandwerker ihre

selbst erzeugten Produkte am Treptower Tor: Schmuck, Gebrauchskeramik, Filzware, Seidenmalerei. Infos: Thomas Steilen, Tel. 0395 566 63 77.
Neubrandenburger Jazzfrühling: Konzerte und Jazz-Partys im März/April, Jazz- und Weltmusikfestival mit spannender internationaler Besetzung an verschiedenen Locations der Stadt, Tickets Tel. 0395 559 51 27, www.jazzfruehling-nb.de.
Internationaler Tollenseseelauf: im Juni, feste Veranstaltung bei Laufenthusiasten, 10-km-Lauf, Halbmarathon, Marathon und Staffelmarathon sowie Laufwettbewerbe für Kinder und Nordic-Walker durch die Naturlandschaft um Neubrandenburg, SV-Turbine Neubrandenburg e.V., Tel. 0395 566 53 77, www.tollenseseelauf.de.
Vier-Tore-Fest: Über vier Tage im August mit vielen Aktionen und Bühnenprogrammen für alle Altersklassen, Kunsthandwerkermärkten in der Altstadt, Museumsfest am Treptower Tor und verschiedenen Musik-Festen. Infos über die Touristinfo Neubrandenburg.
Dokument-Art: im September, Film-Preisfestival aktueller europäischer Dokumentarfilme traditionellen und experimentellen Formats bis 60 Min., im Kino Latücht, Tel. 0395 566 61 09, www.dokumentart.org.
Weberglockenmarkt: Neubrandenburger Weihnachtsmarkt mit Kunsthandwerkerbuden und Bühnenprogramm, Ende Nov. bis kurz vor Weihnachten, So–Do 10–19, Fr, Sa 10–21 Uhr, Tel. 0395 559 50, www.weberglockenmarkt.com.
Bus: s. Infobox S. 194
Linienschiff: Neubrandenburger Verkehrsbetriebe, Warliner Str. 6, Tel. 0395 350 05 24, www.neu-sw.de. MS »Rethra« verkehrt wie ein Wasserbus auf dem Tollensesee ab Anleger am Badehaus im Kulturpark. Weitere Anlegestationen: Badehaus, Wassersportzentrum, Gatsch-Eck, Klein Nemerow, Nonnenhof, Prillwitz und zurück. Preise je nach Entfernung 2–4 €.

Ausflüge in die Umgebung

Penzlin ▶ H 5

Schon im Mittelalter wurde die heutige B 192 im Abschnitt zwischen Neubrandenburg und Waren als Ost-West-Handelsweg befahren. Heute gelangt man auf dieser geschichtsträchtigen Wegstrecke – dort, wo die Bundesstraße einen Knick macht – in das knapp 3000 Einwohner zählende und von fünf Seen umgebene Städtchen Penzlin.

Geschichte

Penzlin wurde 1263 erstmals urkundlich erwähnt. Seitdem entwickelte sich die Stadt am Fuße der Alten Burg, der einstigen Ritterburg der Familie von Maltzahn. Im Laufe der Jahrhunderte mehrfach erweitert und umgebaut, bildet sie heute durch ihre museale Nutzung die Hauptattraktion in Penzlin. Am Marktplatz und der rechtwinkligen Straßenführung des Altstadtgrundrisses ist noch heute die planmäßige Anlage der mittelalterlichen Handelsstation abzulesen. Vier Brandkatastrophen zerstörten Penzlin im Lauf seiner Geschichte – zum letzten Mal am 30. April 1945 durch die sowjetischen Truppenverbände. Damals ging ein Drittel der Bausubstanz in Flammen auf.

Burg Penzlin – Das Hexenmuseum in Mecklenburg
In der Alten Burg, Tel. 03962 21 04 94, www.burg-penzlin.de, Mai–Aug. tgl. 10–18, Nov.–März Sa–So 13–16.30, April, Sept., Okt. tgl. 10–17 Uhr

Lieblingsort

Kultur und Natur in wunderbarem Einklang ▶ G 5
Hans und Brunhilde Schmalisch haben vier Büdnereien, wie man im Norddeutschen die ehemaligen Anwesen von Kleinbauernfamilien nennt, liebevoll saniert. Entstanden sind mehrere Ferienwohnungen, Doppel- und Einzelzimmer, ein gemütliches Galerie-Café, Kreativ-Werkstätten und ein großer, verwinkelter Garten mit versteckten Sitzecken und der großen Teichanlage. Fast für jedes Wochenende organisieren die beiden »Kultur in der Bude« im stimmungsvollen Hof-Theater, das früher einmal Maschinenmühle war. **Büdnerei Lehsten**, Friedrich-Griese-Str. 30–33, Lehsten, 10 km nordwestl. von Penzlin, Tel. 039928 56 39, www.buednerei-lehsten.de, Galerie-Café: März–April Sa–So, 14–17, Mai–Sept. Do–So 13–17, Okt.–Dez. Sa, So 14–17 Uhr, DZ 36–54 €, FeWo 50–100 m^2 für 64–99 €.

Neubrandenburg und Umgebung

In der **Alten Burg Penzlin** hat dieses etwas gruselige Museum seinen Platz. Die sehr anschaulich – und wider Erwarten durchaus auch kindgerecht – gestaltete Burgführung scheut keine Dramatik: 1560 wurde im unterirdischen Kellergewölbe der düstere Hexenkeller eingerichtet, in dem der Hexerei verdächtigte Frauen grausam gefoltert wurden. Durch eine Holzluke steigt man die engen Stiegen in den kalten Keller hinab, wo man die **Hexenverliese** und den **Folterkeller** samt Instrumenten noch bestaunen kann. Insgesamt wurden Hexenprozesse gegen 3650 Frauen, Männer und Kinder in Mecklenburg geführt!

Gegessen wurde damals im **Rittersaal**, der mit seiner dekorativen Deckenbemalung aus dem 19. Jh. eine gewisse Festlichkeit und Romantik hat und daher gelegentlich als Standesamt fungiert. Eine Besonderheit ist die spätmittelalterliche **Schwarzküche**, in dieser Größe einmalig im gesamten norddeutschen Raum.

Ankershagen ▶ G 5

Das Dorf Ankershagen liegt am östlichen Rand des Müritz-Nationalparks. Der Ortsname entstand bereits im 13. Jh., als Ritter Eckehard von Anker die Besiedlung durch Urbarmachung eines Hags (Wald) ermöglichte.

Ankershagen würde man getrost übersehen, hätte nicht Heinrich Schliemann (1822–90), der weltberühmte Altertumsforscher und Ausgräber Trojas, hier seine Kindheit verlebt, weshalb der Ort seit 2010 offiziell »Schliemanngemeinde Ankershagen« heißt.

Heinrich-Schliemann-Museum
Tel. 039921 32 52, www.schliemann-museum.de, April–Okt. Di–So 10–17, Nov.–März Di–Fr 10–16, Sa 13–16 Uhr, Erw. 4 €, Kinder 6–16 J. 2 €

Gegenüber der **Kirche**, in der Schliemanns Vater als Pfarrer von der Kanzel predigte, steht sein Elternhaus, ein hübscher Fachwerkbau aus dem 18. Jh. Heute ist hier das **Heinrich-Schliemann-Museum** eingerichtet, das mit dem Lebensweg und dem wissenschaftlichen Wirken des großen Archäologen bekannt macht.

In seiner Autobiografie will Schliemann dem Leser weismachen, dass er sich bereits als achtjähriger Knabe entschlossen habe, die 3000 Jahre alte trojanische Königsfeste auszugraben. Rückwirkend beschreibt er eine schöne Kindheit und ein harmonisches Elternhaus in Ankershagen – doch heute weiß die Forschung, dass es anders war: Sein Vater unterhielt nämlich neben seiner Ehe ganz ungeniert eine Beziehung zur Magd des Hauses und trieb es nach dem Tod seiner Frau so weit, dass er auf erbostes Drängen der eigenen Gemeinde aus dem Pastoren-Amt entfernt werden musste, nicht ohne vorher eine stattliche Abfindung zu erzwingen! Für den jungen Heinrich ein traumatisches Erlebnis, das er zeitlebens verdrängte. Den nächsten Lebensabschnitt verbrachte Schliemann als Kaufmann in Russland und Bankier in Kalifornien, bis er genug Geld verdient hatte, um sich seinen Traum von der Ausgrabung Trojas zu erfüllen.

In einer Ausstellung über zwei Etagen zeigt das Museum Nachbildungen aus dem »Schatz des Priamos«, Keramikgefäße und Bronzefunde aus Troja, Goldfunde aus den Gräbern von Mykene, darunter die sogenannten Totenmaske des Agamemnon, zudem Dokumente seiner Familie, seiner Freunde und Briefpartner.

Im Garten steht ein 6 m hohes hölzernes **trojanisches Pferd** – der Clou für Kinder, denn es ist als begehbare Rutsche gestaltet.

Hohenzieritz ▶ H 5

Hohenzieritz ist ein Bauerndorf mit etwa 550 Einwohnern. Seine erste urkundliche Erwähnung unter dem Namen »Cyrice« geht auf das Jahr 1170 zurück. Der ganze Ort wäre wohl eher im Halbdunkel der Geschichte versunken, wäre da nicht das Schloss.

Zudem ist Hohenzieritz während der letzten Jahre vor allem als Sterbeort der Luise von Preußen (1776–1810) bekannt geworden, der einzigen Königin des Hohenzollernhauses, die wirklich Popularität besaß – eine Art ›preußische Diana‹. Luise indes hat Hohenzieritz insgesamt nur dreimal besucht: zuerst 1796 in Begleitung ihres Gemahls, des preußischen Kronprinzen Friedrich Wilhelm, noch einmal 1803, und zuletzt besuchte sie 1810 ihren Vater in Hohenzieritz, wurde plötzlich krank und verstarb am 19. Juli 1810 mit nur 34 Jahren an Lungenentzündung.

Schloss Hohenzieritz und Luisen-Gedenkstätte
Tel. 0172 28 73 93, www.mv-schloesser.de, April, Okt. Sa–So sowie Ostermontag 10–17 Uhr, Mai–Sept. Di–So 10–17 Uhr. Öffnungszeiten ab Mai 2017 wg. Ausstellungsumbau online oder telefonisch erfragen

Das cremeweiße Schloss Hohenzieritz hatte Herzog Carl von Mecklenburg-Strelitz (1741–1816), der spätere Vater der preußischen Königin Luise, ab 1771 auf dem höchsten Punkt der sanft gewellten Hügellandschaft als Sommersitz ausbauen lassen. Seine Residenz in Neustrelitz war nur 12 km entfernt.

Das Schloss entstand nicht in einem einzigen Bauabschnitt: Zuerst ließ Carl zwei Kavaliershäuser an das bereits vor-

Ausflüge in die Umgebung

handene barocke Herrenhaus anbauen. Später, im Jahre 1790, ließ er dann die gesamte Anlage um ein zweites Geschoss aufstocken und die Fassade frühklassizistisch umgestalten. Heute gehört das Anwesen dem Land, weshalb hier auch das Nationalparkamt Müritz seinen Sitz hat. Hauptattraktion des Schlosses ist das inzwischen komplett auf den Stand von 1945 zurückgeführte Sterbezimmer von Luise mit dem Sarkophag der hochverehrten Königin sowie der Marmorbüste Luises, eine Arbeit Christian Daniel Rauchs. In zwei weiteren Räumen wurden Fotos, Gemälde, Porzellan sowie Orden, die an die Königlich Preußische Familie um 1810 erinnern, zu einer kleinen Ausstellung zusammengetragen.

Schlosspark Hohenzieritz
Den 21 ha großen **Landschaftspark** hinter dem Schloss ließ Luises Vater ab 1771 als ersten Landschaftsgarten nach englischem Vorbild im norddeutschen Raum anlegen. Verantwortlich war der englische Gartenkünstler A. Thompson. Die ältesten Bäume im Park sind knapp über 200 Jahre alt, stammen also noch aus der Erbauungszeit. Empfehlenswert ist ein Rundgang durch den Park entlang dem noch ursprünglichen Wegenetz gegen den Uhrzeigersinn (wenn man also mit dem Rücken zur Parkseite des Schlosses steht; eine gute Hilfe ist ein Faltplan, den man im Schloss erwerben kann).

Dabei trifft man auch auf den **Luisentempel**, einen klassizistischen Rundtempel, 1815 von dem Bildhauer Christian Philipp Wolff vollendet. Angeblich wurde er in der Nähe eines hohen Birnbaums erbaut, weil dort Luises Lieblingsplatz gewesen sein soll.

Schlosskirche und Dorfgebäude
Seitlich der Schlosszufahrt steht die runde, klassizistische **Schlosskirche**

Neubrandenburg und Umgebung

mit dem frei stehenden Glockenstuhl (keine festen Öffnungszeiten). Sie entstand 1806 – ein Werk des Landbaumeisters Friedrich Wilhelm Dunkelberg (1773–1844). Das Altargemälde im Inneren ist die Kopie eines Werkes von Guido Reni.

Von Dunkelberg stammt auch das **Kruggehöft** gegenüber dem Schloss. Das Haus hatte sogar eine Kegelbahn und war mit seinen Fremdenzimmern Übernachtungs- und Pferdewechselstation für Besucher, die keine Gäste der herzoglichen Familie waren. Hier befindet sich das **Café Louisenstübchen** (Dorfstr. 4. März–Okt. Di–Fr 11–17, Sa–So 14–18 Uhr, Tel. 039824 215 36).

1825 ergänzte Friedrich Wilhelm Buttel das Ensemble durch die kleine **Dorfschmiede** in Form eines griechischen Prostylostempels (d. h. ein Tempel mit Säulenhalle an der Front). Sie liegt direkt an der Dorfstraße und stellt in gestalterischer Hinsicht die Verbindung zum Ort her.

Übernachten

Wunderschön – **Schloss Marihn:** Flotower Str. 1, 17217 Penzlin, OT Marihn, Tel. 03962 22 19 30, www.schlosshotel-marihn.de, DZ 120–150 €. Das private Gästehaus vermietet sechs exklusive Gästezimmer, möbliert im französischen Stil. Serviert wird im Speisezimmer. Ideal für kleine Gesellschaften.

Vielseitig – **Schloss Wrodow:** Joseph-Beuys-Weg 1, Wrodow (2 km nordwestl. von Penzlin), Öffnungszeiten unregelmäßig, daher am besten vorher anrufen, Tel. 039602 211 46 od. 039602 293 54, www.schloss-wrodow.de. Ein Ort der Kunst – bekannt geworden durch den Film »Wunderbares Wrodow« von Rosa von Praunheim –, wo man auch Apartments bewohnen kann.

Haus mit Geschichte – **Jagdschloss Prillwitz:** Prillwitz (1 km westl. von Hohenzieritz), Tel. 039824 203 45, www.jagdschloss-prillwitz.de, DZ ab 89 €. Inmitten einer ruhigen Parkanlage des Naturschutzgebietes Nonnenhof am Südufer der Lieps ist hier die von der Jagd geprägte Atmosphäre noch spürbar.

Urig – **Büdnerei Lehsten:** s. Lieblingsort S. 211

Essen & Trinken

Gemütlich – **Burgrestaurant: Alte Burg** 1, Penzlin, Tel. 03962 257 20 46, Mi–Mo 11–22 Uhr, Hauptgericht 8,90–18,80 €. Deftige Küche mit mittelalterlichem Namen. Kleiner Biergarten unter schattigen Kastanienbäumen.

Idyllisch im Müritz-Nationalpark – **Havelkrug Granzin:** Granzin 1, 17237 Kratzeburg, Tel. 039822 202 32, www.havelkrug.de, Hauptgericht 6–17 €. Serviert wird total leckere Pasta und Pizza aus dem Holzbackofen. Auf der Terrasse des über 100-jährigen Gehöftes zu essen ist ein entspannender Genuss!

Einkaufen

Herrlich bunt – **Glasmanufaktur Dalmsdorf:** Dalmsdorf 1, 1 km westl. von 17237 Kratzeburg, Tel. 039822 29 60 57, www.glasmanufaktur-dalmsdorf.de, April–Sept. tgl. 11–18 Uhr, an Adventswochenenden hauseigener Weihnachtsmarkt, ansonsten auf Anfrage. Bettina Paesler produziert fröhlichen Schmuck, Tischgeschirr und Dekostücke für Heim und Garten.

Infos & Termine

Tourist-Information Penzlin: Große Str. 4, 17217 Penzlin, Tel. 03962 21 00 64 od. Tel./Fax 03962 21 05 15, ganzjährig Mo/Di 9–12, 13–17, Do 9–12, 13–17 Uhr, www.penzlin.de.

Nationalparkinformation im Gutshaus Friedrichsfelde: Am Nationalpark 10, 17219 Ankershagen, Tel. 039921 350 46, Mai–Okt. tgl. 10–17 Uhr, www.ankershagen.de. Videokamera zur Storchenbeobachtung im Nest.

Nationalparkinformation Kratzeburg (›Flatterhus‹): Dorfstr. 31, 17237 Kratzeburg, Tel. 039822 296 65 oder 0700 38 84 28 35, Mai–Okt. tgl. 10–17 Uhr, www.mueritz-nationalpark.de (Stichwort: ›Besuchereinrichtungen/Nationalpark-Informationen‹). Multimediale Fledermausausstellung sowie geführte Fledermaustouren.

Walpurgisnacht: Am 30. April trifft sich ganz Penzlin am Hexenfeuer und auf dem Hexenmarkt auf der Alten Burg, um in der Nacht vor dem 1. Mai die letzten Wintergeister zu vertreiben. Unter den Frauen und Mädchen wird die Hexe des Jahres gewählt, abends spielt open-air eine Band.

Historisches Burgfest Penzlin: Am vorletzten Augustwochenende mittelalterlicher Markt mit Hexenspielplatz für Kinder, Ritter-, Gaukler- und Reiter-Auftritten, Livemusik zum Tanzen bis in die Nacht.

Vorträge über Leben und Werk Heinrich Schliemanns: Jeden ersten Sonntag im Monat um 11 Uhr hält Dr. Reinhard Witte, der rührige Leiter des Museums in Ankershagen, einen etwa einstündigen Vortrag über eine der vielen Facetten von Schliemanns Leben.

Bahn/Bus: Haltepunkt Kratzeburg an der Strecke Waren–Neustrelitz. Der dat-Bus fährt von Neubrandenburg nach Penzlin (www.pvm-waren.de).

Burg Stargard ▶ J 5

Die knapp 5000 Einwohner zählende Kleinstadt Burg Stargard liegt so malerisch zwischen sieben Bergen gebettet, dass man auf den ersten Blick glaubt, im Mittelgebirge zu sein. Ganz gleich, aus welcher Himmelsrichtung man sich nähert, es führt immer eine Lindenallee in die Altstadt hinein. Burg Stargard war immer ein Handwerks- und Ackerbauerstädtchen, in dem Industrie niemals eine große Rolle spielte. Zu Fuß erschließen sich die Sehenswürdigkeiten des Ortes auf schönste Weise durch eine 6 km lange Wanderung entlang dem ausgeschilderten Stadtrundweg »Über die sieben Berge«, eigentlich eher sieben Hügel.

Im Ortskern

Stadtkirche St. Johannes
Tel. 039603 207 54, im Sommer nach Bedarf geöffnet
Weithin sichtbar ist der Turm der evangelischen Stadtkirche St. Johannes. Der mittelalterliche Kirchenbau erhielt nach einem Brand von 1758 seine heutige Gestalt. Der neogotische Turm wurde erst 1894 angefügt. Ein Kunstwerk ist der barocke Kanzelaltar mit seinem säulenflankierten Holzaufbau, den Rokoko-Ornamenten und den Schnitzfiguren von Moses und Johannes.

Marie-Hager-Haus
Dewitzer Chaussee 17, Tel. 039603 211 52, Mi, Sa, So 14–17 Uhr sowie nach Anmeldung
In der Kunstgalerie im Marie-Hager-Haus präsentiert der Kunstverein eine Dauerausstellung der Werke dieser Malerin. In manchem erinnern ihre Werke an den impressionistischen Stil von Max Liebermann, der sich auch einmal hier aufhielt. Ergänzend dazu sind Wechselausstellungen zeitgenössischer Kunst zu sehen. Marie Hager gehörte der Stargarder Malerschule unter Professor Eugen Bracht an.

Neubrandenburg und Umgebung

Burganlage

Innenhöfe der Vor- und Hauptburg ständig geöffnet, März–Okt. öffentliche Burgführung Sa/So/Fei 14 Uhr, Start: an der Burgkasse

Etwa 50 m oberhalb der Stadt, auf dem Burgberg, thront **Burg Stargard**, die nordöstlichste Höhenburg Deutschlands. Die zwischen 1236 und 1270 aus rotem Backstein errichtete Burganlage ist das älteste profane Bauwerk ganz Mecklenburg-Vorpommerns. Als die brandenburgischen Markgrafen Johann I. und Otto III. das fruchtbare Land Stargard 1236 von den Pommern erhielten, entschlossen sie sich zum Bau einer Backsteinburg, bestehend aus einer Haupt- und einer Vorburg, umgeben von tiefen Gräben. Als das Land 1292 durch Heirat an die Fürsten von Mecklenburg fiel, übernahmen sie bis 1918 die Nutzung. Für die Belagerung und Erstürmung Neubrandenburgs schlug hier sogar General Tilly 1631 sein Hauptquartier auf. 1726 fand in den alten Gemäuern der letzte Hexenprozess des Herzogtums Mecklenburg-Strelitz statt. Die Burg ist in großen Teilen erhalten, wenngleich sie im 19. und 20. Jh. viele Veränderungen verkraften musste. 1929 erwarb die Stadt Stargard die Burg und nennt sich seitdem Burg Stargard. Bis 1990 wurden die meisten Burggebäude bewohnt oder als Jugendherberge genutzt, danach begann eine umfassende Sanierung.

Rundgang durch die Vorburg

Nach Überschreiten der alten Steinbrücke tritt man durch das Untere Tor, das ursprünglich ein massives Gebäude zu Verteidigungszwecken war, in die Vorburg. Hier liegt der Marstall, hinter dessen fast 2 m dicken Mauern früher gut und gerne 60 Pferde Platz hatten. Jetzt ist hier das Museum der Stadt (Tel. 039603 253 53, April–Okt. tgl. 10–17 Uhr, Nov.–März nach Anmeldung, Eintritt in die Burg 4 €, Kinder ab 6 J. 2 €) untergebracht, das mit einer über 500 m² großen Ausstellung zur Geschichte von Stadt und Burg sowie den Dauerausstellungen »Das Ross – eine Kulturgeschichte des Pferdes« und »Weinbau in Mecklenburg« aufwartet. In der Vorburg stehen zwei etwa 120 Jahre alte Linden, deren enormer Umfang oft bewundert wird. Einen solchen Baumumfang zu erreichen, ist jedoch ein alter Gärtnertrick: Es wird nämlich doppelt angepflanzt und wächst dann zusammen, was an der doppelten Krone erkennbar ist! Im näheren Umkreis befindet sich noch das Gefangenenhaus, in dem heute ein Hotel untergebracht ist, das zum Gasthof in der Hauptburg gehört. Zur Vorburg gehören auch das **Amtsreiterhaus** und eine 300-jährige **Querdielenscheune**.

Rundgang durch die Hauptburg

Den Durchgang zur Hauptburg bildet das Obere Tor. Hier sind rundherum die sogenannte »Alte Münze«, die Burgkapelle, der Damenflügel des alten **Herrenhauses,** in dem das Stargarder Standesamt untergebracht ist, ein Schöpfgang und die Ruine des sogenannten Krummen Hauses angeordnet, in dem Konzerte von Klassik bis Rock open air über die Bühne gehen. Vom 38 m hohen Bergfried mit seiner Wandstärke von 4 m kann man bei guter Sicht 30 km weit über das nahe gelegene Neubrandenburg hinaus bis in die Bromer Berge des Stargarder Landes schauen.

Streuobstwiesen der Burg

Seit 50 Jahren wachsen auf den Hängen rund um die Burg Stargard Hunderte historischer Obstbäume.

Burg Stargard

Der über die Jahre etwas lückenhaft gewordene Bestand wurde mit alten Sorten wieder bepflanzt. Im Frühjahr verwandelt sich die Streuobstwiese in ein zauberhaftes Meer aus Zartrosa und Frischweiß. In sonniger Lage gedeihen jetzt Pflaumen, Kirschen, Birnen und leckerste Apfelsorten wie Boskop und Gravensteiner und Äpfel mit so malerischen Namen wie Altländer Pfannkuchen, Roter Eierapfel und Pommerscher Krummstil. Mundraub ist ausdrücklich erlaubt, nur bei größeren Mengen möchte das Ordnungsamt der Stadt gefragt werden.

Burgenwanderung von Burg Stargard nach Penzlin ▶ H/J 5

Start: Burg Stargard, Länge: 27 km, Rückweg von Penzlin: mit dem dat-Bus Linie 12 (stdl. bis 19 Uhr, Fahrplan: www.pvm-waren.de, Servicetel. 03991 64 50 oder Mobilitätszentrale Neubrandenburg, Tel. 0395 35 17 63 50) bis Neubrandenburg, dort umsteigen Richtung Burg Stargard (Buslinie 521, 526, 528, 615 oder Zug Stralsund–Neustrelitz; stdl.), Einkehrmöglichkeit: Burgrestaurant, Alte Burg Penzlin (s. S. 214), Tipp: Badesachen mitnehmen

Vom Unteren Burgtor in **Burg Stargard** führt die Stecke (Beschilderung: Schwarzer Burgturm mit fliegender Hexe) zunächst durch einen Hohlweg vorbei an den Hängen der Stargarder Streuobstwiesen in den dichten Buchenwald Großer Hagen und weiter auf der Holldorfer Chaussee durch **Holldorf** bis nach **Ballwitz,** das 2001 zum »Schönsten Dorf Mecklenburg-Vorpommerns« gekürt wurde. Hier kann man auf dem Anger in der Dorfmitte auf einer Bank die erste Rast einlegen. Nicht minder zauberhaft ist das nächste Dorf, **Zachow,** das sich schon von Weitem durch den eigentümlich spitzen Holzturm seiner hübschen Fachwerkkirche ankündigt. Weitere Anziehungspunkte im Dorfensemble sind ein sehr alter Brunnen, das Forsthaus und die restaurierte Dorfschmiede am Schmiede-Teich. Über eine Brücke des Nonnenbaches spaziert man rechter Hand am **Krickower See** vorbei (freie Badewiese am anderen See-Ende). In **Usadel** gilt es, vorsichtig die B 96 zu überqueren.

Burgenwanderung von Burg Stargard nach Penzlin

Neubrandenburg und Umgebung

Anschließend öffnet sich ein unvergleichlich schöner Streckenabschnitt um das Südufer der **Lieps** (slaw. Linde) durch eines der ältesten deutschen Vogelschutzgebiete, das **Naturschutzgebiet Nonnenhof.** Aufgrund seiner tiefen Ruhe und unberührten Natur gilt dieser Teil der Wanderung als einer der schönsten des Stargarder Landes. Bevor man das Jagdschloss Prillwitz erreicht, bietet ein kurzer Abstecher in die Hellberge einen herrlichen Ausblick über das Panorama des gesamten Tollensebeckens. Der Hauptweg geleitet vorbei an **Hohenzieritz** mit der Luisen-Gedenkstätte (s. S. 213).

Der Route weiter folgend, gelangt man in das **Naturschutzgebiet Rosenholz** mit Quellmooren, einem Förstergrab und dem alten Krupbaum. Solchen aus mehreren Stämmen zusammengewachsenen Bäumen sagte man magische Kräfte nach – es brachte Glück hindurchzukriechen. Bald durchschreitet man die Reste der **Eisernen Pforte,** eine Grenzbefestigung aus mehreren Gräben und Wällen, die gegen die Schweden errichtet wurde. Im Ort **Werder** führt ein Abstecher hinauf zur **Grabpyramide des Joseph von Maltzahn**. Schon immer wurde diesem Ort mit seinem fantastischen Ausblick gen Osten auf die Talniederung des Tollensebeckens eine bestimmte Magie zugeschrieben, weshalb von Maltzahn ihn sich nicht umsonst als Begräbnisstätte ausgesucht haben dürfte.

Wieder unten auf dem Wanderweg läuft man geradewegs zum **Großen Stadtsee** (Bademöglichkeit) und streift auf einer Halbinsel den **Englischen Garten,** einen kleinen Park, in den ein sla-

Eine wahre Bilderbuchkulisse: die Burg Stargard

Burg Stargard

wischer Burgwall integriert wurde. Der Weg endet an der **Alten Burg Penzlin**.

Aktiv

720 m lang – **Sommerrodelbahn:** Teschendorfer Chaussee, Tel. 039603 232 26, www.rodelbahn-burgstargard.de, April–Sept. tgl. 10–18, März–Okt. tgl. 11–17 Uhr, 2,20 €, Kinder 3–14 J. 1,50 €. Ein Lift zieht alle schnurstracks hinauf und dann kann man in acht Steilkurven, einem Sprung und über zwei Brücken hinweg einen Höhenunterschied von 30 m überwinden.

Kurzweilig – **Sieben-Berge-Rundweg:** Der 6 km lange Spaziergang über die sieben ›Berge‹ einmal rund um die Stadt Burg Stargard bietet schöne Aussichtspunkte (alle mit Verweil-Bänkchen!) und ist gut auch mit Kindern machbar. Dauer ca. 3 Std. Beginnen kann man an beliebiger Stelle und läuft dann über den Galgenberg, Töpferberg, Scheunsberg, Denkmalsberg, Windmüllerberg, Burgberg und Klüschenberg. Die Tourist-Information hält ein Faltblättchen bereit und bietet Führungen an.

Infos & Termine

Tourist-Information: Bachstr. 10–12, 17094 Burg Stargard, Tel. 039603 253 55, www.burg-stargard.de.

Walpurgisnacht: Am letzten Apriltag treiben Hexen ihr Unwesen vor der unheimlichen dunklen Burgkulisse; anschließend Tanz in den Mai, Tel. 039 603 253 55.

Mittelaltertage auf Burg Stargard: Im Mai/Juni u. Sept., Pflege mittelalterlichen Brauchtums speziell für Kinder.

Mittelalterliches Burgfest: Am zweiten Augustwochenende feiert man auf dem schönsten und größten Burgfest Mecklenburgs wie die Fürsten: mit Märkten, Speis und Trank, Gaukelei, großem Ritterturnier, Fackelumzug, Musik, Gesang und Tanz bis in die Nacht, www.stargarder-burgverein.de, Tel. 039603 226 05.

Burgenlauf: im August, die Läufer laufen die 27,5 km lange Strecke zwischen den beiden Burgen Penzlin und Burg Stargard. Die Sieger werden mit Pokalen geehrt. Tel. 039603 253 55.

Romantische Burgenweihnacht: am zweiten Adventssonntag 11–18 Uhr, stimmungsvoller Weihnachtsmarkt auf dem Burghof, Tel. 039603 253 55, www.burg-stargard.de.

Bahn: Burg Stargard ist Regionalbahnhof an der Strecke Berlin–Stralsund mit guten Verbindungen auch nach Neustrelitz und Neubrandenburg.

Bus: Verbindungen Burg Stargard nach Neubrandenburg, Feldberg und Lychen.

Das Beste auf einen Blick

Mecklenburgische Schweiz

Auf Entdeckungstour

Per Baumkronenpfad zu den 1000-jährigen Eichen von Ivenack: Tausend Jahre sollen die dicken Eichen von Ivenack alt sein! Was solch alte Bäume zu erzählen haben, berichtet der Revierförster von Stavenhagen. S. 227

Basedow, Ulrichshusen, Schorssow und Burg Schlitz: Wie Perlen an einer Schmuckkette, so reihen sich die vier meistbesuchten Schlösser und Gutshäuser der Mecklenburgischen Schweiz um den Südzipfel des Malchiner Sees. S. 232

Kultur & Sehenswertes

Fritz-Reuter-Literaturmuseum, Reuterstadt Stavenhagen: Aus dem Geburtshaus des niederdeutschen Dichters wurde eines der schönsten Museen Mecklenburgs. Regelmäßig mittwochs werden Plattdeutsch-Lesungen veranstaltet – meist gibt es dabei viel zu lachen. S. 223

Aktiv unterwegs

Fahrradtour rund um den Malchiner See: Die gut beschilderte Route führt in 29 km um den Malchiner See, vorbei an sehenswerten Gutsanlagen, Fischerhäusern und Schlössern. S. 230

Golfclub Mecklenburgische Schweiz e. V.: Der dem Schlosshotel Teschow angegliederte Golfplatz bietet günstige Schnupperkurse für Anfänger und Unterrichtsstunden für Fortgeschrittene. S. 240

Genießen & Atmosphäre

Krebsessen auf Schloss & Gut Ulrichshusen: Ein Spaß besonders mit Kindern, in allen Monaten ohne r. S. 226

Gourmet-Restaurant »Wappen-Saal« im Schlosshotel Burg Schlitz: Hier kreiert Sabine Teubler neue Ideen aus der Wildküche. S. 237

Die Remise: Das Hofrestaurant von Gut Dalwitz bietet eine Landküche mit Weideochsensteaks aus ökologischer Viehhaltung vom offenen Grill. S. 240

Gasthaus Stadtmühle in Teterow: Leckeres Essen in der historischen Wassermühle, dazu Konzerte und Lesungen. S. 240

Abends & Nachts

Die Büxe: Beliebter Kneipentreff in Reuterstadt Stavenhagen mit internationalen Biersorten für jüngere Leute, da, wo Fuchs und Hase sich gute Nacht sagen. S. 230

Mecklenburgische Schweiz

Die Mecklenburgische Schweiz vollzieht den Übergang von der Seenplatte in die vorpommersche Talzone Richtung Ostseeküste. Im geologischen Sinn ist mit der Bezeichnung Schweiz ein Mini-Mittelgebirge gemeint, wie es in Europa auch an anderen Stellen vorkommt, beispielsweise in der Holsteinischen, der Märkischen, der Sächsischen oder der Fränkischen Schweiz. Dennoch lässt einen die Bezeichnung im Fall der Mecklenburgischen Schweiz eher ein wenig schmunzeln, misst doch der **Hardtberg** bei Hohen Mistorf westlich vom Kummerower See gerade einmal 121 m – für die ansonsten vollkommen flache Norddeutsche Tiefebene wohl schon etwas Besonderes!

Verantwortlich für diese leicht wellige Oberflächenform ist die Eiszeit, die bei ihrem Rückzug vor Jahrmillionen noch einmal einzelne Gletscherzungen nach vorne, nach Südwesten, schob und so letzte kleine Endmoränen bildete. Dadurch entstanden die sanft geschwungenen Hügelketten, sogenannte Stauchmoränen, die für die Mecklenburgische Schweiz so typisch sind. In den tiefsten Tälern blieb das abgetaute Wasser stehen – et voilà: Es entstanden der Teterower, der Kummerower und der Malchiner See, die drei größten Gewässer in diesem Gebiet. Einen der schönsten Ausblicke auf diese Landschaft bietet der 96 m hohe **Röthelberg** bei Karstorf in der Nähe von **Burg Schlitz**.

Ein Teil der Mecklenburgischen Schweiz, in der während der letzten Jahre der Trend zum Wandern auffallend zugenommen hat, ist der 1997 gegründete **Naturpark Mecklenburgische Schweiz und Kummerower See**. Er erstreckt sich auf einer Fläche von 67 350 Hektar, etwa zwischen der **Reuterstadt Stavenhagen** mit **Ivenack** im Osten, **Teterow** im Westen, **Ulrichshusen** im Süden bis hinauf nach Demmin und Dargun im Nordosten.

Der **Kummerower See** wurde rundherum zum Landschaftsschutzgebiet erklärt. Besonders die imposanten Ostufer sind von ganz eigenem Reiz, denn hier steigt die ebene Grundmoräne erst sacht an und erhebt sich dann zu einem stellenweise 10 m hohen Steilufer. Der See ist 30 m tief und mit seiner Breite von 11 km der viertgrößte in Mecklenburg-Vorpommern. Die Grenze zwischen den beiden Landesteilen Mecklenburg und Vorpommern verläuft mitten durch diesen See.

Infobox

Touristeninformation
Tourismusverband Mecklenburgische Schweiz e. V.: Turnplatz 2, Röbel (Müritz), Tel. 039931 299 70, www.mecklenburgische-schweiz.com.
Naturpark Mecklenburgische Schweiz und Kummerower See: Wargentiner Str. 4, Basedow, Tel. 039957 291 20, www.naturpark-mecklenburgische-schweiz.de.

Verkehr
Bahn: Reuterstadt Stavenhagen, Malchin, Teterow sind ans Regionalbahnnetz angeschlossen.
Bus: Mecklenburg-Vorpommersche Verkehrsgesellschaft (MVVG), Fahrplanauskunft über Mobilitätszentrale Neubrandenburg, Tel. 0395 350 03 50, www.mvvg.de (für Reuterstadt Stavenhagen, Ivenack, Teterow, Malchin, Demzin); Regionalbus Rostock GmbH (Rebus), Kundencenter Tel. Mo–Fr 8–17 Uhr 0381 405 60 18, www.rebus.de (für Basedow, Burg Schlitz, Hohen Demzin, Schorssow, Teterow, Tellow, Dalwitz); Personenverkehr Müritz, Tel. 03991 645-0, www.pvm-waren.de (für Ulrichshusen).

Reuterstadt Stavenhagen ▸ G 4

Stavenhagen ist ein sympathisches und ruhiges Städtchen von gut 6000 Einwohnern, das im touristischen Sinne ganz auf seinen großen Sohn, den niederdeutschen Dichter **Fritz Reuter** (1810–74), hinlebt, den Mann, dem man in Mecklenburg auf Schritt und Tritt begegnet und nach dem entweder eine Straße, eine Apotheke oder ein Hotel benannt ist. Reuter zu Ehren erhielt Stavenhagen 1949 offiziell den Ehrennamen Reuterstadt. Schon an der Ortseinfahrt sieht man, über die B 104 aus Neubrandenburg kommend, auf einer Anhöhe linker Hand die mächtige **Reutereiche**, die der Dichter 1859 zur Erinnerung an seine Eltern pflanzte.

Reuter-Denkmal
Auf dem Marktplatz (Mo und Do Wochenmarkt) sitzt Reuter in den besten Mannesjahren unmittelbar vor seinem Elternhaus auf einem robusten Lehnstuhl, einen seiner Romane auf dem Schoß, nachdenklich in die Weite blickend. Der aus Plau stammende Bildhauer Wilhelm Wandschneider gab dem niederdeutschen Dichterfürsten 1911 ein warmherziges Aussehen. In das Reuter-Denkmal ist eine riesige Sitzbank aus Granit integriert, an deren Lehne sich acht filigran durchbrochene Bronzetafeln befinden, die legendäre Figuren aus Reuters Werken zeigen.

Fritz-Reuter-Literaturmuseum
Markt 1, Tel. 039954 210 72, www.fritz-reuter-literaturmuseum.de, Mo–Fr 9–17, Sa/So 10–17 Uhr, Führung auf

In Bronze verewigt mitsamt einem Aufmarsch seiner legendären Figuren: Fritz Reuter

Mecklenburgische Schweiz

Platt gelesen
Eine Buchlesung auf Plattdeutsch anhören, Stück für Stück, von Anfang bis Ende? Dabei über den knochentrockenen norddeutschen Humor lachen und so ganz nebenbei warm werden mit dieser Sprache? Das kann man auf der Mittwochslesung im Fritz-Reuter-Literaturmuseum, alle 14 Tage, um 15 Uhr, Tel. 039954 210 72.

Hochdeutsch, Englisch und Niederdeutsch ab 10 Pers. auf Anfrage, 4 €, Kinder 1 €
Ein unbedingtes Muss ist der Besuch von »Fritzings« Geburtshaus – einem schönen Zeugnis später norddeutscher Barockarchitektur, in dem das modern gestaltete Fritz-Reuter-Literaturmuseum seinen Sitz hat.
37 lange Jahre bekleidete Vater Reuter das Bürgermeisteramt dieser Stadt und wohnte hier mit seiner Familie im Rathaus. Neben Fritzens Geburtszimmer, das noch mit originalem Interieur aus dem Besitz von Reuters Eltern eingerichtet ist, führt eine glanzvolle, reich bebilderte und multimedial ergänzte Ausstellung durch Reuters Leben, sein literarisches Schaffen, seine Zeit und die Rezeption seines Werkes bis heute.

Reuter war kein Mensch mit einem geradlinigen Lebensweg, ganz im Gegenteil; die Vita des stämmigen Vollbärtigen mit der kleinen ovalen Brille verlief eher aufregend: Erst im gestandenen Alter von 43 Jahren trat Reuter mit seinem niederdeutschen Werk »Läuschen un Rimels« (»Erlauschtes und Gereimtes«) an die Öffentlichkeit. In vielen seiner Geschichten, die er auch später noch schreiben sollte, spielt die Handlung des Geschehens häufig in und um Stavenhagen.

Über den Hof ist **Haus 2 des Literaturmuseums** zu erreichen, in dem sich eine weitere Ausstellung mit Leben und Werk des mecklenburgischen Malers und Illustrators **Ernst Lübbert** (1879–1915) beschäftigt. Die Porträts und Genrebilder seiner Bauern, Bürger und Salongesellschaften amüsieren zuweilen durch ihren gelungenen humoristischen Einschlag.

Rund um den Markt
Wer einmal durch die Sträßchen in Sichtweite des Museums streift, entdeckt die an zehn Häusern angebrachten ovalen Bronzetafeln. Sie erinnern auf Plattdeutsch an Personen, die hier wirklich wohnten und denen Reuter literarisch Gestalt verlieh. So wohnte der Bäcker Swenn aus »Läuschen un Rimels« am **Markt 6** und der Apotheker und väterlicher Freund Onkel Herse aus »Meine Vaterstadt Stavenhagen« am **Markt 4**. Die Touristeninformation macht Führungen zu diesen literarischen Schauplätzen.

Augenfällig ist auch die ev.-lutherische **Kirche** (Schlüssel im Pfarramt, Bei der Kirche 2), ein barocker Backsteinbau von 1782. Im Inneren ist die holzgeschnitzte Renaissancekanzel sehenswert, und auch die zweigeschossigen Emporen heben sich von der Innenraumgestaltung zeitgleicher Stadtkirchen der Umgebung ab.

Schloss
Links vom Reuter-Museum führt eine schöne alte Kastanienallee hinauf zum **Schloss**, in dem heute das Bürger- und Verwaltungszentrum untergebracht sind. Die Dreiflügelanlage wurde um 1740 auf den Grundmauern einer mittelalterlichen Burg von 1250 errichtet. Der Burgherr, Ritter Reinbern von Stove, war Namensgeber für Stavenhagen. Unsterblich gemacht hat Fritz Reuter das Schloss durch seine Dichtun-

gen »Ut de Franzosentid« und »Meine Vaterstadt Stavenhagen«, denn hier lebte und arbeitete einer seiner Haupthelden, der Amtshauptmann Weber.

Im Kellergewölbe hat das Literaturmuseum eine Dependance, in der es die Dauerausstellung **»Franzosenzeit«** zeigt (nicht permanent geöffnet, daher Anfrage im Literaturmuseum). Hier wird dem Besucher die Besetzung Mecklenburgs durch napoleonische Truppen von 1806 bis 1813 vor Augen geführt. Militärhistoriker kommen auf ihre Kosten, denn u. a. ist auch eine einzigartige Privatsammlung originaler Stich- und Feuerwaffen zu sehen.

In der Umgebung von Stavenhagen

Ivenack ▶ G 4

Von Stavenhagen empfiehlt sich ein Ausflug nach Ivenack, das nur 6 km nördlich am Ufer des Ivenacker Sees liegt. Der Name Ivenack kommt aus dem Slawischen und bedeutet »Weide«. Fritz Reuter, der von Ivenack immer als seinem »Jungsparadies« schwärmte, vermittelte der Nachwelt in seinem Buch »Meine Vaterstadt Stavenhagen« etwas von der Faszination, die von der einmalig schönen Landschaft um Ivenack ausgeht.

Schloss und Schlosspark

Der weitläufige zauberhafte englische **Schlosspark Ivenack** ist ein nicht eingefriedeter Garten an der Landstraße zwischen Ivenack und Basepohl (Parkplatz direkt am Haupteingang). Der Tierpark mit den berühmten **1000-jährigen Eichen** schließt sich direkt an den Schlosspark an (s. S. 227).

Das **Schloss** (Privatbesitz, wegen Baufälligkeit geschlossen) liegt malerisch am Ufer des Ivenacker Sees. Es entstand auf den Grundmauern eines Klosters aus dem 16. Jh. Ab 1709 war es Stammsitz der Grafen von Plessen, die 1810 schließlich noch einen Seitenflügel anbauen ließen, sodass das Gebäude jetzt auf H-förmigem Grundriss steht. Graf Plessen pflegte ein offenes Haus und empfing interessante und einflussreiche Gäste. Unter seiner Hand entwickelte sich die Grafschaft, deren erfolgreichstes Unternehmen das Ivenacker Gestüt war, zu einer der reichsten in Mecklenburg.

Legendär ist das Schicksal des edlen Ivenacker Schimmelhengstes **Herodot**, den die Gestütsmitarbeiter 1806 vor den heranrückenden Franzosen in einer hohlen Eiche versteckten. Leider verriet sich das Tier durch sein Wiehern, wurde herausgeholt und ging in Napoleons Beutezug als sein persönliches Leitpferd mit nach Paris. Aber Marschall Blücher ließ es sich nicht nehmen, das Tier 1814 nach Ivenack zurückzubringen, wo es hochbetagt unter einer Eiche in Stavenhagen begraben wurde. Das Medaillon, hoch oben am **Marstall**, zeigt das Porträt Herodots.

Wie eingestreut in den Park wirken die **Orangerie**, das **Teehäuschen** und die hübsche **Kirche**, in der ab und zu Konzerte stattfinden (Information über Pastorin Dangow, Tel. 039954 218 13).

Malchin ▶ F4

In der 8000-Einwohner-Stadt Malchin nimmt die Sanierung der im Zweiten Weltkrieg arg zerstörten Innenstadtquartiere langsam Gestalt an. So sind von der mittelalterlichen Stadtmauer und den einst vier schmucken Stadttoren noch das **Steintor** am Südausgang Malchins, das **Kalensche Tor** im Nor-

Mecklenburgische Schweiz

den sowie der schlanke **Fangelturm** mit seinem Renaissance-Giebel und 400 m Stadtmauer erhalten geblieben. Interessant ist Malchin als Ausgangspunkt für eine Besichtigungstour der berühmten Schlossanlagen von **Basedow**, **Ulrichshusen** und **Burg Schlitz** (s. Entdeckungstour S. 232), aber auch die Malchiner Stadtkirche St. Maria und Johannes lohnt einen Besuch.

Stadtkirche St. Maria und Johannes

Mai–Sept. Mo–Fr 11–17 Uhr, ansonsten Schlüssel im Pfarrhaus Schweriner Str. 5, Tel. 03994 29 94 67, www.st-johannismalchin.de
Bedeutend in ihrer Architektur und ist die weithin sichtbare Stadtkirche St. Maria und Johannes. Als sie nach dem großen Stadtbrand von 1397 neu errichtet wurde, blieben in der Süd- und Westwand Reste des Vorgängerbaus erhalten, die bis heute zu sehen sind. Im Inneren ist der Raumeindruck der dreischiffigen Backsteinbasilika so überwältigend großzügig und hell wie in einer Kathedrale.

Übernachten

Repräsentativ – **Hotel-Schloss Kittendorf:** Kittendorf (9 km südl. von Stavenhagen), Tel 039955 500, www.schloss-kittendorf.de, DZ ab 130 €, Suiten ab 130 €, Hauptgericht im Classic-Restaurant 17–21 €. Einer der repräsentativsten Adelsbauten der Region, erbaut von dem Schinkel-Schüler Hitzig im grazilen Stil der englischen Tudorgotik. Im Sommer lohnt ein Five o' Clock Tea auf der Schlossterrasse mit einem schönen Blick auf den weitläufigen Landschaftspark von Peter Joseph Lenné.
Großzügig – **Der Fuchsbau:** Am Fuchsberg, Meesiger (13 km nordöstl. von Malchin), über Lena Blaudez, Tel. 030 33 77 81 78, www.derfuchsbau.de, Wohnung: 1320–1590 €/Woche. Reetgedecktes Haus in einer kleinen Bucht am Ostufer des **Kummerower Sees** mit zwei FeWo (für jew. 8 Pers.), mit eigenem Bootssteg samt Bötchen und Sauna. Gigantischer Seeblick bei Sonnenuntergang!

Übernachten, Essen

Exquisit – **Restaurant ›Von-Moltke‹ im Seeschloss Schorssow:** Am Haussee 3, 17166 Schorssow, tgl. 18–20.30 Uhr, Tel. 039933 790, www.schloss-schorssow.de, Hauptgericht 18–26 €, DZ 125–165 €, Suite 280 €.
Von würdevoller Eleganz – **Schlosshotel Burg Schlitz:** s. Mein Tipp S. 237
Krebsessen im Pferdestall – **Restaurant Am Burggraben des Schlosshotels Ulrichshusen:** Seestr. 14, 17194 Moltzow, OT Ulrichshusen, Tel. 039953 79 00, 16. März–14. Jan. tgl. 12–22 Uhr, www.ulrichshusen.de, Hauptgericht 10–24 €. Das Restaurant im ehemaligen Pferdestall ist spezialisiert auf feine ländliche Saisonküche. Berühmt ist das Haus für das traditionelle Krebsessen in allen Monaten ohne ›r‹ (s. S. 233).

Essen & Trinken

Draußen und drinnen – **Farmer Steakhouse Basedow:** Brauereiweg 3, Teil 039957 296 67, tgl. 11–21 Uhr, www.farmer-steakhouse.de, Hauptgericht 10–38 €. Schnitzel-, Steak- und Hähnchengerichte mit Salattheke.
Rustikal – **Alter Schafstall Basedow:** Wargentiner Str. 7, April–Okt. und Adventswochenenden tgl. 8–18 Uhr, Tel. 039957 204 54 oder 0173 739 39 67, www.alter-schafstall-basedow.de, Hauptgericht um 6 €, Bauernmarkt, hausgemachte Kuchen, deftige Suppen und Eintöpfe.   ▷ S. 230

Auf Entdeckungstour:
Zu den 1000-jährigen Eichen von Ivenack

Sie sind mittlerweile weithin berühmt, die 1000-jährigen Eichen des Ivenacker Tiergartens. Ein Spaziergang zu diesen uralten Baumriesen eröffnet tiefe Einsichten in die Gesetze natürlichen Baumwachstums.

Reisekarte: ▶ G 4
Zeit: 1. Mai–31. Okt. Bei Führung je nach Absprache 1–2,5 Std.
Planung: Anmeldung im Forstamt Stavenhagen, Förster Reinhard Schumacher, An den Tannen 1, Gielow, Tel. 039957 298 20 o. 0173 301 20 84, www.ivenacker-eichen.de, Eintritt ohne Führung 4 € (Kinder bis 12 J. frei), ab 15 Pers. je 2 €, Führungspauschale 75 €.
Start: Parkeingang »Ivenacker Tor«
Parken: vor dem Parkeingang

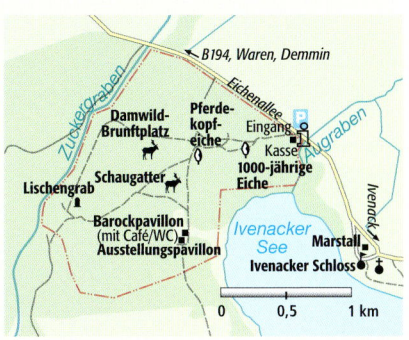

Hude-Wald in Ivenack

Wer den Ivenacker Tiergarten besucht, betritt ein zauberhaftes Landschaftsschutzgebiet, das sich westlich dem Ivenacker Schlosspark anschließt. Das 75 ha große Gebiet ist umzäunt. Ralf Hecker, der erfahrene Leiter des Forstamtes Stavenhagen, ist es gewohnt, Führungen zu den sogenannten 1000-jährigen Eichen von Ivenack zu machen. Dabei wird offenbar, dass die Eichen keine Überbleibsel wilder mecklenburgischer ›Ur-Wälder‹ sind, sondern Zeugnisse eines Hude-Waldes (hude = slaw. für Waldweide, Hütewald). Ein Hude-Wald ist die älteste Form der Landnutzung: Schon die Slawen und später die ersten deutschen Siedler trieben ihre Schweine, Rinder und Pferde in den Wald. Die Tiere fraßen Eicheln, Kastanien und Bucheckern, rupften aber auch die Verjüngungen der Büsche und Bäume ab. Dies kam den damals schon einigermaßen hochgewachsenen Eichen in Ivenack zugute, denn Eichen mögen es nicht, wenn sie rundherum von schneller wachsenden Bäumen bedrängt werden. An diese Hudewald-Entstehung erinnert das Schaugatter mit Turopolje-Schweinen, einer alten, robusten und genügsamen Hausschweinrasse.

Tiergarten mit Damwildrudel

Ursprünglich wurden im 16./17. Jh. in ganz Europa Tiergärten angelegt, um die Speisekammer der Schlossherrn mit Wild zu beliefern. Heute hat das zuständige Stavenhagener Forstamt ein frei lebendes Damwildrudel aus 120 Tieren im Gehege angesiedelt, damit der Charakter des Hude-Waldes für die alten Eichen erhalten bleibt. Wenn man sich um 12 Uhr mittags auf der Café-Terrasse des auffälligen **Barockpavillons**

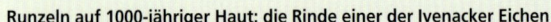
Runzeln auf 1000-jähriger Haut: die Rinde einer der Ivenacker Eichen

(Mai–Okt. Mo–Fr 9–18, Sa–So 10–18 Uhr) mitten im Tiergarten aufhält, bekommt man die eigentlich scheuen Tiere in größerer Stückzahl zu sehen, denn hier werfen Forstarbeiter jeden Tag ein paar Schaufeln Mais auf die Futterwiese. Die Tiere mögen diesen Leckerbissen und zeigen sich so den Besuchern. Im **Ausstellungspavillon** nebenan erfährt man mehr zum Thema: »In der Zeit der Eiche«. Wer möchte, kann sich auch ein Stück Wildbret mit nach Hause nehmen. Das Fleisch der Ivenacker Tiere schmeckt besonders gut, da sie nicht mit Kraftfutter, sondern ganz natürlich ernährt werden.

Uralte Baumriesen

Man folgt dem Hauptweg und trifft zuerst zwei etwas ›jüngere‹ Eichen, eine 600, die andere 800 Jahre alt! An beiden sind Blitzschäden zu sehen. Eichen ziehen den Blitz besonders an, da sie gern auf wasserhaltigem Boden wachsen. Obwohl die beiden ›Damen‹ noch nicht steinalt sind, sehen sie bei Weitem nicht so gesund aus wie der heimliche Star des Tiergartens: die **1000-jährige Eiche.** Sie ist die älteste und vitalste der insgesamt fünf Ivenacker Eichen. 35,5 m ist sie hochgewachsen, hat einen Durchmesser von 3,5 m und einen Stammumfang von 16,5 m, sodass eine Kette von zwölf Personen notwendig wäre, um sie mit ausgestreckten Armen umfassen zu können. Der Gedanke, dass bereits die Slawen, die um 1000 n. Chr. in Ivenack lebten, diesen Baum gesehen haben, verursacht schon ein seltsames Gefühl. Aber der Superlative sind noch nicht genug: Diese Ivenacker Eiche ist die vermutlich stärkste Eiche in ganz Mitteleuropa! Alle fünf Ivenacker Eichen sind Stieleichen, erkennbar an einem markanten Zeichen: dem Öhrchen am Blattansatz.

Auf dem Baumkronenpfad

Wer sich den Park aus Höhe der Baumwipfel ansehen will, kann sich per Aufzug den Erlebnisturm bis zur 35 m hohen Aussichtsplattform hinauffahren lassen und den 440 m langen – kinderwagen- und rollstuhltauglichen – Baumkronenpfad mit Hängebrücke als Rundweg entlangwandeln. Die vergleichsweise zierliche Stahlkonstruktion wird von neun Tiefbohrpfählen gehalten und ist deutschlandweit einzigartig.

Altersmessung

Die genaueste Methode, um das Alter der Eichen herauszufinden, ist nach wie vor das Zählen der Jahresringe. Zum Glück muss ein Baum deswegen heute nicht mehr gefällt werden; man kann ihn mit dem Resostographen, einem kleinen Bohrer, anbohren und vom Bohrspan die Jahresringe ablesen.

Wohnstatt für Vögel und Insekten

Für den Ivenacker Förster ist es nicht beunruhigend, dass sogar alle fünf Ivenacker Eichen hohl sind. Das sei der ganz normale Zersetzungsprozess, heißt es, denn natürliche Fäule durch Pilze oder Insekten kommt bei Bäumen immer von innen. Während der Führung erfährt man, wie lebensspendend eine gesunde Eiche sein kann, indem sie ungefähr 500 verschiedenen Insekten Lebensraum und Nahrungsplatz bietet. Durch Risse und Nischen im Kronenbereich gelangen die Kleinsttiere in den Baum hinein. Und manchmal passiert es sogar, dass ein eifriger Specht ganze Arbeit leistet und so große Löcher in die Eichen hackt, dass kleine Eulen ihr Tagesschläfchen darin machen können. Doch was stört es die Eiche …

Mecklenburgische Schweiz

Echte Empfehlung zur Kaffeezeit –
Café am Schloss in Basdow: Schloss Str. 8, tgl. 11–18 Uhr, Tel. 039957 29 62 30, www.farmer-steakhouse.de. ›Haushohe‹ Sahnetorten, alle selbstgemacht, große Sommerterrasse.

Essen, Einkaufen

Maritim gemütlich und liebevoll –
Zum Fischer Fritz: Dorfstr. 3, 17139 Faulenrost (15 km südwestl. Stavenhagen), Tel. 039951 21 35 oder 21 12, Jan.–März Fr–So 11–22, April–Dez. tgl. 12–22 Uhr, www.welshof.de, Hauptgericht 13–19 €. Mutter Kerstin und Sohn Torsten Schliemann betreiben die Traditionsgaststätte. Auf dem Gelände: **Fischräucherei mit Hofladen** (Mo–Fr 8–17, Sa/So 8–16 Uhr), die schöne Holzbrücke über die Penne führt zum Alten Fischerhof, wo alles verarbeitet wird.

Aktiv

Baden mit und ohne Wache – **Waldbad Stadtholz, Stavenhagen:** Tel. 039954 218 06. Während der Saison tgl. 10–20 Uhr; bewachtes und beheiztes Freibad mit Kinderrutschen. Außerdem gibt es unbewachte **Strandbäder** am Malchiner, Kummerower und Tüzener See.
Toll für Kinder – **Peene-Bad:** Am Fuhrtsberg, Malchin, Tel. 03994 22 24 03, Mitte Mai–Mitte Sept. Do–Di 10–20, Mi 8–20 Uhr, Erw. 3 €, Kinder 1 €. Bewachtes und beheiztes Freibad mit zwei Becken und großer Breitbahnrutsche, Wassersprudel und Wasserklettergerüst.
Klettern im Kolping Ferienland – **Seilgarten Salem:** Gelände der Segel-Basis Salem, Am Hafen 1, Salem (10 km nördl. von Malchin), Tel. 039923 71 60 (Mo/Di, Do 9–17.30 Uhr), www.kanubasis.de; auch für Externe zugänglich (einfach anrufen und fragen, wann die nächste Gruppe startet; im Sommer meist 2 x wöchentl.), Mindestalter 11 Jahre. Traumhaft gelegener, vielfältiger Seilgarten am Westufer des **Kummerower Sees** mit schwindelerregend hoher Kletterabseilwand, Tarzanbrücke u. a.

Abends & Nachts

Beliebte Jugendkneipe – **Die Büxe:** Markt 6, Reuterstadt Stavenhagen, Tel. 039954 270 70, tgl. ab 18 Uhr. Nettes und zentral gelegenes Kneipenlokal vorwiegend für die jüngere Generation. Hier gibt es Cocktails und internationale Biersorten aus aller Welt, dazu werden Snacks für den kleinen Hunger angeboten. Ab und zu werden Livekonzerte gespielt.

Mein Tipp

Romantische Radtour
In der Ansiedlung Basedow-Höhe, 6 km südwestlich von Malchin, kann man zu einer **Fahrradtour um den Malchiner See** starten, die 29 km gegen den Uhrzeigersinn um den See herumführt (siehe weißes Schild mit schwarzem Querbalken, Tourenbeschreibung bei der Stadtinfo). Schöne Stationen sind die mecklenburgischen Bauernhöfe in Wendischhagen, eine Gutsanlage in Bristow, wo man im See baden kann, das Wintergartenrestaurant beim Hotel Seeschloss Schorssow und der denkmalgeschützte Ort Basedow, wo es gleich mehrere schöne Einkehrmöglichkeiten zum Verzehr von Kaffee und Kuchen, deftigen Eintöpfen oder gar Steaks gibt (s. S. 226).

Infos & Termine

Touristeninformation Reuterstadt Stavenhagen: Markt 1, Im Reuter-Literaturmuseum, 17153 Reuterstadt Stavenhagen, Tel 039954 27 98 35, www.stavenhagen.de, Mo–Fr 9–17 Uhr.

Stadtinformation Malchin: Markt 1, im Rathaus, 17139 Malchin, Tel. 03994 64 01 11, www.malchin.de, Mai–Sept. Mo–Fr 9–17, Juli/Aug. zusätzl. Sa 9–12, Okt.–April 9–16 Uhr.

Malchiner Motorradtreffen: drei bis vier Tage um den 1. Mai; größter Event dieser Art im Norden der Republik. Biker aus Deutschland und dem nahen Ausland bevölkern die neue Waldarena im Malchiner Hainholz. Musik, Showeinlagen und mindestens eine echte Biker-Hochzeit, Tel. 03994 64 01 11, www.motorradtreffen-malchin.de.

Reuterfestspiele: 3. So im Juni; das Niederdeutsch-Festival des Landes Mecklenburg-Vorpommern auf dem Stavenhagener Marktplatz. Plattdeutscher Gottesdienst. Theaterstücke, Tänze, Musik, Gesang, viele Marktstände, Tel. 039954 27 98 35.

Konzerte in der Festspielscheune von Schloss & Gut Ulrichshusen: im Sommer, zur Adventszeit und an Silvester, Klassik gespielt von weltbekannten Interpreten der Festspiele Mecklenburg-Vorpommern und hinterher zum Krebsessen (von Mai–August, nach Voranmeldung), s. S. 70 und S. 233.

Lichterfest rund um den Kummerower See: Am letzten Juliwochenende feiern alle Orte um den Kummerower See mit vielseitigem Sportprogramm (u. a. Marathonlauf um den See, Segelregatta, Drachenbootrennen), Wahl der Lichterfest-Königin, Fischessen, Blasmusik, Disco, Händlerbuden, Flohmarkt und Feuerwerk, www.lichterfest-mv.de, Tel. 039952 237 87.

Bus/Bahn: s. Infobox S. 222

Teterow ▸ F 3

Die Stadt Teterow, in der rund 9000 Menschen leben, liegt am Westrand der Mecklenburgischen Schweiz. Wegen ihrer günstigen Lage in einer Mulde am Kreuzungspunkt der beiden Bundesstraßen 104 und 108 ist sie auch ein beliebter Ausgangspunkt für Erkundungen der Umgebung.

Das kleine Teterow wäre in der Welt nicht so bekannt, gäbe es nicht die **Teterower Bergringarena** in den **Heidbergen**, die größte Naturgrasbahn für Motorradsport in ganz Europa. Schon seit 1930 finden hier alljährlich über Pfingsten die Grasbahnrennen statt. Dann kommen samstags und sonntags bis zu 30 000 Motorradfans und haben Gelegenheit zum Fachsimpeln. Die anspruchsvolle Rennstrecke mit ihren haarscharfen Kurven, hohen Sprungschanzen und einer Steigung von 22 % ist 1877 m lang. Direkt neben dem Bergring gibt es zusätzlich die **Bergring- und Speedwayarena** am Kellerholz, eine Empfehlung für Freunde des Speedway-Sports (s. S. 241).

Burgwallinsel

Schon im 9. Jh. war der Siedlungsplatz auf der lang gestreckten **Burgwallinsel** mitten im Teterower See interessant für die Slawen. Allerdings war ihre Kultur in Teterow mit dem Einsetzen der Christianisierung Mitte des 12. Jh. beendet. Geblieben ist der Name: Teterow heißt übersetzt »Auerhahnort«.

Die Slawen jedenfalls hatten die Insel durch eine 750 m lange Holzbrücke mit dem Festland verbunden. Jahrhundertelang zweifelten Archäologen an der Existenz einer solchen Brücke, obwohl eine Landzunge am südlichen Seeufer auf einer historischen Karte »Brügghop« heißt und die Bauern beim Mähen ▷ S. 236

Auf Entdeckungstour: Basedow, Ulrichshusen, Schorssow und Burg Schlitz

Die vier bestbesuchten Schlösser und Gutshäuser der Mecklenburgischen Schweiz liegen rund um den Malchiner See – jedes in einem anderen Stil, von der Renaissance bis zum Klassizismus, und mit ganz eigener Ausstrahlung. Auch Gourmets und Gartenfreunde kommen hier auf ihre Kosten.

Reisekarte: ▶ F 4

Länge und Dauer: 32 km, mit Essen unterwegs eine gemütliche Tagestour
Start: Basedow

Planung: Man kann die Tour entweder mit dem Auto oder mit dem Rad unternehmen. Je nachdem, wie man speisen möchte, kann man die Tour auch andersherum fahren, also mit einem Mittagessen auf Burg Schlitz beginnen.

Basedow, Schloss-, Park- und Dorfführungen: Christel Müller, Tel. 039957 201 50 o. 0160 95 65 08 43, www.gaestefuehrerin-mueller.de;
Essen & Trinken in Basedow: s. S. 226

Schloss & Gut Ulrichshusen: s. S. 226
Schlosshotel Burg Schlitz: s. Mein Tipp S. 237
Restaurant ›Von Moltke‹ im Seeschloss Schorssow: s. S. 226

Wie in England: Schloss, Park und Dorf Basedow

Das knapp 380 Einwohner zählende Dorf **Basedow** (s. Abb. S. 232) ist aufgrund seines Ensemblecharakters nach dem englischen Vorbild einer »ornamented farm« (›dekorierter Bauernhof‹) von ganz besonderem Liebreiz. Die alte Schmiede, Arbeiterhäuser, die Oberförsterei, ein ehemaliges Krankenhaus, Marstall, Schule, Kirche und auch das Schloss, ab 1835 von Friedrich August Stüler architektonisch neu gestaltet und aneinander angepasst, gruppieren sich in weiter und harmonischer Runde um den Dorfteich.

Schloss Basedow blickt auf eine lange Geschichte zurück: Auf den Resten einer Vorgängerburg aus dem 15. Jh. ließ Joachim von Hahn von 1510–52 ein »festes« Haus mit vorstehendem Treppenturm im Renaissancestil errichten. Im Laufe der Jahrhunderte kamen weitere Anbauten hinzu. Außerdem wurde das Gebäude mehrfach verändert, v.a. von dem klassizistischen Berliner Architekten Friedrich August Stüler und dem Neorenaissance-Spezialisten Albrecht Haupt. Während des Zweiten Weltkriegs wurde das Schloss zwar geplündert, die Schäden an der Bausubstanz hielten sich aber in Grenzen. Nach 1945 dann wurden die Nachfahren des adeligen Rittergeschlechts von Hahn enteignet und ausgewiesen, die einzelnen Raumfluchten anschließend in Wohnungen unterteilt und vermietet – bis 1990 lebten hier 14 Familien.

Seit der Wende erfuhr das prächtige, weiß verputzte **Schloss** mehrere Besitzerwechsel. Seit 2009 gehört es einem Pferdeliebhaber aus dem schweizerischen St. Gallen. Marstall, alter Gutshof und Schafstall haben einen anderen Eigentümer.

Das Schloss ist nur im Rahmen einer Führung zu besichtigen. Neu angelegt ist der neobarocke Garten vor dem Schloss. Der **Landschaftspark** hinter dem Schloss ist eine der schönsten Mecklenburger Gartenschöpfungen Peter Joseph Lennés.

Die **Dorfkirche** von Basedow verdankt der Familie von Hahn ihre wertvolle Renaissanceausstattung, darunter die älteste bespielbare Orgel Mecklenburgs aus dem Jahr 1683.

Renaissance à la Mecklenburg: Schloss & Gut Ulrichshusen

Ein 35-Seelen-Dorf ist Ulrichshusen, eingebettet in die sanft hügelige Wald- und Felderlandschaft der Mecklenburgischen Seenplatte, direkt am Ulrichshusener See. Mann und Maus wären mittlerweile völlig vergessen, wären da nicht die Eheleute Angelika und Helmuth von Maltzahn gekommen, die die Anlage ihrer Vorfahren 1993 als traurig abgebrannte Ruine erwarben und das denkmalgeschützte Anwesen samt Park und den großen Fischteichen zu einem schönen Schlosshotel (s. S. 226) ausbauten.

Ursprünglich ist Ulrichshusen die Schöpfung Ulrichs von Maltzahn, der sich schon 1562 sein *hus,* also Ulrichshusen, als viergeschossige Zweiflügelanlage auf den mittelalterlichen Resten einer Burg errichten ließ. Heraus kam eines der frühesten Beispiele mecklenburgischer Renaissancearchitektur, elegant vermischt mit mittelalterlichen Formen. Schon 60 Jahre später wütete ein großes Feuer im Schloss, aber Bernd-Ludolph von Maltzahn, Wallensteins Quartiermeister, baute es in nur 24 Monaten wieder auf.

In den mittlerweile aufwendig sanierten Innenräumen des **Schlosshotels** haben die Maltzahns ein individuelles Refugium geschaffen, getreu ihrem Motto »Persönliche Gastlichkeit statt Hotelmaschinerie!«. Alle Zimmer, jedes mit Blick auf Park oder See, haben eine besondere Ästhetik, wobei das Cremeweiß der Wände und Stoffe mit dem Braun der antiken Vollholzmöbel wunderbar harmoniert. Schon beim Frühstück unter dem verglasten Spitzdach des Turms hat man einen grandiosen Blick auf das Land.

Der Geist der gesamten Anlage aber wird getragen von der mächtigen **Feldsteinscheune,** die die Maltzahns zu einem der größten Konzertsäle Norddeutschlands herrichteten, einer der beliebtesten Aufführungsorte im Rahmen der Festspiele Mecklenburg-Vorpommern (s. S. 70).

Betörende schöne Wasserlage: Seeschloss Schorssow

Die besondere Note von **Seeschloss Schorssow** ist seine betörend romantische Lage am Haussee. Die Erbauung des cremeweißen zweigeschossigen Dreiflügelbaus in den schönsten klassizistischen Proportionen ist der Initiative Carl Gustav Ludwig von Moltkes (1754–1838) zu verdanken. Der Oberhofjägermeister des Großherzogs von Mecklenburg-Strelitz erbte 1784 das Lehngut Schorssow von seinem Vater und als das Schloss 1803 fertig war, hatte das Lehngut einen Mittelpunkt. Der Ort Carlshof wurde gegründet, ein Gestüt und eine Schafzucht aufgebaut und die Mecklenburgische Landwirtschaftsgesellschaft gegründet. Heute kann man als Gast des 1997 eröffneten Schlosshotels die besonders großzügigen Zimmer genießen, durch die sich Schorssow auszeichnet, und im Festsaal dinieren (s. S. 226). Im Nebengebäude, der Residenz, findet sich ein wunderschöner Wellnessbereich mit Salzwasserpool samt Gegenstromanlage und drei Saunen, Kosmetik- und Massagebereich.

Der **Schlosspark** ist angelegt im englischen Landschaftsstil, der sich durch sanfte Wegführung zwischen locker eingestreuten Gehölzen, Blumenbeeten und Gartenplastiken auszeichnet. Wirklich betörend aber ist die zauberhafte Atmosphäre unten am Wasser hinter dem Hotel, in der stillen, schilfgesäumten Bucht des Haussees, mit Liegewiese, Badestelle und Holzsteg.

»Lass die Sorgen in der Urne« – Schloss Burg Schlitz

Die prächtige klassizistische Schlossanlage **Burg Schlitz** befindet sich in landschaftlich bevorzugter Situation bei Hohen Demzin. Ein Obelisk markiert die Torauffahrt. »Gast, der Du hinaufgehst, übergib dieser freundlichen Urne all Deine Sorgen und verbringe Deine Zeit sorgenfrei an diesem schönen Ort!« – so lautet die Inschrift, die Hans Graf Schlitz 1816 in den Obeliskensockel meißeln ließ. Die Lindenallee führt leicht bergan zur Schlossanlage, die im Sommer 1999 als exquisites Hotel eröffnet wurde und sich heute im Besitz von Manuela und Armin Hoeck befindet.

Freudenvoller Tanz mit dem Wasser: der Nymphenbrunnen im Park von Burg Schlitz

1806–23 ließ Graf Schlitz die Burg von dem Berliner Hofrat Otto Hirth erbauen und den 100 ha großen Landschaftspark anlegen. Während der Mittelbau die repräsentativen Räume beherbergte, residierten Hausherr und Gäste in den seitlichen Flügeltrakten.

Stilvolle Note im Inneren

Die Innenausstattung des Hotels ist einzigartig: Das Entree, den Schinkel-Saal und den Großen Säulengang zieren originale handbemalte fantasievoll-bunte Landschaftstapeten des 19. Jh. aus Pariser und Berliner Manufakturen. Mitarbeiter der Warschauer Restaurierungswerkstätten – polnische Restaurateure gelten als die besten der Welt – haben die kostbaren Tapeten wieder zum Leuchten gebracht. Die Flur-Rotunde ist mit einem Fresko bemalt, und im Balkonsaal im Ostflügel stehen zwei von Karl Friedrich Schinkel entworfene Öfen. Der als exklusives Restaurant (s. Mein Tipp S. 237) dienende Wappen-Saal ist mit neugotischem Deckengewölbe und Wappen vorheriger Gutsbesitzer und befreundeter Adelsfamilien geschmückt. Auch beim eigens für das Haus entworfenen Mobiliar wurde nicht gespart; es stammt aus den Deutschen Werkstätten Hellerau.

Parkspaziergang zu den Nymphen

Der meilenweite Blick aus den Hotelzimmerfenstern über das Malchiner Becken ist atemberaubend schön. Auch am weitläufigen Landschaftspark kann man seine Freude haben, denn der künstlerisch-sinnlich veranlagte Graf Schlitz sorgte dafür, dass Bäume, Sträucher und Blumen zu allen Jahreszeiten kontrastreich aufeinander abgestimmte Farbtöne zeigen. Nahe der Karolinen-Kapelle liegt das sicherlich am häufigsten fotografierte Objekt der ganzen Anlage: der **Nymphen-Brunnen**. Ausgelassen tanzen drei schlanke, zart bekleidete junge Frauen einen Reigen auf dem Brunnenrand. Dieses bekannte Jugendstilwerk fertigte der Bildhauer Walter Schott 1903 ursprünglich für das Palais eines sehr wohlhabenden Berliner Kaufmanns. Später wurde es auf die Burg Schlitz versetzt. Ein Abguss steht im New Yorker Central Park.

Mecklenburgische Schweiz

ihrer Wiesen immer wieder auf alte Pfahlstümpfe stießen. Erst gezielte Grabungen zwischen 1950 und 1953 legten das technisch kunstvolle, weil ohne einen einzigen Nagel erbaute Brückenbauwerk frei, das aber bisher nicht wieder aufgebaut wurde.

Heute kommt man auf zweierlei Wegen zu dem Landschaftsschutzgebiet hinüber, das 2010 von der UNESCO zum schützenswerten Kulturgut erklärt wurde: Von Ostern bis September legt die überdachte Barkasse »Regulus« von der Badeanstalt in Teterow ab (tgl. ab 10 Uhr, dort Tagesplanaushang, Tel. 0157 54 49 43 22), oder man fährt über die B 108 Richtung Rostock bis zum Parkplatz Burgwallinsel, läuft von da nochmals 400 m bis zur Anlegestelle und setzt über mit der hin und her pendelnden **Seilfähre** (Ostern–Sept. tgl. ab 10 Uhr).

Auf der Insel gibt es einen originalen Erdwall aus der Slawenzeit, auf dem obenauf ein Wanderpfad entlangführt. An einer Stelle führt eine Brücke ›nach Slawenart‹ hinüber zu einem Naturbeobachtungsturm, damit auch Eltern mit Kindern und Menschen mit Bewegungseinschränkungen den Turm besuchen können. Auch erwartet hier die reetgedeckte Fachwerk-**Gaststätte Wendenkrug** (Ostern–Okt. Di–So 11–18, Juli–Aug. 11–20 Uhr) ihre Gäste, und zwar genau an der Stelle, wo die Holz-und-Lehmhäuser der Slawen gestanden hatten. Auch ein Badestrand mit Bootsverleih befinden sich hier.

Mittelalterliche Stadtanlage

Wie in zahlreichen anderen Städtchen sind in Teterow die Konturen des **mittelalterlichen Stadtkerns** am kreisförmigen Grundriss der Ringstraße zu erkennen (es empfiehlt sich, das Auto außerhalb des Stadtrings zu parken). Aus dem 15. Jh. blieben zwei Backsteinstadttore erhalten: das mit Stufengiebeln und frühgotischen Maßwerk geschmückte **Rostocker Tor** und das etwas schlichtere **Malchiner Tor**.

Im einstigen Polizei- und Ratsdienerhaus, einem kleinen Fachwerkbau am Südlichen Ring 1, befindet sich das ansprechend restaurierte **Teterower Stadtmuseum** (Tel. 03996 17 28 27, www.teterow.de, Di–Do 10–12, 13–17, Fr 13–17, Sa 10 16 Uhr sowie nach Vereinbarung, 2 €). Wer sich für die Stadtgeschichte und vor allem für frühzeitliche Funde von der Burgwallinsel interessiert, sollte dem Haus einen Besuch abstatten.

Hechtbrunnen

Auf dem Marktplatz vor dem Rathaus haben die Teterower, die wegen ihrer vielen amüsanten Stadtgeschichten als die Schildbürger der Norddeutschen gelten, 1914 ihr Wahrzeichen errichtet: einen bescheidenen Sandsteinbrunnen, genannt **Hechtbrunnen**, mit dem Bronzeaufsatz eines Knaben, der einen Hecht um die Schulter gelegt trägt. Damit verbindet sich die Legende von zwei Fischern, die einst einen prachtvollen Hecht aus dem Teterower See zogen. Da 14 Tage später ein Stadtfest bevorstand, beschlossen die Ratsherren, den Fisch bis dahin aufzuheben. Um die leicht verderbliche Ware frisch zu halten, band man dem Hecht eine Glocke um und setzte ihn in den See zurück. Zur Krönung des Ganzen schlugen die Schlauen dann noch eine Kerbe in ihr Boot, um die Stelle zu markieren, an der sie den Hecht zu Wasser gelassen hatten. In schönstem Platt berichtet die Brunneninschrift von diesem Streich: »Weck Lüd sünd klauck, un sünd daesig. Un weck dei sünd aewernäsig. Lat't ehr spijöken, Kinning, lat't: Dei Klock hatt lürrd, dei häkt is fat't!« (»Es gibt kluge Leute, andere wiederum

Mein Tipp

Gut gelauntes Schlemmen erlesener Köstlichkeiten – im Wappen-Saal von Schlosshotel Burg Schlitz

Der neugotische Wappen-Saal mit seiner schönen Stuckdecke und den zwanzig bunten Wappenschildern ist das Hoheitsgebiet der vielfach ausgezeichneten Sabine Teubler, die im **Restaurant Wappen-Saal** herrscht und ein besonderes Faible für die Wildküche und das Würzen mit Wildkräutern hat. Sie wird zu den 15 besten deutschen Köchinnen gezählt. In der **Brasserie Louise** wird man mit Klassikern der französischen Bistro-Küche verwöhnt. Tipp: die Currywurst de luxe. Eine wundervolle Möglichkeit, die Vorzüge des Hauses kennenzulernen, bietet der **Afternoon-Tea,** zu dem pikante Canapés, feinste hausgemachte Pralinés, Orangensorbet, Sekt und frische englische Scones mit Cream samt Erdbeerkonfitüre gereicht werden (28,50 € pro Person bei mind. 2 Personen und Reservierung am Vortag; Brasserie Louise Mo/Di 12–22 Uhr, Mi–So 12–17 Uhr; Restaurant Wappen-Saal Mi–So ab 19 Uhr, beide Restaurants im Schlosshotel Burg Schlitz, 17166 Hohen Demzin, Tel. 03996 127 00, www.burg-schlitz.de, 3-Gänge-Menü 40 € bis 6-Gänge-Menü 100 € – Reservierung empfohlen).

Mecklenburgische Schweiz

sind dumm. Und wieder andere sind ganz schön hochnäsig. Lasst sie spotten, Kinder, lasst sie: Die Glocke hat geläutet, der Hecht ist gefangen!«)

Pfarrkirche St. Peter und Paul
Tel. 03996 18 28 21, Mai–Mitte Okt. Mo–Sa 10–16 Uhr, Gottesdienst So 10.30 Uhr
Hinter dem Rathaus erhebt sich die markante evangelische **Pfarrkirche St. Peter und Paul** aus dem Jahr 1225. Das Gotteshaus weist eine interessante Stilverschmelzung zwischen romanischer und gotischer Architektur auf. Im backsteingemauerten Altarraum wurden die wertvollen mittelalterlichen Deckenmalereien aus dem 14. Jh. 2010 vollständig restauriert. Seitdem leuchtet das gesamte Kreuzrippengewölbe in einem schönen, warmen Hellrot.

Galerie Teterow
Bahnhof 1, Tel. 03996 17 26 57, www.galerie-teterow.de, Di–Fr 10–13, 14–18, Sa 10–16 Uhr
Für eine kleine Stadt wie Teterow ist diese schöne, weitläufige Galerie im historischen Bahnhofsgebäude mit ihren ansprechenden Ausstellungen ein echter Superlativ. Der engagierte Teterower Kunstverein e. V. organisiert mehrere Ausstellungen zeitgenössischer Kunst im Jahr, die weit über die Landesgrenzen hinaus Beachtung finden. Sowohl Zeichnungen und Grafik, als auch Keramik, Textilkunst, Malerei und Skulpturen sind ständig zu sehen und werden auch verkauft.

Größter Beliebtheit erfreut sich das Bahnsteigfest im Sommer, zu dem eine Band aufspielt und auch die zwei Damenabende jeweils zu Beginn der Sommer- und Wintersaison sind immer gut besucht, bei denen Mode aus Schwerin präsentiert wird.

In der Umgebung von Teterow

Thünengut in Tellow ▸ E 3

Das Dorf Tellow, etwa 10 km nördlich von Teterow, erhielt seine Bedeutung schon zu Beginn des 19. Jh. durch das erfolgreiche sozialpolitische und landwirtschaftliche Wirken des Gutsbesitzers Johann Heinrich von Thünen (1783–1850). Der weitsichtige Nationalökonom und Musterlandwirt führte im Revolutionsjahr 1848 als Erster eine Gewinnbeteiligung und eine Altersversorgung für seine Gutsarbeiter ein. Herzstück der recht idyllisch gelegenen und historisch gewachsenen Gutsanlage ist das Thünen-Museum.

Thünen-Museum
Tel. 039976 54 10, www.thuenen.info, Mai–Sept. tgl. 9–17 Uhr, Okt.–April tgl. 9–16 Uhr, 3/1,50 €
Die Ausstellung ist dem Leben und Wirken des Johann Heinrich von Thünen gewidmet, der das völlig verschuldete Gut 1809 übernahm und hier 1850 verstarb.

Gut Dalwitz ▸ E 2

Das Gut Dalwitz liegt etwa 20 km nördlich von Teterow in der dünn besiedelten Region, die den Namen »Mecklenburger Parkland« trägt und in den vergangenen Jahren durch den Natur- und Agrarkultur-Tourismus in alten Gutshäusern einen Aufschwung erlebt hat. Mit über ca. 2000 ha Wald, Acker und Grünland ist das Gut eigentlich wie ein kleines Dorf. Schon seit 1349 – mit 46-jähriger Unterbrechung von 1945 bis 1991 – wird es von der Familie von Bassewitz bewirt-

Rapsfelder bringen im Sommer die Mecklenburgische Schweiz zum Leuchten

schaftet. Heute betreibt hier Heino Graf von Bassewitz einen mehrfach prämierten ökologischen Betrieb.

Besonders bekannt wurde das Gut wegen seiner Weideochsensteaks. 300 Rinder der Rassen Hereford und Angus werden hier wie in Südamerika ganzjährig im Freien gehalten. Aber auch was Pferde betrifft, ist Dalwitz einzigartig, denn es ist Deutschlands erstes Criollo-Gestüt. Dies sind südamerikanische Gauchopferde, die sich wegen ihrer Rustizität und Ausdauer besonders gut für die Rinderarbeit eignen. Alle hofeigenen Produkte, besonders das Rind-, Lamm- und Wildfleisch, können im Hofladen gekauft und im Restaurant »Die Remise« (s. S. 240) probiert werden. Auf dem restaurierten Hofgelände kann man Ferienwohnungen mieten. Das Ganze lebt sich prima mit tierlieben Kindern!

Dendrologischer Garten Blücherhof ▸ E/F 4

Parkstr. 6, 17194 Klocksin, OT Blücherhof (20 km südl. von Teterow), Tel. 039933 73 31 73, 0172 4 73 00 27, www.arboreten.de, Juli–Okt. tgl. 9–18 Uhr, Führung nach Vereinbarung

Im Dörfchen Blücherhof liegt der 7 Hektar große weitläufige englische Landschaftspark, den die Gartendenkmalpflege wegen seines alten exotischen Baumbestandes unter Schutz gestellt hat. Mitgebracht hatte sie aus aller Welt der international geschätzte Zoologe Alexander Koenig (1858–1940), der den Blücherhof für sich und seine aus Mecklenburg stammende Frau als Sommersitz bauen ließ. Unter den gut 200 Baum- und Straucharten sind Exoten wie Tulpenmagnolie,

Mecklenburgische Schweiz

Riesenmammutbaum, Zypressen und Gingko.

Der Garten ist für das Publikum geöffnet, doch das neobarocke cremeweiße **Schloss Blücherhof,** ein schickes zweigeschossiges Herrenhaus, das der Berliner Baurat Gustav Holland 1902 für die Koenigs errichtete, befindet sich seit 2004 nebst Marstall, Kavaliershaus, Speicher, Stellmacherei und Wirtschaftshaus in Privatbesitz; er gehört der im spanischen Moraira lebenden Malerin Rothraud Meindorfer.

Übernachten

Von Golfern bevorzugt – **Landhotel Schloss Teschow:** Gutshofallee 1, Teschow (3 km nordöstl. von Teterow), Tel. 03996 14 00, www.schloss-teschow.de, DZ 120–175 €, Suiten 155–240 €, Apartments 80–185 €. Edles Golf- und fitnessbetontes Hotel mit Wellnessbereich, Schwimmbad und Massage, umgeben vom Golfplatz (s. Aktiv S. 240). Dazu gehören auch das Haute-Cuisine-Landrestaurant Conrad sowie die Gutsschänke von Blücher.

Liebevoll restauriert – **Gutshaus Dalwitz:** s. Essen & Trinken, rechts.

Witzig – **Chinesischer Tempel:** Parkweg 1, Lelkendorf (15 km nördl. von Teterow), Tel. 039956 291 46, www.koi-tempel-scholz.de, FeWo 45 €. Witzige FeWo plus Dachterrasse im Obergeschoss eines Tempels im Stil einer chinesischen Pagode; schön angelegter, mit Kois besetzter Teich.

Abenteuer Strohboden – **Thünenkate:** Auf dem Thünengut, Warnkenhagen, OT Tellow, s. S. 19.

Essen & Trinken

Einfach und schmackhaft – **Die Remise:** auf **Gut Dalwitz,** Dorfstr. 46, Dalwitz, Tel. 039972 568 56, www.gutdalwitz.de, Di–Fr 18–22 Uhr, Sa/So/Fei ab 12 Uhr (Reservierung empfohlen), Hauptgericht 10–30 €, FeWo 50–150 €. Das Restaurant im ausgebauten alten Pferdestall reizt vor allem durch seinen rustikalen Charme. Spezialität: zarte Weideochsensteaks vom südamerikanischen Holzkohlegrill. Aber auch die Bio-Schnitzel, Empanadas (gefüllte Teigtaschen) und der McDalwitz Bioburger schmecken klasse.

Urgemütlich – **Gasthaus Stadtmühle:** Mühlenstr. 1, Teterow, Tel. 03996 15 23 00, www.stadtmuehle-teterow.de, Do–Di 11–22 Uhr (nur kalte Küche: Mo, Di, Do, Fr 14–17.30 Uhr), Hauptgericht 10–20 €. Unter den Fachwerkbalken der historischen Wassermühle kommt Leckeres auf den Tisch, dazu gibt's kleine Konzerte und Lesungen.

Abgeschieden – **Ferieninsel Burgwall:** Auf der Burgwallinsel von Teterow, Tel. 03996 15 77 05, www.burgwall-teterow.de, Ostern–Okt. Di–So 10–19 Uhr, Hauptgericht 8–13 €. Fisch- und Fleischgerichte.

Aktiv

Für die Geselligkeit – **Kegelbahn Hechtkrug:** Schulstr. 24, Tel. 03996 18 21 48, Di/Mi 16–22, Do/Fr 10–12, 16–22, Sa 9.30–12, 16–22, So 9.30–12 Uhr. Das traditionsverbundene, gutbürgerliche Gasthaus betreibt zwei Kegelbahnen. Der Schwerpunkt auf der Speisekarte: Fisch.

Baden – **Naturbad Teterow:** Seebahnhof, Teterow, Mai–Sept. tgl. 9–18, Erw. 1 €, Kinder 5–18 Jahre 0,50 €. Bewachte Badestelle am Teterower See, mit Spiel- und Liegewiese, kleine Imbissgaststätte.

Golfen auch für Kinder – **Golfclub Mecklenburgische Schweiz e. V.:** Gutshofallee 1, Teschow (3 km nordöstl. von Teterow), Tel. 03996 14 04 54, www.schloss-teschow.de, Einzel-Trainerstunde 49 €, Schnupperstunde in

Teterow und Umgebung

Mein Tipp

Käse herstellen in der Schafscheune Hofkäserei Vietschow ▶ E/F 3
Wie man in Handarbeit aus der Milch Ostfriesischer Milchschafe leckeren Käse herstellt, kann man sich in Vietschow, 12 km nördlich von Teterow, zeigen lassen. Hier betreiben Claudia Schäfer und Steffen Honzera eine ökologische Landwirtschaft mit glücklichen schwarzen, weißen und bunten Milchschafen. Alles vereint sich unter dem Dach der imposanten Scheune, dem Überbleibsel eines alten Rittergutes: Schafställe mit Melkstand, Heulager, Werkstatt, Traktorgarage, Käserei (Schafscheune Vietschow, Ringstr. 28, 17168 Groß Wüstenfelde, OT Vietschow, 15 km nördlich von Teterow; Termine zur Hofführung mit Käseverkostung und Käse-Schule, Tel. 039976 501 86, 5,50 €, Kinder 2,50 €, www.schafscheune.de. Hofladen tgl. 6–18 Uhr, kleines, feines Schafkäsesortiment, Lammfleisch, Lammsalami und -bratwurst, Seifen, Wolle).

der Gruppe ca. 13 €. Das schön in die natürlich geschwungene Landschaft eingebettete Areal hat zwei Plätze.

Infos & Termine

Tourist-Information Teterow: Östliche Ringstraße 105, 17166 Teterow, Tel. 03996 17 20 28, www.teterow.de
Osterwerkstatt auf dem Thünengut in Tellow: März/April, hier werden alte Osterbräuche gepflegt (z. B. ›Osterwasser holen‹), Tel. 039976 54 10, www.thuenen.de.
Teterower Hechtfest: Eine Woche vor Pfingsten gibt die Geschichte vom gefangenen Hecht (s. Hechtbrunnen S. 236) allen mecklenburgischen Schildbürgern Anlass zum Feiern mit Bühnenprogramm, Festumzug und Marktständen, Tel. 03996 17 20 28.
Motorradrennen: an Pfingsten **Internationales Teterower Bergringrennen** auf der Bergring-Arena und der Arena am Kellerholz (15–18 €, Kinder bis 12 J. frei); April–Okt. verschiedene **Speedway-Rennen** (u. a. Euro-Speed-Cup, Vorlauf der Deutschen Juniorenmeisterschaft) in der Arena.
Central Mecklenburgischer Töpfermarkt in Teterow: Am ersten Augustwochenende in idyllischer Kulisse rund um den Teterower Mühlenteich präsentieren ca. 70 Profi-Keramiker aus ganz Deutschland ihre Schätze von der Gebrauchskeramik bis zum künstlerischen Einzelstück. Info: Galerie Teterow, Tel. 03996 17 26 57, www.galerie-teterow.de.
Schlachttag auf dem Thünengut in Tellow: jeweis am ersten Sonntag im November und Februar, Tel. 039976 54 10, www.thuenen.info.
»Dörpwihnachten up de Tellowsche Däl«: Ein besonderer Weihnachtsmarkt am 3. Advent in der Thünenscheune, schöner Weihnachtsbasar mit vielen Händlern, dazu Kulturprogramm, Tel. 039976 54 10, www.thuenen.de.
Bahn: Teterow ist Regionalbahnhof, häufige Direktverbindungen nach Güstrow, Neubrandenburg, Stavenhagen, Malchin.
Bus: In Teterow fahren die Busse der Regionalbus Rostock GmbH (Rebus). Auskunft: Tel. 03996 12 04 54, www.rebus.de.

Das Beste auf einen Blick

Güstrow und südwestliche Umgebung

Highlights!

Güstrow: Mit seinem beeindruckenden Renaissance-Schloss, den schönen Kirchen und kostbaren barocken Bürgerhäusern ist Güstrow ein besonderer kultureller Anziehungspunkt im Norden der Seenplatte. S. 244

Kloster Dobbertin: Eine der bemerkenswertesten Klosteranlagen Mecklenburgs besticht durch ihre eindrucksvolle Backsteinarchitektur. S. 259

Auf Entdeckungstour

Ernst Barlach – ein Künstler im inneren Exil: Drei Orte gibt es in Güstrow, die die wichtigsten Werke dieses eigenwilligen Bildhauers ausstellen, den Dom, die Gertrudenkapelle und das Atelierhaus am Heidberg. S. 250

Wikingertreffen im altslawischen Tempelort Groß Raden: Was heute in der Tempelburg des slawischen Heiligtums aus dem 9./10. Jh. so los ist, erfährt man auf einer Tour durch das Gelände. S. 268

Kultur & Sehenswertes

Wassermühle Kuchelmiß: Die stattliche Mühle liegt idyllisch im noch sehr ursprünglichen Durchbruchstal des Flüsschens Nebel. Die vollständig erhaltene Mühlentechnik ist zu besichtigen. S. 261

Aktiv unterwegs

Reiten im Gestüt Ganschow: Mecklenburgs größtes Pferdegestüt, das für seine großen Stutenparaden bekannt ist. S. 254

Rundweg durch das Naturschutzgebiet Warnow-Mildenitz-Durchbruchstal: Dem Lauf der Warnow folgend geht es vorbei an Quellmooren und über malerische Holzbrücken durch das eiszeitlich geprägte Tal. S. 266

Kanu-Camp an der Mildenitz: Kleines und sympathisches Camp fernab vom Massentourismus in der Nähe von Sternberg. Abends wird ein Lagerfeuer angezündet. S. 271

Genießen & Atmosphäre

»Ich weiß ein Haus am See«: In erholsamer Lage am Krakower See kocht Küchenchef Raik Zeigner klassisch französisch. S. 262

Zur Rothen Kelle in Mustin: Feines Essen in romantischer Atmosphäre und persönlich dazu. S. 267

Abends & Nachts

Vollmond-Wanderung zu den Wölfen: Im Güstrower Wildpark Mecklenburg-Vorpommern gibt es geführte Wanderungen zu einem Wolfsrudel. S. 253

Apachen-Live-Show im Tipilager Neu Damerow: Eine professionell gemachte abendliche Stuntshow auf einer großen Wiese, bei der über 50 Laienakteure und 30 Pferde eine äußerst gefährliche und spannende Wildwest-Story vor einer Kulisse spielen, dass es nur so knallt und die Wagenburgen brennen. S. 260

Güstrow und südwestliche Umgebung

Jenseits der Stadtgrenzen von **Güstrow** gelangt man in die schöne Provinz des Sternberg-Krakower Seengebietes, das die beiden Naturparks Sternberger Seenland und Nossentiner/Schwinzer Heide umfasst. Das **Sternberger Seenland** findet sich auf 540 km² Fläche im Gebiet zwischen **Sternberg**, Brüel, **Güstrow**, Bützow, Warin und Neukloster. Die **Nossentiner/Schwinzer Heide** erstreckt sich auf 365 km² etwa zwischen **Goldberg** und **Krakow am See** und den Seen nördlich von Malchow.

Mit seinen über 90 Seen wird das Sternberger Gebiet durch den Flusslauf der **Warnow** – den längsten Fluss Mecklenburgs – bestimmt. Die Warnow ist ein Gewässer mit sehr verschiedenen Gesichtern: mal ein reißendes Wildwasser und dann wieder ein ruhiger Flusslauf, der sich gemächlich durch sein Flussbett wälzt (s. S. 266).

Güstrow! ▶ D 3

Die fast 30 000 Einwohner zählende Kleinstadt Güstrow wird häufig als ›Herz Mecklenburgs‹ bezeichnet, weil sie genau im geografischen Mittelpunkt dieses historischen Landesteils liegt. Die einstige Residenz der mecklenburgischen Herzöge der Nebenlinie Mecklenburg-Güstrow ist mit ihren schönen Kirchen, den engen Gassen und Sträßchen sowie dem Erbe ihrer großen Künstler ein ganz besonderer Anziehungspunkt. Das Schöne an Güstrow ist, dass es sich trotz seiner Entwicklung zu einem regionalen Wirtschafts-, Verwaltungs- und Kulturzentrum noch seinen ursprünglichen Charme bewahrt hat.

Stadtgeschichte

Güstrows Geschichte begann um 1228, als die Siedlung am Schnittpunkt alter Handelswege das Stadtrecht erhielt. Als Herzog Ulrich von Mecklenburg 1556 in Güstrow Residenz nahm und sich das Schloss erbauen ließ, blühte auch der Ort auf. 1628/29 bewohnte Albrecht von Wallenstein das Schloss, dessen Heer den Dänenkönig Christian IV. schon 1626 besiegt hatte und der daraufhin Mecklenburg vom Kaiser als Pfand für seine Kriegskosten zugesprochen bekam. Die Herzöge von Mecklenburg kehrten erst wieder ins Schloss zurück, nachdem die Wallensteinschen Truppen 1631 abgezogen waren. Nach dem Ende des Dreißigjährigen Krieges wuchs in Güstrow der bürgerliche Wohlstand, was noch heute an den vielen stattlichen barocken Fachwerkhäusern der Altstadt zu sehen ist.

Aber mit dem Aussterben der Mecklenburg-Güstrower Herrscherlinie im 18. Jh. geriet die Stadt abseits der großen Landespolitik, Güstrow wurde Provinz. Durch den Anschluss an das Eisenbahn- und später auch an das Schifffahrtsnetz erlebten Zucker- und Holzindustrie im Laufe des 19. Jh.

> ## Infobox
>
> **Verkehr**
> **Bahn:** Güstrow erreicht man per Regionalbahn von Schwerin, Neubrandenburg, Berlin, Stettin, Lübeck. Zum Hauptbahnhof Rostock pendelt die Stadtbahnlinie S1 in 30 Min.
> **Bus:** von Güstrow in die nähere Umgebung, nach Goldberg, Sternberg sowie Krakow. Infos: Regionalbus-Rostock GmbH, Kundencenter Güstrow, Pferdemarkt 27, Mo–Fr 9.30–18 Uhr, Tel. 03843 773 78 74, www.rebus.de.

Güstrow

einen Aufschwung. Während des Zweiten Weltkrieges blieb Güstrow weitgehend von Zerstörungen verschont und genoss als Barlachstadt auch zu DDR-Zeiten das Privileg besonderer Pflege.

Stadtrundgang

Schloss [1]

Franz-Parr-Platz 1, Tel. 03843 75 20, www.schloss-guestrow.de, ganzj. Di–So 11–17 Uhr, 6,50 €, Kinder unter 18 J. frei

Die einstige Vierflügelanlage des Güstrower Schlosses ist immer noch die größte und interessanteste Schöpfung der norddeutschen Renaissance überhaupt. Stolz erhebt sich auf einer kleinen Anhöhe die helle, lebendig gestaltete Putzfassade mit den Erkern und Rundtürmen, die den Besucher an die Loire-Schlösser erinnert. Diese Mischung aus schlesischen, französischen, niederländischen und italienischen Einflüssen kommt nicht von ungefähr. Erst ließ der Auftraggeber, Herzog Ulrich, 1558 den Süd- und Westtrakt von dem schlesischen Architekten Franz Parr erbauen, während der Norditaliener Hans Strol die Innenausstattung entwarf. 1594 folgten der Niederländer Philipp Brandin und sein Schüler Claus Midow mit der Ergänzung des Nord- und Ostflügels sowie der Schlosskapelle. Das barocke Torhaus mit der langen Schlossbrücke vollendete der Franzose Charles Philippe Dieussart 1671 als letzte Zutat zur Gesamtanlage.

1712 traf sich hier Zar Peter der Große mit seinem Verbündeten August dem Starken von Sachsen, um einen Frieden im Krieg gegen die Schweden auszuhandeln. Nach dem Aussterben der Güstrower Herzogslinie verlor auch das Schloss als Residenz an Bedeutung und verfiel zusehends, bis schließlich der Ostflügel und ein Teil des Nordflügels abgetragen werden mussten. Im Zweiten Weltkrieg blieb

Stolze Bürgerhäuser in den Straßen von Güstrows Innenstadt

Güstrow

Sehenswert
1. Schloss
2. Stadtmuseum Güstrow
3. Ernst-Barlach-Theater
4. Städtische Galerie Wollhalle
5. Norddeutsches Krippenmuseum
6. Dom
7. Uwe-Johnson-Bibliothek
8. Brinckman-Brunnen
9. Pfarrkirche St. Marien
10. Rathaus
11. Gertrudenkapelle
12. Atelierhaus am Heidberg
13. Derzsches Haus
14. Renaissance-Raum
15. Kersting-Geburtshaus
16. Wildpark Mecklenburg-Vorpommern

Übernachten
1. Kurhaus am Inselsee
2. Villa Camenz
3. Hotel am Schlosspark

Essen & Trinken
1. Barlach-Stuben
2. Verve
3. Café Wunderbar

Aktiv
1. Öffentlicher Badestrand am Inselsee
2. Familien- und Erholungsbad Oase
3. Meck-Bowl

Abends & Nachts
1. Kneipe «Schnick Schnack»
2. Kino »MovieStar«

——— s. Entdeckungstour Ernst Barlach, S. 250

das Bauwerk unzerstört. Nach der Nutzung als Altenpflegeheim wurde es 1963 bis 1980 umfassend restauriert. Höhepunkt eines Rundgangs durch das Schlossmuseum ist der große Festsaal im Südflügel mit den fein ausgearbeiteten Stuckfriesen.

Der **Schlossgarten** wurde wieder in einen blumenreichen Renaissancegarten zurückverwandelt. Besonders im Juli, zur Zeit der Lavendelblüte, duftet es hier wie in der Provence.

Stadtmuseum Güstrow 2
Franz-Parr-Platz 10, Mai–Sept. Mo–Fr 9–19, Sa 10–17, So 11–17, Okt.–April Mo–Fr 9–18, Sa 10–16, So 11–16 Uhr, Tel. 03843 76 91 20, Eintritt frei
Auf 500 m² Ausstellungsfläche trifft man hier auf eine bedeutende Schausammlung zur Geschichte Güstrows. Die Ausstellung geht besonders auf die künstlerischen und geistigen Köpfe Güstrows ein: den Maler Georg Friedrich Kersting, den Dichter John Brinckman und den Maler Otto Vermehren. Eine kleine Sammlung deutscher Expressionisten, zu denen auch Helmut Macke, der Vetter August Mackes, gehört, genauso wie der Nolde-Freund Christian Rohlfs und der Brücke-Maler Erich Heckel, macht bekannt mit einigen Zeitgenossen von Ernst Barlach.

Ernst-Barlach-Theater 3
Franz-Parr-Platz 8, www.theater-guestrow.de, Theaterkasse Mi–Fr 12–18 Uhr, Tel. 03843 68 41 46
Das kleine Theater wurde im Jahr 1828 von dem Schweriner Architekten Georg Adolph Demmler (s. auch Entdeckungstour S. 280) errichtet und kann sich somit rühmen, der älteste klassizistische Theaterbau Mecklenburgs zu sein. Ein eigenes Ensemble haben die Güstrower zwar nicht, engagieren aber auswärtige Ensembles wie die Neubrandenburger Philharmoniker, das Parchimer Kindertheater oder Berliner Travestie-Shows.

Städtische Galerie Wollhalle 4
Franz-Parr-Platz 9, Tel. 03843 76 91 69, www.guestrow.de, während einer Ausstellung tgl. 11–17 Uhr, 2,50 €

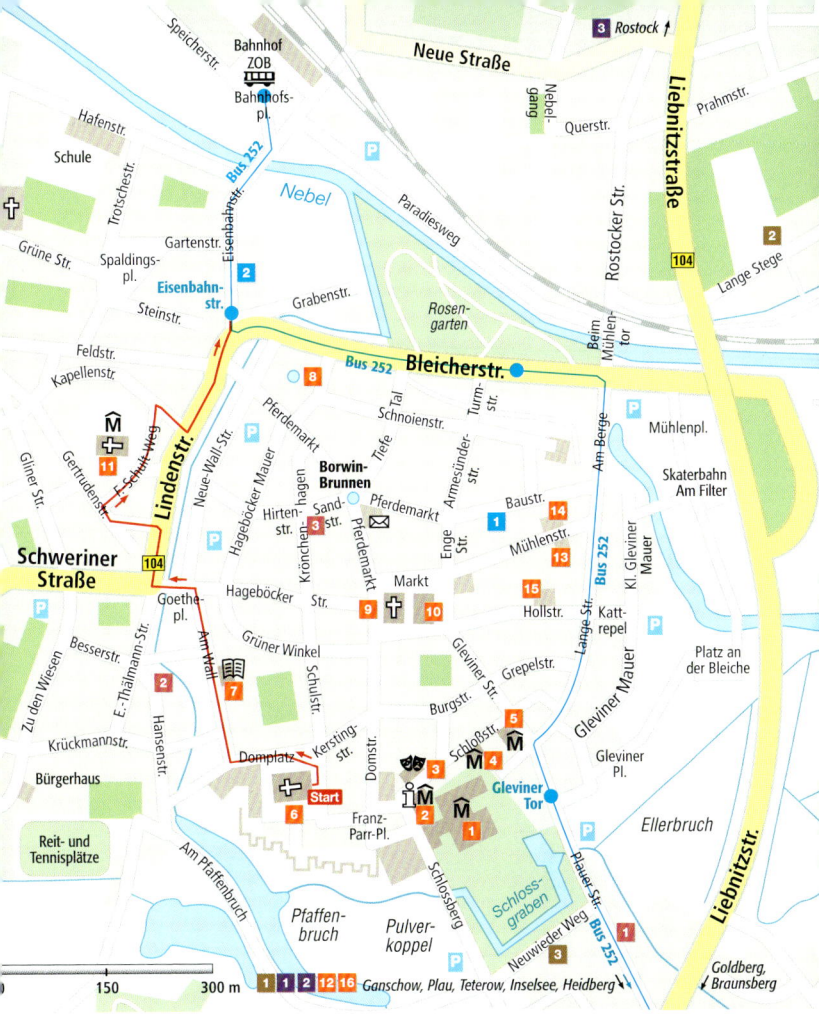

Der frühere herzogliche Pferdestall mit seinen weiten Raumfluchten wurde im 19. Jh. zum Handelsplatz für Wolle, im 20. Jh. als Theaterwerkstatt genutzt und dient heute der Präsentation zeitgenössischer Bildender Kunst.

Norddeutsches Krippenmuseum 5
Heiligengeisthof 5, Tel. 03843 46 67 44, www.norddeutsches-krippen museum.de, Juni–Sept. und 1. Advent–15. Jan. tgl. 11–17, Okt.–Nov. u. 16. Jan.–Mai Di–So 11–16 Uhr, 3 €, erm. 1,50 €

In der ehemaligen Heilig-Geist-Kirche, der ältesten Predigerstätte Güstrows (1527), kann man anhand von über 350 Krippen aus 60 Ländern dieser Erde die Vielfalt an Interpretationen der Weihnachtsgeschichte nachvollziehen.

Güstrow und südwestliche Umgebung

Dom 6
Domplatz, Tel. 03843 68 24 33, www.dom-guestrow.de, Mitte Mai–Mitte Okt. Mo–Sa 10–17, So 11.30–12, 14–16 Uhr, ab Mitte Okt. eingeschränkt; Kernzeiten: Di–So 11–12, 14–15 Uhr

Am stimmungsvollsten ist es hier auf dem Domplatz, wenn die tiefe Abendsonne auf dem dicken Backsteingemäuer des **Doms St. Maria, St. Johannes Evangelista und St. Cäcilia** steht, denn dann erglüht der warme Stein in intensivem Rot.

Gestiftet wurde der Dom 1226 von Fürst Borwin II, dem am Pferdemarkt ein **Brunnendenkmal** gewidmet ist. Gegen 1475 schließlich erfolgten die letzten Baumaßnahmen mit der Verlängerung des Chores um ein Joch sowie der Vollendung des dreigeschossigen Westturms.

Im Dominneren ist eine Fülle bedeutender Ausstattungsstücke zu sehen, darunter Ernst Barlachs Figur des »**Schwebenden**« (s. S. 250), und auch die Grabstätten vieler Mecklenburger Herrschaften finden sich hier. Insbesondere richtet sich der Blick auf das **Grabmonument für Herzog Ulrich von Mecklenburg-Güstrow** und seine Gemahlinnen **Elisabeth von Dänemark** und **Anna von Pommern**. Das riesige Grabmal aus teilweise goldgefasstem Marmor ist kostbar verarbeitet. In überraschend realistischer Manier knien die drei lebensgroßen

Nicht nur von außen eine Augenweide: Güstrows Pfarrkirche St. Marien

Güstrow

Figuren hintereinander. Das Bildwerk Ulrichs sowie der 1585 vor ihm verstorbenen Elisabeth wurde von dem Utrechter Bildhauer und Architekten Philipp Brandin, dem Hauptmeister der Renaissance in Mecklenburg, geschaffen. Die Figur der Anna kam dann 1597 von der Hand seiner Gesellen Claus Midow und Bernd Berninger hinzu. Mitte des 19. Jh. erhielt der Dom eine vollständige Innenrestaurierung, wobei die aparten Gewölbemalereien wieder entstanden.

Uwe-Johnson-Bibliothek 7

Am Wall 2, Tel. 03843 76 94 60, www.uwe-johnson-bibliothek.de, Mo/Di, Do/Fr 10–18, Mi 10–14 Uhr

Uwe Johnson zu Ehren wurde die Stadtbücherei nach ihm benannt, die mit ihrem Bestand von 50 000 Medien in einem sehr schönen frühklassizistischen ehemaligen Pferdestall untergebracht ist. Von März bis Dezember finden ungefähr ein- bis zweimal monatlich Lesungen durch bekannte Schauspieler und Johnson-Preisträger statt. Es lohnt sich nachzufragen bzw. das Programm s. auf der Website.

Brinckman-Brunnen 8

Auch John Brinckman machte ›Karriere‹ in Güstrow. Er lebte hier von 1849 bis zu seinem Tod im Jahr 1870. In dieser Zeit verfasste er sein literarisches Hauptwerk und wurde mit der lustigen, in Niederdeutsch verfassten Erzählung »Kaspar-Ohm un ick« berühmt. Einen Steinwurf vom Pferdemarkt entfernt erinnert der stille Brunnen an den Literaten. Die Brunnenfiguren Fuchs und Igel, die sich so kritisch musternd gegenübersitzen, stammen aus Brinckmans Geschichte vom schlauen Igel, der den Fuchs aus Rache dafür, dass dieser ihn fressen wollte, trickreich an die Jäger ausliefert.

Marktplatz

Der Marktplatz im Zentrum der Altstadt, mit seinen schönen Bürgerhäusern verschiedener Stilepochen ringsherum, stellt eines der schönsten baulichen Ensembles Norddeutschlands dar. Mitten auf dem Platz stehen Marienkirche und Rathaus.

Pfarrkirche St. Marien 9

Tel. 03843 68 20 77, www.pfarrgemeinde-guestrow.de, Mai, 1.–15. Okt. Mo–Sa 10–12, 14–16, So 14–16, Juni–Sept. Mo–Sa 10–17, So 14–16 Uhr, 16. Okt.–April Mo–Sa 11–12, 14–15, So 14–16 Uhr, Turmbesteigung möglich, 1 €/0,50 €

Die ältesten Bauteile der Pfarrkirche gehen auf das Jahr 1298 zurück. Nach mehrmaligem Umbau erhielt das Gotteshaus 1880 seine endgültige Gestalt einer dreischiffigen Hallenkirche aus rotem Backstein. Herausragend ist die Gestaltung des Altarraums, der in ein angenehm mildes Licht getaucht ist. Hauptstück der Ausstattung aber ist der **Brabanter Flügelaltar** von 1522 aus der Werkstatt des Bildschnitzers Jan Borman; figurenreich und lebendig sind hier Passionsszenen aus dem Leben Jesu dargestellt. An bestimmten kirchlichen Feiertagen werden die vier Altarflügel ausgeklappt, dann sind die Tafelbilder des Brüsseler Meisters Bernart van Orley in ihren warmen erdigen Farben zu bewundern.

Güstrower Rathaus 10

Der in Rosa gefasste dekorative Bau steht Rücken an Rücken mit der Pfarrkirche St. Marien. Ursprünglich bestand das Gebäude aus vier einzelnen Giebelhäusern. 1798 vollendete David Anton Kufahl den Umbau in eine 13-achsige Schaufassade. In Mecklenburg gibt es nur wenige klassizistische Bauwerke dieser Louis-XVI-Stilvariante. ▷ S. 253

Auf Entdeckungstour:
Ernst Barlach – ein Künstler im inneren Exil

Liebhaber der Kunst Ernst Barlachs kommen in Güstrow auf ihre Kosten, denn außer der Figur des »Schwebenden« im Dom vermitteln auch die Ausstellungen in der Gertrudenkapelle, im Atelierhaus am Heidberg mit Ausstellungsforum Graphikkabinett einen umfassenden Einblick in das Schaffen des Künstlers.

Cityplan: s. S. 246
Zeit: je nach Aufenthaltsdauer bei den einzelnen Stationen 2–3 Stunden
Planung: Start am Dom, von dort läuft man 10 Min. bis zur Gertrudenkapelle. Um zum Atelierhaus am Heidberg (ca. 6 km südöstlich der Innenstadt) zu gelangen, fährt man mit dem Auto oder nimmt vom Bahnhof Bus 252.
Tipp: Die Kombikarte für 9 € gilt für alle Güstrower Barlach-Museen; in den Museen erhältlich.

Gertrudenkapelle und Atelierhaus am Heidberg: www.ernst-barlach-stiftung.de, Juli/Aug. tgl. 10–17, April–Juni, Sept.–Okt. Di–So 10–17, Nov.–März Di–So 11–16 Uhr, Gertrudenkapelle 4 €, Kinder ab 6 Jahren 2,50 €, Atelierhaus 6 €, Kinder ab 6 Jahren 4 €

›Fremde Heimat‹ Güstrow
1910 war Ernst Barlach auf der Suche nach einem geeigneten Lebensort aus Berlin in die damalige kleine

Ackerbürgerstadt Güstrow gekommen. Familiäre Bindungen hatten den Ausschlag gegeben. Die Berliner Freunde zeigten sich schockiert über den Aufbruch in die unkultivierte Provinz, und auch der Künstler selbst hatte während der ganzen 28 Jahre, die er bis zu seinem Tod in Güstrow verbringen sollte, mehrfach daran gedacht, eine Veränderung herbeizuführen. Obwohl er Sympathie für die weite, leicht hügelige Landschaft und den langsamen, etwas behäbigen Menschenschlag hegte, blieb Barlach in Güstrow immer ein Sonderling. Der schwierige und menschenscheue Künstler hielt bewusst Abstand, und die Güstrower fanden kaum Zugang zu seinen eigenwilligen Werken. Während des Ersten Weltkrieges war das »Güstrower Tagebuch« der ehrlichste und zuverlässigste Wegbegleiter des Künstlers.

Die **Bronzeplastik des »Schwebenden«**, das bekannteste Ausstattungsstück des **Güstrower Doms** 6, aufgehängt in der nördlichen Seitenkapelle über einem schmiedeeisernen Taufgitter aus dem 16. Jh., entstand, als Barlach sich 1926 anlässlich der 700-Jahr-Feier des Doms bereit erklärte, gegen Berechnung der Materialkosten ein Ehrenmal für die im Ersten Weltkrieg gefallenen Güstrower zu schaffen. Schon immer war der schwebende Mensch eine Lieblingsidee Barlachs gewesen. »Im Traum fliege ich oft«, schrieb er in diesen Tagen an einen Freund. Tief im inneren Gleichgewicht, die Augen geschlossen und die Hände vor der Brust verschränkt, führt diese Figur aus dem widrigen Alltag in eine andere Welt hinaus. Zu Recht ist die Ähnlichkeit ihrer Gesichtszüge mit Barlachs Akademiekollegin Käthe Kollwitz bemerkt worden. Barlach hat das wohl nicht beabsichtigt, sich aber im Nachhinein dazu bekannt.

Schikane durch die Nazis

Später, nach 1933, als er schon am Heidberg wohnte, begannen die Nationalsozialisten Barlach zu schikanieren: Erst wurde im Jahr 1937 der »Schwebende« aus dem Dom entfernt und infamerweise für Rüstungszwecke eingeschmolzen. In der Folge begann die Postzensur, dann kam das Besuchsverbot, anschließend legte man Barlach den Austritt aus der Akademie der Künste nahe. Über 670 Werke wurden als »entartet« beschlagnahmt, in Lübeck, Kiel, Güstrow und Hamburg seine Mahnmale entfernt. In der Münchner Ausstellung »Entartete Kunst« erfolgte die Diffamierung als »Kulturschänder«, und um das Maß vollzumachen, strich ihn die Reichsschrifttumskammer aus der Liste ihrer Mitglieder, um die lebensnotwendigen Einkünfte aus seiner literarischen Tätigkeit als Dramatiker zu unterbinden. Barlachs religiös-humanistische Welteinstellung half ihm nur bedingt über diese Situation hinweg. Die innere Einsamkeit wuchs, ein Herzleiden verstärkte sich, und schließlich zog er sich noch eine Lungenentzündung zu. 1938 verstarb Barlach 68-jährig in einem Rostocker Krankenhaus.

Doch Barlachs Kunst sollte den längeren Atem haben. Es kam, wie er selbst an seinen Freund, den Verleger Reinhard Piper, geschrieben hatte: »Ich bin entschlossen zu trotzen, sie sollen nicht triumphieren ...«. Und tatsächlich: Ein heimlich hergestellter Abguss vom Originalmodell des »Schwebenden« hat sich erhalten. Die Antoniterkirche in Köln machte schließlich 1953 der Güstrower Domgemeinde einen auf Grundlage einer Abformung gefertigten Nachguss zum Geschenk. Im Dezember 1981 gelangte das Kunstwerk wieder einmal in den Blickpunkt der Weltöffentlichkeit, als der damalige Bundeskanzler und erklärte Barlach-Liebhaber Helmut Schmidt anlässlich eines Staatsbesuchs Güstrow und den Dom in Begleitung des Staatsratsvorsitzenden Erich Honecker besuchte.

Ein Ort für Barlachs Kunst

Ein Besuch der **Gertrudenkapelle** 11 (Gertrudenplatz 1), einer alten Pilgerkirche am Rande der Güstrower Altstadt, ist umso schöner, je weniger Publikum unterwegs ist. Dann kann man in dem kleinen Park mit dem alten Baumbestand auf einer Bank sitzen und die friedliche Atmosphäre spüren. Der Kapellenraum – ein einschiffiger spätgotischer Backsteinbau – birgt heute zahlreiche bekannte Gips-, Stuck-, Holz- und Metallwerke aus der Schaffensperiode, der Zeit von 1910 bis in die 1920er-Jahre, darunter die »Gefesselte Hexe«, den »Lesenden Klosterschüler« und den »Zweifler«.

Marga Böhmer, die Lebensgefährtin Barlachs, setzte sich dafür ein, dass Barlachs Werke hier eine dauerhafte Ausstellung fanden, denn es war der Ort, den er sich immer für seine Werke gewünscht hatte. Hier finden sich viele Figuren Barlachs, inspiriert von seiner Russlandreise: hilflose Bettler, elternlose Kinder, verzweifelt betende Mütter, unterdrückte und verarmte Außenseiter, hinter deren trauriger Schicksalsergebenheit Barlach eine Seele, eine menschliche Würde erkennbar macht. In Russland, das er im Jahr 1906 besuchte, fand Barlach zu seinen Themen und Ausdrucksformen, hier bildete sich sein Stil der runden Gesichter und breitknochigen Körper, den die Nationalsozialisten in den Dreißigerjahren als »artfremd« und »bolschewistisch« anprangerten. Neben seiner Russlandreise, Barlachs wichtigster Auslandserfahrung, hatte der Bildhauer auch in anderen Städten Studienaufenthalte gehabt: Dresden, Paris, Berlin und Florenz – es blieben Episoden, die es nicht vermochten, aus dem erdverhafteten, bodenständigen Künstler einen Kosmopoliten zu machen. Zwar wird seine Kunst auch später in allen eleganten europäischen Kunstmetropolen anerkannt und geschätzt, doch ein Fremder bleibt er im Grunde seines Herzens immer.

Rückzug ins Atelierhaus am Heidberg

1931 gab Barlach seine Wohnung in der Stadt auf und lebte mit Marga Böhmer, die selbst Bildhauerin war, in deren **Wohnhaus am Güstrower Heidberg** 12 (Heidberg 15) am Ostufer des Inselsees. Neben dem Wohnhaus, das auf einer Lichtung im Wald steht, ließ er sich ein **Atelier** erbauen und setzte seine Arbeit in dem lichtdurchfluteten Raum fort. Das Atelier ist bestückt mit zahlreichen Tonreliefs und bronzenen Plastiken, darunter auch Barlachs letzte Holzarbeit, »Die lachende Alte« aus dem Jahr 1937, und Entwürfe für den neunteiligen »Fries der Lauschenden« von 1935.

Am Eingang zum Grundstück steht das 1998 erbaute **Ausstellungsforum**, ein großzügig bemessenes und bei großer Sommerhitze gut klimatisiertes Gebäude. Darin befindet sich das Barlach-Archiv, außerdem werden Sonderausstellungen präsentiert. Das 2003 eröffnete **Graphikkabinett** zeigt Grafiken und Handschriften Ernst Barlachs.

Insgesamt werden auf dem Grundstück am Heidberg, das in mehrere Areale unterteilt ist, nahezu 320 Skulpturen, 300 Grafiken, Skizzenbücher und Briefe aufbewahrt – der größte Teil von Barlachs Schaffensnachlass.

Güstrow

Güstrower Bürgerhäuser

In den acht Straßen, die vom Marktplatz in alle Himmelsrichtungen führen, finden sich noch schöne alte Bürgerhäuser. Besonders die gut erhaltenen barocken und klassizistischen Haustüren sind ein Blickfang. Der kräftige Farbanstrich und die aufgelegten schnörkeligen Verzierungen strahlen ihre ganze Schönheit auf die Umgebung aus.

Besonders hervorzuheben ist das eindrucksvolle **Derzsche Haus** 13 (Mühlenstraße 48), das schon durch seine vier stolzen abgetreppten Backsteingiebel auffällt. Schräg gegenüber, in dem Festsaal des Bürgerhauses **Mühlenstraße 17**, trat 2005 bei Sanierungsarbeiten eine bemalte Holzdecke aus dem Jahr 1610 zutage. Seitdem heißt er der »**Renaissance-Raum**« 14 (Besichtigung für Einzelpersonen durch die Verbraucherzentrale über den rückseitigen Hauseingang an der Baustraße). 19 Bildnismedaillons, deren künstlerische Qualität in der damaligen Profanarchitektur ganz Norddeutschlands keinen Vergleich kennt, porträtieren den Hausherrn und seine Familie auffallend detailfreudig in spanischer Mode mit weißer Halskrause.

Kersting-Geburtshaus 15

Das Fachwerkhaus in der benachbarten Hollstraße 6 ist das Geburtshaus Georg Friedrich Kerstings (nicht zugänglich). Von seinem Vater, einem Glasmaler, erlernte der junge Kersting (1785–1847) das Malen im Biedermeierstil. Später arbeitete er in Meißen als Malervorsteher an der Königlich-Sächsischen Porzellanmanufaktur. In bescheidener Huldigung seiner Heimatstadt entwarf er dort einen Porzellanpfeifenkopf mit der Ansicht von Güstrow. Seine enge Freundschaft zu Caspar David Friedrich führte ihn in den Kreis der deutschen Romantiker, zu dem auch Philipp Otto Runge gehörte. Die Landschaftsdarstellungen dieser drei heimatverbundenen Norddeutschen ebneten der gesamten europäischen Malerei des Realismus den Weg.

Ausflüge in die Umgebung

Wildpark Mecklenburg-Vorpommern 16

Verbindungschaussee 1, Tel. 03843 24 80, www.wildpark-mv.de, März tgl. 9–18, April–Okt. tgl. 9–19, Nov.–Febr. tgl. 9–16 Uhr, 9,50/5 €, SB-Restaurant, Bus 250 vom Bahnhof

In einer Ausbuchtung des Flüsschens Nebel liegt der Wildpark Mecklenburg-Vorpommern. In einer sehr schönen Ausstellung kann man vieles zum Lebenskreislauf des Wassers erfahren. Besonders aufregend für Kinder sind die verschiedenen Themenstationen. Der Hit jedoch sind eine 30 m lange **Aquarienwand** und noch mehr der 12 m lange **Aqua-Tunnel** aus dickem Plexiglas, der in das natürliche Fließwasser der Nebel eingelassen wurde. Hier geht man völlig trocken mitten durchs Wasser und hat – allerdings nur bei viel Glück – Einblick in die Raubzüge von Hechten und Forellen aus der Güstrower Unterwasserwelt.

Draußen führt ein elegant geschwungenes Wegesystem durch eine zooähnliche **Parklandschaft**, in der weite Wiesen, bewaldete Hügel, Erlenbrüche und die Flussniederung der Nebel einander abwechseln. Der **Bodenerlebnispfad**, der mit einer Moorleiche als echtem Knüller aufwartet, führt weiter zu **Adler- und Eulenvolieren**, dem **Damwildgehege**, dem **Braunbärenberg** und dem **Wolfsgehege**, das man per Hochweg überquert,

Güstrow und südwestliche Umgebung

sodass eine gelassene Beobachtung dieser Vierbeiner möglich ist.

Gestüt Ganschow ▶ D 4
Ganschow (8 km südl. von Güstrow), Tel. 038458 202 26, www.gestuet-ganschow.de, Longe ab 20 €, Einzelstunde 30 €, Kinder bis 13 J. 20 €
Inmitten weiter Wiesen und Koppeln liegt das **Gestüt Ganschow**, das mit 350 Pferden größte Gestüt in Mecklenburg. Es ist das jüngste der vier staatlichen DDR-Gestüte, die die »Wende« überlebt haben. Seit 1964 werden in Ganschow die berühmten Mecklenburger gezüchtet. Die Meckis, wie die Pferde mit dem »M« unter der Krone im Brandzeichen kurzerhand genannt werden, haben einen lieben und robusten Charakter. Sie sind vielseitig einsetzbar, sowohl für die Dressur als auch zum Fahren oder Springen.

Neben der Mecki-Zucht hat sich Ganschow nach 1945 vor allem um das Überleben der **Trakehner** verdient gemacht. Diese etwas zierlichere Rasse mit der Elchschaufel im Brandzeichen hatte einst ihren Stammsitz im ostpreußischen Trakehnen. 1732 war das Gestüt eigens von dem preußischen »Soldatenkönig« Friedrich Wilhelm I. gegründet worden und hatte große Erfolge in der Aufzucht von Kavallerie- und leichten Wagenpferden. Vor dem Einmarsch der Russen wurden die Tiere nach Redefin und später nach Ganschow überführt und die Zucht durch polnische und russische Hengste veredelt.

Ein Höhepunkt – nicht nur für Pferdeliebhaber – ist die alljährliche **Ganschower Stutenparade** (S. 255).

Übernachten

Zuverlässig – **Kurhaus am Inselsee** 1 : Heidberg 1, Tel. 03843 85 00, www.kurhaus-guestrow.de, DZ 115–145 €. Freundliche Umsorgung im Vier-Sterne-Plus-Haus. Erholsame Lage der Zimmer zum Park und Inselsee hinaus.
Persönlich – **Hotel & Pension Villa Camenz** 2 : Lange Stege 13, Tel. 03843 245 50, www.villa-camenz.de, DZ 64 €. Komfortabel, reichhaltiges Frühstücksbuffet, Fahrradverleih.
Gut und günstig – **Hotel am Schlosspark** 3 : Neuwieder Weg 1, Tel. 03843 27 79 60, www.gaestehaus-guestrow.de, DZ ab 60 €. Ruhig, aber zentral. Helle, zweckmäßige Zimmer, größtenteils mit Kleinküche. Frühstücksraum mit Wintergarten und herrlichem Blick aufs Schloss. Fahrradtouristen und Gruppen sind besonders willkommen. Familienzimmer (max. 2 Kinder).

Essen & Trinken

Gutes Preis-Leistungs-Verhältnis – **Barlach-Stuben** 1 : Plauer Str. 7, Tel. 03843 68 48 81, www.barlach-stuben.de, tgl. 11.30–15, 17.30–23 Uhr, Hauptgericht 9,50–16,90 €. Gutbürgerliches Ambiente; rustikale Alt-Mecklenburger Hausküche, feine, Michelin-belobigte Haute Cuisine, Vegetarisches.
Lecker und auch vegan – **Verve** 2 : Hansestr. 1, Tel. 03843 69 95 22 22, www.restaurant-cafe-verve.de, Mo–Mi 9–17, Do–Fr 9–22 Uhr, Hauptgericht 5,90–18 €. Conny Niemann kreiert eine frische, solide Küche. Tgl. wechselnder Mittagstisch ab 11.30 Uhr.
Hell und modern – **Café Wunderbar** 3 : Krönchenhagen 10, Tel. 03843 77 69 27, Mo–Fr 9–24, Sa–So 10–24 Uhr, Hauptgericht 4,90–20 €. Nettes Restaurant-Café mit vielen Köstlichkeiten: kalt, warm, süß, herzhaft und vorwiegend aus regionalem und ökologischem Anbau.

Aktiv

Baden am Ostufer des Inselsees – **Öffentlicher Badestrand am Inselsee** 1 : Am Heidberg, Tel. 0170 554 35 53, tgl.

Güstrow

10–18 Uhr, www.guestrow.de, direkte Buslinie 252 vom Bahnhof. Badestrand mit Boots- und Fahrradverleih.

Baden bei schlechtem Wetter – **Oase** 2 : Plauer Chaussee 7, Tel. 03843 855 80, www.oase-guestrow.de, Mi 6.30–21, Do–So 11–21, Mo–Di nur Sauna 14–21, in MV-Ferien tgl. 10–21 Uhr. Hallenbadeparadies mit Sportbad, Spaßbad und Wellnessbereich.

Bowling – **Meck-Bowl** 3 : Neukruger Straße 62, Tel. 03843 21 98 76, www.meck-bowl.de, tgl. 15–24 Uhr, mit Gaststättenbetrieb.

Gut organisiert zu Land und zu Wasser – **Wanderer Aktivtour: im Hotel am Schlosspark** 3 : Sven-Erik Muskulus, 038458 80 11 od. 0170 554 35 53, www.wanderer-aktivtour.de. Fahrrad- und Kanuverleih inklusive Tourenberatung.

Abends & Nachts

Locker – **Kneipe »Schnick Schnack«** 1 : Baustr. 35b, Tel. 03843 773 78 87, Mo–Sa ab 17 Uhr, So ab 19 Uhr, Küche bis 24 Uhr, Hauptgericht ab 5 €. Gut besuchte rustikale Bierkneipe in Hinterhaus mit Pub-Charakter; aber es werden auch Cocktails gemixt.

Für Cineasten – **Kino »Movie Star«** 2 : Eisenbahnstr. 16, Tel. 03843 77 37 72, www.moviestarkino.de.

Spannend – **Vollmondwanderung zu den Wölfen: im Wildpark Mecklenburg-Vorpommern** 16 , www.wildpark-mv.de, monatlich und nach Absprache, 2 Std., 12 €. Führung zu einem Wolfsrudel mit Fütterung; auch andere Tiere der Nacht wie Eulen, Käuzchen oder Fledermäuse sind hautnah zu erleben. Einbezogen wird ein »Tastpfad« für schöne Sinneserfahrungen.

Infos & Termine

Güstrow-Information: Franz-Parr-Platz 10, 18273 Güstrow, Tel. 03843 68 10 23, Mai–Sept. Mo–Fr 9–19, Sa 10–17, So 11–17, Okt.–April Mo–Fr 9–18, Sa 10–16, So 11–16 Uhr, www.guestrow-tourismus.de. Zu empfehlen sind die erlebnisreichen Stadtrundgänge für Kinder, wie die Nachtwächterführungen.

Güstrower Stadtfest: im Juni, Bühnenprogramme, Artistik und Musik auf dem Marktplatz und im Innenstadtbereich, Tel. 03843 68 10 23.

MeckProm auf dem Domplatz: im Juli, Sommerkonzert der Staatskapelle Schwerin nach Vorbild der berühmten englischen Promenadenkonzerte mit unterhaltsamer klassischer Musik, www.theater-schwerin.de, Tel. 03843 68 10 23.

Sommerfest im Wildpark Mecklenburg-Vorpommern: im Juli, das größte Jahresfest im NUP mit Spiel, Musik und Aktionen, Tel. 03843 246 80.

Ganschower Stutenparade: An drei aufeinanderfolgenden Sonntagen im Juli zeigt Ganschow eine Schau aus Zucht, Sport und Kunstritt. Höhepunkt ist die größte deutsche Zweispännerquadrille mit 16 Gespannen, Tel. 038458 202 26, www.gestuet-ganschow.de.

Wallenstein-Hoffest in Güstrow: Fr/Sa Anfang Sept. auf dem Franz-Parr-Platz, buntes Musikprogramm mit Evergreens, Figurentheater, Comedy und Tanzartistik, Kartenvorverkauf: Güstrow-Information, Tel. 03843 68 10 23.

Güstrower Kunstnacht: Am Abend des 2. Oktober warten die kulturellen Einrichtungen der Stadt mit Musik und Gesang, Puppentheater, Tanz, Lesungen und Führungen sowie kulinarischen Genüssen auf, www.kunstnacht-guestrow.de, Tel. 03843 68 10 23.

Bahn/Bus: s. Infobox S. 244, Infos zum innerstädtischen Verkehr auch über die Güstrow-Information (s. o.).

Parken in Güstrow: Zwei größere, gebührenfreie Parkplätze unterhalb des Schlosses an der Plauer Straße und am

Güstrow und südwestliche Umgebung

Idylle mit der Kräutergarten: das Naturmuseum in Goldberg

Schlossberg im Vorderteil jeweils auf 3 Std. begrenzt, ansonsten ohne Zeitlimit.

Unterwegs in den Naturparks

In den Naturparks Sternberger Seenland und Nossentiner/ Schwinzer Heide

Dass man im **Sternberger Seenland** und der **Nossentiner/Schwinzer Heide** beim Wandern, Radeln oder Reiten auf Ansiedlungen trifft, ist keine Selbstverständlichkeit, denn beide Naturparks gehören mit 9 Einwohnern pro km^2 zu den am dünnsten besiedelten Gebieten Mecklenburgs.

Durch den Naturpark Nossentiner/ Schwinzer Heide verläuft die mecklenburgische Hauptwasserscheide: Während die Nebel und die Mildenitz als die größten Flüsse des nordwestlichen Teils in die Warnow und weiter in die Ostsee gelangen, streben alle Flüsse des südöstlichen Teils in den Kölpin-, den Fleesen- und den Plauer See, um von dort über Elde und Elbe in die Nordsee zu fließen.

Besonders schöne Momente zur Naturbeobachtung sind die frühen Morgen- und Abendstunden, nämlich dann, wenn Tausende von Enten und Gänsen ein lautes Spektakel an den Seeufern veranstalten. Sehr zu empfehlen ist der Aussichtsturm »Moorochse« im NSG **Nordufer Plauer See**, denn von dort lässt sich per Fernglas Einblick in eine Landschaft nehmen, die nicht betreten werden darf. Auch die Namen der anderen Aussichtstürme, »Seeadler« und »Rohrsänger« im NSG **Krakower Obersee** und »Rothirsch« im NSG **Großer und Kleiner Serrahn,** deuten schon auf die Tiere hin, die man hier antrifft. Mit ein bisschen Glück sieht man auch kreisende Seeadler, denn der Naturpark Nossentiner/Schwinzer Heide weist einen der dichtesten Bestände an Brutpaaren in ganz Mitteleuropa auf. Allein 19 Brutpaare wurden 2016 gezählt. Diese Horste werden von der Parkverwaltung ganz besonders geschützt.

Infos

Naturpark-Informationsstellen
Infozentrum Karower Meiler: Karow (am Ortsrand an der Kreuzung von B 103 und B 192), Tel. 038738 73 90 20, www.naturpark-nossentiner-schwinzer-heide.de, Mai–Sept. tgl. 10–17, April 10–16, Okt./Nov. Febr./März Mo–Fr 10–16 Uhr, Jan. geschl.). Informationen zum **Naturpark Nossentiner/Schwinzer Heide** im Rahmen einer Ausstellung.
Naturpark Sternberger Seenland: Warin, Tel. 038482 235 27 12, www.naturpark-sternberger-seenland.de, Mai–Sept. Mo–Sa 10–17, Okt.–April Mo–Fr 10–16 Uhr.

Goldberg ▸ D 5

Die Lage Goldbergs zwischen dem Großen Medower See, dem Woostener, dem Dobbertiner und dem Goldberger See an der Mildenitz, die die beiden letztgenannten Seen miteinander verbindet, hat das beschauliche 3000-Einwohner-Städtchen zum beliebten Ausgangspunkt für Wanderungen gemacht. Mit spektakulären Goldfunden hat die Stadt Goldberg – wie man vielleicht meinen könnte – nicht das Geringste zu tun. Sogar die Einheimischen sagen gern, Goldberg sei die Stadt der drei Lügen: kein Gold, kein Berg, keine Stadt. Eines steht jedenfalls fest: Wie viele mecklenburgische Städte ist auch Goldberg slawischen Ursprungs und leitet sich von dem Wort glocze (»Gold«) ab.

Die Wanderungen der Umgebung sind mit Symbolen markiert; so führt das Abbild eines Vogels in die **Langenhägener Seewiesen**, ein Laubbaum in das **Mildenitztal**, ein Boot rund um den **Goldberger See**. Ein anderer, mit einem Blatt markierter Wanderweg geht von Goldberg über Hellberg und Kleesten bis zum **Bolzsee**, der aufgrund seines klaren Wassers und des flachen Ufers ein idealer Badesee für Familien mit Kleinkindern ist.

Stadtgeschichte

1248 erhob der Parchimer Fürst Pribislaw I. Goldberg zur Stadt und verlieh ihm das Parchimer Stadtrecht. Goldberg lag damals recht günstig am Kreuzungspunkt zweier Handelsstraßen. Als zeitweiliger Sitz der mecklenburgischen Fürsten von Werle-Goldberg stand ab 1316 an der Stelle des heutigen Amtshauses in der Amtsstraße/Ecke Parkstraße einst eine Residenz, von der ein großer Teil 1842 abgerissen wurde, denn mit dem Aussterben dieses Geschlechts geriet Goldberg zunehmend in Vergessenheit. 1816 entdeckten die Goldberger eine Stahlquelle und prompt avancierte man zum Bad.

Sehenswertes

Der Backsteinbau in der Jungfernstraße dient seit 1925 als **Katholische Kirche Heilige Familie** (Messe Sa um 18 Uhr). Auffällig ist der schöne gotisierende Treppengiebel an der Frontseite. An der Hauswand erinnern zwei Tafeln daran, dass das Gebäude 1845 ursprünglich als Synagoge der Jüdischen Gemeinde errichtet wurde, die es 1925 an die Katholiken verkaufte.

Auf einer Anhöhe in der westlichen Altstadt liegt die **evangelische Stadtkirche** (Gottesdienst So 10 Uhr; Schlüssel im Pfarrhaus gegenüber). Der rechteckige und kompakte Saalbau aus Backstein stammt im Kern aus dem 13. Jh. Eine Restaurierung im Jahr 1842 veränderte die Kirche und beließ von den alten Formen nur das Südportal.

Güstrow und südwestliche Umgebung

Naturmuseum
Im Müllerweg 2, Tel. 038736 414 16, www.amt-goldberg-mildenitz.de. Wegen Sanierung ist das Haus bis voraussichtl. Mai 2017 geschlossen
Die ehemalige Wassermühle, ein Fachwerkbau mit rotem Backstein, liegt recht malerisch direkt neben dem Flüsschen Mildenitz. Ein Schwerpunkt der Sammlung ist der Nachlass des Goldberger Kunstmalers Heinrich Eingrieber (1896–1979), der zugleich der Museumsgründer war. Seine ausgestellten Landschaften und Porträts in Aquarell- und Öltechnik erzählen von seiner mecklenburgischen Heimat.

Die **naturhistorische Abteilung** beeindruckt mit einem echten Kinderschreck: Ein zähnebleckender ausgestopfter Wolf, der 1952 im nur 30 km entfernten Eichelberg bei Güstrow von Bauern mithilfe einer Sauschlinge (für Wildschweine) gefangen wurde.

Eine kleine Idylle, die auch während der Umbaumaßnahmen besucht werden darf, bildet der buchsbaumgerahmte **Museumskräutergarten** hinter dem Haus, der gut beschildert quer durch das Refugium der Heilpflanzen und Gewürze geleitet.

Langenhägener Seewiesen ▶ D 5

5 km westlich von Goldberg liegen die Langenhägener Seewiesen, ein Flachseengebiet, das in den vergangenen Jahren einige Kraniche sporadisch als Schlafplatz nutzten. Das **renaturierte Feuchtbiotop** ist mit dem Auto von Goldberg auf der Straße nach Techen-

Atemberaubend schöne Lage: Kloster Dobbertin am Ostufer des Dobbertiner Sees

Goldberg

tin und Mestlin zu erreichen. Gleich am Anfang des sich um das Seeufer ziehenden Ortes Langenhagen kann man von einer **Kranichbeobachtungshütte** die Lebensgemeinschaft der grau-weiß-schwarz gefiederten Sumpfvögel mit dem Fernglas beobachten. Der Uferweg ist auch fürs Radfahren geeignet.

Kloster Dobbertin ! ▶ D 4

Der Ort Dobbertin, 4 km nördlich von Goldberg, wurde seit jeher stark von seinem Kloster geprägt. Das große und frei zugängliche **Klostergelände**, das aus einem Backsteinensemble aus verschiedenen Zeiten besteht, liegt reizvoll um das Kloster gruppiert auf einer leicht vorgewölbten Landzunge im naturgeschützten **Dobbertiner See**.

Der See ist seit Jahrzehnten eines der schönsten europäischen Vogelschutzgebiete und wahrscheinlich deshalb liegt – auch bei etwas diesigem Wetter – ein ganz besonderer Frieden über diesem Fleckchen Erde.

Die Abtei wurde um 1220 von Fürst Heinrich Borwin I. als Benediktinermönchskloster gegründet, aber schon wenige Jahre später als Nonnenkloster des gleichen Ordens weitergeführt. Bis ins 16. Jh. entwickelte sich Dobbertin zu einem der reichsten Klöster in Mecklenburg, mit vielen Ländereien, Gütern, Mühlen sowie Schulen. 1572 erfolgte die Umwandlung in ein Damenstift, die im Lauf der Jahrzehnte den Bau der spätbarocken und klassizistischen Wohnhäuser rund um den Klosterhof nach sich zog. 1991 übernahm das Diakoniewerk Kloster Dobbertin die Trägerschaft der gesamten Anlage und hat aus dem denkmalgeschützten Gebäudeensemble moderne Wohn- und Fördereinrichtungen für geistig behinderte Menschen gemacht.

Klosterkirche

Am Kloster 1, Dobbertin, Tel. 038736 86 121, www.kloster-dobbertin.de, Klosterkirche mit Kreuzgang und Klosterladen: Mai–Okt. tgl. 11–17 Uhr, Führungen: Mai–Sept. Mi, Sa 15 Uhr, 1,50/Kinder ab 12 J. 0,50 €, mit Führung 3 €

Die Dobbertiner Klosteranlage kann sich rühmen, die einzige in ihrer Gesamtheit noch vollständig erhaltene Mecklenburgs zu sein. Ihre jetzige Gestalt stammt aus dem Jahr 1837. Sie ist ein Werk des Schweriner Schlossbaumeisters Georg Adolph Demmler, der sie nach Plänen von Karl Friedrich Schinkel in enger Anlehnung an dessen Friedrichswerdersche Kirche in Berlin in neugotischer Ziegelbauweise mit vielen Wimpergen und Filialtürmchen

Güstrow und südwestliche Umgebung

ausführte. Damit ist die Kirche die einzige Doppelturmanlage in ganz Mecklenburg. Innen ist in den vier Jochen des hohen, schlanken Hauptschiffs noch die Nonnenempore zu sehen.

Im spitzwinklig zur Kirche liegenden vierflügeligen Kreuzgang stellen Schautafeln die Geschichte des einstigen Benediktinerklosters vor. Im **Klosterladen** werden Bücher spiritueller Autoren wie Hildegard von Bingen oder Anselm Grün verkauft und es wird Kunsthandwerkliches aus den Dobbertiner Werkstätten angeboten, darunter die handgezogenen Dobbertiner Kerzen.

Übernachten

Idyllisch – **Campingplatz am Dobbertiner See:** Am Zeltplatz 1, Dobbertin, Tel. 038736 425 10, www.campingplatz-dobbertin.de. Unparzellierter Platz in einer schönen Uferbucht des Dobbertiner Sees dem Kloster gegenüber; Wanderungen mit dem Förster auf Anfrage.

Essen & Trinken

Schick – **Die Insel:** Am Badestrand 4, Tel. 038736 82 30, www.strandhotel-goldberg.de, April–Mitte Okt. 7–24, Mitte Okt.–Jan. u. März 9–22 Uhr, DZ 80–90 €, Hauptgericht 12–15 €. Restaurant im Strandhotel Seelust. Wunderbare ruhige Einzellage mit Bootssteg direkt am Goldberger See. Herausragend ist die klassische Küche von Sebastian Rauer, die die mecklenburgischen Produkte modern interpretiert.

Ganz versteckt – **Brauhaus:** Am Kloster, Mai–Okt. Di–Fr 11–17.30, Sa/So/Fei 11–18 Uhr, Nov.–April Di–Fr 11–16.30, Sa/So 11–17 Uhr, Tel. 038736 861 98, Hauptgericht 5 €. Im Brau- und Brennhaus von 1750 bieten die Bewohner der Klosterwohnhäuser Kaffee und selbst gebackenen Kuchen, Eis und andere Kleinigkeiten an; kleine Terrasse mit Blick auf den Dobbertiner See.

Aktiv

Mystische Stimmung – **Fahrgastschifffahrt Dobbertin:** 0172 302 93 15 (tagsüber), 038736 802 43 (abends), www.ms-condor.de, Anlegestationen: auf dem Fischereigelände (Karfreitag bis Ostermontag um 13 und 15 Uhr, Mai–Sept. Di–So u. Fei um 10, 13, 15 und 17 Uhr), am Gauden Hafen auf dem Klostergelände jew. 10 Min. später, 8 €, Kinder bis 12 J. 4 €. 90-minütige Rundfahrt durch das Dobbertiner Vogelschutzgebiet.

Reiterferien – **Tipilager Neu Damerow:** Seestr. 6, Neu Damerow, Mitte Mai–Sept., Tel. 038738 706 74 od. 0174 194 56 11, www.apache-live-show.de, Schlafen in Ferienwohnungen der Ranch of Geronima oder Indianertipis mit Saloon auf dem Gelände. Lagerfeuerromantik am Poseriner See mit Abenteuerritten in die Natur. Reitunterricht kann man bekommen oder das eigene Pferd mitbringen. An den Wochenenden im Aug. u. Sept. gibt es abends die lebhafte **Apachen-Live-Show** von Wolfgang Kring (Sitzgelegenheiten mitbringen!).

Infos

Touristeninformation Goldberg: im Naturmuseum, Müllerweg 2, 19399 Goldberg, Tel. 038736 404 42, www.amt-goldberg-mildenitz.de oder www.waelder-seen-mehr.de, Mai–Okt. Mo–Mi, Fr/Sa 10–16, So, Fei 13–16, Nov.–April Di/Mi, Fr 10–16 Uhr.

Touristeninformation Dobbertin: Am Kloster, 19399 Dobbertin, Tel. 038736 411 33 und 861 21, www.waelder-seen-mehr.de oder www.dobbertin.

de, Hauptsaison tgl. 11–17, Nov.–April Mo 10–14, Di–Fr 10–16 Uhr.

Krakow am See ▶ E 4

Seit 1956 führt die Stadt Krakow am See den Titel Kurort, seit 1993 sogar den eines Luftkurortes. Die Kleinstadt mit etwa 4000 Einwohnern hat ein etwas unscheinbares Zentrum, denn im Lauf der Jahrhunderte haben mehrere Stadtbrände fast die gesamte mittelalterliche Bausubstanz vernichtet. Zentrum ist der **Marktplatz**, der aus einem denkmalgeschützten Gebäudeensemble von Rathaus, bescheidener, aber hübscher **Stadtkirche** aus dem Jahr 1230 sowie Bürgerhäusern des 18. und 19. Jh. besteht. Für Urlauber, die wandern, radeln und ihre Ruhe haben wollen und die großen Touristenströme lieber meiden, ist das Städtchen ideal.

Eine zauberhafte Atmosphäre herrscht unten an der **Seepromenade,** wo die Fahrgastschiffe anlegen und die Fischer im **Fischerhof,** dem rohrgedeckten **Hüdenhus,** das so malerisch ins Wasser hinaus ragt, ihren fangfrischen Fisch verkaufen (Tel. 038457 222 04, April Do–Fr 9–16, Sa 9–12, Mai, Juni, Sept. tgl. 10–17, Juli/Aug. tgl. 10–18 Uhr). Hier hat man einen wunderbaren Ausblick auf den weiten, buchtenreichen Krakower See mit seinen bunt leuchtenden Bootshäuschen. Den schönsten Blick über die Krakower Stadt- und Seenlandschaft gewährt der 27,70 m hohe **Aussichtsturm auf dem Jörnberg** (76 m), der am nördlichen Stadtrand nahe der Freilichtbühne liegt.

Jüdische Stätten

Der **Kulturverein Alte Synagoge** (Schulplatz 1, Mai–Sept. Di–Sa 10–12, 13–17, Okt.–April Di–Fr 10–12, 13–16 Uhr, Tel. 038457 236 47) hat seinen Sitz im früheren, 1866 eingeweihten und 1920 an die Stadt verkauften Versammlungs- und Bethaus der jüdischen Gemeinde. Hier finden Ausstellungen, Lesungen und Konzerte statt.

Der kleine, unter Denkmalschutz stehende **Jüdische Friedhof** ist in den Alten Friedhof an der Plauer Chaussee integriert. Unter Ebereschen, Ahornbäumen und Hainbuchen liegt das von einer Fliederhecke umrahmte Terrain mit 52 Grabstellen.

Museen

In der Alten Schule gegenüber der Synagoge haben zwei Museen ihren Sitz: im Erdgeschoss befindet sich die **Historische Buchdruck-Schauwerkstatt** (Schulplatz 2, Tel. 038457 238 72, www.druck-buchkultur.de, Mai–Okt. Di–Fr 10–12, 13–17, Nov.–April Di–Fr 10–12, 13–16 Uhr)**.** Im Obergeschoss ist die **Heimatstube** zu finden. Während die Schauwerkstatt die Geschichte des Buchdrucks seit Johannes Gutenberg ab 1455 in Mainz zeigt, stellt die Heimatstube anhand von historischem Mobiliar aus Krakower Beständen das typische Alltagsleben in einem mecklenburgischen Ackerbürgerstädtchen vor.

Wassermühle Kuchelmiß ▶ E 4

Mühlenweg, Tel. 038456 606 66 od. 038457 51 99 97 (außerhalb der ÖZ), www.seehotel-krakow.de, Ostern–Okt. Di–So 11–18 Uhr, Eintritt frei
Die schön sanierte alte Wassermühle Kuchelmiß wurde 1751 erbaut. Heute stellt dieses technische Denkmal mit einer auf drei Böden verteilten, fast vollständig erhaltenen Mühlentechnik eine attraktive Anlaufstelle für Wanderer und Fahrradfahrer dar, die im

Güstrow und südwestliche Umgebung

wildromantischen Durchbruchstal der Nebel unterwegs sind. Einen wirklich aktiven Müller gibt es hier zwar nicht mehr, aber die ehemalige Müllerwohnung wurde zum **Mühlenmuseum** umgestaltet. In der **Mühlenscheune**, die so groß ist, dass 100 Personen darin Platz finden, empfängt ein einfacher Mühlenimbiss die Ausflügler.

Wolhynier-Umsiedler-Museum ▶ E 4

Hofstr. 5, 18292 Linstow (8 km östl. von Krakow), Tel. 038457 519 63, www.umsiedlermuseum.wolhynien. de, ganzjährig Mi 14–16, 15. Mai–15. Sept. auch Sa/So 14–16 Uhr, für Führungen bitte vorher anrufen: 2 € (mit Führung 3 €)

Die Attraktion des Dorfes Linstow ist das Wolhynier-Umsiedlermuseum (sprich: Wolinjer), das sich rühmen kann, bisher das einzige Museum dieser Art in der Bundesrepublik zu sein.

In einem schilfrohrgedeckten Holzhaus, einem original Wolhynischen Wohnhaus mit Stall, gibt eine Ausstellung Einblicke in Schicksal und Lebensweisen der Wolhyniendeutschen. Das sind Deutsche, die seit dem 13. Jh. und zuletzt 1861 in mehreren großen Schüben erst ins polnische Wolin und von dort aufgrund von Hungersnöten und Aufständen weiter in die Westukraine auswanderten, dort deutsche Siedlungen gründeten und zeitweilig von Hitler einverleibt wurden. 1945 erlitten sie einen erneuten Heimatverlust wegen Flucht vor der herannahenden Ostfront und das alles ohne jede Entschädigung. Die Alliierten wünschten eine Verteilung der Wolhynier im Mecklenburgischen, da das Land so dünn besiedelt war. Heute leben 73 Familien in Linstow, deren oberste Autorität der Pfarrer ist.

Übernachten

Geschmackvoll – **Landwind Ferien:** Jörnbergweg 23, Krakow am See, Tel. 038457 51 91 10, www.landwind. de, Ferienwohnungen 50–104 €. Drei wunderschöne Ferienhäuser, eines davon reetgedeckt, nur 10 m vom Seeufer entfernt. Die eigene Bäckerei liefert morgens Brötchen ins Haus.

Ruhe pur – **Gutshotel Groß Breesen:** Groß Breesen bei Zehna (10 km westl. von Krakow am See), Tel. 038458 500, www.gutshotel.de, DZ 98 €, Hauptgericht 10–16 €. Helle Zimmer, Suiten und Apartments abseits allen Lärms, herzliche Atmosphäre. Gemütliches Gewölberestaurant aus dem Jahr 1833.

Essen & Trinken

Michelin-Qualität – **Ich weiß ein Haus am See:** Paradiesweg 3 (Navigator: Windfang), Krakow OT Seegrube, Tel. 038457 232 73, Küche März–Okt. Di–So ab 18.30, Nov.–Feb. Fr/Sa ab 18.30 Uhr, www.einhausamsee.de, DZ 63–90 €, Hauptgericht à la carte ab 32 €, Menü ab 70 €. Idyllisch gelegenes Hotel, im eleganten Landhausstil. Das Pavillon-Restaurant wird seit 1996 durch einen Michelin-Stern verschönert. Küchenchef Raik Zeigner pflegt die klassische französische Küche, Sommelier Adi König empfiehlt den passenden Wein aus 350 vorrätigen Möglichkeiten. Man sollte unbedingt reservieren!

Unkompliziert – **Dat Rökerhus:** Wadehäng 1, Tel. 038457 504 00 od. 0172 302 28 31, März–Okt. tgl. 11–19 Uhr, Hauptgericht 8,90–11,90 €. Alles vom Fischbrötchen bis zum Rauchmatjes mit Bratkartoffeln, dazu ein frisches Bierchen vom Fass!

Tolle Lage – **Naturresort Drewitz:** 16 km südöstl. von Krakow am See,

Krakow am See

Tel. 039927 76 70, www.drewitzersee.vanderfalk.de, tgl. 12–22 Uhr, Hauptgericht 8,50–17,50 €. Die ehemalige Jagdresidenz Erich Honeckers liegt am Drewitzer See. Einen hinreißenden Logenplatz in der Natur hat man auf der Seeterrasse. Serviert werden internationale Küche und frischer Fisch. Jeden 1. So/Monat Brunch mit Livemusik 11–14 Uhr, 14,50 €, Kinder 4–12 Jahre: 7,25 € (bitte reservieren).

Aktiv

Teichangeln – **Forellenzucht Dobbin:** Teichwirtschaft 5, Dobbin (am Ostufer des Krakower Sees), Tel. 038457 242 38 oder 0173 24 01 279, Mai-Sept. tgl. 8–17, Okt.–April Di–So 9–16 Uhr. Forellenzucht Frischfischverkauf sowie 20 Angelteiche. Mit Räucherei und Imbiss.
Baden bei Sonne – **Freibad Jörnbergweg:** Jörnbergweg 23, Krakow am See, Tel. 038457 51 96 60, 15. Mai–Aug. 10–18 Uhr. Historische, denkmalgeschützte Badeanstalt mit sehr hübschem reetgedecktem Landhaus, Liegewiese und 3-Meter-Sprungturm in den See.
Baden bei Regen – **Van der Valk Resort Linstow:** Krakower Chaussee 1, Linstow (10 km östl. von Krakow am See), Tel. 038457 70, www.linstow.vandervalk.de. Baby- und Kinderbecken, breite Familienrutsche, Whirlpools, Saunalandschaft. Getränke kann man kaufen, vier Restaurants mit lokaler und internationaler Küche.
Fahrradverleih – **Freizeittreff am See:** Güstrower Chaussee 9, Tel. 038457 224 33. In der Feriensiedlung Kiefernhain: Am Borgwall 38, Tel. 038457 227 37. **Wanderer, Kanu, Rad & Reisen:** im Seehotel, Goetheallee 1, Krakow am See, Tel. 038457 51 99 97 oder 0170 554 35 53.
Boote aller Art – **Bootsverleih und Anglerbedarf Norbert Nürnberg:** Kuchlmißer Chaussee, Krakow am See, Tel. 0172 935 63 36, April–Okt. ab 10 Uhr.
Bootsverleih am Stadtsee: Goetheallee 8, Krakow am See, Tel. 038457 388 75, 0172 477 10 60, tgl. 10–20 Uhr, Segel-, Ruder-, Motor-, Paddelboote, Wassertreter, Imbiss.
Nordic walking leicht gemacht – An der Krakower Seepromenade beginnt und endet ein sehr schönes und landschaftlich abwechslungsreiches Wegenetz, das drei verschiedene Strecken von 5, 7 und 10 km mit unterschiedlichem Schwierigkeitsgrad offeriert. Stöcke verleiht die Touristeninformation.

Infos & Termine

Touristeninformation Krakow am See: Markt 21, 18292 Krakow a. S., Tel. 038 457 222 58, www.krakow-am-see.de.
Fischerfest: am 3. Wochenende im August, größtes Volksfest jeder Saison.
Wolhynier-Museumsfest: am 1. Sa im September.
Dreschfest: am 1. Sa im Aug. in der Wassermühle Kuchelmiß.

Campingplatz am Krakower See
Am leicht hügeligen Nordufer des Krakower Sees, direkt am Fernradweg Berlin–Kopenhagen, liegt der Campingplatz mit traumhaftem Panoramablick über den See. Beim Schlafplatz hat man die Wahl zwischen einem lustigen Zwei-Personen Schlaffass (24 €), einem Bungalow (32–65 €) und einer hellen Ferienwohnung (48–65 €) samt Terrasse (Windfang 1, 18292 Krakow am See, Tel. 038457 50 774, www.campingplatz-krakower-see.de).

Güstrow und südwestliche Umgebung

Sternberg ▶ C 4

Sternberg ist ein staatlich anerkannter kleiner Erholungsort mit etwa 4000 Einwohnern und liegt am Südufer des 3 km² großen Sternberger Sees. Der Ort kann auf eine bewegte Geschichte zurückblicken: 1248 gründete Fürst Pribislaw I., ein Urenkel des letzten Slawenfürsten Niklot, die Stadt und verlieh ihr das Parchimer Stadtrecht. Die Blütezeit begann nach einem Stadtbrand im Jahr 1309, als Heinrich der Löwe Sternberg zu seinem Lieblingsaufenthalt machte und hier bis 1329 residierte. Das schachbrettartige Straßennetz von damals kann man noch heute gut erkennen. Hinter der Kirche sind liebevoll restaurierte **Reste der alten Wallmauer** erhalten, und ganz in der Nähe zeugt das **Mühlentor**, ein schlichter gotischer Backsteinbogen, noch von dieser Zeit.

Sternberger Kuchen ...

... nennt man ein Stück bräunlichen Tertiärgeschiebes aus vermischten Krebsschalen, Haifischzähnen, Schneckenhäusern, Korallen, Seeigeln, Fischgräten und Holzresten, ordentlich durchgeknetet von den Meereswellen, gebunden mit eisenhaltigem Sandstein und 30 Mio. Jahre lang gedrückt zwischen den Erdschichten. Fachleute bezeichnen das pikante Gemisch als oberoligozänes Brandungskonglomerat, also ein fossiles Gestein! Der größte Ballen von acht Zentnern Gewicht steht im Sternberger Heimatmuseum.

Am Marktplatz

An der Nordseite des Marktplatzes entstand 1845 ein für so eine kleine Stadt erstaunlich großes und architekturgeschichtlich bedeutendes **Rathaus** im neogotischen Stil unter Einfluss des Architekten Gustav Adolph Demmler.

Immerhin wurde der große Rathaussaal bis 1913 für die mecklenburgischen Landtagssitzungen genutzt.

Von hier aus führen Gassen in alle Himmelsrichtungen, und vor allem bergab, Richtung Westen, sieht man zahlreiche schmucke **Fachwerkhäuser**. Zwischen Erd- und Obergeschoss tragen viele von ihnen das typische **Sternberger Band**, einen hölzernen Zierstreifen mit Rautenmuster.

Heimatmuseum

Mühlenstr. 6, Tel. 03847 2162, Mai–Juni, Sept.–Okt. Di–Do 10–15, JuliI Aug. Di–Fr 10–15, So 14–16 Uhr, Erw. 3 €, Kinder ab 6 Jahre 0,50 €

Das Fachwerkhaus, in dem das Heimatmuseum seinen Platz hat, wurde nach dem letzten Stadtbrand von 1741 erbaut. Die Museumsbestände verdeutlichen die Sternberger Stadtgeschichte, die Ur- und Frühgeschichte der Gegend und die hiesige Wohn- und Arbeitskultur des 19. und 20. Jh. Eine Sonderausstellung führt durch ein jugendstilmöbliertes Arbeitszimmer.

Stadtkirche St. Maria und St. Nikolaus

Mühlenstr. 4 (Pfarrhaus), Tel. 03847 29 19, Mai–Sept. Mo–Sa 10–12, 14–17, So 14–17 Uhr, Kirchenführung Fr 11 Uhr

Am Südportal der Heiligen Blutskapelle der Stadtkirche ist links an der Außenwand ein **Stein in die Mauer** eingelassen, der zwei Fußabdrücke zeigt. Er erinnert an die angebliche **Sternberger Hostienschändung** im Jahr 1492, nach der der Jude Eleasar vom Messpriester geweihte Oblaten zerschnitten habe, worauf das ›Heilige Blut‹ aus ihnen geflossen sein soll.

Das Mühlentor führt in den mittelalterlichen Sternberger Altstadtkern

Güstrow und südwestliche Umgebung

Um die Hostien zu beseitigen, soll Eleasars Frau versucht haben, sie ins Wasser zu werfen, und dabei in einen Stein eingesunken sein. Im Nu war unter den erbosten Katholiken eine Judenverfolgung ausgelöst, in deren Verlauf allein in Sternberg 27 Juden verbrannt wurden. Das Pogrom griff immer weiter um sich und endete schließlich mit einem 200-jährigen Siedlungsverbot für Juden in ganz Mecklenburg.

Besonders harmonisch gestaltet ist der Innenraum dieser frühgotischen Backsteinhallenkirche vom Anfang des 14. Jh. In der Turmhalle sticht das großformatige **Wandfresko** des Malers **Fritz Greve** ins Auge. Das Historienbild von 1896 stellt die Einführung der Reformation in Mecklenburg durch die Ständeversammlung an der Sagsdorfer Brücke dar. Vom **Turm** hat man eine der besten Aussichten über die Sternberger Seenlandschaft. Während der Sommermonate werden auf der Walcker-Orgel häufig Konzerte gespielt.

Wandern im Warnow-Durchbruchstal

Warnow-Durchbruchstal
▶ C 3/4

Wanderung durch das Warnow-Mildenitz-Durchbruchstal
Start/Ziel: Parkplatz Warnow-Tal, Fritz-Reuter-Straße am Landgut Groß Görnow, 6 km nördl. Sternberg, Länge: 4,5 km, Beschilderung: Denkmalweg (roter Querbalken auf weißem Grund), später Rundweg (schwarze Eule auf gelbem Grund). Hinweis: Im bewaldeten Tal kann es schattig und feucht sein; es gibt keine Einkehrmöglichkeit

Vom Parkplatz am linken Warnowufer führt der leicht absteigende Weg in das Durchbruchstal zur eindrucksvollen hölzernen **Warnow-Brücke**. Das 80 ha große Durchbruchstal ist das größte in ganz Mecklenburg, eine Landschaftsrinne, die vor 25000 bis 10000 Jahren entstand, als das Eis eine lange Gletscherzunge zwischen den Endmoränen hindurchschob. Auffällig ist die terrassenartige Gesteinsschichtung der bis zu 30 m hohen Steilwände. An ihnen ist die Umkehr der Fließrichtung des etappenweise abfließenden Gletscherwassers abzulesen. Hier unten an der Brücke durchbricht die Warnow die Haupteisrandlage des Pommerschen Eisvorstoßes. Überall liegt noch das grobe Gesteinsmaterial im Flussbett, das den Kanuten häufig zu schaffen macht. Mischwald und Flussufer sind Lebensraum von Eisvogel und Gebirgsstelze, auch findet man viele Exemplare der schützenswerten kleinen schwarz-ovalen Bachmuschel.

Weiter geht es nach links zum **slawischen Burgwall**, auf dem die im 9. Jh. in Groß Raden siedelnden Slawen eine Fluchtburg errichtet hatten. Oben auf der Wallkrone führt der Weg zu einer Sitzgruppe. Etwa 20 m weiter kann man einen Abstecher durch

Sternberg

das Schwenktor machen und hat von dort einen schönen Ausblick über die eiszeitlich geformte Landschaft. Dem Rundweg folgend, gelangt man durch einen Buchenwald bis zu einer Schafkoppel, überquert sie bis zum zweiten Schwenktor und erreicht die Brücke nach **Klein Raden**. Nach der Brückenüberquerung liegt rechts ein **Rastplatz**. Von hier geht es wieder stromaufwärts Richtung Groß Görnow. Am Wegesrand finden sich Biberfraßspuren, Winterschachtelhalm und dazwischen Hangquellmoore. Durch den Mischwald am Silberberg vorbei gelangt man wieder zur Großen Warnowbrücke. Der Rückweg ist gespickt mit interessanten kleinen Hinweistafeln.

Übernachten

Einfach schön – **Gutshaus Rothen:** Kastanienweg 4-5, Rothen (10 km südöstl. von Sternberg), Tel. 038485 502 50, www.gutshausrothen.de, FeWo 60–120 €. Schlicht und hell möblierte Ferienwohnungen. Mit Park, alten Bäumen und Bademöglichkeit am Rothener See. Konzerte und Lesungen.

In schlichter Eleganz – **Gutshaus Zülow:** Dorfstr. 1, Zülow (10 km östl. von Sternberg), Tel. 038481 204 83, www.gutshause-zuelow.de. Totalumbau durch Familie um Burgsteden zu einem Bed & Breakfast-House samt Bibliothek und Sauna bis voraussichtlich Okt. 2017. Schöne wald- und wasserreiche Lage an der Mildenitz.

Essen & Trinken

Zauberhaft – **Schlosscafé in Schloss Kaarz:** Obere Dorfstraße, Kaarz (9 km südwestl. von Sternberg), tgl. 14–18 Uhr, Tel. 038483 30 80, www.schloss-kaarz.de. Ein Kaffeestündchen auf der Schlossterrasse bei köstlichstem Kaarzer Apfelkuchen, dazu der Blick über die sanft geschwungene Parkwiese mit ihren alten Mammutbäumen und über den See – einfach ein Gedicht!

Mein Tipp

Herrlich locker: Zur Rothen Kelle
In einer ehemaligen Milchküche und auf der Wiese davor kredenzt Christiane Baerens leckeren Kuchen, Mittagsimbiss und Abendmenüs mit Feinschmeckerqualität, zu denen man sich wegen der großen Nachfrage anmelden sollte (Zur Rothen Kelle, Kastanienweg 8, 19406 Mustin, 14 km östl. von Sternberg, Tel. 0152 29 54 32 77 oder kueche@rothenerhof.de, Mi–So 12–22 Uhr, Hauptgericht 12–15 €. Die Speisekarte der Woche ist online einsehbar: www.rothenerhof.de).

Einkaufen

Sympathisch – **Kloster Rühn:** Klosterhof 1, Rühn (25 km nordöstl. von Sternberg), Klosterführungen: Tel. 038464 204 36, www.klosterverein-ruehn.de (bitte anmelden). Hofladen und Klosterschänke: Tel. 038461 59 10 70, Hauptgericht 7–14 €, www.hofladen-kloster-ruehn.de. Die gepflegte hufeisenförmige Anlage des ehemaligen Zisterzienserinnenklosters beherbergt heute u.a. eine schlichte, nette Klosterschänke, eine Öl- und Senfmühle für hochwertige Biospeiseöle und einen Klosterladen mit Ölen, Sanddornprodukten und handgezogenen Schokoladen.

Offenen Geistes – **Werkstattgalerie und Apfelmosterei Rothener Mühle:** Rothener Mühle 3, Mustin (10 km südöstl. von Sternberg), Tel. 038485 252 65, www.rothe ▷ S. 271

Auf Entdeckungstour: Wikingertreffen im altslawischen Tempelort Groß Raden

Das Freilichtmuseum 5 km nördlich von Sternberg fungiert als Zentrum der slawischen Archäologie in Mecklenburg-Vorpommern und ist einzigartig in Deutschland. Auf der flachen Landzunge im Groß Radener See legte ein Archäologenteam in den 1970er-Jahren den 7000 m² großen slawischen Siedlungskomplex frei, den der Stamm der Warnower um 850 erbaut hatte.

Reisekarte: ▶ C 4
Ort: Kastanienallee, Groß Raden, Tel. 03847 22 52, www.freilichtmuseum-gross-raden.de, April–Okt. tgl. 10–17.30, Nov.–März Di–So 10–16.30 Uhr, Erw. 3,50 € Kind 2 €, Familien 7 €
Zeit: Wikingertreffen an Ostern, Himmelfahrt, Pfingsten. Slawische Aktivitäten tgl. in den Sommerferien.
Hinweis: Vom Parkplatz im Dorf bis zum Freigelände sind 1,5 km zu laufen; Fahrsondergenehmigung möglich.

Slawisches im Freien und unter Dach und Fach

Am Rand des Geländes hat man vor einigen Jahren ein **Museumsgebäude** errichtet, in dem eine interessante Ausstellung auf die Zeit des frühen Mittelalters einstimmt. Erzählt wird die Geschichte der westslawischen Stämme der Obotriten und Liutizen, die im frühen 7. Jh. aus Osteuropa in das schwach besiedelte, fruchtbare Mecklenburg einwanderten.

Im Foyer des Erdgeschosses zeigt eine Ausstellung die Geschichte des Archäologischen Freilichtmuseums. Mehrere Vitrinen sind mit Originalfunden bestückt, die das Leben unserer slawischen Vorfahren anschaulich illustrieren. Im Vortragssaal finden in den Wintermonaten gut besuchte Veranstaltungen statt. In den oberen Etagen des Museumsgebäudes soll in den kommenden Jahren eine neue Dauerausstellung rund um das Leben der Slawen an der südlichen Ostseeküste aufgebaut werden. Bereits eröffnet wurde die sogenannte Schatzkammer, die eine Auswahl der schönsten mecklenburgischen Grab- und Bodenfunde aus den Lebensbereichen Handel, Schmuck und Religion zeigt.

Torhaus und Turm

Damit man sich besser vorstellen kann, wie früher der See das Dorf umfasste, haben die Archäologen einen 4,5 m breiten Sohlgraben um den Tempelort gezogen. Eine Holzbrücke führt hinüber zum **Torhaus** – rechts und links gesäumt von einer 60 m langen **Palisadenwand** mit Wehrgang. Bei der Ausgrabung haben deutliche Brandspuren an Tor und Palisade verraten, dass die Siedlung um 950 zerstört wurde. Ob es bei den Slawen zu einer kriegerischen Auseinandersetzung kam? Die Archäologen wissen es nicht. Jedenfalls wurde die Siedlung Anfang des 10. Jh. wieder aufgebaut.

Ein ›Spielplatz‹ für Freunde des slawischen Mittelalters

Die große **Freifläche** wird heute wie damals für Feiern und Märkte genutzt. Besonders an Ostern, Christi Himmelfahrt und Pfingsten kommen Hobby-Historiker sowie Slawen- und Wikingerfans aus ganz Europa, um das frühmittelalterliche Leben nachzuempfinden. Archäologische Funde auf den alten Marktplätzen der Slawen beweisen, dass es seinerzeit im Inland wie an der Ostseeküste (Groß Strömkendorf, das historische Rerik an der Wismarbucht, Rostock-Dierkow, Ralswiek auf Rügen sowie Menzlin an der Peene) permanente Handelskontakte mit den dänischen Wikingern gab. Die Wikinger waren eben tüchtige Seefahrer, die ihre Familien auch durch friedlichen Handel zu ernähren wussten.

Die Slawen- und Wikingerfans tragen selbst genähte Kleidung und kochen ihr Essen auf dem Feuer. Geschlafen wird im Zelt, teilweise ausgestattet mit historischem Mobiliar. Viele führen ihr Handwerk vor und bieten ihre Produkte an. So kann man handgewebtes Leinen erstehen oder beim Holzbogenbauer einen Ferienkurs in Bogenbau vereinbaren.

Damit auch »normale« Tempelort-Besucher frühmittelalterliche Lebensgewohnheiten erfahren, gibt es an allen anderen Tagen des Jahres Aktivitäten wie Brotbacken, Töpfern, Weben, Spin-

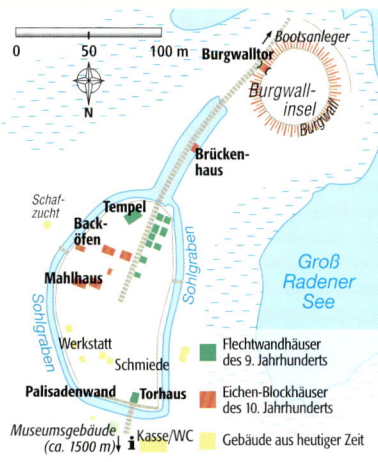

nen, Specksteinschnitzen, Korbflechten, Filzen oder Einbaumfahren. Die meisten Gäste, die die Anstrengungen eines solchen Alltags einmal hautnah erfahren, sind am Ende doch froh, in einer Welt mit Strom und Telefon zu leben!

Häuser aus zwei Jahrhunderten

Die eng stehenden **Flechtwandhäuser**, die die Archäologen rekonstruiert haben, dokumentieren slawisches Wohnen im 9. Jh. Ursprünglich waren es an die 40 Häuser, 20 m² groß und 2 m hoch. Innen war der Boden mit Sand bedeckt, die Wände aus geflochtenem Astwerk mit Lehm abgedichtet. Dass es im 10. Jh. schon komfortabler zuging, zeigen die **Eichen-Blockhäuser**. Sie sind immerhin 45 m² groß, haben zwei Räume und eine Kochstelle.

Alte Opferstätte

Schon durch seine isolierte Position verrät der **Tempel** seine Sonderstellung. Im Inneren fand man mehrere Pferdeschädel und ein besonders sorgfältig hergestelltes Tongefäß vom Aussehen eines Pokals – vermutlich ein Hinweis auf Opferrituale. Bis heute ist nicht geklärt, ob der Tempel ein Dach oder eine nach oben offene Dachkonstruktion wie ein »heiliger Hain« hatte.

Rückzug auf die Insel

Nach der Zerstörung ihres Tempels um 950 verlegten die Slawen ihr Heiligtum zur Sicherheit auf die vorgelagerte Insel. Seit 2009 führt ein original rekonstruierter Tunnel ins Innere des kreisrunden **Burgwalls** von 25 m Durchmesser, den mindestens 100 Mann in einer enormen Arbeitsanstrengung von 500 bis 800 Tagen auf die beeindruckende Höhe von 10 m aufschütteten. Im Burgwall fand man ein tiefes Erdloch und große Steine, vermutlich zur Fixierung einer riesigen hölzernen Götterstele – das Zentrum des gesamten Heiligtums.

Auf dem Ringwall kann man rundherum laufen und hat einen wunderbaren Blick über die ganze Siedlung. Aber das Schönste ist: Hier oben blüht heute die Rosenmalve, die sich vor 1000 Jahren tief in die Erde hinein ausgesät hatte, als der Tempelort zum letzten Mal zerstört wurde. Was für eine wunderbare Poesie umgibt den Besucher somit …

Zu lernen, wie man einen Bogen baut, bereitet sichtlich Freude

Sternberg

ner-muehle.de, Mai–Aug. Fr–So 12–18 und am 2. und 3. Adventswochenende 12–18 Uhr. Die Textilgestalterin Tine Schröter und der Flechtwerker Wolf Schröter stellen eigene Arbeiten und die von anderen Künstlern aus – Textiles, Malerei, Grafik, Gartenmöbel, Keramik, Schmuck sowie Glasgestaltung sind hier zu sehen.

Aktiv

Ortsnah baden – **Sternberger Strandbäder:** in der Dörwald-Allee am **Großen Sternberger See** (Bootsverleih) sowie in der Straße Maikamp am **Luckower See** (FKK).
Am Stadtrand – **Strandbad Roter See:** 19412 Brüel. Idyllischer Waldsee.
Etwas außerhalb baden – **Obere Seen, Sternberg.** Naturbelassene Badestellen.
Kanu fahren fernab vom Massentourismus – **Kanu-Camp an der Mildenitz:** An der Mildenitz 10, Sternberger Burg (3 km nördl. von Sternberg), Tel. 0171 451 79 58, www.kanucamp-klein.de, Schlafsackübernachtung in 3- oder 4-Bett-Holzhütte 10 €, im Zelt 6 €. 10-Personen-Schlauchboote und Kanadier, Tourenberatung, abends Lagerfeuer.

Infos & Termine

Touristinformation Sternberg: Am Markt 3, 19406 Sternberg, Tel. 03847 44 45 35, www.stadt-sternberg.de, Mai–Sept. Mo–Fr 9–12, 13–17, Juli/Aug. zusätzl. Sa 10–13, Okt.–April Mo–Do 9–12, 13–16, Fr 9–12 Uhr.
Naturparkverwaltung Sternberger Seenland: Am Markt 1, 19417 Warin, Tel. 23 52 712, www.naturpark-sternberger-seenland.de, Mai–Sept. Mo–Sa 10–17, Okt.–April Mo–Fr 10–16 Uhr, Fei geschl. Informationen und eine Ausstellung über den Naturpark.

Mein Tipp

Bootsfahrt zum Tempelort

Fischwirtschaftsmeister Jörg Rettig schippert angemeldete Gäste im alten Holzfischerkahn mit angeklemmtem Außenboarder über die Seen durch eine zauberhafe stille Landschaft nach Groß Raden und zurück. Er reicht dabei knackfrische, äußerst appetitliche Räucherfischbrötchen und unterhält mit seinen Erzählungen (Fischerei Sternberg, Seestr. 13, Tel. 03847 28 84, Mai–Mitte Sept. Mo–Sa, Hinfahrt Erw. 5 €, Rundfahrt 7,50 €, Kinder erm.).

Mittelalterfest Groß Raden: Hobbyslawen und -wikinger treffen sich über Ostern, Himmelfahrt und Pfingsten auf dem Freigelände des altslawischen Tempelortes Groß Raden und praktizieren ein Lagerleben wie um 900 (s. Entdeckungstour S. 268).
Rapsblütenfest in Sternberg: am 1. Maiwochenende Fr–So. Auf dem Marktplatz wird die Rapsblütenkönigin vom Landwirtschaftsminister gekrönt, dazu Schaustände und Bühnenprogramm. www.rapsblueten.de.
Sternberger Heimatfest: am zweiten Wochenende im Aug. Orgelkonzerte, Lesungen, Schausteller und Händler mit Livemusik und Disko unten am Badestrand, Infos über Touristenbüro.
Sternberger Triathlon: Am letzten Augustwochenende veranstaltet die Stadt einen meist um die 150 Teilnehmer starken Triathlon über 750 m Schwimmen im Sternberger See, 22 km Radfahren von Sternberg stadtauswärts und 5 km Laufen auf Asphalt am Seeufer entlang, an dem jeder teilnehmen kann, Tel. 03847 44 45 35, Startgebühr 15 €.

Das Beste auf einen Blick

Schwerin und Ludwigslust

Highlights!

Schwerin: Bis heute hat sich die mecklenburg-vorpommersche Landeshauptstadt mit ihrem kulturellen Angebot und einer Lage zwischen zwölf verschiedenen Seen und weiten Park- und Baumlandschaften ihren natürlichen Charme erhalten. S. 274

Ludwigslust: »Lulu«, die Provinz-Residenzstadt der Mecklenburg-Schwerinschen Großherzöge, ist wegen ihrer gut erhaltenen Bausubstanz ein anerkanntes barockes Flächendenkmal. S. 288

Auf Entdeckungstour

Georg Adolph Demmler – auf den Spuren des Hofbaumeisters: Auf einem Spaziergang durch Schwerins Altstadt trifft man auf fürstliche und städtische Bauten, die auf die Planung dieses besonderen Mannes zurückgehen. S. 280

Kultur & Sehenswertes

Märchenschloss Schwerin: Das Hauptwerk des deutschen Historismus ist der Schweriner Publikumsmagnet Nummer eins. S. 275

Das Kontor, Schwerin: In Coco Radsacks fantasievollem Kunsthaus und selbsterklärtem Museum kann man herrlich kramen und einkaufen. S. 288

Residenzschloss Ludwigslust: Der Goldene Saal und seine Säulen, Möbel und Prunkvasen aus Ludwigsluster Carton – sprich: aus handfestem Pappmaschee – sind einzigartig auf der ganzen Welt. S. 289

Mit dem Rad unterwegs

Fahrradfahren im Ludwigsluster Schlosspark: Der Schlosspark vom schönen »Lulu« ist mit seinen 150 ha der größte in ganz Mecklenburg und die Wasserkünste spielen hier eine ganz besondere Rolle … S. 289

Genießen & Atmosphäre

Historisches Weinhaus Wöhler, Schwerin: Gediegene hanseatische Klasse mit traditioneller Küche. S. 286

Schlosshotel Basthorst: Edles Herrenhaus mit einem auch für externe Gäste nutzbaren Schwimm-, Sauna- und Wellnessbereich. S. 286

Ruderhaus in Schwerin: Das stylische Restaurant-Café betört durch hervorragende Küche in ausnehmend schöner Lage vis à vis vom Schloss. S. 287

Abends & Nachts

Dämmertörn in Schwerin: Romantische Schifffahrt mit der Weißen Flotte angesichts der schönen Stadtsilhouette bei Sonnenuntergang. S. 283

Restaurant »Ambiente« im Landhotel de Weimar, Ludwigslust: Spitzenkoch Wilfried Glania-Brachmann beschert ein glückseliges Abendessen in liebenswürdiger Atmosphäre. S. 291

Schwerin und Ludwigslust

Genau genommen gehört die Landeshauptstadt Mecklenburg-Vorpommerns schon nicht mehr zur Seenplatte, wer aber einmal in Sternberg ist, dem kann man Schwerin und auch Ludwigslust nicht vorenthalten. Beide Städte sind etwas Besonderes aufgrund ihrer herausragenden historischen Bausubstanz – sie waren eben einst Residenzen des Fürstenhauses Mecklenburg-Schwerin, und das sieht man ihnen heute noch an.

Schwerin! ▶ A 4/5

Wegen seiner Lage an zwölf großen Seen und seiner weiten Park- und Baumlandschaften wird Schwerin zu Recht als Stadt der Seen und Wälder bezeichnet. Der größte ist natürlich der Schweriner See, nach der Müritz und dem bayerischen Chiemsee der drittgrößte See Deutschlands; Innen- und Außensee sind voneinander getrennt durch den künstlich aufgeschütteten Paulsdamm. Die mecklenburgische Kapitale ist die älteste deutsche Stadtgründung rechts der Elbe, mit ihren rund 95000 Einwohnern allerdings wiederum die kleinste aller deutschen Landeshauptstädte. Im Großraum Seenplatte lockt Schwerin mit den meisten kulturellen Reizen; eine schon hanseatisch anmutende Eleganz strahlt die Stadt aus und hat doch aufgrund ihrer Überschaubarkeit im Vergleich zu anderen deutschen Landeshauptstädten noch etwas Anheimelndes.

Stadtgeschichte

Bischof Thietmar von Merseburg berichtet in seiner Chronik schon um das Jahr 1018 von einer slawischen Fürstenburg »Zuarin«. 1154 ist die erste christliche Gemeinde an der Stelle des slawischen Kultplatzes bezeugt, und als 1160 Heinrich der Löwe, Herzog von Sachsen und Bayern, mit Heeresgewalt in das Land einfällt und den Slawenfürsten Niklot unterwirft, brennt die Burg Zuarin nieder und wird durch eine Neugründung ersetzt, die bis auf zwei kurze Unterbrechungen bis 1918 fast durchgehend Residenz des Mecklenburger Fürstenadels ist. Mit dieser Eroberung begründet Heinrich – neben Lübeck und Ratzeburg – ein drittes Bistum in Norddeutschland, und als Niklots Sohn Pribislaw zum christlichen Glauben konvertiert, setzt Heinrich ihn als Vasallen-Herrscher ein. So lenkten im Grunde genommen Niklots Erben bis 1918 die Geschicke des Landes, erst als Grafen von Schwerin, nach 1348 schließlich als Herzöge und ab 1815 als Großherzöge.

Die zwei kurzen Unterbrechungen als Residenzstadt erlebte Schwerin einmal durch Wallenstein, der das Land zwischen 1629 und 1631 von Güstrow

---

Infobox

Infos zu Schwerin und Ludwigslust
Tourismusverband Mecklenburg-Schwerin e. V.: Puschkinstr. 44, 19055 Schwerin, Tel. 0385 59 18 98 75, www.mecklenburg-schwerin.de, tgl. 10–17 Uhr.

Verkehr
Bahn: Nach **Schwerin** gelangt man per Intercity aus Rostock, Hamburg, Bremen, Köln, Karlsruhe, Leipzig und Stuttgart. Nahverkehrszüge der DB Regio Nordost und der Ostdeutschen Eisenbahn (ODEG) fahren im Zweistundentakt nach Wismar, Cottbus, Berlin und Lübeck. Nach **Ludwigslust** der Regionalexpress (tgl. 5–22 Uhr, 30 Min.) Infos: www.nahverkehr-schwerin.de.

aus regierte. Und über 80 Jahre lang, zwischen 1756 und 1837, als die Herzöge von Mecklenburg-Schwerin ihre Residenz nach Ludwigslust verlegten.

Petermännchen überall

Überall in der Stadt, auf Firmenplakaten, Souvenirs und als Sandsteinfigur im Schlossinnenhof begegnet man dem sogenannten ›Petermännchen‹, einem kleinen grauhaarigen Männlein in mittelalterlicher Hoftracht mit weißer Halskrause und Schlüsselbund am Gürtel. Um den kleinen Zwerg, der jahrhundertelang als guter Schlossgeist gespukt und allen Bösewichten heimlich Ohrfeigen versetzt haben soll, rankt sich ein ganzer Sagenkreis.

Schlossanlage

Über die von schönen Kandelabern gesäumte **Schlossbrücke** geht es hinüber auf die Schlossinsel, wo sich das Schweriner Wahrzeichen, das **Schloss** 1 mit seinen goldglänzenden Türmen erhebt. Seine heutige Gestalt ist im Wesentlichen ein Werk des Schweriner Hofarchitekten Georg Adolph Demmler (s. Entdeckungstour S. 280). Die vergoldete Reiterfigur in der Mitte der Schlossfassade stellt den Slawenfürst Niklot, Stammvater des Fürstenhauses Mecklenburg-Schwerin, dar. Als der Großherzog 1918 abdankte, ging das Schloss in Staatsbesitz über. Zum einen hat hier seit 1990 der **Landtag Mecklenburg-Vorpommern** seinen Sitz, zum anderen sind in den Räumen die **Schlosskirche** und die Kunstsammlungen im **Schlossmuseum** untergebracht.

Schlossmuseum und Schlosskirche

Lennéstr. 1, Tel. 0385 525 29 20, www.schloss-schwerin.de, ganzjährig Di–So 10–18 Uhr, 6 €, Führung zusätzl. 3 €

Spartipps für Schwerin

Sparen kann man mit dem Kauf des **Schwerin-Tickets**. Es gilt als Fahrschein im öffentlichen Nahverkehr, gewährt diverse Eintrittsrabatte sowie Ermäßigung bei der Stadtführung. Erhältlich ist es in der Touristen-Information, bei Fahrscheinverkaufsstellen und in allen größeren Hotels (5,50 €/24 Std., 8 €/48 Std.). Auch wer bei Museumseintritt eine **Verbundkarte für die Museen** Schloss Schwerin und die Galerie Alte und Neue Meister kauft (15 €, erm. 11 €), kann sparen.

Bei einer Führung durch die Beletage des Schlosses bekommt man die **Wohnräume der Großherzogin** zu sehen, während in der Festetage die **Prunk- und Gesellschaftsräume des Großherzogs** mit ihren kostbaren Decken und Intarsienfußböden beeindrucken. Der mit goldenem Stuckdekor ausgestattete **Thronsaal** wirkt als Höhepunkt in der Dramaturgie der Schlossführung. In den ehemals herzoglichen Kinderzimmern erfreut eine **Ausstellung mit kostbaren Porzellanen** aus Meißen, Berlin und anderen europäischen Manufakturen das Auge. Eine zusätzliche Rarität bildet die umfangreiche Kollektion fürstlicher Jagd- und Prunkwaffen. Äußerst sehenswert ist die im 16. Jh. erbaute **Schlosskirche**, der erste protestantische Kirchenbau in Mecklenburg. Im 19. Jh. erarbeiteten der Kölner Dombaumeister Ernst Friedrich Zwirner und der preußische Architekt Friedrich August Stüler einen neogotischen Umbau, bei dem das hübsche Netzgewölbe mit goldenen Sternen auf leuchtend blauem Grund bemalt wurde.

Schlossgarten

Der barocke Schlossgarten ist über die gusseiserne Drehbrücke an der

Schwerin

Sehenswert
1. Schloss
2. Altes Palais
3. Kollegiengebäude
4. Mecklenburgisches Staatstheater
5. Galerie Alte & Neue Meister (Staatliches Museum)
6. Dom
7. Logengebäude
8. Neues Gebäude/ Café-Restaurant Johanns
9. Altstädtisches Rathaus
10. Schlachtermarkt
11. Neustädtisches Palais
12. St. Nikolai
13. Schleswig-Holstein-Haus
14. Wohnhaus Demmlers
15. Arsenal

Übernachten
1. Niederländischer Hof
2. Zur Traube
3. Pension am Lewenberg
4. Schloss Basthorst

Essen & Trinken
1. Weinhaus Uhle
2. Ruderhaus
3. Histor. Weinhaus Wöhler
4. Brinkama's Restaurant
5. Friedrichs
6. Suppenstube

Einkaufen
1. Töpferei Loza Fina
2. Das Kontor
3. Kreativkaufhaus

Aktiv
1. Weiße Flotte Schwerin
2. Fahrrad Rachow

Abends & Nachts
1. Zum Freischütz
2. Cocktailbar Phillies
3. Kabana
4. Kammerbühne im E-Werk

Lennéstraße zu erreichen. Zwischen dem als Symmetrieachse angelegten Kreuzkanal, einer schönen alten Lindenallee und den Skulpturkopien des Barockbildhauers und Architekten Balthasar Permoser kann man sich von der Asphalt-Lauferei erholen.

Im äußersten Süden des Schlossgartens kann man der **Schleifmühle** (Schleifmühlenweg 1, Tel. 0385 56 27 51, www.schleifmuehle-schwerin.de, Ende März–Anfang Nov. tgl. 10–17 Uhr) einen Besuch abstatten. Sie dreht schon seit 1705 ihr Wasserrad am Faulen See. Als das Schweriner Schloss im Umbau war, wurden hier alle Sandstein-Fensterbänke und Treppenstufen geschliffen. Regelmäßig gibt es Vorführungen der Steinschleif-Technik des 18. Jh., schöne Open-Air-Konzerte, Märkte und Ausstellungen. Ein besonderer Veranstaltungstag ist der Pfingstmontag, der Tag der Deutschen Mühle.

Am Alten Garten

Gegenüber vom Schloss öffnet sich der **Alte Garten**, der schönste, weil stimmungsvollste Schweriner Veranstaltungsplatz. Tatsächlich befand sich hier nach 1633 ein großes, höfisch genutztes Gartengelände, das aber bald zum Exerzierplatz umfunktioniert wurde. Das **Alte Palais** 2 ist ein großer Fachwerkbau, der 1799 für den Mecklenburger Erbprinzen Friedrich Ludwig und seine 15-jährige Gemahlin, die russische Zarentochter Helena Pawlowna Romanowa, errichtet wurde. Als Helena nur vier Jahre später starb, diente es in den nachfolgenden Jahren mehreren Herzoginnen als Witwensitz. Direkt neben dem Palais kann man ein Bauwerk des Schweriner Hofbaumeisters Demmler bewundern, das sogenannte **Kollegiengebäude** 3 (s. Entdeckungstour S. 280).

Mecklenburgisches Staatstheater 4

Alter Garten 2, s. auch S. 287

Das Mecklenburgische Staatstheater ist ein neobarockes Gebäude, erkennbar an seinem vorgelagerten Säulenportikus im Obergeschoss. 1886 hob sich der erste Vorhang in diesem außen wie innen prächtigen Traditionstheater. Das

Schwerin und Ludwigslust

›Große Haus‹ war zu DDR-Zeiten durch mutige Inszenierungen bekannt und macht heute wieder von sich reden.

Galerie Alte & Neue Meister [5]
Alter Garten 3, Tel. 0385 595 80, www.museum-schwerin.de, 15. April– 14. Okt. Di–So 10–18, 15. Okt.– 14. April 10–17 Uhr, 8,50 €/6,50 €, Kinder unter 18 frei
Die Galerie Alte und Neue Meister (Staatliches Museum Schwerin) besteht aus dem Altbau in Form eines griechischen Tempels von 1882 mit ausladender Freitreppe zum Alten Garten sowie aus dem kubischen Neubau von 2016 – beide verbunden durch eine gläserne Brücke. Seitdem ist hier eine der reichsten Kunstsammlungen der neuen Bundesländer zu sehen: Der Altbau präsentiert die niederländische und flämische Malerei und Grafik des 17./18. Jh. mit Werken von Rembrandt und Rubens und lockt u. a. mit einer Impressionistensammlung von Weltrang sowie Vertretern der Klassischen Moderne wie Lyonel Feininger und der Postmoderne wie Sigmar Polke und Marcel Duchamp. Im Neubau tummelt sich auf zwei Etagen die Kunst des 20. und 21. Jh., darunter Werke von Günther Uecker und John Cage sowie Installationen, Videos und Objekte der Gegenwartskunst.

In der Altstadt

Dom [6]
Am Dom, Tel. 0385 56 50 14, www.dom-schwerin.de, Mai–Okt. Mo–Sa 10–17, So/Fei 12–17 Uhr (übrige Zeit geringe Abweichungen), öffentl. Domführungen: Di, Sa 11 Uhr, Orgelmusik: Mitte Mai–Sept. Mo 14.30 Uhr
Mit seinem etwa 118 m hohen Turm ist der evangelische Dom St. Maria und St. Johannes das beherrschende Bauwerk der Innenstadt. Die Aussichtsplattform des höchsten Kirchturms des Landes Mecklenburg (220 Stufen) bietet einen wundervollen Blick über die Dächer der Stadt. Die dreischiffige Basilika mit dem mächtigen Querhaus wurde etappenweise zwischen 1270 und 1417 errichtet, der Turm kam erst 1892 dazu. Bedeutende Kunstschätze im Inneren sind die hoheitlichen Grabmäler des mecklenburgischen Fürstenhauses, der gotische Flügelaltar (1480) und die majestätische Ladegastorgel mit 5197 Pfeifen.

Unmittelbar südlich des Doms trifft man auf das **Logengebäude** [7], dessen Fassade Georg Adolf Demmler gestaltete (s. Entdeckungstour S. 280).

Neues Gebäude [8]
Im sogenannten Säulengebäude fand von 1785 bis ins 20. Jh. der Schweriner Markt statt. Heute kredenzt hier das **Restaurant-Café Johanns** seine italienische Küche, und bei Sonnenschein ist dies der ideale Platz, um das Treiben auf dem Marktplatz zu beobachten.

Altstädtisches Rathaus [9]
Hoch oben auf den Zinnen des Altstädtischen Rathauses sitzt der Goldene Reiter, die Statuette des Stadtgründers Heinrichs des Löwen. Hinter der Fassade im Stil der englischen Tudorgotik verbergen sich – wer hätte das gedacht – vier barocke Fachwerkhäuser, zum Teil sogar mit mittelalterlichem Kern.

An der Rückseite des Rathauses befindet sich ein sehr hübsches Glockenspiel, das mittags um 12 Uhr mecklenburgische Volksweisen spielt.

Schlachtermarkt [10]
Auf eines der Glockenspiellieder des Rathauses – »Von Herrn Pasturn sien Kauh« – bezieht sich der Reliefschmuck am Brunnen auf dem **Schlachtermarkt.** Der Durchgang zu diesem intimen Platz liegt direkt neben dem Rathaus. Im Schatten der hohen Linden bieten

Schwerin

Schlachtermarkt: Einkauf mit Muße an den Markttagen Mittwoch und Freitag

hier die Händler auf dem **Schweriner Wochenmarkt** ihre Waren an (Mi 9–17, Fr 8–13 Uhr). Eine **Gedenktafel** erinnert an die **Synagoge**, die einst im Garten des Privathauses Nr. 3 stand und in der Pogromnacht vom 9. auf den 10. November 1938 verwüstet wurde.

Im Schelfviertel

Die **Schelfstadt** *(schelf* = »flache, sumpfige Insel, auf der Schilf wächst«) ist eine geschlossene barocke Siedlung mit vielen hübschen Fachwerkhäusern am Ostufer des Pfaffenteichs und zugleich das interessanteste Schweriner Sanierungsgebiet der letzten Jahre. In diesem stimmungsvollen Wohn- und Büroviertel, besonders in der **Puschkinstraße**, haben sich kulturelle Einrichtungen wie das Schleswig-Holstein-Haus und das Musikkonservatorium etabliert, dazu Läden, Szenelokale und Bars mit jungem Publikum. Ins Auge prangt das **Neustädtische Palais** 11 (Puschkinstraße 19–21), auch Marienpalais genannt, ein repräsentativer Prachtbau, in dem das Justizministerium beheimatet ist. Schöne und individuelle Geschäfte, die Handwerkliches und Dekoratives verkaufen, reihen sich in der **Münzstraße** aneinander. An manchen Häusern sind auch Täfelchen angebracht, die von der historischen Nutzung des Hauses erzählen, zum Beispiel gab es hier eine **Gelbgießerwerkstatt** (Münzstraße 28) und eine **Fischhandlung** (Münzstraße 26).

Weithin sichtbar grüßt der Turm der **Kirche St. Nikolai** 12 (Schelfmarkt). Das stolze Backsteingotteshaus, auch einfach **Schelfkirche** genannt, wurde 1712 von Leonhard Christoph Sturm vollendet und ist der erste nachreformatorische Kirchenbau in ganz Mecklenburg.

Das **Schleswig-Holstein-Haus** 13 (Puschkinstr. 12, Tel. 0385 55 55 27) ist ein alter Backsteinbau mit sehr schöner Atmosphäre, der bis 1843 als Gasthaus diente. Hier finden fortlaufend Ausstellungen zur ▷ S. 283

Auf Entdeckungstour: Auf den Spuren des Hofbaumeisters Georg Adolph Demmler

Um die Mitte des 19. Jh. wirkte in Schwerin ein Baumeister und Stadtplaner, der das Antlitz dieser Stadt prägte wie kein Zweiter: Georg Adolph Demmler. Fast alle fürstlichen und viele städtische Bauten entstanden unter der Leitung dieses Mannes, der neben seinem Amt als höfischer Baumeister auch in der politischen Linken engagiert war.

Cityplan: s. S. 276

Zeit: circa eine Stunde

Start: Arsenalstraße 10/Ecke Mecklenburg Straße

Im **Wohnhaus am Pfaffenteich** 14, in der Arsenalstraße 10/Ecke Mecklenburgstraße, spielt sich viele Jahre das Privatleben des Mannes ab, der am 22. Dezember 1804 als uneheliches Kind des Güstrower Schornsteinfegermeisters Johann Gottfried Demmler und der verwitweten Brauereibesitzer-Tochter Catharina Maria Mau geboren wird. Da die Eltern die Geburt ihres Kindes erst einmal nicht öffentlich machen, kommt Georg Adolph in Berlin zur Welt und wächst dort bis zu seinem neunten Lebensjahr bei einer Pflegemutter auf. Erst als die Eltern heiraten, holen sie ihren Sohn zu sich nach Güstrow, wo er 1816 das Abitur ablegt.

Schon ganz früh zeigt der Junge Interesse an bautechnischen Dingen, und der wohlsituierte Vater bringt die Architektenkarriere seines Sohnes auf den Weg, indem er ihn schon im Alter von fünfzehn Jahren an der Berliner Bauakademie immatrikuliert. Schließlich kommt Georg Adolph im Jahr 1823 als Landbaukonduktor nach Schwerin, verheiratet sich zehn Jahre später mit Henriette Zickermann, einer Bürgerstochter aus gutem Hause, und baut hier 1842/43 das gemeinsame Wohnhaus.

Ein Haus fürs Militär

Im Jahr 1844 erbaut Demmler das **Arsenal** 15, den kastellartigen Putzbau in kräftig sattem Orange-Braun am Westufer des Pfaffenteichs. Genutzt wird es als herzogliches Waffenlager, Hauptwache und Militärgericht. Städtebaulich hat es eine besondere Bedeutung, denn es leitet den Ausbau Schwerins nach Westen ein. Zu diesem Zeitpunkt war Adolph Demmler dank seiner Zielstrebigkeit schon vom Baugehilfen zum Hofbaumeister und Hofbaurat aufgestiegen. Solch eine Karriere stachelt natürlich den Neid der etablierten Hofbeamten an, besonders weil Demmler gern die langsam mahlenden Mühlen der Bürokratie umgeht und seine Pläne lieber gleich direkt mit dem Großherzog bespricht – auf dem kurzen Dienstweg. Heute hat im Arsenal das Innenministerium des Landes seinen Sitz.

Ein Haus für freie Geister

Schon mit 24 Jahren wird Georg Adolf Demmler Mitglied der St.-Johannis-Freimaurerloge »Harpocrates zur Morgenröthe« mit Sitz am Schlachtermarkt 17 und entwirft die Fassade für das **Logengebäude** 7. Bei den Freimaurern trifft der junge Mann auf geistig aufgeschlossene und gesellschaftlich engagierte Zeitgenossen, und er findet Unterstützung für sein streitbares politisches Wirken als Sozialreformer: Er setzt sich ein für eine verbesserte Krankheits- und Unfallabsicherung der Handwerker, gründet eine Baugewerbeschule zur besseren Bildung der Bauleute, richtet eine Arbeitersparkasse und eine Sonntagsschule für Handwerkslehrlinge ein, an der er selbst unterrichtet – unentgeltlich.

Ein Haus für die Regierung

Am unteren Ende der Schlossstraße liegt das klassizistische **Kollegiengebäude** 3, für das Demmler schon 1823, mit nur 19 Jahren, einen Entwurf vorlegt. Im Jahr darauf übernimmt er die Bauleitung für das repräsentative Gebäude, das damals wie heute Regierungssitz ist, nur dass in der heutigen Staatskanzlei der demokratisch gewählte Ministerpräsident arbeitet. Schon seit Ende des 19. Jh. betiteln die Schweriner den Verbindungsgang zum Obergeschoss

des Nachbargebäudes als »Beamtenlaufbahn« und spielen damit auf Schwerins Ruf als entscheidungsunfreudige und eher schwerfällige Beamtenstadt an.

Ein Schloss für Friedrich Franz

Seine heutige Gestalt erhielt das Schweriner **Schloss** 1 zwischen 1845 und 1857 (Abb. s. S. 280). Als Großherzog Paul Friedrich 1842 stirbt, beschließt sein Nachfolger Friedrich Franz II., die Residenz von Ludwigslust wieder nach Schwerin zurückzuverlegen. Allerdings findet er das Schloss in einem so unrepräsentativen Zustand vor, dass er erst einmal eine Generalüberholung anordnet. Demmler steht nun vor einer einzigartigen Herausforderung: Aus einem Konglomerat mehrerer Gebäude aus verschiedenen Epochen muss er ein einheitliches und repräsentatives Schloss machen. Er belässt den alten Grundriss, baut an der Seeseite einen Hauptturm an und überformt das Vorhandene im Stil der Neorenaissance; kurzum, es ist ein Ausbau, Umbau und Neubau gleichzeitig.

Die französische Renaissance als Vorbild

Bei all dem hat sich Demmler vom französischen Schloss Chambord an der Loire inspirieren lassen. Deutlich sieht man seine Vorliebe für Bögen und Türmchen. So entsteht in Schwerin ein bedeutendes Baudenkmal des Historismus, das noch heute wegen seiner sieben Baustile manchmal liebevoll-spöttisch als »mecklenburgisches Neuschwanstein« tituliert wird.

Aber Demmler baut das Schloss nicht zu Ende. Während der Revolution von 1848/49 unterstützt er in aller Öffentlichkeit die Forderung nach Presse- und Versammlungsfreiheit und protestiert gegen die Wiederaufhebung einer schon beschlossenen liberalen Verfassung für Mecklenburg. Dadurch ist er für den Herzog nicht mehr haltbar. Der politische Oppositionskämpfer im Schweriner Bürgerausschuss gerät als höfischer Baumeister in einen unlösbaren Loyalitätskonflikt mit seinem Arbeitgeber.

Nach verschärfter Androhung disziplinarischer Maßnahmen will Demmler sich nicht verleugnen und zieht schließlich von sich aus die Konsequenz: 1851 reicht er seine Kündigung ein und schafft Abstand zu Schwerin, indem er erst einmal gemeinsam mit seiner Frau Henriette auf Reisen geht. Sieben Jahre ist er in England, Schottland, Frankreich, Italien und der Schweiz unterwegs. Das Schloss wird nun vom Berliner Baumeister Friedrich August Stüler vollendet, und als der Großherzog es im Mai 1857 feierlich bezieht, ist auch Demmler wieder anwesend.

Zwar hatte er einen endgültigen Bruch mit dem Fürstenhaus vermeiden können, doch eine Wiedereinstellung bei Hofe lehnt er ab.

Vom Baumeister zum Politiker

Seine kurz hintereinander gestorbenen Eltern haben Demmler ein stattliches Erbe hinterlassen, und so kann er es sich leisten, sich ganz der Politik zu widmen, wird Mitbegründer der Deutschen Volkspartei und zieht im hohen Alter von 72 Jahren sogar noch für die Sozialdemokratie in den Berliner Reichstag ein. Als er am 2. Januar 1886 stirbt, wird er neben seiner schon im Jahre 1862 verstorbenen Frau in der Familienkapelle auf dem Alten Friedhof am Obotritenring beigesetzt.

Schwerin

zeitgenössischen bildenden Kunst und Fotografie, dazu Vorlesungen, Diskussionen und Konzerte statt.

Am Pfaffenteich

Der **Pfaffenteich** heißt so, weil er einst dem Schweriner Domkapitel gehörte und die bischöflichen Gärten gleich nebenan lagen. Der See wurde schon im 12. Jh. künstlich angestaut und lag damals noch am Stadtrand. Mit seinen Wasserspielen und Uferpromenaden erinnert das Gewässer viele Hamburger an ihre Binnenalster. Möchte man schnell auf die andere Seite des Pfaffenteichs, kann man die **»Petermännchen-Fähre«** besteigen, die zwischen den vier Anlegestellen am West-, Ost- und Südufer pendelt. Der nächste Halt richtet sich immer nach den Bedürfnissen der Fahrgäste (Mai–Sept. Di–So).

Am Südufer des Teiches befindet sich das **Wohnhaus Georg Adolf Demmlers** 14, am Westufer das von Demmler erbaute **Arsenal** 15 (s. S. 280).

Außerhalb des Zentrums

Strandbad Zippendorf ▶ A 5
Der weitläufige und helle, feinsandige Badestrand am Südrand von Schwerin (Richtung Mueß) wird gesäumt von einer Villenzeile an der historischen Strandpromenade, an der sich Cafés und Gaststätten angesiedelt haben. Besonderheit: Die **Weiße Flotte Schwerin** fährt im Rahmen der sogenannten Inseltour vom Schiffsanleger am Schweriner Schloss in einer halben Stunde nach Zippendorf und holt einen abends auch wieder ab (s. Mein Tipp S. 283).

Freilichtmuseum Mueß ▶ B 5
Alte Crivitzer Landstraße 13, Tel.

Mein Tipp

Romantischer Dämmertörn
Bei allen Touren der **Weißen Flotte Schwerin** 1 ist der Blick über das Stadt- und Schlosspanorama einfach einmalig. Besonders romantisch ist der 2,5-stündige **Dämmertörn**, der über vier Seen führt: Durch die Schlossbucht, über den Schweriner See, Heidensee in den Ziegelinnensee, Ziegelaußensee und zurück (Juni–Juli Sa 19, Aug. Mi, Sa 19 Uhr, Anleger seitlich der Schlossbrücke in der Werderstr. 140, Tel. 0385 55 77 70, www.weisseflotteschwerin.de, 19,50 €/Kinder 6–14 J. 9,50 €).

0385 20 84 10, 25. Ostern–Sept. Di–So 10–18, Okt. 10–17 Uhr
In idyllischer Lage am Südufer des Schweriner Sees wartet das Freilichtmuseum Mueß mit einem Ensemble aus derzeit 17 rekonstruierten ländlichen Gebäuden auf, die im Bereich des alten Mueßer Dorfkerns liegen. Neben einem niederdeutschen Hallenhaus aus dem 17. Jh. gibt es hier u. a. eine alte Dorfschmiede, ein Spritzenhaus und eine Dorfschule zu besichtigen.

Radtour nach Ludwigslust

Länge: 54 km, Rückfahrt per Bahn möglich, Infos: www.auf-nach-mv.de, Stichwort ›Radwandern‹
Eine schöne, kurzweilige Etappe des insgesamt 282 km langen Fernradweges Residenzstädte-Rundweg verläuft zwischen Schwerin und Ludwigslust. Eine genaue Beschreibung findet sich in der kostenlosen Broschüre des Tourismus-

Lieblingsort

Ein Viertel zum Wohlfühlen

Am meisten liebe ich in Schwerin das Schelfviertel, dessen Häuser fast alle aus dem 18. Jh. stammen. Als Herzstück mittendrin platziert und lauschig von Bäumen umgeben ist die Schelfkirche St. Nikolai 12. Schon immer haben sich vornehmlich in diesem Viertel Schwerins Dichter, Musiker und Künstler aufgehalten. Sehr gern gehe ich um den Schelfmarkt herum spazieren, lasse mich einfach treiben und genieße die stimmungsvolle Atmosphäre mit den vielen idyllischen Hinterhöfen, in denen Platz für Spiele ist, mit individuellen Läden, Bars und kulturellen Einrichtungen.

Schwerin und Ludwigslust

verbandes Mecklenburg-Vorpommern »Mit dem Rad durch den Norden«.

Übernachten

Vornehm – **Niederländischer Hof** 1 : Alexandrinenstr. 12–13, Tel. 0385 59 11 00, www.niederlaendischer-hof.de, DZ 125–180 €, Studio/Apart. 147–202 €. Stilvoll eingerichtetes Haus der Jahrhundertwende, direkt am Pfaffenteich. Eine Freude ist die gediegen-gemütliche Zimmereinrichtung in englischem Mobiliar und mit Marmorbädern.

Zentral und trotzdem ruhig – **Zur Traube** 2 : Ferdinand-Schultz-Str. 20, Tel. 0385 55 58 58 48, www.traube-schwerin.de, DZ 70 €. Romantisch möbliertes Hotel, Zimmer teilweise mit Blick auf den Schweriner See. Mit Gasthaus und einem sehr netten Biergarten.

B & B – **Pension am Lewenberg** 3 : Wismarsche Str. 295, Tel. 0385 797129, www.pension-am-lewenberg.de, DZ 52–58 €, FeWo 55–100 € (Kinderermäßigung). Stadtnahe Zimmer und Ferienwohnungen in netter persönlicher Atmosphäre. Im Sommer Frühstück im blühenden Staudengarten.

Übernachten, Essen

Edel – **Schloss Basthorst** 4 : Schlossstr. 18, Crivitz, 20 km östl. Schwerin, Tel. 03863 52 50, www.schloss-basthorst.de, DZ 138–154 €, Suite 172–188 €, Hauptgericht 17–24 €. Anwesen im Park, geschmackvoll mobiliert, dazu Restaurant, Spa und Wellnessbereich. Schwimmbad und Sauna auch für Außer-Haus-Gäste.

Essen & Trinken

Traditionell – **Weinhaus Uhle** 1 : Schusterstr. 13–15, Tel. 0385 477 30 30, tgl. ab 10 Uhr, Hauptgericht 17–29 €. Domnahes, echtes Schweriner Traditionshaus mit sehr schönen und gediegenen Repräsentationsräumen. Ausgesprochen umfangreiche Weinkarte, herzhafte regionale Spezialitäten.

Brunch mit Romantik – **Ruderhaus** 2 : s. Mein Tipp S. 287

Renommiert – **Historisches Weinhaus Wöhler** 3 : Puschkinstr. 26, Tel. 0385 55 58 30, 11 Uhr bis Mitternacht, www.weinhaus-woehler.de, Hauptgericht 9,50–24,50 €. Schönes altes Weinkontor von 1750 mit Fachwerkschmuckfassade und hanseatischer Gemütlichkeit.

Kinderfreundlich – **Brinkama's Restaurant** 4 : Lübecker Str. 33, Tel. 0385 550 75 44, www.brinkamas.de, So–Do 11.30–22, Fr–Sa 11.30–23 Uhr, Hauptgericht ca. 8–17 €. Täglich wechselnde, leckere und herzlich dargebotene italienische mensa di mezzogiorno mit Pasta und Pizza, netter Sommergarten!

Lifestyle – **Friedrichs** 5 : Friedrichstr. 2, Haus der Kücken-Stiftung, Tel. 0385 55 54 73, www.restaurant-friedrichs.com, tgl. 11–24 Uhr, Hauptgericht 7,50–14,50 €. Café-Restaurant im Bistrostil mit korbbestuhlter Gartenterrasse und Blick aufs Wasser. Leichte frische Speisen, auch Vegetarisches.

Ideal für zwischendurch – **Suppenstube** 6 : Schloßstr. 29, Tel. 0172 382 50 38, Mo–Sa 11–17 Uhr, Suppe ab 5 €, Christiane und Mathias zaubern tgl. frische sättigende Suppen- und Eintopfmahlzeiten (auch vegan), halbe Portionen möglich ab 2,80 €, dazu Nachtisch und Kaffee.

Sehen und gesehen werden – **Johanns** 8 : Markt 1, im Säulengebäude, Tel. 0385 57 27 88 66, Mo–Sa 8.30–20 Uhr. Ideal zum Frühstücken, italienische Küche.

Einkaufen

Individuelles Einkaufen ist zwischen Schmiede-, Mecklenburg-, Puschkin- und Schlossstraße möglich. Mittelpunkt ist der Altstädtische Markt. Netterweise

Schwerin

Mein Tipp

Brunch mit Romantik
Das Restaurant und Café **Ruderhaus** 2 besticht mit wohltuend freundlichem und puristischem Design im traditionsreichen Schweriner Ruderhaus von 1913. Auch von der Terrasse hat man einen umwerfenden ›Romantik-Blick‹ auf das Schloss. Die frische regionale Küche hat zuweilen arabische oder asiatische Einsprengsel, die Desserts aus der hauseigenen Patisserie schmelzen auf der Zunge (Franzosenw. 21, Di–Fr ab 16, Sa ab 12, So ab 10.39 Uhr, Tel. 0385 20 24 12 59, www.ruderhaus.info, Hauptgericht 13–23 €, Brunch-Festpreis 14,50 €).

etablieren sich auch im Schelfviertel, insbesondere um die Puschkin- und Münzstraße, immer mehr Lädchen.
Steinzeug – **Töpferei Loza Fina** 1 : Puschkinstr. 51–53, Tel. 0385 20 23 41 22, www.loza-fina.de, Werkstattverkauf Mo–Fr 10–18, Sa 10–16 Uhr. Üppiges Sortiment an Steinzeugtonware. Offene Werkstatt mit anregender Atmosphäre.
Gemütlich stöbern – **Das Kontor** 2 : s. Mein Tipp S. 288
Bunte Vielfalt – **Kreativkaufhaus Schwerin** 3 : s. Mein Tipp S. 288

Aktiv

Schwerin kennenlernen – **Stadtführung:** tgl. 11 Uhr vor dem Rathaus, ermäßigt mit dem Schwerin-Ticket, s. Tipp S. 275
Romantische Seenfahrt – **Weiße Flotte Schwerin** 1 : s. Mein Tipp S. 283
Schön zentral – **Fahrrad Rachow** 2 : Mecklenburgstr. 59, Schwerin, Tel. 0385 56 57 95, Mo–Fr 10–18, Sa 10–13 Uhr, www.fahrradrachow.de. Räder aller Art, auch für Kinder, Zweigstelle mit wesentlich erweiterten Öffnungszeiten an der DB-Information in der Bahnhofshalle des Hauptbahnhofs: Grunthalplatz 4, Tel. 0385 750 10 53, tgl. 6–2.30 Uhr, an Feiertagen eingeschränkt, 8 €/Tag.

Abends & Nachts

Urig – **Zum Freischütz** 1 : Ziegenmarkt 11, Tel. 0385 56 14 31, Mo–Fr 11 bis open end, Sa/So ab 18 Uhr (Küche bis 24 Uhr), www.zum-freischuetz.de, Hauptgericht ab 8 €. Wegen seiner 100-jährigen Tradition auch als »Mutter aller Schweriner Kneipen« bezeichnetes Lokal in stimmungsvollem Altbau. Eher intellektuelles Publikum.
Individuell – **Cocktailbar Phillies** 2 : Wittenburger Str. 51, Tel. 0385 71 31 01, www.phillies-schwerin.de (Gutscheine auf Webseite erhältlich), tgl. 19–ca. 2 Uhr, am Wochenende auch gern bis 3/4 Uhr. Phillies ist die beliebteste Cocktailbar der Stadt, mit großem Angebot.
Loungemäßig gemütlich – **Kabana** 3 : Friedrichstr. 1, Tel. 0385 593 68 99, www.kabana-bar.de, tgl. ab 16 Uhr, wochentags bis 1 Uhr, am Wochenende bis 4 Uhr, tgl. Happy hour 16–20 Uhr. Die zweistöckige Restaurant-Bar zieht angenehm gemischtes Publikum an und verwöhnt mit Cocktails, dazu House-Musik, und eine Zigarren-Lounge gibt es auch!
Außerordentlich – **Mecklenburgisches Staatstheater** 4 : Alter Garten 2, www.theater-schwerin.de, Programm u. Karten: Tel. 0385 530 01 23, Di–Fr 10–18, Sa 10–13 Uhr, an der Abendkasse eine Std. vor Vorstellungsbeginn. Aufführungen in den drei Sparten Oper, Schauspiel und Ballett.
Im umgebauten Elektrizitätswerk – **Kammerbühne** 4 : Dependance des Mecklenburgischen Staatstheaters

Schwerin und Ludwigslust

(Programminfo und Kartenservice s. dort). Hier laufen u. a. die plattdeutschen Stücke der Fritz-Reuter-Bühne.

Infos & Termine

Touristeninformation Schwerin: im Rathaus, Am Markt 14, 19055 Schwerin, Zimmervermittlung Tel. 0385 592 52-12, Ticketservice 0385 592 52-15, www.schwerin.info, Mo–Fr 9–18, Sa/So, Fei 10–16 Uhr.
FilmKunstFest Mecklenburg-Vorpommern: Anfang Mai; während des größten Publikumsfestivals des Landes mit zahlreichen Spiel-, Dokumentar-, Kurz- und Kinderfilmen in attraktiven Schweriner Veranstaltungsorten wird Schwerin zu einer Hochburg für Kino-Kunst.
Schlossfestspiele Schwerin: international renommiertes Festival im Juni, Juli und teilweise August mit großer Oper auf der Freilichtbühne im Schlossgarten Schwerin, www.theater-schwerin.de/schlossfestspiele/.
Schweriner Töpfermarkt: Am ersten Juli-Wochenende verkaufen Töpfer ihre Waren vom Gebrauchsgeschirr bis zum Kunsthandwerk auf dem Marktplatz.
Drachenbootfestival: Drachenbootspektakel und -wettrennen im August in unübertroffener Farbigkeit auf dem Pfaffenteich, jährlich über 100 Teams, www.drachenbootfestival.de.
Stern im Norden – Weihnachtsmarkt Schwerin: großer Weihnachtsmarkt in der Altstadt, www.schweriner-weihnachtsmarkt.de.
Parken: Da ein großer Teil der Altstadt und des Schelfviertels entweder für Autos gesperrt oder die Parkplätze für Anwohner reserviert sind, parkt man am besten auf dem gebührenpflichtigen zentralen Parkplatz Werder-/Grüne Straße.
Bus/Bahn: s. Infobox S. 274. Vom Hbf fahren Busse nach Parchim, Plau, Neubrandenburg und Güstrow, Tel. 0385 750 26 46 od. 75 00.
Stadtverkehr: Infos zu Bus- und Bahn im Großraum Schwerin Tel. 0385 399 02 22, www.nahverkehr-schwerin.de.

Mein Tipp

Zweimal gemütlich stöbern
Das Kontor 2, befindet sich in den Räumen des ältesten Renaissance-Handelshauses der Stadt. Auf der Diele, zwischen alten Fachwerkbalken, präsentiert und verkauft Coco Radsack – auf Burg Giebichenstein ausgebildete Goldschmiedin – Schmuckstücke, Grafiken, Keramik, Fotos, Postkarten, Skulpturen und Gemälde befreundeter mecklenburgischer Kunsthandwerker (Puschkinstr. 36, Tel. 0385 209 44 88, Di–Sa 11–18 Uhr, www.kontor-schwerin.de). **Kreativkaufhaus Schwerin** 3, Bunte Pop-up-Store-Vielfalt aus handgemachten hippen Einzigartigkeiten (in den Schweriner Höfen, Klöresgang 5, Tel. 0152 08 91 46 94, www.kreativ-kaufhaus-schwerin.de, Mo–Do, Sa 11–19, Fr 9–19 Uhr).

Ludwigslust! ▸ B 6/7

Das schöne »Lulu«, wie die Barockstadt Ludwigslust auch gern genannt wird, liegt etwa eine halbe Stunde Autofahrt von Schwerin entfernt. Heute hat Ludwigslust etwa 12 500 Einwohner. Bei einem Spaziergang durch Ludwigslust fällt bald auf, dass Schloss und Stadtkirche eine Achse bilden, zu der der fast schachbrettartige Innenstadtgrundriss im nahezu rechten Winkel liegt. Ludwigslust wurde auf dem Reißbrett entworfen, eine städtebauliche

Ludwigslust

Meisterleistung, bei der die Residenz den Hauptbezugspunkt bildet, der sich der Bereich des Bürgerlichen unterordnete. Interessanterweise hat Ludwigslust bis heute keinen Marktplatz!

Stadtgeschichte

Namensgeber von Ludwigslust war der kunstsinnige Herzog Christian Ludwig II. (1683–1756), der das kleine Dörfchen Klenow zum bevorzugten Aufenthaltsort für seine Jagdausflüge machte und sich hier 1731 ein Jagdschlösschen baute. Er benannte es kurzerhand um in Ludwigs-Lust! Aber erst sein gebildeter Sohn Friedrich der Fromme (1717–1785) bestimmte den Ort 1756 zum Regierungssitz und gewann Johann Joachim Busch als Baumeister für die neue Barockresidenz nach dem Vorbild von Versailles. So musste der ganze Hofstaat von Schwerin in die Provinz umziehen. Ludwigslust wuchs und gedieh. Als Großherzog Paul Friedrich 1837 die Thronfolge antrat, entschied er die Rückverlegung der Residenz nach Schwerin, und für Ludwigslust, das 80 Jahre lang der Mittelpunkt Westmecklenburgs gewesen war, gingen die großen Zeiten zu Ende. Schließlich verlieh Großherzog Friedrich Franz II. dem Ort 1876 das Stadtrecht und Ludwigslust musste fortan wirtschaftlich auf eigenen Füßen stehen. Heute stellt die Ludwigsluster Innenstadt ein einmaliges barockes Flächendenkmal dar, weil sie so homogen erhalten ist.

Sehenswertes

Schloss Ludwigslust
Tel. 03874 571 90, www.schloss-lud wigslust.de, 15. April–14. Okt. Di–So 10–18, 15. Okt.–14. April Di–So, Fei 10–17 Uhr, 5 €/3,50 €, Besichtigung mit und ohne Führung möglich, Besucherdienst: Tel. 03874 57 19 15
Schloss Ludwigslust, das auch ›das kleine Versailles des Nordens‹ genannt wird, ist ein wuchtiger viergeschossiger Bau. Die Sandsteinfassade beeindruckt durch ihren dominierenden Mittelrisalit und das mit 40 allegorischen Statuen geschmückte Attikageschoss. Die Innenräume präsentieren sich als **Schlossmuseum**. Im Erdgeschoss, dem sogenannten Festetage, wohnten die Herzöge. Absolute Höhepunkte sind hier der in höfischem Glanz aufwendiger Rokokodekoration erstrahlende **Goldene Saal** und der **Thronsaal**. Hier zeigt sich eine Besonderheit, für die Ludwigslust berühmt ist: Wichtige Bauteile und Dekorationselemente wie Säulen, Prunkvasen, Möbel und Büsten, sind nicht – wie man meinen könnte – aus Marmor, Porzellan oder Holz, sondern aus **Ludwigsluster Carton**, einem täuschend echt bemalten, witterungsbeständigen Pappmaschee, das das Fürstenhaus ab Mitte des 18. Jh. in einer Manufaktur herstellen ließ und das aufgrund seiner Kostenersparnis zu einem echten Exportschlager avancierte. Der Klopftest beweist es! An der Wiederherstellung des zweiten Geschosses, in dem sich die **herzoglichen Kinderzimmer** befanden, wird gearbeitet.

Schlosspark
Ein echter Lulu-Genuss ist ein Spaziergang durch den weitläufigen Schlosspark, der mit 150 ha der größte in ganz Mecklenburg ist. Die ursprünglich streng geometrisch gepflanzte Anlage wurde Mitte des 19. Jh. durch den preußischen Gartengestalter Peter Joseph Lenné im englischen Landschaftsstil überformt. Anmutige Wasserspiele, exotische Bäume, tanzende Nymphen, Brücken, Kanäle, eine Grotte und ein Mausoleum sind in das Wegenetz ein-

Schwerin und Ludwigslust

Perfekte ›Attrappen‹: Die Säulen im Goldenen Saal sind aus Pappmaschee

gestreut. Das Beste: Man darf mit dem Rad durch den Park fahren, sodass man mühelos auch bis in die hintersten Winkel kommt (Faltblatt »Schlosspark Ludwigslust« bei der Ludwigslust-Information, Fahrradverleih).

Kaskaden

Am Südrand des Schlossplatzes kann man anhand der Kaskaden erkennen, welch besondere Bedeutung das Wasser für Ludwigslust hatte. Die künstlichen Wasserfälle sind verziert durch zwei Sandsteinfiguren des böhmischen Bildhauers Rudolf Kaplunger. Dargestellt sind die Flussgötter der Stör und der Regnitz – zwei Flüsse, die 1760 durch den 28 km langen Ludwigsluster Kanal miteinander verbunden wurden. Von hier aus zieht sich der Kanal schnurgerade durch den gesamten Schlosspark.

Stadtkirche

Gottesdienst So 10 Uhr, Öffnungszeiten im Gemeindebüro, Tel. 03874 219 68, www.stadtkirche-ludwigslust.de
In der Schlossachse liegt die 1770 geweihte tempelartige Stadtkirche, weithin erkennbar an den übergroßen altgriechischen Buchstaben »chi« und »rho«, die gemeinsam das Christogramm, also den Namen Christi, bilden. In dem wunderbar schlicht gestalteten Innenraum sieht man vis-à-vis dem riesigen Altargemälde des Hofmalers Dietrich Findorff (1722–72) die Fürstenloge, in der die Hoheiten saßen.

Backsteinhäuser

Ludwigslust hat noch in vielen seiner Backsteinhäuser zahlreiche Sehenswürdigkeiten und Erinnerungen an die Zeit der Residenzstadt zu bieten. Die Tourist-Information veranstaltet

Ludwigslust

Übernachten, Essen

Hier stimmt alles – **Restaurant »Ambiente« im Landhotel de Weimar:** Schlossstr. 15, Tel. 03874 41 80, tgl. 12–23.30 Uhr, warme Küche 12–14, 18–21 Uhr, www.landhotel-de-weimar.de, DZ 93–150 €, Hauptgericht 14–29 €, 5-Gänge-Menü 85 €. Saisonale Küche von allerbester Qualität. Glasüberdachter Hotelinnenhof; eine Augenweide ist die ansehnliche Obstbrandsammlung.

Vitaminreiche Verkostung – **Sanddorn Storchennest:** Friedrich-Naumann-Allee 26, Ludwigslust, Tel. 03874 219 73, www.sanddorn-storchennest.de (s. dazu genauer S. 79).

Aktiv

Zentral – **Fahrradverleih Karl-Heinz Winkelmann:** Lindenstr. 17, Tel. 03874 220 33, www.zweirad-winkelmann.de.

Infos & Termine

Ludwigslust-Information: Schlossstr. 36, 19288 Ludwigslust, Tel. 03874 52 62 51/52, www.stadtludwigslust.de, Mai–15. Sept. Mo–Fr 9–12, Mo/Di, Do/Fr 13–18, Sa/So 10–15, 16. Sept.–April Mo–Fr 9–12, Mo, Do 13–18, Di 13–16 Uhr.

Redefiner Hengstparade: an allen Sept.-Wochenenden, bekannte Reit- und Dressurvorführung nahe Ludwigslust, Höhepunkt für Züchter, Reiter und Pferdeliebhaber, Tel. 038854 62 00, www.landgestuet-redefin.de.

Picknick-Konzerte der Festspiele Mecklenburg-Vorpommern: an einem Wochenendtag im Juni, Juli und August auf dem Landgestüt Redefin. Nachmittags Open-Air-Picknick mit anschließender Pferdeshow, abends Klassikkonzert in der Großen Reithalle, Karten Tel. 0385 591 85 85, www.festspiele-mv.de.

Bahn: s. Infobox S. 274

Führungen und gibt eine Broschüre heraus, mit der man sich auf Wanderschaft entlang den Straßen **Am Bassin**, **Schlossstraße**, **Alexandrinenplatz** und **Kanalstraße** begeben kann.

Ausflug zum Landgestüt Redefin

Landgestüt Redefin ▶ A 6
Etwa 18 km westl. von Ludwigslust, Betriebsgelände 1, 19230 Redefin, Tel. 038854 62 00, www.landgestuet-redefin.de

Umgeben von Wiesen und Koppeln liegt das **Landgestüt Redefin**, wo seit 1812 die Pferderasse der »Mecklenburger« gezüchtet wird. Alljährlicher Höhepunkt für die Reiterwelt ist die Redefiner Hengstparade (s. Termine rechts).

Register

Adlerbeobachtung 94
Adolf Friedrich II., Herzog 47, 145
Adolf Friedrich III., Herzog 164, 169
Adolf Friedrich IV., Herzog 145, 199
Adolf Friedrich VI., Herzog 146
Ahrensberg 160
Aktivurlaub 30
Alleen 74
Altentreptow 55
Alt Schwerin 126
Angeln 30
Ankershagen 212
Anreise 22
Apotheken 38
Ärztliche Versorgung 38
Ausflugsschifffahrt 24
Ausrüstung 21
Auto 22

Backsteingotik 64, 88, 107, 194, 196
Backsteingotik, Route der Europäischen 201
Baden 30
Badewetter 20
Bad Stuer 137, 140
Bahn 22, 23
Ballwitz 217
Bärenwald Müritz 141
Bärenwald-Müritz-Ticket 24, 141
Barlach, Ernst 248, 250
Barrierefreiheit 41
Basedow 64, 230, 233
Bassewitz, Familie von 64, 238
Bauernhof, Ferien auf dem 26
Baumkronenpfad, Ivenack 229
Behinderte 41
Bevölkerung 45
Blücherhof, Dendrologischer Garten 239
Boek 101
Bollewick 104
Bolter Kanal 86
Bootshäuser 26
Brinkman, John 67, 246, 249
Bristow 230
Broda 203, 204
Buchen-Urwald Serrahn 179
Bugenhagen, Johannes 67
Burgen 63
Burg Stargard 215, 217

Bus 24
Buttel, Friedrich Wilhelm 122, 164, 165, 167, 174, 189, 201, 203, 214

Camping 27
Carl II. von Mecklenburg-Strelitz, Herzog 47
Carpin 179
Carwitz 182, 183, 184, 187
Christian IV., König von Dänemark 47, 244
Christian Ludwig II., Herzog 289

Dalwitz, Gut 238
Damerower Werder 125
Demmler, Georg Adolph 246, 259, 275, 280
Dendrologischer Garten Blücherhof 239
Diekhof, Schloss 64
Diemitz 150
Diemitzer Schleuse 150, 154
Drewitzer See 127

Eiszeit 51
Elde 84, 86
Erbsland 147
Essen und Trinken 28

Fahrgastschiff 24
Fahrrad fahren s. Rad fahren
Fallada, Hans 184
Federow 93
Feiertage 38
Feldberg 178
Feldberger Seen 162
Ferienhäuser 26
Ferienwohnungen 26
Feste 34
Festkalender 37
Festspiele Mecklenburg-Vorpommern 35, 70, 234
Festspielscheune 73
Findlinge 55
Findlingsgarten am Buteberg 55, 174
FKK 53
Fleesensee 118
Fleeth 154
Floßboot 27
Flugzeug 27
Freilichtmuseum Groß Raden 268
Friedrich der Große 74, 145, 156, 158

Friedrich Franz II., Großherzog 282, 289
Fürstenhagen 178

Ganschow, Gestüt 254
Geld 38
Geografie 44
Geopark Mecklenburgische Eiszeitlandschaft 55
Georg, Großherzog 164, 166
Geschichte 44, 46
Gnevsdorf 135
Gobenowsee 154
Goldberg 257
Golfen 31
Groß Raden, altslawischer Tempelort 268
Großsteingräber 55
Güstrow 244
– Barlach-Wohnhaus am Heidberg 252
– Brinckman-Brunnen 249
– Bürgerhäuser 253
– Dom 248, 251
– Ernst-Barlach-Theater 246
– Gertrudenkapelle 252
– Graphikkabinett 252
– Kersting-Geburtshaus 253
– Marktplatz 249
– Norddeutsches Krippenmuseum 247
– Pfarrkirche St. Marien 249
– Rathaus 249
– Schloss 64, 245
– Städtische Galerie Wollhalle 246
– Stadtmuseum 246
– Uwe-Johnson-Bibliothek 249
– Wildpark Mecklenburg-Vorpommern 253
Gut Gremmelin 65

Hahn, Familie von 64, 233
Hahn, Joachim von 233
Handicap, Reisen mit 41
Hardtberg 222
Hausboot 27
Heidberge 231
Herrenhäuser 63
Heuherbergen 27
Hohenzieritz 64, 213, 218
Hotels 25, 40
Hullerbusch
– Naturschutzgebiet 183
– Schäferei 180

Register

Informationsquellen 18
Internet 18
Ivenack 225
- Baumkronenpfad 229
- Eichen 61, 227
- Schloss 64, 65, 225
- Tiergarten 227

Johann Albrecht I., Herzog 64
Johann I., Markgraf 196
Johnson, Uwe 102, 249
Jugendherbergen 27

Käflingsberg 99
Kanu fahren 11, 31, 151, 152, 271
Karower Meiler 257
Kersting, Georg Friedrich 246, 253
Kinder 38
Kinder und Jugendreisen 18
Kittendorf, Schloss 64
Klassik-Konzerte 70
Kleidung 21
Klein Nemerow 206
Klima 20
Klink 113
Kloster Dobbertin 259
Knobelsdorff, Georg Wenzeslaus von 157
Koenig, Alexander 239
Krakow am See 261
Krakower See 261
Kranichzug 21
Krumbecker Park 187
Kuchelmiß, Wassermühle 261
Kummerower See 222
Kummerow, Schloss 64, 65
Kurtaxe 39

Labussee 153, 155
Landgestüt Redefin 70
Landschaftsschutzgebiet Tollensebecken 194, 206
Langenhägener Seewiesen 257, 258
Lärz 103
le Fort, Gertrud von 101
le Fort, Karl Peter von 101
Lehmmuseum 135
Lehm- und Backsteinstraße 134
Lehsten 211
Leihwagen 23
Lenné, Peter Joseph 65, 164, 187, 289
Lesetipps 19
Lieps 206

Linstow 262
Luise von Preußen 47, 146, 169, 213
Ludorf 104
Ludwigslust 79, 272, 288
- Backsteinhäuser 290
- Schloss 64, 289
- Schlosspark 289
- Stadtkirche 290
Luftfahrttechnisches Museum 103
Lüttenhagen 187
Lütt Holthus 187

Malchin 225
Malchiner See 230
Malchow 118
- Affenwald 122
- Blütengarten 120
- DDR-Museum 119
- Drehbrücke 119
- Kloster 120
- Marktplatz 118
- Museum Kiek in un wunner di 120
- Sommerrodelbahn 122
- Stadtkirche 119
Malchower See 118
Maltzahn, Angelika und Helmuth von 233
Maltzahn, Bernd-Ludolph von 234
Maltzahn, Familie von 64, 209
Maltzahn, Joseph von 218
Maltzahn, Ulrich von 234
Mecklenburgische Kleinseenplatte 142, 144
Mecklenburgische Schweiz 220, 222
Medien 39
Mildenitztal 257
Mirow 144
- 3-Königinnen-Palais 146
- Hubschleuse 146
- Johanniter-Kirche 145
- Liebesinsel 146
- Schloss 146
Mirower Holm 150
Moltke, Carl Gustav Ludwig von 234
Müritz 82
Müritz-Elde-Wasserstraße 84
Müritz-Havel-Kanal 84, 144, 146
Müritzhof 97
Müritz-Nationalpark 57, 58, 93

Müritz-Nationalparkticket 24, 100
Müritz-Radrundweg 88
Museen 40

Nationalpark 39, 56
Naturpark Feldberger Seenlandschaft 164, 177
Naturpark Mecklenburgische Schweiz und Kummerower See 222
Naturpark Nossentiner/Schwinzer Heide 57, 125, 244, 256
Naturparks 39, 56
Naturpark Sternberger Seenland 244, 256
Naturschutzgebiet Die Heiligen Hallen 61, 187
Naturschutzgebiet Großer und Kleiner Serrahn 256
Naturschutzgebiet Hullerbusch 183
Naturschutzgebiet Kalkhorst 171
Naturschutzgebiet Krakower Obersee 256
Naturschutzgebiet Marienfließ 141
Naturschutzgebiet Nonnenhof 206, 218
Naturschutzgebiet Norduferr Plauer See 256
Naturschutzgebiet Rosenholz 218
Naturschutzgebiet Schmaler Luzin 182
Nemerower Holz 206
Neubrandenburg 194
- Belvedere in Broda 203
- Franziskanerkloster mit Johanniskirche 202
- Friedländer Tor 197
- Fritz-Reuter-Ausstellung 200
- Konzertkirche 201
- Kunstsammlung 202
- Mönchenturm 197
- Neues Tor 197
- Schauspielhaus 201
- Stargarder Tor 200
- Tollensesee-Radrundweg 203
- Treptower Tor 200
- Ur- und Frühgeschichte, Ausstellung 200
- Vierrade Mühle 203

293

Register

- Wehranlage 196
- Wiekhäuser 196
Neustrelitz 162, 164
- Alte Kachelofenfabrik 170
- Carolinenpalais 166
- Gedächtnishalle für Königin Luise 169
- Hebetempel 169
- Kulturquartier 166
- Landestheater 170
- Marienpalais 167
- Marktplatz 164
- Orangerie 166
- Plastikgalerie Schlosskirche 167
- Schlossgarten 169
- Slawendorf 170
- Stadtkirche 165
- Strelitzienskulptur 171
- Tiergarten 169
Niederdeutsch 66, 69, 224
Nossentiner Hütte 60
Notruf 40

Paddeln s. Kanu fahren
Pannenhilfe 23
Penzlin 209, 219
Plattdeutsch 66, 224
Plau am See 128
- Burgmuseum 130
- Burgturm 130
- Hubbrücke 131
- Hühnerleiter 132
- Klüschenberg 132
- Leuchtturm 131
- Marktplatz 130
- Stadtkirche St. Marien 130
Plauer Rundbus 24
Plauer Schleuse 118
Plauer See 118, 128, 137
Plessen, Familie von 64, 225
Politik 44
Prälank-Kalkofen 55, 174
Preise 40
Priesterbäker See 99
Prillwitz 206
Prillwitz, Jagdschloss 218

Rad fahren 10, 30, 88, 97, 171, 203, 230, 283
Radio 39
Rätzsee 152, 154
Rauch, Christian Daniel 164, 169, 213
Rechlin 102
Redefin, Landgestüt 291
Rederangsee 21
Reisezeit 20

Reiten 32
Religion 45
Residenzstädte-Rundweg 283
Reuter, Fritz 56, 68, 137, 145, 198, 200, 223
Reuterstadt Stavenhagen 223
- Fritz-Reuter-Literaturmuseum 223
- Schloss 224
Rheinsberg 156
- Kurt-Tucholsky-Literaturmuseum 158
- Schloss 157
- Schlosspark 158
- Schlosstheater 158
Röbel 106, 108
- Ausstellung Stadtgeschichte 108
- ehemalige Synagoge 109
- Marienkirche 107, 110
- Nikolaikirche 109
- Rathaus 109
- Stadtmauer 109
Robinson Club 25, 123

Sanddorn 78
Schifffahrt 24
Schinkel, Karl Friedrich 164, 169, 179, 259
Schliemann, Heinrich 212
Schlitz, Schloss Burg 64, 234, 237
Schlösser 63
Schlosshotels 25, 65
Schmaler Luzin 182
Schorssow, Schloss 234
Schwarz 147
Schwarzenhof 97
Schwerin 272, 274, 278
- Alter Garten 276
- Altes Palais 276
- Altstädtisches Rathaus 278
- Arsenal 281
- Dom 278
- Freilichtmuseum Mueß 283
- Galerie Alte & Neue Meister 278
- Kollegiengebäude 281
- Neustädtisches Palais 279
- Petermännchen 275
- Petermännchen-Fähre 283
- Pfaffenteich 283
- Schelfviertel 279, 284
- Schlachtermarkt 278
- Schleswig-Holstein-Haus 279
- Schloss 64, 275, 282
- Schlosskirche 275

- Schlossmuseum 275
- Staatstheater 276
- St. Nikolai 279
- Strandbad Zippendorf 283
Schwichtenberg 55
Seen 50
Segeln 32
Serrahn 60, 179
Sietower Wandelweg 114
Souvenirs 41
Sparow 126
Spartipps 41
Speck 98
Sport 30
Sprache 45
Staat 44
Stavenhagen *S*. Reuterstadt Stavenhagen
Sternberg 264
Sternberger Kuchen 264
Stuer 137, 139, 141
Stüler, Friedrich August 233, 275, 282

Telefonieren 41
Tellow 238
Teterow 231
- Bergring- und Speedwayarena 231
- Burgwallinsel 231
- Galerie Teterow 238
- Hechtbrunnen 236
- Pfarrkirche St. Peter und Paul 238
- Stadtmuseum 236
Thünengut 238
Thünenkate 19
Tollensesee 194, 203, 204
Tourismus 45
Tourismusverbände 18
Trakehner 254
Triepkendorf 191
Tucholsky, Kurt 158

Übernachten 25
Ulrichshusen, Schloss 73, 233
Ulrich von Mecklenburg-Güstrow, Herzog 248
Unesco-Weltnaturerbe ›Buchenwälder der Karpaten und Alte Buchenwälder Deutschlands‹ 60
Useriner See 160

Veranstaltungen 34
Verkehrsmittel 22
Vietschow, Schafscheune 241

Register

Vilzsee 154
Voß, Johann Heinrich 67

Wallenstein, Albrecht von 47, 244, 274
Wandern 10, 33, 94, 171, 179, 187, 217, 257, 266
Wandschneider, Wilhelm 223
Wangeliner Garten 135
Waren (Müritz) 84
– Altes Rathaus 86
– Haus des Gastes 86
– Historisches Rathaus 87
– Marienkirche 88
– Müritzeum 88
– Skulpturengarten am Müritzwasserhaus 89
– St. Georgenkirche 86
– Wossidlo-Zimmer 69
Warnker See 98

Warnow 244, 256
Warnow-Durchbruchstal 266
Wassermühle Kuchelmiß 261
Wasserqualität 52
Wasserwandern 31
Weißer See 160
Wellness 33
Wendischhagen 230
Wesenberg 159
– Burg 160
– Findlingsgarten 55, 160
– Lindenbaum 160
– Skulpturenpark Weserberg 160
– Stadtkirche St. Marien 160
Wetter 20
Wildpark Boek 102

Wildpark Mecklenburg-Vorpommern 253
Wirtschaft 45
Wisentreservat 125
Woldzegarten 113, 115
Wolhynier-Umsiedler-Museum 262
Wooster Teerofen 60
Wossidlo, Richard 68
Wredenhagen 103

Zansen 187
Zeitungen 39
Zethner See 150
Zierke 174
Zierker See 171, 173
Zinow 179
Zislow 123
Zotzensee-Niederung 59

Das Klima im Blick

Reisen bereichert und verbindet Menschen und Kulturen. Wer reist, erzeugt auch CO_2. Der Flugverkehr trägt mit einem Anteil von bis zu 10 % zur globalen Erwärmung bei. Wer das Klima schützen will, sollte sich für eine schonendere Reiseform (z. B. die Bahn) entscheiden – oder die Projekte von *atmosfair* unterstützen. *Atmosfair* ist eine gemeinnützige Klimaschutzorganisation. Die Idee: Flugpassagiere spenden einen kilometerabhängigen Beitrag für die von ihnen verursachten Emissionen und finanzieren damit Projekte in Entwicklungsländern, die dort den Ausstoß von Klimagasen verringern helfen. Dazu berechnet man mit dem Emissionsrechner auf *www.atmosfair.de,* wie viel CO_2 der Flug produziert und was es kostet, eine vergleichbare Menge Klimagase einzusparen (z. B. Berlin – London – Berlin 13 €). *Atmosfair* garantiert die sorgfältige Verwendung Ihres Beitrags. Klar – auch der DuMont Reiseverlag fliegt mit *atmosfair*!

Autorin/Abbildungsnachweis/Impressum

Die Autorin: Christiane Kaufmann, Reisejournalistin und Kunsthistorikerin, lebt im oberbayerischen Voralpenland und ist seit über 20 Jahren jeden Sommer zu einer ausgedehnten Tour in der Mecklenburgischen Seenplatte unterwegs. Mittlerweile kennt sie alle Sehenswürdigkeiten und noch immer geht ihr angesichts der Schönheit eines ehrwürdigen Guts- oder Herrenhauses, beim Baden in einem stillen See und beim Wandern in der intakten Natur des Müritz-Nationalparks vor Freude das Herz auf.

Abbildungsnachweis

Bilderberg, Hamburg: S. 66, 77, 228, 242 li., 245, 248 (Böttcher); 116 li., 119 (Ellerbrock); 16/17, 42/43, 125 (Engler); 192 li., 195 (Knoll)

Frank Burchett, Stralsund: S. 101

DuMont Bildarchiv, Ostfildern: S. 23, 28, 65, 70/71, 142 li., 152, 188/189, 207, 218/219, 232, 237, 272 re., 273 li., 280, 290/291 (Frischmuth); Titelbild (Roetting/Pollex); 34 (Scheibner)

Glow Images, München: S. 50/51 (Blossey); 94 (Sommariva)

Silke Haas, Woldzegarten: S. 115

Klaus Hirrich, Wangelin: S. 136

Huber-Images, Garmisch-Partenkirchen: S. 142 re., 156/157 (Schmid); 13 o. re., 148/149 (v. Dachsberg)

Christiane Kaufmann, Andechs: S. 6, 13 u. li., 143 li., 172/173, 270, 296

laif, Köln: S. 53 (Frommann); 78 (Kaiser); 7, 80/81, 83 li., 107, 163 li., 176/177 (Kirchner); 82 re., 279 (Modrow); 268, 272 li. (Westrich); 75 (Zanettini)

Monika Lawrenz, Stuer: S. 73, 116 re., 140, 242 re., 258/259

Angela Liebich, Leipzig: S. 12 o. re., 12 u. li., 12 u. re., 13 u. re., 54, 56/57, 110/111, 117 li., 132, 134, 180/181, 184, 193 li., 210/11, 220 li., 221 li., 223, 235, 239, 243 li., 250, 256, 265, 284/285

LOOK, München: S. 227 (age fotostock); 10 (Schuppius); 162 re., 168 (Wohner)

Mauritius Images, Mittenwald: S. 145 (age fotostock); 162 li., 165 (euroluftbild.de); 61 (imagebroker); 192 re., 203 (Krüger); 155 (Linke); 58/59 (Starfoto)

picture alliance, Frankfurt a. M.: S. 129 (Büttner); 82 li., 90 (Schmid/Huber); 85 (Lade/Ott); 62, 220 re. (Wüstneck)

Marcus Sapion, Triepkendorf: S. 191

Transit, Leipzig: S. 198 (Hirth); Umschlagklappe vorn (Meinhart)

Tia Marie Wulf, Stuer: S. 13 o. li., 138/139

Udo Zander, Neubrandbg.: S. 12 o. li., 204/205

Quellen: S. 185 – Hans Fallada, Heute bei uns zu Haus, © Aufbau Verlag, Berlin 2012

Kartografie:
DuMont Reisekartografie, Fürstenfeldbruck
© DuMont Reiseverlag, Ostfildern

Umschlagfotos: Am Schmalen Luzin (Titelbild); Am Schwenner Außensee (Umschlagkl. vorne)

Hinweis: Autorin und Verlag haben alle Informationen mit größtmöglicher Sorgfalt geprüft. Gleichwohl erfolgen alle Angaben ohne Gewähr. Bitte schreiben Sie uns! Über Ihre Rückmeldung und Ihre Verbesserungsvorschläge freuen wir uns: **DuMont Reiseverlag**, Postfach 3151, 73751 Ostfildern, info@dumontreise.de, www.dumontreise.de

5., aktualisierte Auflage 2017
© DuMont Reiseverlag, Ostfildern
Alle Rechte vorbehalten
Redaktion/Lektorat: Katharina John, Ulrike von Düring
Grafisches Konzept: Groschwitz/Blachnierek, Hamburg
Printed in China